シリーズ：地域の**建築家と建築**｜**02**

企画： 建築家会館
編著： 金沢圏の建築家と建築編集委員会 + 金沢工業大学蜂谷研究室
水野 一郎　西川 英治　坂本 英之　蜂谷 俊雄　浦 淳　竹内 申一

Architects & Architecture
KANAZAWA
金沢圏の建築家と建築

発行： **建築メディア研究所**
発売： **建築技術**

金沢圏の建築文化 ｜ **水野 一郎** —— *7*

金沢圏の建築

金沢圏の建築191 —— *18*

Columns

金沢駅東広場もてなしドーム。鼓門を見上げる。（撮影：建築メディア研究所）

金沢圏の建築文化

水野 一郎

　都市は膨大な数の建築で埋め尽くされている。住宅・商店・オフィス・工房・学校・病院・役所・社寺・ミュージアムなど、都市のさまざまな営みの場を担う建築群である。

　世界中の都市を歩くたびに体験することは、ひとつひとつの建築、そしてそれらが集積したひとつひとつのまちなみがその都市の個性ある風景をつくっていることに出会い、その都市の営み、歩み、価値観などに想いを巡らし、やがてわが国や自らの住む都市を振り返ることである。

　金沢には江戸期の城下町の町割りの中に町家群・寺院群・茶屋街、そして「金沢城石川門」（天明8/1875年、重要文化財）や明治の煉瓦建築「石川四高記念文化交流館」（旧第四高等学校本館、明治24/1891年、重要文化財）。があり、幹線道路沿いには近代的ビル群や現代建築の「金沢21世紀美術館」（平成16/2004年）や「鈴木大拙館」（平成23/2011年）もある。同じく石川県内の能登や加賀にも、江戸期の社寺、町家、農家から現代の美術館やホールもある。

　このように金沢・石川には伝統的建築の保存・再生・再利用に取り組みながら、さまざまな用途の新しい建築を各時代に合わせて建ててきたという両面の歩みを見ることができる。

1　地域の生き方と建築文化

都市の自己確認と自己表現

　都市であれ農村であれ地域の生活環境は、各時代の市民ひとりひとりの建築的営みの集積の総体であり、そこに認識される建築文化もひとりひとりの価値観や美意識の集積である。そのひとつひとつの営みや価値観は地域の風土・歴史・社会が現れるローカルな性格と、グローバルな時代的背景や世界的潮流などへ対応した地域の姿勢とから生まれるものであり、その結果が地域の建築やまちなみ景観や田園風景に現れてくる。

　近年、各都市が自律的な生き方を探ろうと、市民と共に取り組んでいる事例に出会う。その場で見聞するのは地域個性を探る「自己確認」、そして何をなすべきかの「自己表現」の両作業である。

　「景観形成」や「建築文化」をテーマにした地域づくりもそのひとつで、取り組みに際して街を歩き回り、歴史を辿り、老舗や社寺を訪ね、お国気質やお国自慢を話し

合うなどの自己確認作業からスタートし、建築づくりワークショップ、まちなみ保存、建築巡りマップ作成、景観賞・建築賞選定などの自己表現計画が立てられている。

　「金沢圏の建築文化」もそのような価値観と営みの蓄積によって形成されたものであって、そこに金沢圏の人びとの価値観や美意識を見ることができる。

古都ではなく「平均年齢都市」

　金沢が都市として歩み始めたのは天文15（1546）年、一向宗が一揆によって加賀を治め、現在の金沢城の位置に「尾山御坊」を創建して寺内町を生成した時からである。それまでは北国街道沿いの寒村であった。本格的に都市金沢が構築されるのは前田利家が天正11（1583）年に金沢に入り加賀藩を治め、金沢城と城下町を築いてからである。

　この頃の日本は群雄割拠の戦国期であり、伊達政宗の仙台、武田信玄の甲府、加藤清正の熊本といった地域支配の城下町が全国に誕生していた。これら各地の城下町は現在の県庁所在都市や地域中枢都市に育っている。その数の多さから都市史的には戦国期生まれで450年前後の城下町は平均年齢都市といってよい。金沢もそのひとつである。

　それなのに金沢は時折り「古都・金沢」と呼ばれる。「古都」の定義は定かでないが、「世界古都会議」では1000年以上の歴史を有することが入会資格というから、日本では奈良・京都ぐらいである。しかも奈良・京都は古いだけではなく、国家機関や総本山などの全国的中枢機関を抱えた首都としての歴史を有しており、一地域支配の城下町とは別格の存在である。そういう意味からも金沢は古都ではなく平均年齢都市のひとつである。

外力導入型ではなく自力内発型を選択した金沢

　城下町は地域の政治、経済、文化、教育、建設などの施策を自律的に治め、お国自慢やお国気質などの地域個性を育んでいた。その自律的で個性ある地域中枢の城下町が分布していた国土の性格が変容し、都市像が主にふたつに分かれるのは中央集権体制となった明治以降である。

　日本の200年を超える鎖国の間に西欧では科学が発展し、工業生産技術、船舶・鉄道、軍隊・兵器、電力・蒸気、郵便・通信、政治・教育の開発や体制づくりなど多分野の近代化が進展していた。開国と共に圧倒的な立ち遅れに危機感を抱いた明治政府は科学技術修得、殖産興業、軍備強兵、港湾・鉄道建設、電源・資源開発といった近代化施策を立て、実施の受け皿を各地域に求めた。その時地域は、中央集権的な近代化事業を導入し江戸期の地域統治の存在から国の改革の一端を担う方向に転身するか、江戸期に蓄積された自力を生かしながら時代の後をゆっくり歩む内発型で応じていくかの選択があった。

　維新政府は大藩だった加賀統治のため、軍隊、警察、教育などを配備したが、石川県は自力内発型の選択をし、多くの県が導入した産業、資源、エネルギー、港湾開発などによる近代化には手を挙げなかった。その姿勢は明治だけではなく大

金沢城石川門（天明8/1875年、重要文化財）。
⇨ **p.60**

石川四高記念文化交流館（旧第四高等学校本館、明治24/1891年、重要文化財）。⇨ **p.67**

石川県立歴史博物館（旧金澤陸軍兵器支廠、明治43/1910年、大正2/1913年、大正3/1914年、重要文化財）⇨ **p.70**

正、昭和にも受け継がれた。それ故に金沢は江戸以来の産業、文化、都市構造などを残してきたが、一方で時代の波から外れ、維新時4番目の大都市であったのが明治30（1897）年頃は9位になり、その後もどんどん下がることとなった。

歴史的重層性への営み

　明治37（1904）年、金沢の中心街、片町の九谷焼窯元の長男に生まれた谷口吉郎の手記が当時の旦那衆の姿勢を伝えている。

　実家「金陽堂」の向かいに老舗で菓子の「森八」、薬の「亀田」、茶の「林屋」があり、ハイカラなミルクセーキの「石川屋」、舶来ガラスの「北間楼」、唐物の「宮市」、百貨の「勧工場」などの家業が繁盛していたと記し、「町の住人には伝統に育てられた美的教養が重んじられ、ハイカラな新風の中にも城下町にふさわしい気品が尊ばれていた。私はそんな町内に育った」（『建築に生きる』※より）とある。

　このような新旧の美や文化に対する市民の姿勢はずっと残っていて、大規模ではないがその心で取り組んだ技術と感性を有する繊維・機械・食品製造が国内外に販路を得たり、工芸・能・茶道・邦楽・生花が世界の博覧会で発信し続けたりしていた。この姿勢は戦後においても日本初の「伝統環境保存条例」や、「都市美文化賞」の制定への市民行動に現れ、金沢の建築文化の個性づくりに大きな役割を果たしてきた。

　また幸運なことに、金沢は戦災にも地震・水害にも大火災にも遭遇しなかったので、既存の営み、生活、建築、都市構造の激変や消滅もなかった。

　このような都市の内発的生き方、市民の行動、無災害などの積み重ねが、江戸・明治・大正・昭和・平成・令和にわたる各時代の、建築・まちなみ・都市環境を重層的に残す金沢をつくった。重層性は建築だけではなく、工芸・美術・芸能・産業・生活などあらゆる分野にも残り、総体として多様な時代の価値観や美意識を味わえる地域となった。

　金沢は古都ではないが「史都」という人もいる。私は歴史的重層性を有する金沢を、都市が生まれてから今までの年輪を味わうことができる「バウムクーヘン都市」と言っている。バウムクーヘン都市における私たちの役割りは、過去の優れた各時代層を保存継承することと、自分たちの世代の新しい層を付加して歴史的重層性をさらに豊かにすることの両面が必要である。

2　建築文化を育む営み

　日本の多くの都市が最も激変したのは空襲により焼け野原になったことである。さらに近代都市計画の理念に基づく用途地域制、車社会適合、不燃化などの復興計画が経済高度成長に伴って全国一斉に進行したことが加わる。具体的にはグリッドの街区割り、駅前商店街、郊外住宅団地、防災街区などを起ち上げ、そこにコンクリート、鉄、ガラス、新建材を素材とした近代建築を大量に建てて、新しい都市に生まれ変わった。それは一方で、営みも景観も同じ表情の都市でもあった。

谷口吉郎の生家「金陽堂」。

※『建築に生きる』
谷口吉郎著、日本経済新聞社、1974年

石川県政記念しいのき迎賓館（旧石川県庁舎、平成22/2010年、大正13/1924年）⇨ *p.66*

北國銀行武蔵ケ辻支店（旧加能合同銀行、昭和7/1932年、設計：村野藤吾）。曳家により位置を変え、免震化された。⇨ *p.27*

多くの都市がこのように歩んでいた時期に非戦災の金沢はどのような営みを展開したのであろうか。

一周遅れと3事業

戦災を受けなかった金沢は終戦後直ちにすべての都市活動が立ち上がった。それは経済、生活、教育、行政、医療だけではなく文化やスポーツもであった。

文化では公募美術展が新規に開催され、地域劇団が結成され公演が始まるなど、困窮のさなかに潤いと喜びの場が生まれた。この頃の小さな例だが、金沢生まれの徳田秋聲の業績を讃える文学碑を市民が計画し谷口吉郎に設計を依頼した。「終戦後のまだ世相がきびしい頃だったが、その風潮の中で文学碑を建てた金沢の人たちの心の豊かさといったものを私はとてもいいと思う」と、谷口は地元新聞に寄稿している。スポーツでは国民体育大会が始まり、第1回京都、第2回金沢と非戦災都市で開催され、「白米が食べられた」と喜ばれたという。

以上のように数少ない非戦災の中枢都市として恵まれたスタートをした金沢であったが、戦災都市が近代都市として新しい時代の社会や営みを受け入れ、ビル街や商店街、駅前広場や住宅団地、車社会化や不燃化などの今までにない都市環境で復興・成長してくると、旧態依然とした金沢は立ち遅れ感を抱くようになった。この時期の金沢を「一周遅れ」と表現することが多々あった。

その対策として促進された都心改造事業が、
①幹線道路整備
②駅・武蔵ゾーンの再開発
③片町・香林坊近代化事業
の3つであった。

①幹線道路整備は、江戸以来の町割りと道路網を車社会に適応させるための既存道路の拡幅や新道設置であり、そのために金沢都心を形成していた昔からの商家や町家の解体撤去が必要であった。そして生まれた幹線道路は車社会を都心に引き込んだが、建て替えられた沿道は当時の標準的な不燃建築が建ち並ぶ景観になった。

そのような変容は②および③の事業でも同様であった。②の再開発は宅地開発が進んだ郊外に車やモダンリビングを求めて都心から移住したドーナッツ化現象の対策として、都心に居住者を呼び戻すための集合住宅と居住関連施設整備がメインであった。高層建築6棟に及ぶ大規模な再開発は都心に新しい空間を生んだが、標準的都心空間ともなった。その中で各棟に雪国の雁木を模したアーケードが取り付けられ、地域的表情を持ったことは救いであった。

③の商店街近代化は商店街の共同化事業や個店の近代化・不燃化など、戦災復興や流通改革とともに全国展開された事業であり、オーナーの意志や地域性よりは、時代に適応した都心商業空間を求めるものであった。

3つの都市計画事業は、復興・経済成長・車社会・モダンリビング・都市膨張などの推進力を受けてどの都市でも展開された事業であるが、金沢も一周遅れとい

撮影：水野一郎

徳田秋声文学碑（昭和22/1947年、設計：谷口吉郎）。MAP⇨*p.22*

われる中で急いで後追いした都心近代化であった。この頃は金沢も内発的・自律的であるよりも、全国的・時代的価値観で行動していたのである。

伝統環境保存条例を日本で初めて制定

昭和42(1967)年、金沢出身の建築家谷口吉郎は、友人である文化人と共に金沢市長や石川県知事等に対して「金沢の持つすぐれた環境が、都市の近代化の中で調和し保たれていくべき」という提言「金沢診断」を行った。この年は金沢が片町・香林坊近代化事業を竣工させ、市電を廃止して車社会に対応させた時である。

翌、昭和43(1968)年、金沢市は提言を受けて「都市開発に伴う本市固有の伝統環境の破壊を極力防止するとともに近代都市に調和した新たな伝統環境を形成する」と表明した「金沢市伝統環境保存条例」を、日本で初めて制定した。

金沢は条例制定以後、「保存と開発」、「伝統と創造」を骨格とした自律的な都市戦略を再び展開することとなり、令和2(2020)年の現在もその方針を継続している。

日本経済が世界2位に成長していった1970年代以降、日本人が世界の都市を訪ねる海外旅行が流行り、若い女性向けの雑誌『アンアン』、『ノンノ』が趣ある都市を特集し、国鉄のキャンペーン「ディスカバージャパン」(昭和45/1970年)がブームとなる中で、京都、倉敷、萩、高山そして金沢などの伝統ある都市が評価された。人びとは自らの住む都市がそれらの都市と比較して、新時代的であるものの効率的で画一的な味わいしかないことを実感するようになった。

あちこちからその頃の金沢を「一周遅れのトップランナー」という声を聴くようになった。陸上競技の1万メートル競走でトラックをぐるぐる回っているとトップの選手と周回遅れの選手が一緒に走るシーンが生まれ、どっちがトップかわからなくなった状態と同じく、金沢は周回遅れだがトップに見えるというお褒めにも皮肉にも捉えられる言い回しの「一周遅れのトップランナー」である。

金沢都市美文化賞と旦那衆

兼六園下に黄緑色の中層コンクリート造の旅館が建った時、市民は兼六園周辺に相応しくないと反応し、改装や撤去の意見が飛び交った。その時経済界の中心にいた人たちが、「できた建築を壊せというのは難しい」から「これからは皆で金沢に相応しいと評価した建築を表彰しよう」と、昭和53(1978)年に経済界による「金沢都市美文化賞」を起ち上げた。この賞は市民に好感をもって迎えられ、41回目で450を超える建築表彰を積み重ね、金沢の都市景観形成に大きく貢献してきた。近年多くの都市で都市景観賞が実施されるようになったが、金沢ではいち早く、しかも民間によって始まっていたのである。

こうした経済人による金沢のまちづくりへの貢献は数多く辿ることができる。屈曲狭小の城下町的街路を車社会に合わせようと近接の用水に蓋をする動きに対し、用水の流れは金沢の都心の大切な個性だから蓋を外そうと提案し、実現に至ったのも経済人の行動である。私たち建築人が辰野金吾の煉瓦造(日本生命金沢支社、大正4/1915年)や、W・ヴォーリズのテラコッタ貼りの近代建築(大同生命金沢支社、大正

「金沢診断」(昭和42/1967年)。谷口吉郎、関野克、東山魁夷、今泉篤男、中川善之助らによる提言。

日本生命金沢支社(大正4/1915年、設計：辰野金吾、昭和54/1979年取り壊し)⇨ *p.57*

大同生命金沢支社（大正15/1926年、設計：ヴォーリズ、昭和57/1982年取り壊し）⇒ *p.57*

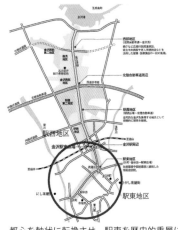

都心を軸状に転換させ、駅東を歴史的重層に駅西を新都市開発に区分け。（提供：金沢市）

50m幹線道はできたが駅西はまだ田園（昭和55年）。（石川県による鉄道立体交差化事業のパンフレット表紙より）

15/1926年）の保存運動を起こした時、先頭になって応援したのも同じ経済人であった。

　「ひがしの茶屋街」が不景気で5軒ほど売りに出て関西などから購入の動きが見えた時、危機を感じて購入し保存再利用したのは若手の経済人であった。この保存再利用が沈み込んでいた「ひがし茶屋街」に人を呼び込み賑わいを生んだことから、「保存は開発の足かせ」ではなく「保存は最大の開発」という観念を地元に気づかせ、反対していた重要伝統的建造物群指定を受ける方向への転換に貢献した。

　「FOOD」と「風土」とをかけた「フードピア金沢」という金沢の食のイベントや、ユネスコ認定の「創造都市・金沢」のプロジェクトも経済界の活動の成果である。

　このような活動を展開している経済人は、金沢のモノづくりや商いを家業とする古くからの旦那衆である。その旦那衆が明治維新時に士族から金沢の文化や個性を引き継ぎ、今でも金沢の伝統と創造を担っているのである。

軸状都市への転換

　金沢城を中心に半径1.5kmの狭い旧市街地は、江戸から戦前までの金沢文化を蓄積している。そこに近代の車社会や大規模ビルなどを持ち込むと、経営的にも建築的にも脆弱な商家や町家は駆逐されていった。一方で金沢には都市化社会の進行、県都や北陸の雄都としての開発などが求められていた。その対策が駅を挟んで歴史的個性継承を担う駅東のオールドタウンと、北陸中枢都市機能を担う駅西のニュータウンという区分け事業であった。

　矢継ぎ早に展開されたプロジェクトは、
①50m道路新設、
②膨大な土地区画整理事業、
③鉄道の連続立体交差化事業、
④金沢港建設、
⑤石川県庁移転、
の5事業である。

　①と②は新都心機能立地の受け皿づくり。③は鉄道高架化により駅を挟む両地域間の自由往来達成。④は38豪雪にて陸路・空路が断たれた被災対策としての海路整備と物流やクルーズ船誘致の港機能強化。⑤は駅西の新都心化促進の起爆剤、というようにひとつひとつが時宜を得た成果を生む事業となった。またこれらの事業は石川県と金沢市がワンチームのごとく、計画の分担とタイミングが上手くいった事例として特筆すべきである。

　事業の結果は駅裏と呼ばれていた場末の田園地帯が新市街地に生まれ変わり、金沢の都市力の再編や新機能の受け皿として役立ち、現在も発展途上中である。特に旧市街地にあった「石川県庁」、「日本銀行金沢支店」、地方銀行の本店、「NHK金沢支局」などが広い敷地と機動性を求めて移転または移転中、そして新たな外資系ホテル、中央卸売市場、病院、大規模商業、金沢港ターミナルビルの立地など、北陸の中枢都市への話題に事欠かない状況である。

一方で金沢駅東の旧市街地においても、歴史的まちなみ4カ所の重要伝統的建造物群保存地区指定や、兼六園周辺文化の森整備など、歴史と文化の魅力ある都心環境が生まれ、新幹線開通後の賑わいと活性化につながっている。

すなわち積極的に展開されたこの5事業は一点集中型から軸状型への都市骨格転換と、それにより金沢の伝統と開発、保存と創造を両立させる基盤を整えたのである。

兼六園周辺文化の森──文化立県石川・歴史都市金沢を表現

一般的に都市の中心は行政・業務・商業などの中枢機能が密度高く立地している。それに対し金沢の都心には「兼六園」と「金沢城公園」を中心に歴史的建築再利用のミュージアムや現代建築の諸文化施設、そして緑地やイベント広場が立地している。

この緑と文化を都心の核にする方向を推進したのは石川県が昭和56（1981）年、兼六園周辺（文化ゾーン）整備懇話会からの提言を受けてからであった。懇話会は兼六園周辺を、

①先人の蓄積を保存し継承していくゾーン、

②文化の創造とそれを通しての新たな蓄積をめざすゾーン、

③良好な環境を形成し快適な営みを可能にするゾーン、

と位置付けた。すなわち金沢のど真ん中を誰もが自由に利用できる公園やひろばに歴史と文化の施設が建ち並ぶ都心とすることを目指したのである。提言の時点ですでに金沢大学や石川県庁の移転、「石川県立歴史博物館」や「国立工芸館」の設置などがあり、現時点でそれらが実現されていることは注目に値する。

また近年は、「金沢21世紀美術館」、「しいのき迎賓館」、「鈴木大拙館」や、金沢城の「玉泉院丸庭園」、「鼠多門」の復元などの新たな蓄積が加えられた。その結

都市の中心に位置する「兼六園周辺文化の森」。（作図：金沢工業大学蜂谷研究室）

果、このゾーンは重要文化財指定の江戸や明治の建築から、大正ロマンや昭和モダン、そして最先端の現代建築まで建ち並ぶ建築の博物館の様相を呈している。

このように「兼六園周辺文化の森」は文化立県石川・歴史都市金沢の性格を明確に表現する豊かな都心環境として稀有な存在である。

金沢職人大学校──伝統的建築の保存・修復・再利用に向けて

伝統的な町家、社寺、庭園などが多数存続する金沢には、それらを築いたり補修したりする職人がまだ存続している。しかし他の伝統産業と同じく、後継者・技術伝承の問題や、原材料・工具の入手難などの課題を抱えていて、その対策が早急に必要という事態であった。そこで平成8（1996）年に立ち上げたのが市と業界による「公益社団法人・金沢職人大学校」である。

課程は本科と修復専攻科とがある。

本科は9職（石工・瓦・左官・造園・大工・畳・建具・板金・表具）にわたる構成で、履修生は入門者ではなく実務に従事している中堅技術者であり、指導者は各分野の先達というプロレベルの研鑽コースである。修了者には市認定「金沢匠の技能士」が授与される。

修復専攻科のカリキュラムは、伝統的建築のデザインや材料・技術の特定など多岐にわたり、履修生も職人だけではなく設計者・研究者・市職員など幅広く受け入れている。修了者には市認定「歴史的建造物修復士」が授与される。欧米の建築系学科にはこのような修復講座は必ずあるが、日本の建築学科には設けられていないゆえに貴重な存在である。

以上のように金沢職人大学校は、多数存続する伝統的建築の保存・修復・再利用を掲げている金沢にとって欠かせない独自の積極的かつ先進的な営みである。

市民力が支えるもの

「ひがし茶屋街」が賑わいを見せ始めたころ、茶屋のオーナーたちは特徴である1階の窓先にある細かい木格子（木虫籠）を外すことを禁止し、統一的な外観のまちなみを継続することを決めた。茶屋再利用の用途は、金箔・九谷・漆器の物販だったり、カフェ・グルメの飲食だったり、ギャラリーだったりしているが、外観からはわからず、格子戸を開けて中に入って始めて何の店か知ることになる。このおかげで茶屋街の景観は、昔のままの建築が並ぶ写真映えする美しさが保たれている。日本の多くの重伝建（重要伝統的建造物群保存地区）のまちなみが観光相手の土産品で飾られた立面ばかりになっていて、本来の建築やまちなみを味わえない現況と比較して、ひがし茶屋街のオーナーたちの取り決めの重要さが理解できる。

これもひがし茶屋街でのこと、前面道路を約1尺×2尺サイズの白御影で舗装した時、カフェを営む女性オーナーが、サイズは大きすぎ色も白すぎて江戸期のイメージを損なうとの抗議があった。事前に広報や協議をしているものの、街づくりや景観の現場でこういう異議はたびたび上がってくる。でも異議や抗議は健全なことで市民自らの美意識や価値観を育む営みで、その多さや質は地域の市民力を計るバ

金澤職人大学校の授業風景。
提供：金沢市

格子のまちなみを見せるひがし茶屋街（重伝建）。
⇨ p.42
撮影：木野一郎

ロメーターなのである。

　金沢市内には「犀川を美しくする会」「浅野川園遊会」「ゆず街道を育む」など、自主的に環境形成に立ち向かう地域活動のグループは多数ある。金沢の景観条例は厳しいことで有名だが、これも市民の支持があってこそ運用できている。また今までにない全く新しい現代建築が迎えられるのも同様で、このような市民力が金沢の日常空間を支えている。

3 建築家の参画

　江戸時代までは設計を専門とする建築家は存在しなかったが、明治に入り洋風建築が設計者の作品として建てられるようになると、設計者も記録されるようになった。たとえば金沢の学校建築で煉瓦造の「旧第四高等学校」は山口半六（1858-1900）、木造の「旧石川県第二中学校」は山口孝吉（1873-1937）などである。この時期、建築家は東京在住であった。大正や戦前昭和なども同様で、金沢に建つ大正ロマン、昭和モダンの先端デザインの近代的建築は、オーナーや役所が委託した中央の建築家によって設計されてきた。

　金沢・石川に地元の建築家が登場し地域の建築に携わるようになるのは、昭和25（1950）年の建築士法の制定から10年ほど経った昭和35（1960）年ごろからである。当時は戦後復興と近代都市建設、経済成長と都市膨張などの課題を受けた大量の建築生産が求められた時期で、その需要に応じて日本中の都市や地域に一斉に設計事務所が開設された。

　金沢でも役所や中央の設計事務所や施工会社などで修業した建築士が独立し設計事務所を開設した。その事務所が現在も地域の大手として存続しており、近年、50周年、60周年などの記念誌を発刊している。これら事務所の開設期の設計作品は当時の先端的な技術・工法・建材による普遍的デザインの建築を地元の設計と施工で実現させることがテーマであって、自力で時代の流れを引き込んだ昂揚感があった。

金沢の文化や北陸の風土を意識した作品

　その流れと共に昭和45（1970）年頃から、中央の建築家による金沢の文化や北陸の風土を意識した作品が建ち、金沢の建築文化に大きな刺激を与えるようになった。

　たとえば大谷幸夫の「金沢工業大学」（本館、昭和44/1969年）、黒川紀章の「石川厚生年金会館」（現、本多の森ホール、昭和52/1977年）、谷口吉郎・吉生の「金沢市立玉川図書館」（昭和53/1978年）、藤本昌也の「石川県営諸江団地」（昭和55/1980）、芦原義信の「金沢市文化ホール」（昭和57/1982年）など、地域性を配慮したモダニズム建築として全国的にも高い評価を受けた作品群であった。その地域性は雪国とか、町家のスケールや断面とか、格子や雪吊りとか多様だが、個性ある空間や形態を生み出していた。

　金沢が伝統と創造、保存と開発という指針を持つようになった1980年代（昭和

金沢工業大学本館（昭和44/1969年）。雪国ゆえに学園広場を屋内に設置。⇨*p.100*

本多の森ホール（昭和52年）。旧厚生年金会館。野球場であった敷地の物語と金沢町家の断面を採用。⇨*p.69*

金沢市民芸術村（平成8/1996年）。繊維工場倉庫のリノベーション。⇨*p.90*

金沢くらしの博物館（旧石川県第二中学校、明治32/1899年、設計：山口孝吉、重要文化財）。⇨*p.73*

金沢21世紀美術館（平成16/2004年）。⇨*p.71*

海みらい図書館（平成23/2011年）。⇨*p.91*

鈴木大拙館（平成23/2011年）。⇨*p.72*

55-64年）に、地元の設計界にアトリエ派の個人事務所がいくつも生まれ、地域性、ポストモダン、市民参加などをテーマにした設計活動を起こし、作品が専門誌や学会で評価されていた。彼らは連携して、「石川建築賞」の起ち上げ、中央建築家の講演会開催、市民とまちづくりを考える会などの多様な活動を展開し、建築家という存在を地域社会に示すようになった。

歴史的建築の再利用

またこの頃より、金沢に残っていた歴史的建築の再利用が盛んになった。「石川県立歴史博物館」（昭和61/1986年、旧陸軍兵器廠、明治42/1909年、重要文化財）、「金沢市民芸術村」（平成8/1996年、旧大和紡績紡績工場）、「金沢くらしの博物館」（昭和53/1978年、旧石川県第二中学校、明治32/1899年、重要文化財）、「しいのき迎賓館」（平成22/2010年、旧石川県庁舎本館、大正13/1924年）などであり、その過程で現況調査、再利用計画、設計監理、運営などに地域の建築家が関わった。能登・加賀でも同様に、江戸・明治・大正の建築の保存や再利用を推進したり、文化財や重伝建の指定に協力するなど、建築家の活動分野は広がっていった。

中央の建築家の代表作が県内に

1990年代（平成2-11年）頃から、石川県内の各地に中央の建築家による秀作が登場するようになった。それらは池原義郎（1928-2017）、磯崎新（1931-）、岡田新一（1928-2014）、内井昭蔵（1933-2002）、安藤忠雄（1941-）、香山壽夫（1937-）、長谷川逸子（1941-）、毛綱毅曠（1941-2001）らによる個性的で生き生きとした公共建築であり、地域を豊かに育んでいて現代の建築文化の存在を確認させてくれた。

2000年代（平成12-21年）以降の金沢に、SANAA（妹島和世＋西沢立衛）の「金沢21世紀美術館」（平成16/2004年）、シーラカンスK&H（堀場弘＋工藤和美）の「金沢海みらい図書館」（平成23/2011年）、谷口吉生の「鈴木大拙館」（平成23/2011年）など、大きな賑わいを生んだ現代建築が建てられ、重層的な建築文化に厚みが加わった。

終戦から75年、中央や地元の建築家が金沢圏に寄り添いさまざまに活躍してきたことで、金沢圏の伝統と現代の両面の建築文化を醸成してきた。今まではこの流れで歩んできたが、これからも同じでよいかは定かではない。人口縮減、過疎拡大、AI社会、地球環境問題、コミュニティ変容などなど、可変要因は大量にある。その中でも建築の空間や形態の存在力は不変なのかもしれない。

アーキテクチャーツーリズムと金沢建築館

近年、「ジャパンアーキテクツ 1945-2010展」（2014-15年、金沢21世紀美術館）や、建築家にフォーカスした建築展が多数の来館者を迎えたことや、デザイン誌『カーサ・ブルータス』がル・コルビュジエ特集を出すなど、一般の日本人が「古寺巡礼」だけではなく現代建築にも関心を抱いている様相が見えるようになってきた。金沢にも「兼六園」や「ひがし茶屋街」だけではなく、「金沢21世紀美術館」や「鈴木大拙館」を巡る一般人向けツアーが2014（平成26）年の北陸新幹線開通を機に現れてき

金沢駅東広場のもてなしドームと鼓門（平成17/2005年）。⇨ *p.26*

谷口吉郎・吉生記念金沢建築館（令和元/2019年）。⇨ *p.83*

た。この時、金沢市も石川県も保存と創造の建築文化の積み重ねを自己確認しながら、観光施策のひとつとして各種の建築ガイドマップや小冊子やプロモーションビデオの制作を始めた。

令和2（2020）年に開催予定だった東京五輪に合わせ、インバウンド対応策を兼ねて、県は明治・大正の建築を再利用した「国立工芸館」（旧陸軍第九師団司令部庁舎、旧陸軍金沢偕行社、令和2（2020）年、設計：山岸建築設計事務所）のオープン、金沢城と城下町を結んでいた「鼠多門」（令和2/2020年、設計：文化財建築物保存技術協会）の復元、「金沢港クルーズターミナル」（令和2/2020年、設計：浦建築研究所）を計画した。東京五輪は2021年に延期になったが、これらは金沢の建築文化に更なる厚みを加え、アーキテクチャーツーリズムにも魅力ある新たな回遊路をつくり出している。

令和元（2019）年、金沢市立の「谷口吉郎・吉生記念金沢建築館」がオープンした。谷口家が自宅敷地を市に寄付し、息子の吉生氏の設計による国内初の公立の建築ミュージアムである。建築保存と現代建築創造が両立する建築文脈を指導してきた谷口親子からの金沢へのこの上ない更なる贈り物といえる。今後の活動は谷口親子の顕彰、国内外の建築文化の公開、金沢の建築文化づくりのバックアップなどを、市民から外国人、子どもから専門家までの幅広い人びとに発信することを目的にしている。

今後の営み

建築文化が地域社会に根づき本物になるのは、一般市民自らの住まい・街・都市に自らの思いを語れるようになることである。幸いなことに明治以降、先人たちは金沢を内発的に構築してきたし、震災、戦災、大火災などに遭遇することもなかった上に、現代も保存と開発の調和による歴史的重層性を指針に立て、豊かな建築文化を集積してきた。今後も「保存は優れた開発」であり、「開発は次代の保存の創造」であるとの認識で、建築・街・都市を語っていきたい。この語り手として建築家には大きな役割が期待されている。　　　　　　　　　（みずの・いちろう）

金沢圏の建築 191

第2次世界大戦の戦火にあわなかった金沢には、江戸期から現代までのさまざまな時代を表徴する建築・遺構・庭園が存在している。

編集委員会では、江戸期から現代までの一連の時間軸の中で形成されてきた建築文化について、金沢を中心とした石川県全域を金沢圏と捉え、他都市圏とは異なる金沢圏の都市・建築文化の独自性と魅力を示すことを目標とした。

金沢圏の建築ガイドとなるものとして編集した「金沢圏の建築191」で紹介している建築・庭園は191作品であり、そのうち95作品が江戸期から戦前までに建てられた歴史的建築である。これらの多くは現在もさまざまなかたちで活用されているものであり、特に旧城下町エリアにおいては、時間軸の中で生まれた異なる時代の建築様式がモザイク状に混在し、非戦災都市金沢ならではの特徴を示している。

ここで紹介する歴史的建築物の選定は、歴史上または芸術上、文化財的価値が高いと認められる国・県・市指定文化財、庭園などの記念物（特別名勝・名勝）、周囲の環境と一体をなして歴史的風致を形成している重要伝統的建造物群保存地区等、何らかの文化財として指定・選定されているものを中心に選出している。その他、編集委員会で歴史的特徴を示していて貴重であると認められたものを加えている。

また、現代建築の選定は、主要な建築賞（公共建築賞、BCS賞、日事連建築賞、グッドデザイン賞、中部建築賞、北陸建築文化賞、いしかわ景観大賞）の受賞作品と、日本建築学会作品選集および日本建築家協会建築年鑑に掲載された作品、建築雑誌『新建築』および『新建築住宅特集』に掲載された作品をすべてリストアップし、それらの中から編集委員会で掲載すべき作品を100作以内に絞り込んだ。また、上記以外にも金沢圏の現代建築を語るに欠かせないと判断した作品も追加している。

各作品は、右頁のように、「①金沢・野々市」、「②白山・能美・小松」、「③加賀」、「④かほく・津端・内灘」、「⑤羽咋・七尾・志賀」、「⑥奥能登」の6つのクラスターに分類し、全体の3分の2を上回る137作品を選定している「①金沢・野々市」については、さらに細分化したエリアに分類して掲載している。

（蜂谷 俊雄）

191作品について
「国立工芸館」は、「国立工芸館」と、「旧陸軍第九師団司令部庁舎」、「旧陸軍偕行社」として3項目として扱っている。「金沢湯涌江戸村」は、「金沢湯涌江戸村」そのものとそこに移設建物を11項目、「金沢工業大学北校地キャンパス」、「金沢工業大学東校地キャンパス」は各6項目をカウントしている。

MAP ❶
縮尺 1/600,000   0   10

p. 136

しお・CAFE

時国家住宅
上時國家住宅
駅丸家住宅

ラボルトすず

輪島 KABULET

谷口建設社屋

旧角海家住宅
總持寺祖院
輪島市黒島重要伝統的建造物群保存地区
門前フラミンゴインビュー・サンセット

のと里山空港

石川県水産総合センター

p. 132

能登島ガラス美術館

能登演劇堂

加賀屋能登渚亭

福浦灯台

石川県七尾美術館

本宮保育園

妙成寺

気多神社

Cluster ❻ 奥能登

Cluster ❺
羽咋、七尾、志賀

黒部市

魚津市

滑川市

富山市

富山空港

p. 128

かほく市立大海保育園

高岡市

射水市

Cluster ❹ かほく、津幡、内灘

海と渚の博物館 ● 西田幾多郎記念哲学館
石川県森林公園 インフォメーションセンターわくわく森林ハウス
津幡町文化会館シグナス

小矢部市

砺波市

p. 20

❶-05
❶-02
❶-01

Cluster ❶ 金沢、野々市

p. 112

B's行着寺

❶-03
❶-04

Cluster ❷ 白山、能美、小松

小松製錬ファブリックラボラトリー fa-bo

浅蔵五十吉美術館

小松市立宮本三郎美術館、小松市立本陣記念美術館、
小松市公会堂
サイエンスヒルズ小松

小松空港

石川県ふれあい昆虫館
すくすく木工館もくもく遊ゆう
獅子ワールド館
石川県林業試験場映像展示室

石川県畜産バードハミングサイクルランド＆バーベキューガーデン
白山市鳥越雪ノ森健老

金沢工業大学・国際高等専門学校白山麓キャンパス

p. 122

中谷宇吉郎雪の科学館
加賀片山津温泉総湯（街湯）

市橋立
伝統的建造物群保存地区

長流亭

那谷寺

九谷焼窯跡展示館
山代温泉 湯の曲輪

山中座
あやとりはし
加賀市加賀東谷
重要伝統的建造物群保存地区

Cluster ❸ 加賀

白山市白峰重要伝統的建造物群保存地区
旧山岸家住宅

白山

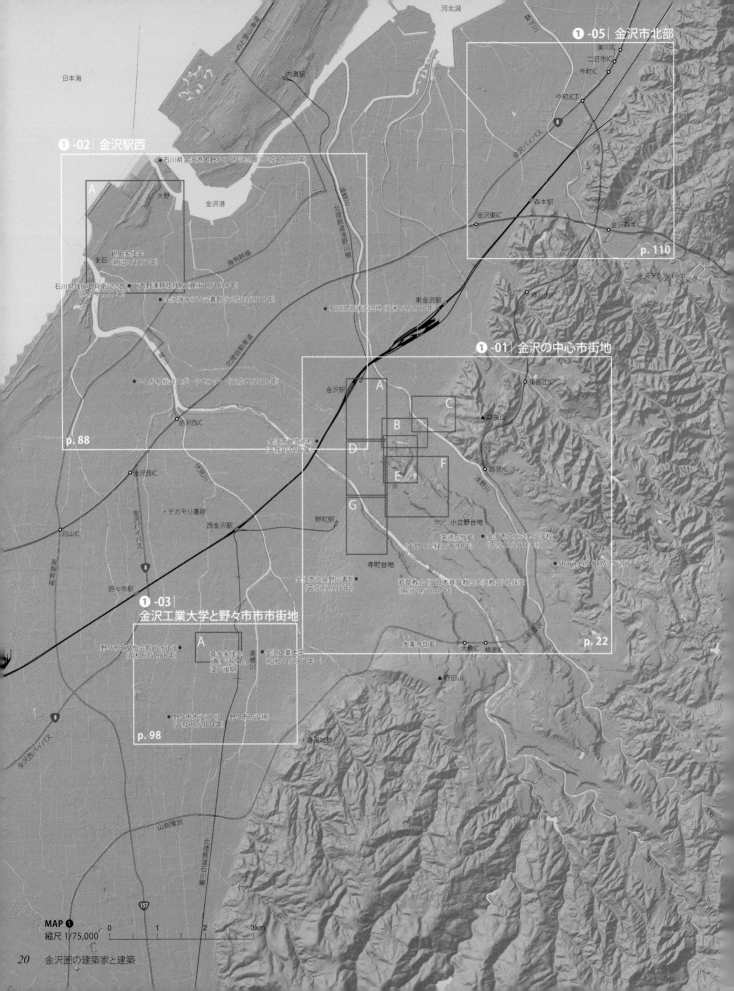

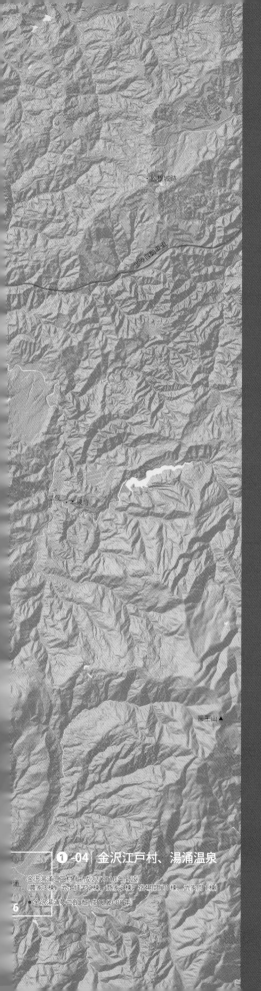

金沢、野々市

　今でこそ金沢は北陸の雄都で、野々市は金沢の郊外の一隣接地域だが、室町期までは野々市が守護職・富樫家の館が建つ加賀国の中心地で、金沢は北国街道沿いの寒村だった。金沢が都市として歩み始めるのは天文15 (1546) 年、一向宗が一揆によって富樫家を滅ぼして加賀を治め、金沢城の位置に御坊を構え寺内町を生成した時からで、本格的な城下町になるのは天正11 (1583) 年、前田家の入城後である。

　明治に入ると維新政府は、発展した西欧諸国からの大幅な立ち遅れを取り戻すべく近代化事業を種々起ち上げ、その受け手を全国各地に求めた。多くの都市がそれを受け入れて自らの都市も変容させたのに対し、金沢は手を挙げず、蓄積された自力を活かしながら歩む内発型を選択した。この姿勢は大正・昭和にも受け継がれたので、金沢には江戸以来の産業、文化、まちなみなどが残った。しかしそれは一方で多くの都市が製鉄都市、繊維都市、港湾都市などと国レベルの事業を担って成長したのに対し、人口が維新時4位であった金沢は、10位、20位と停滞傾向であった。その歩みは野々市も同じで、江戸以来の加賀平野手取川水系の良好な田園地帯を続けていた。その緩変の歩みが大きく変わったのは戦後である。急激な人口増と都市への流入、工業化社会とその消費や車社会の到来などが一斉に押し寄せ、日本のすべての都市域が拡大し、大量の建築が供給されるなど巨大な構造変容があった。

　金沢は戦災だけではなく地震や水害にも遭遇しなかったので、市民生活や建築や都市構造に激変や消滅の歴史はなかった。しかし空襲で焼け野原になった戦災都市が、ビル街や商店街、駅前広場や住宅団地、車社会などを有した新しい都市像を見せ始めると、旧態依然とした金沢は立ち遅れ感を抱いた。そして急遽近代化事業を展開したが、生まれた都心が流行的で画一的なことを憂えて自ら「金沢市伝統環境保存条例」を日本で初めて制定し、「伝統と創造」、「保存と開発」に都市づくりの方向を定めた。それでも金沢は人口や都市機能の増加の受け皿が必要となり、南部農地を居住地，西部農地を新都市機能地に開発した。

　野々市は金沢の南部居住地開発と一体的に都市化を進めたが、その際に土地区画整理事業を課し、地区計画制度を推奨し、文化・教育・福祉・商業・大学などの都市施設を計画的に誘導するなど、良好な都市環境形成を積み重ねていった。その結果、現在は各種の「住みよさ度」調査で上位にランクされる都市になった。以上のように金沢と野々市は、それぞれの個性で存在感を持つ都市として隣接しながら歩み続けている。金沢には古くから郊外に港のある大野・金石、富山へ続く二俣・湯涌などの個性的な町が存続しており、野々市とともに金沢圏を豊かにしている。

（水野 一郎）

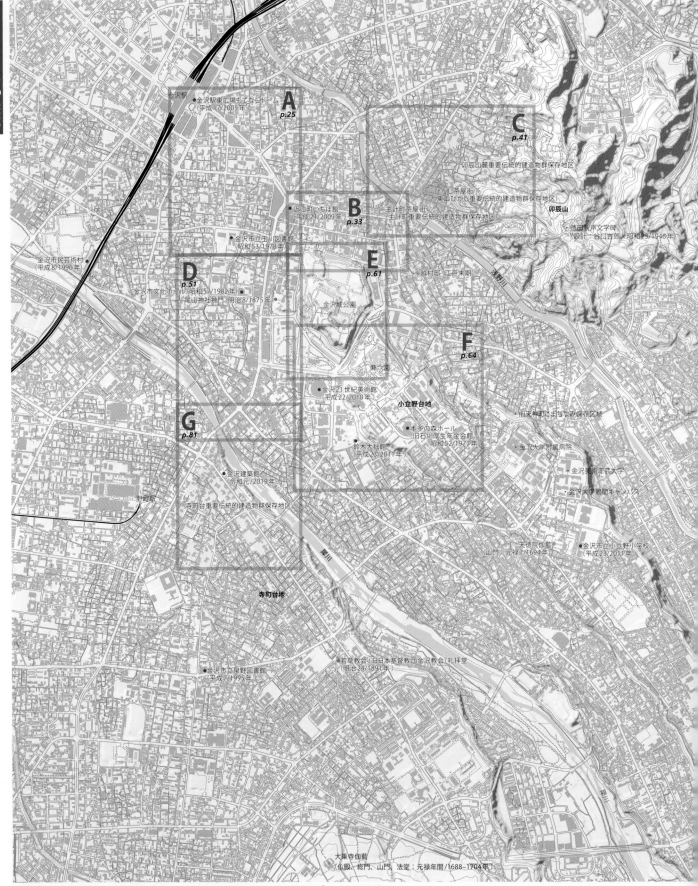

金沢駅 ●金沢駅東広場もてなしドーム
（平成17/2005年）

A
p.25

C
p.41

卯辰山麓重要伝統的建造物群保存地区

ひがし茶屋街
（東山ひがし重要伝統的建造物群保存地区）

卯辰山

●近江町いちば館
平成21/2009年

B
p.33

主計町茶屋街
（主計町重要伝統的建造物群保存地区）

●徳田秋声文学碑
（設計：谷口吉郎　昭和23/1948年）

●金沢市立玉川図書館
（昭和53/1978年）

E
p.61

越村町（江戸末期）

浅野川

●金沢市民芸術村
（平成8/1996年）

D
p.51

金沢市文化ホール（昭和57/1982年）

尾山神社神門（明治8/1875年）●

金沢城公園

兼六園

F
p.64

小立野台地

●金沢21世紀美術館
（平成22/2010年）

●本多の森ホール
（旧石川厚生年金会館）
昭和52/1977年

（旧天神町さまちなみ保存区域）

G
p.81

●鈴木大拙館
平成23/2011年

●金沢大学附属病院

●金沢建築館
（令和元/2019年）

●金沢美術工芸大学

●金沢大学鶴間キャンパス

寺町台重要伝統的建造物群保存地区

●大徳院仰藍
山門（元禄7/1694年）

●金沢市立小立野小学校
（平成23/2011年）

犀川

寺町台地

●金沢市立泉野図書館
（平成7/1995年）

●若草教会（旧日本基督教団金沢教会）礼拝堂
（明治24/1891年）

大乗寺仰藍
（仏殿、総門、山門、法堂：元禄年間/1688–1704年）

MAP ❶-01 | 金沢市中心の市街地　縮尺1/25,000（A〜Gのエリアでは一部のみプロットしている）

●Share金沢(平成25/2013年)

金沢大学

0   500m   1 km

金沢の中心市街地｜2筋の川と3つの丘陵の都市風景

中心市街地は、白山山系から連なる山々を背景に、「卯辰山」、「小立野台地」、「寺町台地」の3つの丘陵と、「犀川」、「浅野川」のふたつの河川による起伏に富んだ地形の上に成立している。その上に重層する、藩政期から積み重ねられた歴史・文化や、各時代が試みた施策、人びとの生業などの層の厚さに、今日の金沢の景観の特性があり、そこかしこに都市を時間軸の中で捉えることができる歴史的断片が残されている。

城下町としての金沢は天正11(1583)年の前田利家の金沢入城から始まる。近世城下町は日本独自に発展した都市形態であり、城下町としての金沢は全国でも最大の規模であった（現在の金沢市は人口46万人で42番目の地方都市であるが、幕末の頃には加賀百万石の本拠地として、江戸・大坂・京都に次いで4番目の人口があった）。西欧のように街全体が城壁の中に存在した閉鎖的な城壁都市とは異なり、日本の城下町は、城を中心とした開放的な都市空間であった。

武士の居住地が城下町全体の約6割を占め、特に加賀藩の年寄役の「加賀八家」は1万石以上の大身で、その家臣団の集まりが小さな城下町のように形成され、金沢城を取り囲むように配置されていた。その中心地に存在した金沢城や武家屋敷群の跡地が、後の時代に中心市街地の緑地や公共施設整備の場所として利用されることになる。

城下町金沢の都市空間を規定しているものに「惣構」と「用水」がある。惣構は城下町を取り囲んだ堀や土を盛り上げた防御のための土木建造物である。金沢では内惣構（慶長4/1599年）と外惣構（慶長15/1610年）が二重に築かれ、防衛上の要所には「升形」がつくられていた。街中を散策していると、その名残を感じる場所が所々にある。用水も城下を縦横に流れ、城下町形成と深く関わっている。ともに犀川、浅野川を水源とし、城下町の防衛や生活用水として、また都市火災に対しても重要な役割を果たしてきた。

さらに、戦災にあわなかった都市として、城下町全体の街路が藩政期の街路を前提に整備されているため、金沢の街路は複雑で迷路的である。戦災を被った他都市が戦後復興として整備した直交する街路とは明らかに異なる。主要な都市軸としての街路は明治以降に拡幅されているが、藩政期の地図を見ながら街を巡ることもできる。

多様に屈折した細い街路や坂道は、城を防衛する目的や地形の起伏によるものであるが、現代の人が見れば、金沢の都市空間・景観の特徴として魅力的に映る。さらに、現代都市では見かけない「広見」と呼ばれる場所も各所に現存している。広見は街路が交差する部分に設けられた広がりをもつ空間で、火災時の延焼防止を目的とした「火除け地」が由来とされている。 　　　　　（蜂谷 俊雄）

加賀八家の配置図（作図：金沢工業大学蜂谷研究室）

惣構配置図
（作図：金沢工業大学蜂谷研究室）

金沢駅から武蔵ヶ辻へ｜再開発でつなぐ駅と中心市街地

全国の主要都市の駅前広場に立つと、目の前には都心につながる大通りが存在する。ここに紹介する「金沢駅から武蔵ヶ辻」へと向かう大通りが、城下町金沢の中心市街地へとつながる目抜き通りである。

しかし、この「金沢駅〜武蔵ヶ辻」の間が、現在のように明快な大通りとしてつながったのは平成25（2013）年のことである。マップを見ると、この大通りは市街地の街路網と約45度の角度で「金沢駅〜武蔵ヶ辻」の間を最短でつないでいることがわかる。そして、この間を実際に歩くと、大通りの両側から不自然な角度で周囲の街路が入り込んでくる。戦災にあった他都市では見かけない光景である。この特異な状況をさらに詳しく知るために、コラム（p.30「城下町金沢の古地図｜残存するかつての街路、屋敷割」）で紹介しているスマホアプリ「古今金澤」の古地図と現代の地図を見比べてみると謎が解ける。

このように既存の市街地を貫通する大通り「金沢駅前通り」を通す再開発事業には長い年月を要した。昭和51（1976）年に都市計画決定され、平成8（1996）年に暫定開通し、平成22（2010）年に4車線化され、平成25（2013）年に歩道も含めて完成した。この間、再開発工区ごとに大規模再開発建築（「ライブ1」、「ルキーナ金沢」、「やわらぎ金沢」、「みやび・る金沢」、「リファーレ」）が完成している。

市の都市景観条例で近代的景観創出区域に指定されたこの大通り沿いは、城下町の伝統環境を保存しながら新たな開発を進めるためのエリアであり、時代の変化と共に新たに発展していく金沢を表徴する場所である。ここに建ち並ぶ高層ビルは、低層部が商業施設で高層部が住居やオフィスになっていて、高層部の外観が大通りに対して45度に振れていることが特徴といえる。大通りの両端部に注目すると、駅東口広場の「もてなしドーム」の「鼓門」と、近江町市場の再開発事業で曳家移転された村野藤吾設計「北國銀行武蔵ヶ辻支店」がアイストップとして存在し、景観の魅力を高めている。

一方、大通り沿いの高層ビルの背後には、江戸期以来の街路網に沿って建ち並ぶ小さなスケールのまちなみが今も残っている。特に鞍月用水沿いは住宅地で、昭和の時代を思い出させるまちなみが残っている。また、大通りの北東側にある金沢表参道（横安江町商店街）は、金沢東別院の門前町で、仏壇店・法衣店・結納品店・古書店・古美術店などが建ち並ぶ金沢らしさを残した通りである。

（蜂谷 俊雄）

もてなしドームより鼓門を通して再開発地区方向を見る。

金沢駅前通りの「ルキーナ金沢」前の歩道状空地より武蔵ヶ辻方向を見る。

かつて県内初のアーケードのあった横安江町商店街。アーケードが撤去され、平成18（2006）年に「金澤表参道」として整備された。

・金沢フォーラス（平成18/2006年）

木ノ新保町

・JR金沢駅

・金沢駅東広場もてなしドーム
（平成17/2005年）
・鼓門

（金沢都ホテル跡地）

此花町

笠市町

・本願寺金沢別院（西別院）伽藍
（嘉永2/1849年）

北安江町

・石川県立音楽堂
（平成13/2001年）

・ヴィサージュ
（平成2/1990年）
金沢駅前第二地区

・ホルテ金沢（平成5/1993年）
金沢駅前第一地区

・ライブ1（昭和61/1986年）
金沢駅武蔵北地区第一工区

・ルキーナ金沢（平成14/2002年）
金沢駅武蔵北地区第二工区

・やわらぎ金沢（平成25/2013年）
金沢駅武蔵北地区第三工区

・リファーレ（平成8/1996年）
金沢駅武蔵北地区第五工区

・みやび・る金沢（平成19/2007年）
金沢駅武蔵北地区第四工区

・金沢東別院

本町2丁目

本町1丁目

安江町

彦三町2丁目

和町

六枚町

金沢城惣構跡升形遺構・

芳斉2丁目

西外惣構跡

袋町

・ル・キューブ金沢
（平成26/2014年）

金沢スカイビル
（昭和49/1974年）
武蔵ヶ辻第二地区

武蔵町

・北國銀行武蔵が辻支店
（昭和7/1932年）

青草町

・近江町いちば館
（平成21/2009年）
武蔵ヶ辻第四地区

・ニュースカイプラザ
（昭和56/1981年）
武蔵ヶ辻第三地区

下松原町

下堤町

上近江町

芳斉1丁目

玉川町

西町藪ノ内通

西町4番丁

→ *p.33*

・金沢市立玉川こども図書館・
（旧日本たばこ産業株式会社金沢支店、
平成19/2007年）

・金沢市立玉川図書館別館
（旧専売公社C・1号工場、大正2/1913年）

・金沢市立玉川図書館（本館、昭和53/1978年）

上堤町

西町3番丁

・旧園邸（大正中期）
・金沢市西町教育研修館
（旧石川県繊維会館、
昭和27/1952年）

長土塀1丁目

玉川公園

MAP ❶-01A｜金沢駅から武蔵ヶ辻へ 縮尺1/5,000

↓ *p.51*

0　　100 m

● 金沢駅東広場もてなしドーム
金沢市木ノ新保町2 ｜ 平成17（2005）年

延床面積：約3000㎡（もてなしドーム建築面積）
階数：地下1階、地上1階
構造：アルミニウム合金立体トラス構造＋張弦梁構造＋スケルション構造
施工：清水建設・西松建設・治山社・豊蔵共同企業体ほか
MAP⇨ *p.25*

もてなしドーム内部。

鼓（つづみ）門。

設計　白江建築研究所、トデック

　金沢の玄関口である金沢駅東広場に架かるガラスのドーム。雨や雪の多い金沢において、駅に降り立った人びとに傘を差し出す「もてなしの心」を表すシンボルとなっている。建物は、耐久性やメンテナンス性に優れたアルミやガラスといった材料が用いられ、それらが最先端技術である「張弦材ハイブリッド立体トラス構造」によって構築されている。これまでに脈々と受け継がれてきた金沢の文化にならい、次の時代の都市財産となる現代性を持った建築を残すことで、新たな「金沢らしさ」を象徴することが意図されている。　　　　（齊藤 淳史）
第12回いしかわ景観大賞、『新建築』2005年11月号

北側からの見上げ。

● ポルテ金沢（金沢駅前第一地区）
金沢市本町2-15-1 ｜
平成6（1994）年

延床面積：68,502㎡
階数：地下2階、地上30階
構造：S造一部RC造
施工：竹中・三井・真柄・豊蔵・治山共同企業体
MAP⇨ *p.25*

設計　MHS松田平田

　金沢駅前の再開発事業の一環として建設された施設。「ホテル日航金沢」をキーテナントに、商業、オフィス、ホール、フィットネスなどの機能が複合されている。建物は、高さ130mのタワーと中低層棟で構成され、その間には、施設全体のコミュニケーションスペースとして6層吹き抜けのアトリウムが設けられている。御影石とアルミパネルを用いたヒューマンスケールな基壇部や、伝統的な要素である格子や連子をモチーフとした意匠により、新たな都市景観と古くから続くまちなみの共生が意図されている。　　　　（齊藤 淳史）
第17回金沢都市美文化賞、1994年商環境デザイン賞、第6回北陸建築文化賞、『日本建築学会作品選集1996』、1997年グッドデザイン賞、『新建築』1994年5月号

● 金沢スカイビル（金沢市武蔵ヶ辻第二地区）
金沢市武蔵が辻15-1 ｜ 昭和48（1973）年

事業主：金沢市
延床面積：63,566㎡
階数：地下2階、地上18階
構造：S造、RC造、SRC造
施工：竹中工務店
MAP⇨ *p.25*

武蔵交差点より見る。

設計　釣谷建築事務所

　武蔵ヶ辻地区は都市機能の更新と新たな商環境の整備が求められていた。そこで、いち早く再開発が行われ、金沢駅と武蔵が辻をつなぐ道路を幅員36mの都市計画道路として拡幅し、商業活動に新たな活力を吹き込むことを目的に百貨店とホテルをキーテナントとした再開発事業建築がつくられた（昭和46/1971年都市計画決定）。竣工当時、日本海側で最も高いビルであり、都市のランドマークであった。現在では武蔵ヶ辻第三地区（「ニュースカイプラザ」昭和56/1981年）、武蔵ヶ辻第四地区（「近江町いちば館」）とともに武蔵ヶ辻に賑わいをもたらしている。　　　　（佐々木 智哉）
第6回中部建築賞

● 北國銀行武蔵ヶ辻支店 （旧加能合同銀行本店）

金沢市青草町88 ｜ 昭和7（1932）年

建築面積：388.67㎡（改修前）
階数：地上3階
構造：RC造
施工：清水組
MAP⇨*p.25*

正面外観。

設計　村野藤吾

　建築家・村野藤吾の若き頃の作品である。鉄筋コンクリート造の3階建てで、昭和7（1932）年に「加能合同銀行本店」として建築された。外観は手焼きのこげ茶色のタイルを全面に張った直方体に、大きな3個の表現派的なシェル・アーチを付けた大胆な構成をみせている。また両側面に付けられたプレキャストコンクリート製のデザイン・パネルや北側の3階張り出し部分のガラスにするカーテンウォールなどの扱いは、モダンな造型である。アーチの両側に配された波形パターンのルーバーパネルの形態は、洗練された感覚の意匠である。

（中森 勉）

開口部ディテール。

● 近江町いちば館 （金沢市武蔵ヶ辻第四地区）

金沢市青草町88 ｜ 平成21（2009）年

延床面積：17,349.81㎡
階数：地下1階、地上5階
構造：SRC造、一部RC造・S造
施工：熊谷組
MAP⇨*p.25*

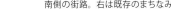
南側の街路。右は既存のまちなみ。

設計　アール・アイ・エー

　「市民の台所」として藩政期から親しまれた歴史と文化を継承し、武蔵ヶ辻の賑わいの維持再生を目論んだプロジェクトである。既存の市場と連続し、建物内に新通りと青果通りを整備し、屋内外を感じさせない市場空間を演出している。2階との視線のつながりやブリッジからの視点など、従来の市場にはあまり見られなかった立体的な視点もある。一方外観は落ち着いた色合いで、市場内部の賑わいのある空間と、敷地に隣接する村野藤吾設計の北國銀行の両方との調和を図っている。

（武田 知展）

第41回中部建築賞、いしかわ景観賞、金沢都市美文化賞、『新建築』2009年7月号

西側外観全景。

北側武蔵交差点より見る。

● **金沢市立玉川図書館**（本館）

金沢市玉川町2-20 ｜ 昭和53（1978）年

延床面積：6,340㎡
階数：地下1階、地上2階
構造：RC造、一部S造
施工：大成建設・岡組建設
共同体
MAP⇨**p.25**

公園に開かれた南側中庭。

北側の中庭。コルテン鋼の外周に対して、中庭は床・壁が煉瓦で覆われている。

東側外観。中央にメインエントランス。手前の煉瓦壁は近世資料館。

設計　谷口・五井設計共同体（総合監修：谷口吉郎）

　旧専売公社の煙草工場（大正2/1913年）の一部を保存・改修した「近
世史料館」と、新築された「本館」からなる市立図書館。近世資料館
の陰影のある赤煉瓦に対して、本館は平滑なコルテン鋼やガラスが
用いられ対比的な表現となっている。本館は、開架部門と学習・管
理部門、その間に設けられた中庭によって構成されており、内部と外
部が一体となった気楽に本と触れ合える空間が形成されている。床と
壁を赤煉瓦で仕上げた中庭は、近世史料館との調和をもたらすとと
もに、隣接する公園に連続する外部空間となっている。　（齊藤 淳史）
第11回中部建築賞、第2回金沢都市美文化賞、『新建築』1979年7
月号

南側の玉川公園より見る。

● 金沢市立玉川図書館別館（旧専売公社C-1号工場）

金沢市玉川町2-20｜明治44 (1911) 年

建築面積：691㎡
階数：地上2階
構造：煉瓦造
施工：不詳
MAP⇨*p.25*

本館との接続部にあるエントランス。

北東コーナーより見る。

原設計　大蔵省（矢橋賢吉）　改修設計　谷口・五井設計共同体

この建物は旧大蔵省の外局である専売局金沢煙草製造所工場として、明治44 (1911) 年から大正2 (1913) 年にかけて建てられた。創建時はコの字形の回廊に沿った工場配置が採用されていた。昭和47 (1972) 年に工場が移転し、取り壊し工事が進行中、建物の一部を金沢市が譲り受け、同54 (1979) 年に市立図書館（現・玉川図書館）の別館（現・史料館）として保存・活用されてきた。煉瓦造総2階建て、彫りの深い出入り口や1、2階を一体に扱う大アーチ窓は、白ペンキの木製サッシを入れて、赤煉瓦壁とは対比的な色彩感覚を産み出し、洗練されたデザインが窺える。　　　　　　（中森勉）

国登録有形文化財

◉ 本願寺金沢別院（西別院）伽藍

金沢市笠市町2-47｜嘉永2 (1849) 年（本堂）

【本堂】
木造、入母屋造、平入り、本瓦葺き、桁行9間、梁間8間、禅宗様
【経堂】
慶応2 (1866) 年創建
土蔵造、六角宝形屋根、桟瓦葺き、吹き放し裳階
【鐘楼】
安政3 (1856) 年創建
木造、方一間吹き放し、入母屋造、桟瓦葺き
MAP⇨*p.25*

本堂正面外観。

ふたつの千鳥破風が特徴の本堂妻側屋根。

本願寺金沢別院は浄土真宗寺院であり、天正15 (1546) 年に創建された「金沢御堂」を前身とし、別名「金沢坊」や「御山」とも呼ばれ、加賀一向宗の拠点であった。天正8 (1580) 年柴田勝家に攻略され、その後、前田利家の金沢城入城にともない、寺地を移し、慶長16 (1611) 年に現在地にて伽藍再建に着手した。度々の罹災により現在の本堂は、嘉永2 (1849) 年に再建されたものである。木造、入母屋造平入り本瓦葺き、桁行9間、梁間8間の禅宗様の密度の高い大規模な遺構である。また、慶応2 (1866) 年創建の経堂は、土蔵造、宝形屋根桟瓦葺きで、六角の平面を持ち、内部に八角宝形の回転式輪蔵を備えている。安政3 (1856) 年創建の鐘楼は、江戸後期の禅宗様の貴重な遺構である。　　　　（坂本英之）

石川県指定文化財

経堂と鐘楼。

城下町金沢の古地図 | 残存するかつての街路、屋敷割

増田 達男（都市史家、金沢工業大学教授）

今に残る城下町時代の街路

城下町時代の街路は、現在の金沢の市街地にどの程度残っているのだろうか。❶は、GISの現代地図（都市計画基本図）をベースとして、かつての残存街路を2009年にトレースしたものである。

最も時代を遡ることができる古地図は1667年の「寛文七年金沢図」[1]である。赤い線で示した街路が、現在認識できる最古のものである。旧城下域の主要部に最も広く蜘蛛の巣状に分布している。すなわち、すでに1667年において大規模な城下町の大部分が成立していたのであり、そのほとんどすべてが未だに残存していることを示している。金沢の歴史がいかに深いかを地理的にも如実に表している。

緑の線は、幕末の嘉永・安政年間（1848-60）に作成された古地図に描かれ、そして現在に残る街路である。すなわち、1667年から1856年頃までに城下町が拡大した範囲に分布しており、そのほとんどが現在に引き継がれている。

さらに、薄紫の線は、大正期の市電開通の際などに拡幅された城下町時代の街路である。金沢を貫いていた北国街道などの幹線道路である。

金沢測量図籍について

「金沢測量図籍」[2]は、文政期（1804-30）に近代的な測量技術を用いて測定された。地図ではなく、街路の方位角と距離を測定した数値簿である。

❷は、金沢市歴史建造物整備課がGISの現代地図に「金沢測量図籍」をオーバーレイした重ね図である[3]。

❷『金沢測量図籍』重ね図。（金沢市歴史建造物整備課、2008年）

❶「今に残る城下町時代の街路」。残存している城下町の街路をトレースしている。（金沢工業大学増田研究室、2009年）

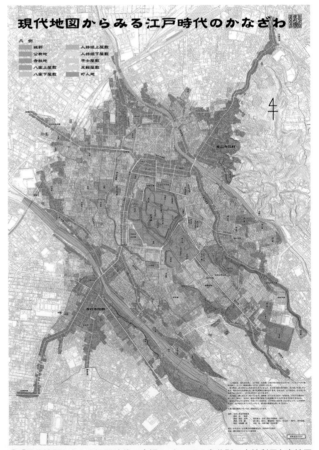

❸「現代地図からみる江戸時代の金沢」。かつての身分別の土地利用と宅地区画をオーバーレイしている。（金沢工業大学増田・谷・下川・永野、2004年）

残存する江戸時代の街路線にほとんどが重なり、当時の測量精度の高さに驚かされる。その中心人物は加賀藩士の遠藤高璟（たかのり）（1784-1864）であり、歴史に名高い伊能忠敬（いのうただたか）（1745-1818）に勝るとも劣らぬ測量技術者であった。彼らは、文政5（1822）年から文政11（1828）年の6年間をかけて、当時の城下をくまなく測量した。

技術もさることながら、寸分違わぬ街路を今に残す金沢の歴史を尊びたい。

町割りと屋敷割の歴史について

江戸時代には、街路網を「町割」といい、宅地区画を「屋敷割」といった。

前述したように、その「町割」の歴史は根強く現在に引き継がれている。一方、「屋敷割」についてはどうであろうか。

図❸は、明治期に最も近い嘉永・安政期の「金沢惣絵図」[*4]を主体に、GISの現代地図上に、かつての身分別の土地利用と宅地区画をオーバーレイしたものである。歴史都市金沢と京都との決定的な違いをこの土地利用に見ることができる。それは6割の面積に武士が暮らした城下町金沢の特徴である。

中でも、最も広い面積を占めたのは侍屋敷で、戸数も約4,000戸と多い。次いで足軽屋敷が約2,800戸であった。各々の侍屋敷の宅地は身分石高により大小さまざまであったが、300坪はざらであった。これに対し足軽は兵卒扱いで一律50坪と差があった。現代サラリーマンの標準的な規模に等しい。他に武将としての上級武士が68家あり、侍屋敷より格段に大規模であった。

以上の武士階級に対し、町家の戸数は約15,000戸と圧倒的に多かった。ただし、宅地規模は平均30坪程度であり、通りにせめぎ合って店を並べていた。果たして、半数に満たない武士階級の商工サービスを担うために、これだけの戸数が必要だったのであろうか。郊外ショッピングセンターのテナント数が200を超えると喜ぶ現代は、城下町の賑わい較べてはたして豊かなのであろうか。

昨今、『金沢市街分間絵図』（石川県立歴史博物館蔵）が発見された。明治9（1876）年の作成ながら、藩政時代の屋敷割を詳細かつ正確に記載している。街路は金沢測量図籍にきわめて近似しているところ

も精度の高さを裏付けている。これをGISの現代地図上へオーバーレイする作業が完成間近である。

このように、現代地図に古地図を高精度で重ねると、現在の宅地区画の多くがかつての屋敷割の上に成り立っていることがわかる。明治維新以降、士族はことごとく立ち退かされ、その跡地の多くはリンゴ畑などの農地に転用された。これらが、明治末頃から40坪未満の小宅地に細分化されて、昭和戦前までに給与所得層の専用住宅が建ち並んだ。その多くは下級武士系の歴史を継承していた。

一方、町家の宅地区画はほとんど変化せずに存続した。

かくして、高密度な近代市街地の基盤が成立し、金沢の歴史は、戦災を免れた昭和戦後へと引き継がれることとなった。

「古今金澤」は古地図巡りのスマホアプリ

今やスマホの現在位置で、353年前の古地図を見ながら金沢の町歩きができる。開発したのは（株）エイブルコンピュータである。金沢工業大学の増田研究室は、アプリの重要な機能を支援した。寛文7（1667）年の古地図である「寛文七年金沢図」には、すべての宅地に侍の氏名などが墨書されている。流麗な崩し字の古風な魅力もたまらないが、残念ながら今の私たちにはほとんど読むことができない。そこで、このアプリの古地図の崩し字を長押しすると活字が現れる機能を搭載して使いやすくした。

図❹ スマホアプリ『古今金澤』。（エイブルコンピュータ、2016年公開）

いつでも好きなときに、スマホ片手に金沢を歩きながら、353年前へタイムスリップしていただきたい。金沢の地名や歴史的由来をまとめた百科事典ともいえる『金澤古蹟志』（森田平次、金澤文化協會、1933-1934）も収録されているので、さらに便利だ。

（ますた・たつお）

【参考文献】
*1『寛文七年金沢図』、石川県立図書館所蔵
*2『金沢測量図籍』、石川県立図書館所蔵
*3『金沢測量図籍図化合成図』、金沢市歴史建造物整備課制作、2008年
*4『金沢惣絵図』、金沢市立図書館近世史料館所蔵

尾張町 | かつては金沢城の表玄関、戦前までの中心市街地

尾張町は、天正11（1583）年、前田利家が金沢へやってきて最初に開いた新しい町であるとされる。細街路が曲がりくねっている金沢の街の中で、城から浅野川に至るこの界隈だけは碁盤の目のように整然としている。町名の由来は、利家に従って尾張荒子から移住した足軽・小者がここに居住したためとも、同じく尾張荒子から呼び寄せた御用商人の居住地であったともいわれる。江戸期は米仲買商を中心にした大店が並び、金沢経済の中心を成していた。今でも国道159号線（旧北国街道）沿道に大店が残る。

城の正面である大手門の前には武家の居住地「大手町」があり、その先に商人の暮らす「尾張町」が形成された。武家地の部分には、非公開ではあるが通りの内側に武家の庭園が今も残る。尾張町の通りは、大正8（1919）年の都市計画道路の拡幅で、いくつかの大店がかつての姿を失ったが、曳き屋などをして、今なお旧来の姿をとどめるものもある。その拡幅によって金沢駅前から尾張町を経由する市電が開通した。表の尾張町が手一杯になると、裏側に新たに町がつくられた。新町である（現在の「旧新町こまちなみ保存区域」）。

この地域は、近くを流れる浅野川と旧北国街道の交差する水運と陸運の結節点（交差点）に位置し、従来、経済的潜在力の高い地域である。元禄6（1693）年、江戸飛脚の集荷場が置かれたという記録が残る。尾張町と橋場町の境界付近に、道路元標である「石川県里程元標」の標柱がある。ここを起点にして石川県の距離が決められてきた（日本の起点は江戸日本橋）。　　　　　（坂本 英之）

大手堀交差点より金沢城公園を見る。

百万石通り（旧北国街道）。尾張町交差点付近より武蔵ヶ辻方向を見る。

金沢城大手堀。

広域図 *p.22*

p.25

MAP ❶ -01B │ 尾張町 縮尺 1/5,000

p.41
p.61

0 ────── 100 m

● 尾崎神社

金沢市丸の内5-5 │ 寛永20（1643）年

拝殿。

【拝殿】
桁行3間、梁間2間、一重、
入母屋造、正面千鳥破風付、
向拝1間、銅瓦葺き
【幣殿】
桁行2間、梁間1間、一重、
背面入母屋造、正面拝殿に
接続、銅瓦葺き
【本殿】
三間社流造、銅瓦葺き
MAP⇒*p.33*

　徳川家康、天照大神、前田利常を祀る。もとは東照三所権現社（俗称：金沢東照宮または権現社）と称し、加賀藩主4代前田光高が金沢城北の丸の内に造営した。城内が陸軍省の管轄となり、軍の入営にともない明治11（1878）年に現在地に移築された。三間社流造・銅板葺きの本殿と入母屋造・銅瓦葺きの拝殿、および幣殿、中門からなる。北陸の日光とも呼ばれたほど、他の東照宮同様、華やかな極彩色を施した様式となっている。

（坂本 英之）

国指定重要文化財

● 旧園邸

金沢市西町3番丁17-7 │ 大正中期

街路側外観。

木造2階建、切妻造、桟瓦
葺き
MAP⇒*p.33*

　旧園邸は、大正10（1921）年頃、羽二重商を営む本郷長次郎氏が自宅として新築、その後、園西四郎氏が取得して住まいとしていた建物で、平成4（1992）年金沢市に寄贈された。本郷氏は、各部屋が本格的な茶事に使えるようにと、露地、三畳台目の茶室「松向庵」を含め、裏千家家元千宗左、惺斎宗匠の指導のもとにつくったとされる。大正期における近代和風の典型的な構造・意匠と、坪庭を中心とした広間、水屋、待合などの特徴的な間取りは貴重なものである。

（坂本 英之）

金沢市指定文化財

● **金沢市西町教育研修館**（旧石川県繊維会館）

金沢市西町3番丁16 ｜ 昭和27（1952）年

延床面積：1,676㎡
階数：地下1階 地上3階
構造：RC造
施工：清水建設
MAP⇨ *p.33*

南側正面外観。

折り鶴形の照明器具が浮かぶ吹き抜けホール。

設計　谷口吉郎

　「石川県繊維会館」として建設され、昭和58（1983）年に金沢市が購入。現在は金沢子ども科学財団や、金沢大学のサテライトプラザが入居する。外観は2階と3階に水平窓が規則的に連続するモダニズムデザインだが、切妻の瓦屋根やセットバックした1階壁面など、金沢の雨雪の多さへの配慮がある。屋内へ入ると高窓から柔らかな光が差し込む吹き抜けのホールがある。中央に浮かぶ特徴的な折り鶴形の照明器具を中心に、螺旋状に階段が巡る変化に富んだ空間である。平成13（2001）年に改修され、床のタイルカーペットを撤去して現れた乱貼りの鉄平石や、復元された耐火煉瓦貼りの壁など、1階が竣工当時に近い姿に戻された。　　　　　（齊藤 淳史）

● **中島商店**

金沢市十間町8-1 ｜ 昭和7（1932）年

建築面積：157.15㎡
階数：地上4階
構造：RC造
施工：大林組
MAP⇨ *p.33*

外観。

2階応接室。

全面ガラスブロックの円筒形階段室。

設計　村野藤吾

　中島商店の店主が、旧加能合同銀行の役員であり、建設工事の進む同銀行を見て、そのデザインに惚れ込み、自社ビルも建築家村野藤吾に設計依頼したという。建物の外観は、水平線と垂直線を強調した立体的な構成を示し、玄関廻りの御影石張り部分とタイル張りの壁面との対比が美しく、窓や入口などの矩形の開口部は、リズミカルで簡素なファザードである。また、側面に突出した全面ガラスブロックを用いた円筒形階段室のデザインや玄関庇の扱いは、キュービズム的な造形手法で、若々しいモダニズムの息吹が感じられる。　　　　　（中森 勉）

2階応接室窓廻り詳細。

● 福久屋石黒傳六商店
ふくひさや

金沢市尾張町1-10-8｜江戸末期、嘉永5（1852）年

木造、2階建て、切妻造平入り、瓦葺き、低町家
MAP⇨ *p.33*

外観。

　石黒傳六家は、現当主で20代になるという古い名家で、家の建築年代は、普請帳から嘉永5（1852）年と考えられる。開口はもと13間であったが、大正15（1926）年に家の右側に間口3間の西洋館（武田五一設計）を建てるときに10間に削った。表構えは、低町家2階建て、二階壁面は塗り籠め白漆喰のムシコ窓に、袖壁がついている。間取りでは、吹き抜けのあるトオリニワと奥の仏間、座敷が、創建時の特徴を残している。トオリニワには竈、井戸、流しが残されている。座敷は長押を入れない数寄屋の簡素なつくりで、優雅な味わいを持つ。

（坂本 英之）

金沢市指定保存建造物

● 石黒ビル（旧石黒ファーマシー）

金沢市尾張町1-10-5｜大正15（1926）年

階数：地上4階、地下1階
構造：鉄筋コンクリート造
施工：清水組
MAP⇨ *p.33*

設計　武田五一

　金沢でも由緒ある薬店石黒家の社屋として、昭和元（1926）年に鉄筋コンクリート構造、地上4階、地階1階で建設された。設計者は京都大学教授・武田五一で、関西を中心に活躍していた人物である。建物の外観は、1階部分のタイル貼りのところは、かつて裸婦を組み合わせたレリーフが取り付けられ、遠目に見るとライオンの咆哮にみえ、外観を引き締めていた。2階窓と3階窓との間に付けられているきれいな細かい模様のテラコッタ・タイを張ったパネルや最上階の軒下に巡らされた六角形のレリーフなどは旧状のままである。

（中森 勉）

● 元金沢貯蓄銀行（旧北陸銀行尾張町支店）

金沢市尾張町1-11-8｜明治40（1907）年

建築面積：158㎡
階数：平屋
構造：土蔵造り
施工：不詳
MAP⇨ *p.33*

外観。

設計　長岡平三

　元は土蔵造りである。外観は江戸黒と呼ばれる黒漆喰塗りの壁で、腰部の赤石積みと相まって重厚な姿をみせる。大屋根は一対の鯱瓦を上げる入り母屋造り、反りを付けた城郭風の屋根造りとし、重々しい壁と過不足なく調和している。軒の白く塗った垂木尻のリズムが美しい。室内は飴色のワニスで塗り上げられたコリント風木柱など洋風意匠で飾る。営業室背面中央の大アーチの奔放なデザインが、当時の新しさへの情熱を伝えている。外観が和風で内部が洋風のこの建物は、「擬洋風」ならぬ「擬和風」建築ともいうべきものである。

（中森 勉）

石川県指定文化財

● 旧三田商店

金沢市尾張町1-8-5｜昭和5（1930）年

建築面積：150㎡
階数：地上2階
構造：鉄筋コンクリート造
施工：大林組
MAP⇨ *p.33*

外観。

設計施工　大林組

　この建物は鉄筋コンクリート造の2階建てで、工期はたったの2カ月であったと伝えられている。建物の形態は、立方体に近いプロポーションの単純な形を示し、交差点に面する角を丸めて、正面玄関を設けている。意匠的な見所は、この丸みを帯びた部分に集中されており、1階ではアカンサスを頂く付柱のコリント式柱頭やびん型飾りを配し、玄関欄間に松明を揚げる婦人像の図柄のステンド・グラスを入れる。2階は石の窓枠を積み込みバルコニー風の窓台を付け、その窓台のやや内側へ傾けた鉄製の手すりの付け方など神経が行きとどいている。

（中森 勉）

国登録有形文化財、金沢市指定保存建造物

金沢文芸館（旧石川銀行橋場支店）

金沢市尾張町1-7-10｜昭和4（1929）年

建築面積：101㎡
階数：地上4階
構造：RC造
MAP⇨p.33

橋場の交差点より見る。

設計施工　清水組

　道路に沿って湾曲した扇型の特異敷地の形を巧みに活かした外観である。壁面が屈曲するところにイオニア式の角柱2本で構成される玄関を付け、それ中心として左右対称に、1、2階通しのアーチをつけた縦長窓を並べている。2階と3階との間には深く彫り込まれた軒蛇腹を廻し、屋上パラペット下にも繰り返し、垂直方向を明確に分節してリズムを付け、全体を引き締めている。建物の右側面はその角をすべて丸め、曲線的な柔らかいシルエットを見せるのに対して、左側面は角を直線的に切り落としてシャープな稜線として対照である。
（中森 勉）

国登録有形文化財

旧村松商店

金沢市尾張町1-8-1｜昭和3（1928）年

建築面積：213㎡
階数：地上3階
構造：鉄筋コンクリート造
MAP⇨p.33

外観。

設計施工　清水組

　村松商事の前身である村松商店によって、昭和3（1928）年に鉄筋コンクリート造2階建の自社ビルとして建てられた。設計・施工は清水組（現・清水建設）による。金沢における民間鉄筋コンクリート造としては比較的、早い時期のものに属する。2階壁面に施されたコーニスやアクセントラインに見られる釉薬タイル、1階に波打つレリーフ状の壁面を左官の鏝押さえのアールデコ調の意匠が、初期モダニズム建築と地域性をよく示しているといえる。当時コーニス部分を覆う電飾があったというが、戦時中の灯火管制や金属供出で、失われており残念である。
（坂本英之）

国登録有形文化財、金沢市指定保存建造物

旧田上家

金沢市尾張町1-5-20｜昭和7（1932）年

階数：地上2階
構造：木造
施工：松井組
MAP⇨p.33

外観。

設計　坂本宇吉

　田上家の建物は、住宅部分と診療部分に分かれて建てられたが、診療部分は昭和6（1931）年に建設され、1年後の住宅部分は、木造によるほぼ総2階建てで、内部はベランダをつけた居間や食堂、寝室などが完全に独立した純粋な洋風の平面プランである。
　外観は1階に向かって右側に位置する玄関部にのみ壁を多く配し、それ以外は大きな開口部をほぼ全面にとる開放的なデザインである。玄関廻りの各部材はシャープな垂直を強調し、すべての窓枠を正方形のグリッドで構成し、キュービスムなデザイン手法がみられる。
（中森 勉）

金沢市指定保存建造物

HATCHi金沢 by THE SHERE HOTELS

金沢市橋場町3-18｜昭和41（1966）年新築竣工、平成28（2016）年リノベーション竣工

事業主・企画・統括　リビタ
延床面積：933.30㎡
階数：地下1階、地上4階
構造：RC造、陸屋根
施工：長坂組、エッグ
MAP⇨p.33

HATCHi金沢正面。屋台やベンチが置かれている。

設計　プランニングファクトリー蔵、E.N.N.（飲食区画）、POINT（屋台カート）

　浅野川大橋のたもとに位置するシェア型複合ホテルである。もともとこの敷地にあった旧ビルをホテルに改修したコンバージョン作品である。ポップアップスペース、コーヒースタンドといった賑わいの感じられる1階、宿泊者の炊事スペースも兼ねたシェアキッチンがある地下など、さまざまな要素の交流の場が設けられている。また、正面に屋台やベンチなどを配し、街からも入りやすく、開放的な空間をつくり上げている。
（武田 知展）
2017年グッドデザイン賞、KAYAKトラベルアワード2019、『新建築』2016年9月号

◉旧森快安邸
かいあん

金沢市橋場町2-17｜万延元（1860）年

木造、2階建、切妻造平入り、
瓦葺き、武士系住宅
MAP⇨*p.33*

西側の百万石通りより見る。

　もとは藩政期末に知行300石を受けた医者森快安の住宅で、万延元（1860）年に建築されたと伝わる。切妻妻面を白漆喰の壁に束と貫の格子組が見せる意匠「アズマダチ」と、門と塀による外観は、武士系住宅の特徴をよく表している。平成2（1990）年に火災のため後半分を焼いているが、幸い柱の大部分が残ったので、焼失部分が見事に復元されている。現在は住居兼店舗として使用されている。座敷から眺める庭には、市指定保存樹の「折り鶴の松」がある。　　（坂本 英之）
金沢市指定保存造物

◉越村邸

金沢市兼六元町9-33｜江戸末期

木造、2階建、切妻造平入り、
アズマダチ瓦葺き、武士系
住宅
MAP⇨*p.33*、*p.22*

北側の街路より見る。

　もとは藩政期に禄高150石、藩主直臣平士級武士で馬廻り山森家の屋敷である。江戸期の城下町絵図にもその名前が確認される。正面外観は、切妻妻入りの妻側の白い漆喰壁に束と貫による格子組みで構成されるアズマダチが大きな特徴である。敷地周囲を版築の土塀と棟門が取り囲んでいる。
　間取りは大きく分けて、玄関回り、座敷等居室、日常の居室、台所回りから構成されている。玄関回りには3畳の式台（ゲンカンノマ）、四畳のヒカエノマを経て座敷に導かれる。座敷は8畳、一間の床と縁を備える。縁は土縁となっていて、庭につながる。　　（坂本 英之）
金沢市指定保存造物

◉寺島蔵人邸庭園
くらんど

金沢市大手町10-3｜江戸末期（推定）

面積：720㎡
池泉回遊式庭園（乾泉）
MAP⇨*p.33*

縁と庭園。

　寺島家は代々450石を知行された平士の家柄である。庭園は南画家浦上玉堂の指導でつくられた「乾泉」と名付けられた枯山水である。一時、池を掘り、水を張って鯉を飼った時期もあったが、平成4（1992）年曲水に那智石を敷き、乾泉に戻された。古代灯籠が数基あり、中でも牡鹿と牝鹿が火袋に彫られた春日灯籠は評価が高いとされる。桃源郷へ入る門楼を模した三重塔が乾泉の対岸に見え隠れする。背丈を超えるドウダンツツジなど、長い年月をかけて成長した樹木によって、まちなかにありながら、静謐な趣を湛える。
　　（坂本 英之）

金沢市指定史跡

●住居No.19 金沢の家

金沢市｜平成8（1996）年

外観。

延床面積：382.51㎡
階数：地上3階
構造：鉄筋コンクリート造＋
鉄骨造
施工：谷口建設

設計　内藤廣建築設計事務所

　現代を代表する陶芸家一族の住居兼仕事場の建替計画である。1階がRC造、2・3階が鉄骨造の混構造としている。旧宅にあった素晴らしく高密な空間の書院はそのまま復元し、書院の座敷から見る景色がこの敷地の核となるよう、分棟からなる敷地の中心に据え置いた。新築部分は、積雪を考慮し陸屋根とし、箱が並んだような形状とした。樹齢を重ねた松の背景として目立たぬよう、外壁の2階から上は亜鉛鋼板のハゼ葺きとした。室内に施主の作品が配置されることにより、建築と陶芸が共鳴し、創造的な空間が広がっている。　　（浦 淳）
『新建築住宅特集』1997年11月号

金沢圏の茶室｜受け継がれる茶の文化

山崎 幹泰（建築史家、金沢工業大学教授）

　加賀地方に茶道が根付くのは、前田利家（1538-1599）が金沢城に入城（天正11/1583年）してからのことである。歴代藩主は、茶や能、工芸などを積極的に推進し、加賀の伝統文化の礎を築いた。さらに明治以降も、由緒ある名家の実業家や数寄者たちによって、茶の文化が受け継がれた。名席とされる数多くの茶室が、現在も街中で生き続けている。

　これらの茶室の特徴としては、①土縁を内露地に利用する、②引き違いの躙り口や貴人口を設け、窓も多く開けて採光を確保する、③踏込床や床脇壁の開放により床と席全体を一体化してゆとりを持たせる、④主屋と接続するか建物内部に茶室を取り込む、等が挙げられる。これらは、雪国である当地において、冬場でも茶事が行えるように工夫されたものと思われる。

　ここでは、加賀の茶道文化を代表する茶室を紹介する。

清香軒（せいこうけん）

　「成巽閣」は、文久3（1863）年に加賀藩13代藩主・前田斉泰（1811-1884）が、母、真龍院のために建てた隠居所巽御殿の一部で、その北東隅に設けた茶室が「清香軒」である。京間の三畳台目向切で、南に八畳の清香書院、さらに四畳の水屋が続く。床は地板の上に少し奥まって柱を立てた原叟床の形式である。席の東から北に

かけて土縁が設けられており、「飛鶴庭」の園路の飛石と曲水を取り込んでいる。なお、「成巽閣」には、同じく斉泰が江戸・根岸に建てた「三華亭」という煎茶席もあり、瓢型の透かし壁や、一角獣の角を用いた欄間など、煎茶席の自由な気風がよく現れている。（⇨ **p.68**）

灑雪亭（せいせつてい）

　脇田家は代々加賀藩に仕え、知行千五百石をうけた武士で、兼六園に隣接する小将町の地に、初代から4代にかけ広大な屋敷と「玉泉園庭園」を設けた。2代・九兵衛直能は千仙叟宗室（1622-1697）に茶を学び、その指図により茶室「灑雪亭」を設けた。

　茶室は、一畳に台目二畳と前板を加えた変則的な間取りで、浅い踏込床を設ける。床と手前座を並べ、炉は向切、床脇壁の下部を開放し、一重棚を吊る。手前は入口で、引違の躙り口と連子窓を重ねたものと、貴人口が並ぶ。その外は土縁で、沓脱ぎ石は躙り口前に置かれる。隣接する八畳書院は二方に庇を付け、外露地の飛石を取り込む。（⇨ **p.67**）

是庵（吟風亭）（ぜあん）

　薬種商・宮竹屋伊右衛門家は金沢の家柄町人で、その9代・亀田是庵は、明治初年の金沢における数寄者として名声が高かった。

灑雪亭

平面図

是庵

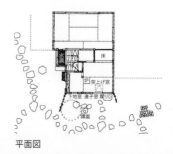

平面図

（『現代に息づく茶道のまち 金沢の茶室』編集：「金沢の茶室」編纂委員会、企画・発行：金沢市、平成14/2002年より）

是庵は所蔵する多くの名器を用いて、しばしば茶会を催した。是庵は片町の自邸に明治5（1872）年、茶室を建て「吟風亭」と称したが、昭和32（1957）年、寺町通りの料亭「つば甚」に移築され、席名を「是庵」と改めた。

茶室は、二畳台目出炉、手前座の左前方に茶道口を開ける。引違いの躙り口や突き上げ窓があり、床の間の左に接して給仕口を設ける。そのほか中柱、袖柱、天井の構成や用材など、京都表千家の「不審菴」を巧みに写してある。しかし不審菴の三畳台目より一畳だけ少ない。また、中柱の袖壁には薬種の神、神農を祀った竈が付いている。（MAP ⇨ *p.95*）

松帆樹
しょうはんしゃ

「松帆樹」は、加賀の豪商・銭屋五兵衛の隠居所にあった茶室で、その没後、金石の専長寺に移築された。四畳半本勝手、床の間は奥行き2.4尺、間口一間半に地板を敷き、中央に松の皮付丸太を立て、右半分を踏込床とする。右手の脇壁は柱を省略し、大きな下地窓を開ける。入口は貴人口で、土縁を設ける。六畳の次の間からも席入りができ、この次の間にも土縁を設けるが、通しの土縁ではなく、両室境に仕切り壁を付け、潜りを開け、板戸を建てる。土縁を仕切り壁で二分することによって、二重露地の構成をつくり

出している。茶室の奥には、もとは板敷きであった四畳の水屋が付属している。（MAP ⇨ *p.81*）

喜多家茶室

野々市市本町にある「喜多記念館（喜多家住宅）」は、明治24（1891）年に金沢市内から移築したもので、通り庭に面したオエの吹き抜けの洗練された梁組みでよく知られる。そのオエの奥に、水屋と茶室が並ぶ。茶室は四畳半、逆勝手で、赤松皮付の床柱を立てる。踏込床とし、右の奥入隅を塗り回し、上部に少し楊枝柱を見せる。手前座上は落天井とし、客座境に竹で留めた垂れ壁を下げ、結界を構成する。入口は、腰付障子を建てた貴人口と、やや大きめの躙り口のふたつを矩の手に並べ、ともに土縁に面している。土縁は西側の座敷脇から、茶室の北側を通って、東側の通り庭に通じる。座敷と茶室の間、半間ほど奥まった所に腰掛けを設け、その背後に大きな円窓を開ける。（⇨ *p.104*）　　　　（やまざき・みきひろ）

【参考文献】
中村利則『町家の茶室』淡交社、1981年
牧孝治『加賀の茶道』北国出版社、1983年
金沢市史編さん委員会編『金沢市史 資料編17 建築・建設』金沢市、1998年
「金沢の茶室」編纂委員会編『現代に息づく茶道のまち 金沢の茶室』金沢市、2002年

松帆樹

平面図

喜多家茶室

平面図

ひがし茶屋街、主計町、卯辰山麓 | 重要伝統的建造物群保存地区

ひがしと主計町のふたつの茶屋街は、旧市街地北東部の浅野川大橋両岸にある。ひがし茶屋街は平成12 (2001) 年、主計町茶屋街は平成20 (2008) 年に重要伝統的建造物群保存地区（重伝建）に選定された。さらにひがし茶屋街を取り囲むように卯辰山麓の町家街と寺院群が平成23 (2011) 年に同じく重伝建に選定されたので、この界隈は広域の伝統的まちなみゾーンと位置づけられている。

東山ひがし茶屋街は文政3 (1820) 年に藩の許可を得て、新たな町割りを整え統一的な茶屋建築を建ち並べて開町した。現在立地する140棟の9割以上が伝統的な茶屋様式で、開町期から明治初期に建設されたものが多く残っている。

茶屋の1階は店主の空間で、道路に面して弁柄格子を付けたみせの間、奥に茶の間・おくの間・中庭などがあり、2階は客室で前2階・中の間・広間・はなれと並ぶ。

特徴は1階の格子とともに2階の高い正面の縁で、雨戸を開け放つと客間と道がつながり、宴席の賑わいが道や対面の茶屋に伝わる交歓空間になることである。

『旧東のくるわ』（昭和50/1975年、金沢市教育委員会）にひがし茶屋街全体の1・2階平面と屋根伏図がある。その図から伺えるのは、茶屋街は統一的平面の茶屋建築が隔壁を密着させながらあたかも1棟の木造集合住宅のように連結していて、ひとつのコミュニティを形成していることである。令和2 (2020) 年、ひがしは開町200年を迎えるが、そのコミュニティの力で江戸以来の伝統的な茶屋建築とまちなみを維持してきたのではないか。今でも火の用心の拍子木回りや道の清掃・水撒きを続けたり、1階の伝統的な格子を外して土産品やカフェを道に開きたくなるのを我慢しようと皆で取り決める力があるのも、そのコミュニティが生きているからである。それゆえ、他の多くの重伝建のファサードが土産品であふれているのだが、ひがしでは江戸以来の伝統の木造密集まちなみを味わうことができるのである。特に人通りの少ない朝や夕刻はお勧めである。

主計町の茶屋街は藩の許可を得たのではなく、幕末頃から茶屋的な店が立地し始めた。著しく増加した明治末期から昭和中期頃は盛況を極め、演舞場や料亭やカフェなども加わり、泉鏡花の作品にも描かれたように新しい盛り場界隈となった。茶屋建築の多くは明治から昭和初期に建てられた2階建てで、店主空間の1階は正面から店の間・茶の間・奥の間と並び、客室の2階は高い正面を持つ前2階・中の間・奥の間がある。平面的にはひがしと同じ茶屋様式であるが、間口は狭く正面の統一感は乏しい。明治後期の石置き屋根を瓦や鉄板屋根に変える不燃化推進の機会などに3階を増築したり、正面の雨戸をガラス戸に換えて浅野川の眺望を取り入れるなど、自由で変化あるまちなみをつくっていった。

主計町には狭い裏通りがあり、江戸以来の茶屋建築の壁面に挟まれた迷路的な路地空間となっていて訪れる人が多い。

（水野 一郎）

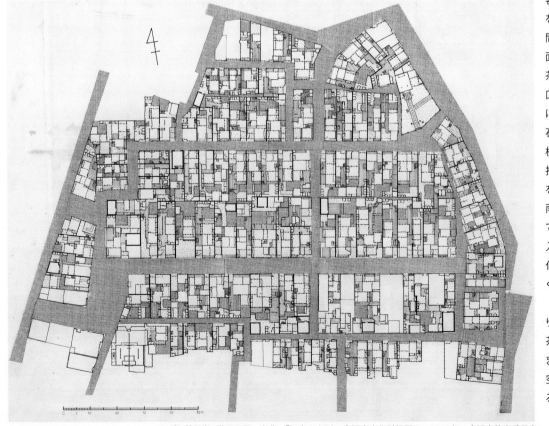

ひがし茶屋街1階平面図。出典：『旧東のくるわ』金沢市文化財紀要6、1975年、金沢市教育委員会

光覚寺
心蓮社
本法寺
妙園寺
月心寺
森山1丁目
蓮覚寺
全性寺
妙泰寺
妙国寺
妙華寺
妙国寺山門（安永9/1780年）
常福寺
妙正寺
妙正寺
長久寺
妙応寺
円光寺
鴬願寺
真成寺
三宝寺
東山2丁目
玄門寺
永久寺
求教寺
西養寺（天明3/1783年）
東山3丁目
笠月
広昌寺
即願寺
蓮昌寺
卯辰山麓寺院群
（卯辰山麓重要伝統的建造物群保存地区）
宗龍寺
髙木糀商店（明治期）
金沢市立安江金箔工芸館
慈雲寺
松尾神社
寶相寺
東山1丁目
宇多須神社
八幡町
旧中や（文政20/1820年）
旧三番屋
箔座ひかり蔵（平成16/2004年）
志摩（文政20/1820年）
旧かみや（明治6/1873年）
主計町茶屋街
（主計町重要伝統的建造物群保存地区）
旧諸江屋（江戸末〜明治初期）
鴬町
金沢城惣構跡
自由軒
ひがし茶屋街（東山ひがし重要伝統的建造物群保存地区）
火の見櫓（大正13/1924年）
観音町1丁目
旧越濱（江戸後期）
旧つちや（大正2/1913年）
ひがし茶屋休憩館
（旧涌波家住宅、江戸末期）
主計町
下新町
浅野川大橋（大正11/1922年）
正田善嗣家（明治初期）
西源寺
久保市乙剣宮
観音町2丁目
寿経寺
宝泉寺
旧新町こまちなみ保存区域
経田屋米穀店（明治期）
泉鏡花記念館
予来町
金沢蓄音機館
柳宗理記念
デザイン研究所
旧御歩町こまちなみ保存区域
観音町
三田商店
HATCHi金沢/
THE SHARE HOTELS
（2016年）
金沢文芸館
観音院
徳田秋声記念館
観音坂いちえ
観音町3丁目
浅野川

p.33

MAP ❶-01C ｜主計町、ひがし茶屋街、卯辰山麓 縮尺1/5,000

0   100 m

浅野川右岸より浅野川大橋（大正11/1922年）と主計町茶屋街（主計町重要伝統的建造物群保存地区）を見る。

● ひがし茶屋街（東山ひがし重要伝統的建造物群保存地区）

金沢市東山1丁目

茶屋町
平成13（2001）年11月14日選定
面積：約1.8ha
MAP⇨**p.41**

旧二番丁通り東方向を見る。

かずえまち

● 主計町茶屋街（主計町重要伝統的建造物群保存地区）

金沢市主計町

茶屋町
平成20（2008）年6月9日選定
面積：約0.6ha
MAP⇨**p.41**

地区中央の街路。

　石川県内で初めて選定された重要伝統的建造物群保存地区である。南北約130m、東西約180m、約1.8haの範囲の中に140棟の建築物が稠密して建ち並ぶ。文政3（1820）年に加賀藩の許可を得て「ひがし」の茶屋街として浅野川の東に設置された。設置にあたって町割りは整形に改められ、街路も改めて引き直され、通りに面して間口が狭く縦長の敷地割の茶屋建築が軒を接して建築されている。最も広い二番丁の通りには、比較的広い間口の茶屋が連続したまちなみを形成している。1階は木虫籠と呼ばれる繊細な加賀格子、客座敷のある2階雨戸が営業時には開け外され、開放的な空間が生まれる。

（坂本 英之）

重要伝統的建造物群保存地区

　主計町が茶屋街として発祥した時期は必ずしも明確ではないが、文化・文政期から天保期（1804-1844）の文献により、当地は茶屋街に近い性格を帯びた所として形成されてきたと考えられている。町名の由来は加賀藩重臣富田主計重家の屋敷があったことにちなむとされる。最盛期を迎えた昭和初期には、料理屋や演舞場をはじめとして茶屋が立地し、現在の3階建への増築や石置き板葺き屋根から瓦葺きとする改装が多く行われ、今日に伝わる特徴あるまちなみが形成された。2階の客座敷から眺める浅野川河畔と桜並木の風景は、この街の特徴である。

（坂本 英之）

重要伝統的建造物群保存地区

ひがし茶屋街。旧二番丁通り西方向を見る。

主計町の浅野川沿いの街路。

卯辰山麓重要伝統的建造物群保存地区。全性寺山門前より見る。奥に妙国寺山門が見える。

うたつ　　　　　　　　　　　　うたつ

● 卯辰山麓寺院群（卯辰山麓重要伝統的建造物群保存地区）

金沢市東山1～2丁目、観音町1～3丁目

寺町
平成23（2011）年11月29日選定
面積：約22.1ha
伝統的建造物：建築物229件、工作物45件
環境物件：13件
MAP⇨**p.41**

円光寺前の街路。

　卯辰山麓寺院群は、寺町台、小立野台とともに、慶長期から元和期（1596-1624）にかけて建設が始まった、金沢の三寺院群のひとつである。旧北国街道に沿って、北東の入口にもあたり、軍事的要衝として、寺院が集められたともいわれる。延宝期（1673-1680）までには、概ね現在の寺院群が形成されたとされる。傾斜の多い地形をうまく活かして参道を形成したり、曲折した道に沿って土塀や山門を配置した寺院が数多くある。今も色濃く残る藩政期からの細街路や町割りに伝統的な家屋が混じり合って、渾然一体とした趣をつくり出している。

（坂本 英之）

重要伝統的建造物群保存地区

撮影：佐々木智也

● 旧つちや

金沢市主計町2-3 ｜ 大正2（1913）年

木造3階建て、切妻平入り、桟瓦葺き
MAP⇨ **p.41**

浅野川に面する表通り側外観。

旧つちやは、主計町重要伝統的建造物群保存地区の浅野川沿いに建つ茶屋建築。表通りに面して1階に正面玄関と出格子を設け、また裏通りにも面して勝手口がある。2階には正面座敷にガラス戸を設けて、四季を通じて浅野川の眺めを楽しむ工夫がされている。背後に迫る段丘により、敷地が制限されているため、東山の茶屋建築と比べると、間口が狭く、奥行きもない。中庭や付属屋を持たないのが特徴である。狭さを克服するために、木造3階建てとし、空間的な活用が図られている。主計町の茶屋建築の典型的な間取りと、大正期の茶屋建築の特徴をよく残す。主計町は旧町名復活の全国第1号でもある。

（坂本 英之）

金沢市指定文化財

● 志摩

金沢市東山1-13-21 ｜ 文政3（1820）年

撮影：佐々木智也

木造3階建て、切妻平入り、瓦葺き
MAP⇨ **p.41**

二番丁通り側外観。

志摩は、文政3（1820）年の東茶屋創設期には「越中屋」、慶応期には「尾張屋」、明治中期には「白尾屋」、昭和戦前まで「竹琴」、戦後は「志摩」というお茶屋であった。間取りは、間口4間、一列半3段型である。二重の玄関をくぐると、トオリニワは途切れ、正面に2階に上がる階段がある。当初は一般の町家と同じくトオリニワが続き、吹き抜けも現在の倍の大きさだったことがわかっている。客座敷は2階のマエニカイとナカノマとハナレであるが、ハナレは明治期の増築である。屋根は板葺きから瓦葺きに葺き替えられたときに3階も増設されたとみられる。

（坂本 英之）

国指定重要文化財

● 箔座ひかり蔵

金沢市東山1-13-18 ｜ 平成16（2004）年

撮影：水野一郎

延床面積：382㎡
構造階数：木造
階数：地上2階
施工：玉家建設
MAP⇨ **p.41**

外観は重伝建のまちなみ景観を維持。

設計　水野一郎＋金沢計画研究所

ひがし茶屋街が不景気で関西から買いが入った時に、地元経済人達が心配して購入した茶屋のひとつで、入手者の家業からリユースは箔店となった。今では皆無だが、箔は江戸時代までは建築の内外装材でもあったことから、中庭にある蔵に金箔を貼ることを試みた。重伝建地区であるひがし茶屋街は、細い格子（きむすこ）を守ることでまちなみ景観を維持継承し、インテリアは弁柄・漆・九谷・友禅・箔などで華やかに彩る建築文化の特徴を金箔で演出した。

（水野 一郎）

石川建築大賞（平成20年）　北陸建築文化賞（平成21年）、『新建築』2008年3月号

提供：金沢計画研究所

中庭の蔵の内外装に金箔を使用。

● 旧かみや
金沢市東山1-26-17 ｜ 明治6（1873）年

【主屋】
木造2階建て一部3階建て、切妻平入り、桟瓦葺き
【土蔵】
2階建て、置き屋根
MAP⇨ *p.41*

撮影：佐々木智哉

二番丁通り側外観。

　旧かみや主屋・土蔵は、東山ひがし重要伝統的建造物群保存地区内にある。主屋は地区の主要通りである二番丁の通りに面して建ち、土蔵は二番丁と三番丁を結ぶ脇道に面して建つ。主屋は木造2階建て一部3階建て瓦葺きで、正面1階に出格子と玄関、2階には雨戸と戸袋を備え、2階階高は高い。1階間取りは正面より玄関、店の間、茶の間、中の間、奥の間と続き、2階は前座敷、階段の間、奥座敷、離れを設けている。土蔵は2階建て、屋根は置き屋根で、外観は基部を戸室石の切石積み、腰部を凝灰岩による石張り、上部は漆喰仕上げである。明治期の茶屋建築の典型的な外観と間取りをよく残す。
（坂本　英之）

金沢市指定文化財

● 旧中や
金沢市東山1-13-7 ｜ 文政20（1820）年頃

木造2階建て、切妻平入り、桟瓦葺き
MAP⇨ *p.41*

撮影：佐々木智哉

三番丁通り側外観。

　旧中やは、ひがし茶屋街三番丁の通りに建つ茶屋街創設当初からある茶屋建築である。間口3間、奥行10間の規模で中庭を配して敷地いっぱいに建つ。三番丁の通りに典型的な規模と形式である。外観の特徴は1階玄関に大戸を設けて出格子、2階は背が高く、雨戸で内外を仕切る茶屋建築独特の構えである。出格子の腰には笏谷石、格子は繊細な木虫籠を用い、木部は紅殻で仕上げられている。1階は芸妓や女将の私的空間として、2階はザシキやナカノマが接客空間として使われた。季節のよい頃は、接客時に2階雨戸は戸袋にしまって開け放たれた。現在は茶屋建築の貴重な遺構として公開されている。
（坂本　英之）

金沢市指定文化財

● 経田屋米穀店
金沢市観音町1-6-4 ｜ 明治37（1904）年頃

間口4間、木造2階建、切妻造平入り、瓦葺き、低町家
MAP⇨ *p.41*

撮影：佐々木智哉

観音町通り南側、脇道のコーナーに建つ。

　江戸末期に現在地である観音通りに米穀店として創業、金沢で最も古い米店である。建物は、間口4間、明治37（1904）年頃の建築で、座敷より後部の住居は昭和55（1980）年に取り壊されて鉄骨造に建て替えられている。通りに面する前面部分は、建築当時の典型的な低町家の姿を残す。正面表構えは、1階庇下にサガリが付き、店先の柱間の一部に蔀戸が入る。2階には格子窓、袖卯建、板葺石置き屋根の痕跡である風返しなどが見える。間取りは、ミセ、ゲンカン、チャノマおよびトオリニワとその奥のセド（中庭）、トオリニワ上部にはヒブクロ（吹き抜け）とゲンカン上のアマが残されている。
（坂本　英之）

金沢市指定保存建造物

● ひがし茶屋休憩館（旧涌波家住宅）
金沢市観音町1-3-8 ｜ 江戸末期

木造2階建、切妻造平入り、桟瓦葺き、桁行4間、梁間6間半
MAP⇨ *p.41*

撮影：佐々木智哉

観音町通り北側に建つ。

　旧涌波家住宅は江戸末期の建築と推定される典型的な町家である。調査に基づいて平成15（2003）年に復元整備された。主屋は桁行4間、梁間6間半で、平入、鋼板葺き、一階庇は板庇である。建築当初の姿は平屋建て、板葺き石置きであるが、まちなみとの調和を考慮して明治期の姿で整備された。表構えの特徴は、1階にはサガリがつき、正面の柱間には、それぞれ蔀戸があり、玄関の蔀にはくぐり戸がついている。2階は土壁の仕上げで、開口部は古格子、両脇に袖卯建がつく。現在は、「ひがし茶屋休憩館」として、観光ボランティアガイド「まいどさん」の拠点施設に活用されている。
（坂本　英之）

金沢市指定文化財

⦿ 高木 糀 商店

金沢市東山 1-9-3｜江戸末期

間口6間強、木造2階建、切妻造平入、瓦葺き、低町家
MAP⇨*p.41*

現在も糀や味噌を商っている。

　高木麹商店は、藩政期末の建築とされる町家である。切妻、平入り、2階の丈が低い典型的な低町家の形式で、間口6間強と大店の構えである。1階正面ミセノマには、柱間に蔀戸がついており、現在でも使われている。玄関には大戸があるが、柱の側面に蔀戸の縦の堀溝の痕跡が残っており、当初は蔀戸形式の玄関戸であったことがわかる。大屋根は約60年前に瓦に葺き替えられたといわれ、かつては板葺きの石置き屋根だった。低い2階正面は、防火のために漆喰で塗り込められた塗屋造である。深い軒の出、袖卯建、換気・採光の越屋根など、藩政期末のから明治にかけての金澤町家の典型的な形式である。

（坂本 英之）

金沢市指定保存建造物

⦿ 妙国寺山門

金沢市東山 2-18-9｜安永9（1780）年

薬医門、切妻造、桟瓦葺き
MAP⇨*p.41*

山門を見る。

　妙国寺は日蓮宗寺院で、慶長19（1614）年に佐々藤右衛門、矢島平左衛門等が妙国寺の僧侶信命院日全を請じて建立したことに始まる。山門は切妻造、桟瓦葺き、一門一戸の薬医門である。造りは簡素であるが、大きな修理を受けておらず、創建当時の姿をとどめる。束に貼ってある棟札から、安永9（1780）年の建立であることが確認できる。卯辰山麓寺院群の中では建立年代の判明する最も古い門である。

（坂本 英之）

金沢市指定文化財

⦿ 西養寺

金沢市東山 2-11-35｜天明3（1783）年

建立：加賀藩主前田利長
【本堂】
木造、入母屋造、妻入り、桟瓦葺き、向唐破風造玄関付き
【鐘楼】
入母屋造、桟瓦葺き
MAP⇨*p.41*

本堂外観。

　西養寺は、清澄山と称する天台宗寺院である。
　本堂は正面梁間7間、桁行8間の入母屋造、妻入り、桟瓦葺きで、正面中央には向唐破風造の玄関を置く。建立年代は小屋裏に残る棟札から、天明3（1783）年と判明している。正面の向唐破風造の向拝虹梁に見られる細部様式も時代的特徴を表している。また小屋裏の痕跡から、変則的な入母屋造妻入屋根はもと切妻造妻入であったことが推測される。
　鐘楼は、入母屋造、桟瓦葺きで戸室石の基壇に建つ。棟札より嘉永4（1851）年と判明している。棟札には「入唐大工山上全之輔吉敏」と書かれており、建仁寺流の山上姓を名乗る大工の作であることがわかる。

（坂本 英之）

金沢市指定文化財

⦿ 俵屋

金沢市小橋町 2-4｜江戸末期

主屋：間口6.5間、奥行き11間、切妻平入り、2階建
MAP⇨*p.41*

外観。

　もとは米穀商であったが、天保元（1830）年に現在地に移り飴屋を創業したといわれる。建築年代は不明だが、江戸末期と推定される典型的な低町家である。建物間口6.5間、奥行き11間の主屋と土蔵、中庭を介してハナレに三畳の茶室がある。主屋は切妻平入りの2階建て、1階、庇下にはサガリがつく。ミセの柱間にはすべて蔀戸が入り、ゲンカン入口のものは潜り戸付きである。2階には、漆喰仕上げの壁に木格子、袖卯建がつく。大屋根は、旧来の勾配のまま、現在は亜鉛鉄板葺きだが、板葺き石置きの痕跡である風返しが見える。

（坂本 英之）

金沢市指定保存建造物

金沢の旦那衆と建築文化｜家業城下町としての金沢

水野 一郎（建築家、金沢工業大学教授）

　私が金沢に関わり始めた昭和50（1975）年頃、参加した小さな会合に驚いた経験がある。それは、まちなかの用水に蓋をして、車のすれ違いや駐車スペースに利用していることへの経済人たちの話し合いだった。金沢は江戸以来の街区割が残っていて、拡幅された幹線道以外のまちなかの道路は屈曲狭小のままなので、マイカーブームに不便を感じた住民は、道に並行する用水に蓋を架けて対応していた。

　経済人たちは蓋をする利便性は認めるものの、金沢の貴重な財産である用水景観を守ることは、車の利便性よりも優先すると判断し、蓋を外す提案をすることにした。私は経済界は常に効率性や合理性を求める開発志向と思っていたので、その判断に驚き以後経済人を「旦那衆」と呼ぶようになった。

旦那衆の見識

　金沢に流行の近代建築は相応しくないのではと議論が起こった時、旦那衆は悪いものを非難するより、良いと判断した建築を褒めようと自ら「金沢都市美文化賞」を昭和53（1978）年に立ち上げた。

　このような見識高い判断を重ねる旦那衆は、地元で家業を営む経営者である。酒造・機械・料亭・食材・染色・宿泊・学校など、規模は大きくないが、技術や感性に秀でたモノづくりやサービスを営むことで金沢の経済と文化を支えていた。彼らはまちなかに大学人・美術家・茶人・行政マンなどが出入りするサロンを持ち、発想や行動を生み出す場にしていた。また経済学の宮本憲一（1931-）や、岩波書店の安江良介（1935-1998）などと勉強会を重ねたり、山本七平（1921-1991）、草柳太蔵（1924-2002）、梅原猛（1925-2019）、糸井重里（1948-）らの「日本文化デザイン会議」にパネラー参加するなど新鮮な思考も持ち合わせていた。

　金沢の旦那衆は何時のころからこのような姿勢を有していたのか定かでないが、明治37（1904）年、都心の片町生まれの谷口吉郎（1904-1979）は旦那たちとの交流を「町の住人には伝統に育てられた美的教養が重んじられ、ハイカラな新風の中にも城下町にふさわしい気品が尊ばれていた。」と記しているから、江戸からズーッと続いているのかもしれない。

兼六園周辺文化ゾーン策定を主導

　旦那衆はその他にも近代建築の保存運動（辰野金吾の「日本生命金沢支社」、ヴォーリズの「大同生命金沢支社」）の先頭に立ったり、日本海を挟む大陸各国との「環日本海シンポジューム」（1959年）を開催するなど活動は多岐にわたる。中でも都市・建築的に高く評価されるのは「兼六園周辺文化ゾーン」の策定である。

　一般的に都心は行政・業務・商業などの機能が高密に集積しているが、金沢では歴史や文化の施設群が入る庭園・公園・広場が都心にある。それは多くの都市から見ればほとんど空地のような都心だが、金沢にとっては江戸以来の文化と建築の歴史的重層性を

有し、「伝統と創造」、「保存と開発」の性格を具現化する都心なのである。この計画の策定の中心に多くの旦那衆が関わっていた。

新しい世代──若旦那衆の活動

　昭和の終わりごろから世代交代が起こり、若旦那衆が活躍するようになった。不景気で売りに出た「ひがし茶屋街」の数軒を関西などから買いにきた時、危機感を抱いた若旦那たちがそれを購入した。そしてその建築を外観は手を付けずそのままとし、インテリアは自らの家業である料亭・金箔店・カフェの機能を茶屋空間に入れ込んでオープンさせた。それが評判となり、不景気でひっそりしていた茶屋街に賑わいが戻ってきた。

　当時、「ひがし茶屋街」は自由な改修や開発ができなくなり廃れていくと心配し、重要伝統的建造物群保存地区（重伝建）指定に反対していた。そこに若旦那たちの保存・再利用の成功が、保存することが最大の開発につながるという概念を知らしめることとなり、重伝建指定推進の一助になった（平成13/2001年に選定された）。

　彼らは金沢を巻き込んだイベントもいくつか立ち上げた。たとえば「フードピア金沢」（昭和60/1985年から毎年開催）。「風土」と食の「FOOD」を掛けたこのイベントは金沢市内の30カ所近い料亭・居酒屋・甘味処・カクテルバーなどを会場に、飲食しながら文化談義するもので、金沢の食文化と街空間の広報にインパクトがあった。

　また、「浅野川園遊会」（昭和62/1987年より開催）は桜花見の時期の浅野川河畔界隈で旦那衆と住民が一体となって、ひがしと主計町の両茶屋街の芸と地域の食文化を楽しむイベントで、金沢の独特な環境と文化を活かした祭りとして人気があり、数々の地域活性化賞を受けた。

金沢は「家業」城下町

　以上のように旦那衆の金沢の建築文化に対する営みは意欲的であり、いずれも都市・金沢の築くべき個性、進むべき方針、磨くべき自律性などに絡んでいる。また彼らの活動は建築分野だけではなく、経済・教育・人権・国際交流など多岐にわたっている。

　ある都市に大企業があって、その都市の就業者数や税収や生活を支えている姿を「企業城下町」と表現するが、金沢では中小の家業の旦那衆の支えが大きいことから「家業城下町」と称してよいかもしれない。

（みずの・いちろう）

左：「フードピア金沢」の冊子。上：浅野川園遊会。

金沢の侍屋敷と足軽屋敷 | 足軽屋敷の合理性

増田 達男（都市史家、金沢工業大学教授）

城下町金沢の歴史を代表するのは、戸数と面積において侍屋敷と足軽屋敷である。戦後の都市開発に埋もれて、現在は目立たないが、金沢の都市文化および建築文化の本質を理解する上で、外してはならない。

侍屋敷──格式と自給自足

侍は、藩主の家臣あるいは上級武士である武将の家臣である。

「侍屋敷」は、敷地を土塀で囲み門を構えた（❶）。屋敷自体は平屋で低いが、長手に妻面（屋根の三角面）を大きく取り、梁組意匠を表へ示す様式である。砺波の散居村に見られる堂々としたアズマダチ農家のルーツは、この侍屋敷にある。さらに、広い庭には屋敷林を茂らせている。これらが、格式を重んじた侍屋敷の表構えである。

屋内の大半は座敷を中心とした接客格式空間であり、家族の日常生活は茶の間と寝間程度に限られた（❷）。

その実、庭の大半は家族が使用する背戸であり、四季折々に実をつける果樹を多く植え、菜園も営んで生活の足しにした。格式を重んじる一方で、自給自足のつつましい生活であった。

足軽屋敷──優れた計画的集団住居

これに対し、「足軽屋敷」は小規模だが、住宅様式としては現代にも通じる優れた計画的集団住居であった。足軽の職制は種々あるが、最前線で戦う危険な鉄砲組が最も多かった。

足軽屋敷（❸）の宅地は一律に、間口5間に奥行10間の整形な50坪で、細い道に10戸ずつが相対し、組地として200戸から300戸で整然と統制されていた。土塀は許されず、前庭の植栽を杉やムクゲの生垣で囲った緑道の修景だった。屋敷は平屋で小振りながら、侍屋敷に準じたアズマダチ風の梁組意匠を表へ示した。生垣と植栽に屋根の梁組を表へ向けて連続する（図❹）。

間取りも一律に、サイコロの6の目のような2列3段で規則的に室配置された（❺）。片側は玄関から玄関の間、座敷へと並ぶ接客格式列である。座敷からは土縁を介して後部の主庭を眺めた。もう一列は台所、茶の間、寝間が並ぶ生活列である。表向きと内向きを明確に峻別し、侍屋敷の機能が最小限に合理化されていた。

継承された足軽屋敷の平面型

英国の田園都市が誕生して120年である。金沢では400年前に、標準設計プランと団地修景計画が施行された。

ステイタスを集約したこのプランとランドスケープは、明治以降へも引き継がれた。侍屋敷が細分化されて成立した近代市街地に給与所得層が住み着いた。彼らは、武家屋敷に憧れてアズマダチ風2階建とし（❻）、かつ足軽屋敷の平面型をこぞって継承した。現在のまちなみに残存する町家の数に双肩する貴重な下級武士系住宅の遺構である。さらに戦後も、昭和45（1970）年頃までの新築住宅は、防火構造により外観の歴史性は失われたものの、連綿として足軽屋敷の平面型を継承した。

以上のように、都市型の集団居住に始まった足軽屋敷の歴史的経緯が、合理的な住みやすさの真価を如実に証明しているといえよう。

（ますた・たつお）

❷ 侍屋敷の平面配置図（『平成15年度庭園詳細調査資料』金沢市文化財保護課）

❶ 侍屋敷の表構え。

❸ 足軽屋敷の遺構。

❹ 足軽屋敷のまちなみ。（増田達男「知られざる足軽屋敷」、『リトルトリガー』vol. 1-6、龍文社、1995年、p.57）

❻ 近代下級武士系住宅。

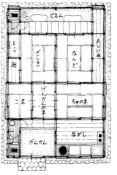

❺ 足軽屋敷の平面図。（作図：増田 達男）

金澤町家 ｜ 町家建築の価値

坂本 英之（金沢美術工芸大学名誉教授）

定義と現状──歴史的都市景観の「地」となるもの

「金澤町家」は金沢で昭和戦前期までに建てられた伝統的木造住宅の総称である。もともとは、住まい、商い、作業場などとして発展、継承されてきたものである。金沢ではひとつのブランドとして旧字体を交えて城下町金沢の個性として発信している。戦災や大きな災害に遭うことなく今日に至る金沢は、江戸藩政期の城下町の歴史的環境を色濃く残す街である。金沢城公園や惣構えを含む用水、細街路などの城下町の特徴の中でも、とりわけ金澤町家は重要な歴史的資源として認識されている。

景観的な捉え方でいう「地」と「図」の関係において、城や神社仏閣、あるいは現代のランドマーク的な建築を「図」と捉えるとき、その背景「地」としてあるものが町家である。キャンバスの下地が絵画の仕上がりにとって重要であるように、都市景観の下地（背景）となる町家群は城下町金沢の景観の重要な要素となっている。街のオーセンティシティ（真正性）を示すもの、あるいは「金沢らしさ」を醸成する貴重な構成因子である。しかし現時点（2020年秋）でも年間約100棟が壊される現状があり、旧城下町のエリアに約6,000棟ほどが残されているのみである。

職人の匠の技が凝縮されている建築的な技術面だけではなく、都市に集まって住む知恵（都心居住）や、自然との共生が当たり前の頃の暮らしの文化などと密接に関わり、それらを内包する空間として長く機能してきたものである。

分類と特徴──町家、武士系住宅、近代和風住宅

金澤町家を用途で分類すると「町家」、「武士系住宅」、「近代和風住宅」の3つに大きく分けられる。

「町家」は商人や職人の専用住宅として発達した職住併用の住宅である。1階道路側をミセ（店）として使うため、道路に面して隣同士が軒を連ねている。「武士系住宅」は、城下町金沢の特徴を特に示すものである。武家屋敷や足軽住宅の流れを継承し、土塀（生垣）や門が設けられていることなどの特徴がある。「近代和風住宅」は、昭和戦前頃までに建てられた明治期以降の西洋の建築様式や技術の影響を受け入れた和風の住宅である。

町家──江戸時代の低町家

町家は、時代の変遷で軒の高さを分類するとさらに、「低町家」、「中町家」、「高町家」に分けられる。

家作禁止令があった江戸期の町家では2階に住むことが禁止されていた。したがって2階にはアマと呼ばれる半階程度の物置スペースがあるのみで高さが抑えられていた。これら江戸期から続くものを「低町家」という。これらには特徴的な部位によって外観が構成されている。袖卯建、サガリ、格子（茶屋の木虫籠）、蔀戸、大戸、カザガエシなどがそれである。また、内部の特徴としては、表から裏まで土足で入れるトオリニワがあり、ミセノマの後ろにくるチャノマの上部を吹き抜けとして、屋根の上に越屋根、天窓を設け通風、採光に配慮している点が挙げられる。壁同士が接する町家では、隣家側に窓をとることが困難である。また、積雪の多い北陸の厳しい気候に対処するために坪庭のような明かり取りは難しく、屋根上に越屋根を設けて工夫している。

中町家、高町家へ発達した大正・昭和戦前期

大正期、昭和戦前頃の金澤町家は、町家建築の集大成として高さや軒裏の意匠などを競い合った。いわゆる「中町家」から「高町家」までの発達期である。3階建ても珍しくなく、さらに見晴らしのための望楼を載せた豪壮なものもある。

2階の高さが増していくことにより、袖卯建がなくなっていく。そ

❶低町家の例（ひがし茶屋休憩館／旧涌波家、観音町⇨**p.44**）
江戸期から続く町家の型。家作禁止令により2階に住むことが禁止されていたため、2階はアマと呼ばれる半階分程度の高さの物置スペース。蔀戸、大戸、カザガエシがみられる。

❷中町家の例（大手町）
大正期、昭和戦前頃の金澤町家。この事例では袖卯建とサガリ格子がみられる。2階部分には塗り回しの出窓。軒はせがい造り。越屋根が載る。

❸望楼付き高町家の例（尾張町）
2階の高さが増していくことにより袖卯建がなくなっていく。

❹3階建て高町家の例（東山1丁目）
1階は二重庇になっている。外観は3階建てであるが、内部は4層の空間となっている。

❺軒裏に意匠を凝らした高町家の例（笠市町）
1階は高く二重庇で、その間に明かり取りのためのガラス欄間が設けられている。2階には出窓。軒は二重のせがい造り。

れに代わって、道路から見上げる軒裏に「せがい造り」やケヤキの軒天井などの見事な意匠を凝らした町家が多くなる。また、ミセノマも豪勢で明るくするために1階の高さも増していき、二重庇を設けるなどして間延びするプロポーションを制御している。

武士系住宅

武士系住宅は、年寄(八家)、人持、平士、足軽と、階級ごとに規模や建築様式が異なる。最も多く存在した平士級の武家屋敷は土塀と門により敷地を囲まれ、門を入ると漆喰壁に梁と束によって構成されたアズマダチの外観を呈する切妻妻入りの建物に迎えられる。武士といえども町人住宅同様、2階をつくることが禁止されていたので、建物は低く抑えられた。

明治期になり、武士という身分は消滅する。しかし、武士系住宅という建築様式は消滅したわけではない。武士系住宅というものは、明治後期になり細分化された武家屋敷跡、あるいは整然と区画割りされた足軽屋敷跡に、サラリーマン階層の住宅として建ったものに継承されていく。武士系住宅の系譜を引くから、屋敷構えは持つものの、土塀ではなく板塀、生垣などに簡略化されて残っている。実際にサラリーマン階層における武士系住宅の見本となったものが敷地規模50坪程度の足軽住宅である。

近代和風住宅

近代和風住宅は、町家と武士系住宅の両者にまたがるものである。明治期以降、洋風近代化するなかで内部プランはもとより外観においても洋風化する。町家という建築様式は変わらないが、そのデザイン様式は、人びとの生活の変化に合わせて時代とともに移り変わっていった。特に明治期以降、家作制限が取り払われ2階建てが許された点が大きな変化である。プライバシーに配慮して、ザ

シキなどの接客スペースを2階に持って行くことが多くなる。先述の高町家は近代和風住宅の範疇に入るものである。また、武士系住宅では、大正期以降、表構え(正面外観)のアズマダチ切妻妻形式から入母屋形式の装飾性の高いものや、前面に出したひと部屋だけを洋風の応接間とすることが流行し、外観も洋風とするデザインが採り入れられていく。

町家建築の持続可能性

現存する金澤町家は、昭和25(1950)年の建築基準法施行以前の伝統的な構法で建てられた建物である。同法では戦災等で大きな被害を受けた日本の都市や建築の不燃化が大命題となった。それ以降近年まで、木造建築であるこれらの町家建築は価値の低いものとして扱われてきた。しかし、近年になり、近代化による環境破壊などの反省から、こうした伝統的な木造建築や木質都市の保ってきた持続可能性の面に目を向ける気運が高まっている。金澤町家は、希少な素材を使った職人の技や工夫をふんだんに見せてくれ、都市のコミュニティのあり方まで示してくれる道しるべとなり得る。

とはいえ非戦災都市金沢であっても江戸期の町家でオリジナルをとどめるものは希少な存在だ。その中でも板葺き石置き屋根の町家は市中には1軒が現存するだけになった。

「NPO法人金澤町家研究会」や金沢市などが、一般市民と連携して、町家の継承・活用への活動を推進してきている。金沢市は、「金澤町家情報バンク」や「金澤町家の保全活用の推進に関する条例」(平成25/2013年)などをつくって、継承・活用の支援を行っている。同研究会では、町家悉皆調査による実態把握や、平成23(2011)年より始められた金澤町家流通コンサルティング事業によって、金澤町家の所有者と購入・借家希望者を掘り起こしてマッチングする事業を行っている。

(さかもと・ひでゆき)

撮影:坂本英之

❻低中高町家が混在する旧観音町通りのまちなみ(観音町1丁目)
手前は高町家で、1階の階高が高く庇が二重になっている。低い庇はまちなみを通してほぼ同じ高さである。

撮影:坂本英之

❽武士系の近代和風住宅(大手町)
大正期頃から昭和初期にかけて、妻面をアズマダチとする切妻形式から入母屋破風の装飾性の高いものが多くなる。

撮影:坂本英之

❾町家のミセ(横山町)
NPO法人金澤町家研究会による会議風景。

撮影:坂本英之

❼武士系住宅の例
(越村邸、兼六元町
⇨ p.37)
漆喰壁と梁・束・貫を表しに見せる正面の妻壁がアズマダチと呼ばれる特徴的な意匠。敷地周囲を土塀(足軽は生垣)で囲い正面に門を構える。

南町、香林坊、片町 | 旧北国街道沿いのメインストリート

「南町〜香林坊〜片町」をつなぐ大通りは、江戸期には城下町の町人地として栄え、その後も大店が軒を連ねる金沢の目抜き通りであった。

戦火にあわず、戦後もその状態は続いていたが、高度経済成長期の都市の近代化の時代に、道路の拡幅や防災街区化が進み、ビルが建ち並ぶまちなみに変容した。

「南町〜香林坊」の間は、日本銀行金沢支社（移転）を中心とする金融街として栄え、「香林坊〜片町」の間は商業街として栄えた。その後、高度経済成長の終焉やバブル経済崩壊により、活気のない時期が続いていたが、北陸新幹線金沢開業後は、予想を越える観光客が金沢を訪れるようになり、金融街のイメージからホテルが建ち並ぶ観光街として再生してきている。

大通りの西側は、「片町〜木倉町」一帯が飲食街、「長町」は武家屋敷跡地として観光で賑わっている。このエリアには鞍月用水と大野庄用水が流れていることで、住宅地を散策しながら、心地よい水の流れを楽しむことができる。

このエリアの鞍月用水は江戸期には金沢城の西外惣構が連続する場所であった。昭和60（1985）年に香林坊第一地区の再開発が完成する以前は、各店が用水上を占拠して流れが見えない状態であった。現在は開渠化され、各店ごとに小橋がかかった珍しい光景となっている。

この鞍月用水をp.25のマップ「金沢駅から武蔵ヶ辻へ」と合わせて見ると、用水の流れが金沢駅近くの六枚町の交差点までつながっていることがわかる。時間があれば、金沢の都市軸（金沢駅〜武蔵ヶ辻〜香林坊）を車で移動するのではなく、駅から香林坊までを斜めにつなぐ用水沿いの散策ルートを楽しんでいただきたい。

長町の武家屋敷跡地は江戸期においては加賀藩の武家地であり、明治以降は住宅地となった。狭い街路の両側には土塀が連続し、その背後に庭木と建物が見える奥行感のある一画であり、藩政期の武家屋敷のイメージを感じ取ることができる。

大通りの東側の「竪町〜柿木畠」一帯は商店や飲食店が密集する一画であり、「広坂〜尾山町」には、いしかわ四校記念公園や尾山神社がある。また、旧広坂通りは、「金沢21世紀美術館」、「石川県政記念しいのき迎賓館」、金沢城公園、兼六園へと向かう歴史文化のメインストリートである。

尾山神社境内から「鼠多門橋」を渡って金沢城公園に至る新しいルートも、令和2（2020）年に新たに生まれた。　　　（蜂谷 俊雄）

南町から武蔵ヶ辻方向を見る。

鞍月用水とせせらぎ通り。長町1丁目。

長町の武家屋敷跡地。長町1丁目。

香林坊東急スクエア西側の開渠化された鞍月用水。

武家屋敷跡地を流れる大野庄用水。長町3丁目。

野村家住宅の庭園。長町1丁目。

p.25
p.61
p.64
p.81

・三谷産業本社

高岡町

・みずほ銀行金沢支店

・北陸銀行金沢支店

尾山町

・金沢商工会議所会館
（平成26/2014年）

・金沢市立中央小学校

南町

・金沢市文化ホール
（昭和57/1982年）

尾山神社神門（明治8/1875年）

・鼠多門（令和2/2020年復元）
鼠多門橋（令和2/2020年復元）

長町3丁目

・足軽資料館

香林坊2丁目

・尾山神社神苑
（旧金谷御殿庭園、江戸初期）

南町

・聖霊修道院聖堂
（昭和8/1933年）

・北國新聞赤羽ホール
（平成20/2008年）

・金沢広坂合同庁舎

長町2丁目

・高田家長屋門
（文久年間/1861〜1864年）

・北國新聞会館
（平成3/1991年）
・金沢信用金庫本店

・長町武家屋敷休憩館

・野村家住宅

・香林坊ラモーダ（平成23/2011年）

長町1丁目

・水景（設計：谷口吉郎）

香林坊1丁目

いしかわ四校記念公園

広坂2丁目

大屋家（江戸後期以前）
新家邸長屋門（江戸後期）

・三菱UFJ銀行金沢支店

・日本銀行金沢支店
（昭和29/1954年、移転）

・香林坊アトリオ
（香林坊第二地区、
昭和61/1986年）

・金沢東急ホテル
（香林坊第一地区、昭和60/1985年）

・金沢市老舗記念館

・前田土佐守家資料館

・香林坊東急スクエア
（香林坊第一地区、昭和60/1985年）

・石川四高記念文化交流館
（旧第四高等学校本館、明治24年/1891年）

木倉町

百万石通り（旧広坂通り）

広坂1丁目

新橋

・金沢学生のまち市民交流館
（旧佐野家住宅、大正5/1916年）

・フレーゴ（平成13/2001年）

金沢市役所（昭和56/1981年）・

・片町きらら（平成28/2016年）

下柿木畠

・日本基督教団金沢教会（平成14/2002年）

片町2丁目

柿木畠

千日町

犀川

片町1丁目

金沢市役所第二本庁舎・
（令和2/2020年）

里見町

上柿木畠

・室生犀星記念館（平成14/2002年）

・立野畳店（立野家住宅、江戸末期）

里見町まちなみ保存区域

大工町

・犀川大橋（大正13/1924年）

● 金沢市文化ホール

金沢市高岡町15-1 | 昭和57（1982）年

撮影：大塚旅詩

延床面積：10,032㎡
階数：地下1階、地上3階、塔屋1階
構造：RC造、一部S造
施工：戸田・豊蔵建設共同企業体
MAP⇨*p.51*

南東側メインアプローチ。

撮影：大塚旅詩

設計　芦原建築設計研究所、谷口吉郎建築設計研究所

金沢400年を記念して建てられた。1,000名収容のホール棟と展示ギャラリーや集会室などが入る会議棟の2棟がロの字型に配置されている。中央には広場が設けられており、2棟の間を斜めに横切り、双方のロビーにつながるアプローチ空間となっている。広場には金沢特有の雪吊りをイメージした大樹を思わせる逆ピラミッド型の大屋根がかけられ、雪国ならでは中庭空間の演出になっている。

（大塚 旅詩）

第15回中部建築賞、『新建築』1983年1月号

大屋根の下の広場を北西より見る。

● 尾山神社神門

金沢市尾山町11-1 | 明治8（1875）年

撮影：中森勉

建築面積：56.5㎡
石及び木造、3階建て、宝形造、銅板葺き
MAP⇨*p.51*

東側外観。

設計施工　津田吉之助

尾山神社は加賀藩祖・前田利家を奉る神社で、明治6（1873）年に創建された。神門は明治8（1875）年に建築され、3層楼門の外観をとり、和洋混合のあたかも竜宮の門を思わせる姿をしている。最下層の梅鉢の紋を付けた3個の戸室石積みアーチは稚拙ながら洋風の技法を用いている。門扉の上の欄間の扱いは、伝統的な和風の手法を取り入れている。第1、2層は、和様の扉を嵌め、勾欄を廻している。第3層の窓には5色のステンドグラスを入れ、かつては遠く金石沖の海上を行交う舟のための、灯台の役目を果たしたといわれている。

（中森 勉）

国指定重要文化財

● 尾山神社神苑（旧金谷御殿庭園）

金沢市尾山町11-1 | 弘化2（1845）年〜明治6（1873）年頃

撮影：宮下幸大

池泉回遊式庭園
MAP⇨*p.51*

中島を結ぶ種々の橋。

金沢城の出丸としてかつて金谷御殿（西の出丸）があったところで、その一部を取り込んで、弘化2（1845）年〜明治6（1873）年頃の作庭とされる。明治の擬洋風建築になる神門を潜り右奥に進むと、通称「楽器の庭」と呼ばれる池泉回遊式庭園が広がる。もとは辰巳用水を分流して、兼六園の曲水からサイフォン管の原理で池泉に引き入れられた庭で、藩邸としての書院庭園の形式をそのまま伝えている。庭の構成は池泉を中心に、中島とそれを結ぶ種々の趣向を凝らした橋が架けられ、池の汀に迫る背後の小高い築山による。池泉の島は中央の手前に笙島、その背後に琵琶島、鳥兜島の3島を配し、島々を巡る図月橋、琴橋、八つ橋が架けられている。東南部に滝石組みがあり、その名を響音瀑といい、美しい音色の水流を池泉に流している。

（坂本 英之）

● 金沢商工会議所会館

金沢市尾山町9-13｜平成26 (2014)年

延床面積：6,100㎡
階数：地下1階、地上3階
構造：SRC造＋S造
施工：豊蔵・兼六・橘特定
建設工事共同企業体
MAP⇨ *p.51*

大きな庇空間のファサード。

設計　五井建築研究所

金沢市中心部、金沢城址のすぐそばで建て替えられた建築である。緑豊かな環境の中で大きなボリュームに感じられないように3階部分を前面からセットバックさせ周囲の建築との調和を図っている。道路に面した大きな庇空間はこの地の変わりやすい気候に対して市民や観光客を迎える傘の役割を果している。またイベント時における屋根のある広場として多様な使い方が想定されている。内部空間には地元の和紙や加賀友禅、輪島塗などの伝統工芸をインテリアとして取り入れている。　　　　　　　　　　　　　　　　　　（西川 英治）
第37回金沢都市美文化賞、第47回中部建築賞

● 北國新聞赤羽ホール

金沢市南町2-1｜平成20 (2008)年

延床面積：6,503㎡
階数：地下1階、地上4階
構造：SRC造、一部S造
施工：清水建設
MAP⇨ *p.51*

北側ファサード。

設計　日本設計

本施設は地元を代表する新聞社である北國新聞社が事業主であり、その本社ビルに隣接している。また、近くには武家屋敷エリアが存在する。屋上緑化、敷地内に多くの樹木を配し、石積みフトンかごで敷地を縁取ることで杜を創出している。

外からカーテンウォール越しに見える内壁は全艶黒塗となっており、空間の奥行きを感じる。この敷地は都市の高さ制限の境界部にあることから、武家屋敷のエリアに向けての高さの関係を調定している。ガラスに樹木が映り込み、建築的ボリュームの存在感を消そうとしているように感じられる。　　　　　　　　　　　（武田 知展）
第51回BCS賞、第31回金沢都市美文化賞、『AIJ作品選集2014』

● 香林坊ラモーダ

金沢市香林坊2-4-3｜平成23 (2011)年

延床面積：5,516㎡
階数：地上9階
構造：S造
施工：大林組
MAP⇨ *p.51*

1階回り。

設計　日本設計

金沢のメインストリートに建つ北國新聞社が建設した複合ビル。ポケットパークは地域に解放された2層吹き抜けの半外部空間となっている。その両側にはメゾネットのショップ、3・4階にはカフェ、スタジオなどが配置される。3階から突き出たガラスのアーケードは、街に溜まりの空間を提供している。バルコニーを持つオフィスには、黒いヴォリュームにヴォイドを穿った市松くずしの和の表現が施されている。　　　　　　　　　　　　　　　　　　（大塚 旅詩）
『AIJ作品選集2014』、『JIA建築年鑑2014』

● 香林坊アトリオ（香林坊第二地区）

金沢市香林坊1-1-1｜昭和61 (1986)年

延床面積：74,287㎡
階数：地下3階、地上10階
構造：SRC造
施工：清水・辰村・真柄・
豊蔵 JV
MAP⇨ *p.51*

香林坊交差点より見る。

設計　RIA建築綜合研究所、釣谷建築事務所、五井築設計研究所、建築設備設計研究所

金沢の繁華街として知られる香林坊に位置する複合商業施設。地元百貨店の大和がキーテナントである香林坊大和をはじめ、主にファッションに関連した店舗が入る。建物は、市街地の再開発事業の一環として建設され、以降、香林坊地区の商業の中核として機能している。建物の正面には広場、内部には4層の吹き抜け空間がある。吹き抜け1階のステージでは音楽コンサートやトークショーなどのイベントが催され、都市空間において市民が集えるパブリックスペースを形成している。　　　　　　　　　　　（齊藤 淳史）
第10回金沢都市美文化賞、第19回中部建築賞、第8回石川建築賞

●● 金沢学生のまち市民交流館（旧佐野家住宅）

金沢市片町2-5-17 ｜ 平成24（2012）年（大正5/1916年）

延床面積：362㎡
構造：木造
階数：地上2階
施工：細川建設
MAP⇨ *p.51*

北西側正面外観。既存のまま。

旧佐野家住宅の「学生の家」（左）と廃業料亭の大広間を移築した「交流ホール」。

設計　水野一郎＋金沢計画研究所

　金沢都市圏にある21の高等教育機関はすべて郊外域に立地しているので、都心に学都の雰囲気はない。そこで市は「学生のまち推進条例」を定め、都心の片町に学生の自主的活動や市民と交流する館を設けた。館は大規模な町家「旧佐野家住宅」をリユースした「学生の家」と、廃業料亭の大広間を移築した「交流ホール」からなる。いつも門が開かれていて、学生団体や交流組織の活動が拝見できるので訪問してみるとよい。　　　　　　　　　　　　　　（水野　一郎）

金沢都市美文化賞（平成26年）、金沢市指定保存建物

交流ホールに移築された廃業料亭の大広間。

● プレーゴ

金沢市片町1-3-21 ｜ 平成13（2001）年

延床面積：926㎡
階数：1階
施工：豊蔵組
MAP⇨ *p.51*

街路側外観。中央にパティオに抜けるパサージュ。

設計　アール・アイ・エー金沢支社

　金沢の繁華街である片町の一角、十数年間遊休地として放置されていた場所に建てられた商業施設である。通りを抜けると楕円形状の石畳のパティオが広がり、パティオを囲むように店舗が配置されている。パティオは通り抜けも可能としており、周辺商店街の回遊性を高めるとともに、金沢市役所、金沢21世紀美術館への近道にもなっている。金沢らしい伝統的な建築と対比的で、どこかイタリアを思わせるような雰囲気を持つ建築である。　　　　　　（佐々木　智哉）

いしかわ景観大賞

● 聖霊修道院聖堂

金沢市長町1-5-30 ｜ 昭和6（1931）年

階数：地上1階
構造：木造
施工：不詳
MAP⇨ *p.51*

側面外観。

設計　マックス・ヒンデル

　この聖堂は、スイス人建築家マックス・ヒンデルの設計によるもので、昭和6（1931）年に竣工している。木造平家建てで、外観は高さを低くおさえるため、屋根を二層に分け、白く塗られた木造下見板張りのロマネスク様式を基調にしたデザインでまとめ、尖塔型の屋根を架けた鐘楼がアクセントとなっている。内部は中央に広い身廊と左右に幅の狭い側廊を配した三廊式バシリカ平面形式を採り、身廊部は畳敷きと椅子を利用し、列柱は金沢の伝統工芸、黒漆塗りで仕上げられ、西洋と日本の感性が、調和したユニークな教会堂建築である。　　　　　　　　　　　　　　　　　　　　　（中森　勉）

金沢市指定文化財

◉ 大屋家

金沢市長町1-1-37 ｜ 江戸末期

建築面積241㎡、木造、平屋、
瓦葺き
MAP⇨ *p.51*

雪の季節を前に土塀に薦掛けがされている。

　長町武家屋敷跡地に残る、藩政期の姿をほぼそのまま残す武家屋敷である。土塀が周囲を囲み、敷地脇を流れる用水から庭に曲水を引いている。敷地正面の門を入ると前庭を介して武士住宅の典型的な切妻アズマダチの正面外観が現れる。藩政期には板葺き石置きの緩やかな屋根勾配であったものが瓦葺きに改修されているが、板葺き当時の小屋組は小屋裏にそのまま残されている。間取りもそのまま残されていて、最も格の高い8畳のザシキには床の間と天袋を持つ床脇、平書院、縁を備えているが、鴨居がなく、武家らしく簡素で落ち着いた佇まいである。　　　　　（坂本 英之）

国登録有形文化財

◉ 新家邸長屋門

金沢市長町1-1-41 ｜ 江戸後期

木造平屋、切妻桟瓦葺き
MAP⇨ *p.51*

街路側外観。

　長町武家屋敷跡に残る新家邸長屋門は、赤戸室でやや反りをもった亀甲積みの基礎の上に、壁は太い押縁のついた下見板貼り、軒下が白漆喰の小壁となっている。屋根は、現在は瓦葺きであるが、昭和3（1928）年までは板葺き石置きであった。門入口は厚い板石が敷かれた入り隅となっており、脇には長屋門の特徴である武者マドが、周囲を見回すように張り出している。両開きの扉を入ると、右手には6畳2間のチュウゲンベヤがあり、左手にはウマヤがあった。馬の手綱を結んだ鉄環が屋根裏の梁に痕跡として残っている。　（坂本 英之）

金沢市指定保存建造物

● 日本基督教団金沢教会

金沢市柿木畠5-2 ｜ 平成14（2002）年

延床面積：966.87㎡（教会棟）、124.52㎡（牧師館棟）
階数：地上2階
構造：RC造＋S造（教会棟）、木造（牧師館棟）
構造設計：MUSA研究所
設備設計：森村設計
施工：真柄建設北陸支店
MAP⇨ *p.51*

通りに面した北西側ファサード。

設計　香山壽夫建築研究所＋進藤圭介建築研究所

　金沢市の繁華街の裏通りに位置する教会である。通りに面した存在感のある正面ファサードには十字架がかけている。一層はRC造でレンガ風になっており、上部はS造に木板を模したセメント板が張られている。内部は一転して木の内装となっている。礼拝堂は外観の強固なイメージとは異なり、高窓からの自然光と、トップライトからの直射光によって、優しく温かみのある雰囲気にしている。またこのトップライトからの光はアーチ形の開口を通して説教卓、洗礼盤、聖餐卓へと降り注ぎ、神秘的な場を演出している。　　　（武田 知展）

『新建築』2004年2月号

◉ 立野畳店 （立野家住宅）

金沢市大工町37 ｜ 江戸末期（19世紀初頭）

木造2階建、切妻造、平入り、
桟瓦葺き、間口5間半
MAP⇨ *p.51*

北西側外観。

　立野畳店の表構えの特徴は、間口5間半、軒高が低く、2階壁面の漆喰と両脇の袖卯建、1階庇下にはサガリ、3間の蔀戸などである。屋根は、昭和7（1932）年に板葺き石置き屋根から瓦葺きに変更された。間取りは、1階前面からトオリニワに沿って、ミセ、チャノマ、ナガシ、ドゾウと続き、中庭（セド）に面してザシキが取られ、ザシキから建物前面に向かって、ナカノマ、ミセノマが続く。チャノマの土間上部には吹き抜けがあり、通風換気のための高窓から得られる採光により、美しい梁組みを見せる。

　この町家は、江戸時代後期の意匠と構造を示す希少な遺構として重要な建造物である　　　　　　　　　（坂本 英之）

金沢市指定文化財

取り壊された建築

水野 一郎（建築家、金沢工業大学教授）

金沢にも保存運動の甲斐なく取り壊された建築がある。その代表例が「日本生命金沢支店」と「大同生命金沢支社」である。両者は共にメインストリートの香林坊・南町界隈に立地していて、戦後の効率性優先の画一的なオフィスビル街の中で強い存在感を放っていた。

日本生命金沢支店

「日本生命金沢支店」の建築は辰野金吾（1854-1919）・片岡安（1876-1946）の設計により大正4（1915）年竣工した。小規模な2階建だが、「日本銀行京都支店」（明治39/1906年）や「東京駅丸ノ内本屋」（大正3/1914年）に続くルネッサンス風煉瓦建築の秀作である。外壁は赤い煉瓦面に白い花崗岩の水平ラインが走り、飾り彫刻を施した玄関庇や丸窓が取り付き、屋根は銅板のドーム、マンサード、尖塔や破風飾りが複雑に絡んでいて、無機質で平坦なまちなみの中に、華やかな装飾性と凹凸ある立体感を持つ均整とれた姿で佇んでいた。

昭和53（1978）年12月に同社から市へ取り壊しの通知があったことから、金沢の近代建築調査に関わっていた金沢美術工芸大学学長の五井孝夫（1904-1986）と、金沢工業大学教授の竺覚暁（1942-2020）、水野一郎（1941-）が保存活動を始めた。昭和54（1979）年1月、個性あるまちづくりに取り組んでいた金沢経済同友会に保存の提案をしたところ、まちなかに建つ美しい煉瓦建築への想いと、江戸から現代までの優れた建築が建ち並ぶ金沢の歴史的重層性をさらに充実させる願いとが重なって賛意を得た。その後、金沢経済同友会は県・市・大蔵省・日本生命・地元経済界に保存の可能性を求めて活発な働きかけを行った。同年7月、日本生命から取り壊して建て替える方針は堅持、代案として時価（5億円）での敷地購入か代替地の等価交換の案が出されたが、県・市・民間含め対応できるところなく、保存を断念した。

同年11月、再度県・市等へ保存を打診するも不可能となり、運動の経過や記録保存のレポートを作成して終了。取り壊しに際して、ふたつの丸窓の譲渡の願いが聞き入れられ、「金沢工業大学ライブラリーセンター」の建築に嵌め込まれた。

大同生命金沢支社

「大同生命金沢支社」の建築は、W. M. ヴォーリズ（1880 - 1964）の設計により大正15（1926）年竣工した。印象的なイタリアルネッサンス期の貴族邸宅風のファサードは、開放的な1階、アーチ窓の2階、閉鎖的小窓の3階という縦の要素を5つ並べたリズミカルなデザインになっている。外装材は西洋の古典的なロータス（蓮）やアーカンサス（唐草）を施したテラコッタタイルが貼られ、西洋建築の豊かさを漂わせてくれていた。

昭和56（1981）年、金沢信用金庫が「大同生命金沢支社」の敷地・社屋を取得し、本社新築計画を明らかにした。直ちに日本生命金沢支店社屋の保存に関わった経済人や大学人を中心に保存・再利用の運動が起こった。前年の昭和55（1980）年、日本建築学会が『日本近代建築総覧』にて、歴史的・文化的価値を有する重要な建築として指摘していた中に当社屋も選ばれていたので、村松貞次郎（1924-1997）東京大学教授による学会からの保存要望書が作成され、金沢信用金庫に届けられた。

金沢都心の最も美しいオフィスビルと評判だったので、市民やマスコミの関心も呼んだが、所有者から本社機能の格好の立地ゆえ建設を進めると表明された。それに対し旧社屋保存と新社屋建設の共存案や、新社屋に保存ファサードを組み込む案など、実現への折衷案を示したものの受け入れられず、取り壊された。

その後

画一的戦後建築が並ぶ都心に残されていた歴史と文化の香りを持つふたつの建築は消え、その跡地にはやはり画一的なオフィスビルが建った。この界隈は銀行・信金・保険・証券などの金融単機能のまちになっていたが、やがてバブル崩壊やリーマンショックを受けその数は激減するとともに、業務のIT化で出入りする人びとの賑わいも小さくなった。さらに日本銀行金沢支店や地方銀行本店などの駅西の新市街地への移転が加わり、界隈は金融のまちから多機能のまちへ変身していった。

時とともに変わる都市機能の営みの中で、もしふたつの建築が保存されていたら、大正・昭和の価値観や美意識を活かした機能に再利用され、界隈の多機能化を応援する賑わい拠点になっていたに違いない。江戸・明治・大正・昭和の名建築と、新たな平成・令和の現代建築とが建ち並ぶ金沢らしい建築文化の文脈を、メインストリートに生み出す機会を失った保存運動として、忘れることができない。

（みずの・いちろう）

日本生命金沢支店

金沢市武蔵町1-20｜大正4（1915）年竣工、昭和54（1979）年取り壊し

設計　辰野金吾・片岡安（辰野片岡建築事務所）

日本生命金沢支店外観。

金沢工業大学ライブラリーセンターに嵌め込まれた丸窓。

大同生命金沢支社

金沢市香林坊1-3-6（現、南町1-1）｜大正15（1926）年竣工、昭和57（1982）年取り壊し

設計　W. M. ヴォーリズ

大同生命金沢支社外観全景。

ファサード見上げ。

現在の都市風景。上堤町交差点より香林坊方向を見る。

金澤町家の再生

増田 達男（都市史家、金沢工業大学教授）

転生──渡辺邸（金沢市笠市町）❶-❷

　ビフォーとアフターが同じ建物であるとは到底信じられない驚くべき事例である。昨今では金澤町家などの歴史的住宅が息を吹き返す例も珍しくなくなった。その時流にあって、ご主人は「かつて町家だった姿に戻してほしい」と、建築家の赤坂攻さんに依頼した。高度経済成長期には、ビフォーのような「看板建築」といわれる改修が当たり前のように行われた。それが当時の価値観だったのである。ところで、いざこの建物の正面を解体してみると、困ったことに町家の痕跡は完全に消滅していた。正論としては、この事例を「再生」に含めることは許されないだろう。正面はまったくの新築である。赤坂さんは苦笑いしながら「贋作だ」と謙遜される。見事な仕上がりに対して、あまりにも酷な表現なので、私は「転生」を提案した。仏教用語で生まれ変わりを意味している。補助対象として市の審査も難しかったようだが、金沢市の英断である。示唆に富む興味深い事例といえよう。

感謝の頬ずり──レストラン「ラ・ネネグース」（金沢市千日町1-16）❸-❻

　高級フレンチレストランである。再生前は、古びた空き家だった。郊外にあったお店は広くて繁盛していたが、あえて席数が限られるこの町家に移転した。オーナー夫妻は、再生町家に憧れて金沢をくまなく歩き回り、最後にようやくこの物件を探し当てた。年齢からも慎ましく永く続けられる規模を求めた。この再生工事に建築家はいない。料理の動きなどを綿密に配慮して自ら寸法を測り、逐一大工さんにお願いした。最も重視したのは、できるだけ残すことだった。

訪れる客も町家風情を絶賛する。庭を通して犀川を眺めるロケーションも格別である。マダムは毎晩、戸締りの際に「今日も一日ありがとう」と、この町家に頬ずりして感謝している。

足軽屋敷のカフェ──「ノマドライフ」（金沢市幸町16-20）❼-❽

　私が初めてこの建物を訪れたのは8年前であった。リタイヤされたご主人がひとりでお住まいだった。「内装はすっかり新建材で覆ったが、これらを剥がせば足軽屋敷のままです」という。1カ月後には手放して、常夏のフィリピンに移住し、老後を過ごすことが決まっていた。喜んであげるべきだったが、思いは正反対だった。人手に渡った途端、貴重な足軽屋敷が失われてしまうことが懸念された。

　5年前に「まち歩き」で訪れた際に、奇跡的に残っていることに胸をなでおろした。自由な生き方を意味するカフェの「ノマドライフ」として活用されていた。客席でコーヒーを待っていると、毛並みのきれいな足長マンチカンの小太郎君がさりげなく挨拶に現れる。障子や襖を外した開放的な店内は、柱や天井の造作は足軽屋敷のままで、床の間には薪ストーブが置かれている。

　不思議なのは立地である。もともと足軽が居住した組地は、表通りから隔離された裏町に位置した。かつてこの辺りは、犀川の氾濫域を埋め立てて造成した湾曲の街路網であるため、文字通り「迷路」である。しかし今や、SNSで全国からリピーターが訪れる人気店である。付近には芸術家や若い女性が古い町家を再生して移住し、ひっそりした界隈にともし火が増えつつある。

昭和戦後に民家から事業所に改装されていた。

見事によみがえった町家。

カウンター席。

犀川を眺める客席。

足軽屋敷を改装したカフェ。

床の間に薪ストーブを置いた客席。

1-2 撮影：赤坂 攻　3-6 撮影：増田達男　7-8 撮影：古村尚子

町家を再生したフレンチレストラン。

朱壁の座敷を再生した貸席。

観音坂の望楼──カフェ「観音坂いちえ」（金沢市観音町3-3-2）❾-⓭

前田家の菩提寺であった卯辰山麓の観音院へ上がる観音坂に位置している。ひがしの茶屋街が繁栄した大正9（1920）年に4棟の3階建て望楼の料亭として建てられた。基礎の立ち上りを含めば4階建てにもなるので、基礎をコンクリートで造り直し、地上階を構造補強した。かつての栄華が見事によみがえり、玄関と茶室は数寄屋の美に満ちている。望楼座敷であった最上階をカフェに模様替えし、伝統的建造物群保存地区を含む黒瓦の下界を一望する。斜面の緑樹とともに四季折々に一期一会の情景が楽しめる別世界である。

下級武士系住宅──レストラン「YUIGA」（金沢市水溜町4-1）⓰-⓱

フレンチレストランである。表通りからあまりにも奥まっているため、道を間違えたと勘違いして引き返す客も多い。当初、オーナーの意識は、歴史的風情にはなく、もっぱら工事費の節約にあった。ところが開店してみると、来客の多くは、下級武士系住宅の歴史的な建築様式に魅了された。

レストランの雰囲気としては、天井が低すぎて圧迫感があったので、天井板をすべて外し、竿縁という天井板を支えていた細い桟だけを残した。これも、工事費をかけない方策であった。すると、狙った圧迫感が解消されただけではなかった。天井板で隠されていた2階の床板の荒々しい裏面が露出するとともに、その下に細い桟が浮いているという、古風でユニークな空間が予期せず演出されたのだった。さらに、2階の床裏に配された古い電気配線も露になって、レトロな雰囲気を盛り上げた。そこに、背もたれの高いフレンチス

タイルの椅子の連続が、絶妙に調和している。

不利なロケーションにもかかわらず、開店以来、客足は絶えることがない。

露地庭の茶室がある玄関──カフェ「豆月」（金沢市東山2-3-21）⓲-㉒

変なタイトルである。茶室が露地庭に建てられるのは当たり前である。しかし、この町家の玄関に入ると、そこは飛び石が交互に置かれた露地庭であり茶室が建てられている。裏千家の「今日庵」を写した本格的な茶室である。ご主人は茶の師範であり、定期に茶会が開かれる。「豆月」は町家カフェであり、予約すれば、今日庵で正式な茶をいただくこともできる。

奥の間は安らいだ座敷の客席であり、背戸の坪庭にも癒される。2階の本座敷は、あざやかなもてなしの群青壁である。金沢は、1年を通して雨や雪のどんよりとした灰色の空のため、色の鮮やかさが沈んで寂しい情緒になりがちである。座敷のあざやかな朱色や群青の土壁は、最上の贅沢なもてなしとなる。

限られた広さの町家であるにもかかわらず、工夫を凝らして豊かな環境が生み出されている。

（ますた・たつお）

ビフォー・アフター。❾⓾　　玄関と庭。⓫

四季の移り変わり。⓬　　カフェのパノラマ。⓭

草庵風の茶室。⓮　　数寄屋の玄関。⓯

武士系住宅を使ったレストラン。⓰　　天井板を外した客席。⓱

ビフォー・アフター。⓲⓳　　飛び石の玄関露地。⓴

背戸の坪庭。㉑　　今日庵写しの茶室。㉒

甦る金沢城｜中心の恢復

金沢城の原型は、かつて一向宗の拠点として「百姓の持ちたる国」を約100年間（1474～1575年）にわたって支えてきた「金沢御堂」の創建（天文15/1546年）である。実は、一向宗（浄土真宗）門徒は、「越前吉崎御坊」をはじめ「山科本願寺」、大阪城前身である「石山本願寺」など城郭化した寺院をつくる名手たちでもあった。

織田信長の北陸への侵攻が始まると、柴田勝家、佐久間盛政などの戦国武将により幾多の出入りがあったのち、前田利家の入城によって戦国大名の城となった。時代は戦国から平安の時に時代が推移する過渡期でもあり、戦の砦であった山城から、城下町における都市経営の拠点となる平城に移り変わる変遷期にあたる。金沢城は、加賀平野に突き出した小立野台地の先端に築かれた壮大な平山城であり、2本の河川と小立野台地を含む3つの台地による巧みな地形が生み出す、天然の要害ともいえる立地条件によって生み出された。搦手の防御は、庭園（兼六園）を置いて固めた。

明治期には、軍隊の営巣地として、戦後の発展期には大学のキャンパス、そして今は市民の憩える都市公園として、それぞれの時代を背景にその顔を変えてきた。

城内に残る歴史的建築物は意外と少なく、藩政期の「石川門」、「三十間長屋」、「鶴丸倉庫」に加えて、明治期の「旧第六師団司令部」が残っているぐらいである。藩政期の度重なる大火や地震により倒壊、焼失したものも多いが、とりわけ明治4（1871）年に入営していた陸軍師団によって、兵舎に使える建物以外は次々と撤去された。明治期は、戊辰戦争で破壊された東北各藩の城以外にも、悪しき旧幕藩体制のシンボルとして、多くの城が解体破壊されていった時代である。

そして明治14（1881）年の城内の大火が最後のとどめを刺した。酩酊した2名の兵士の火の不始末から、同年1月10日未明、「二の丸御殿」をはじめ「菱櫓」、「五十間長屋」や「橋爪門続櫓」など城の大半を焼くに至った。

現代には、国史跡として、遺構の発掘調査や文献調査等による史実に基づいた復元整備が進められてきた。今後、石川県は「二の丸御殿」の整備を進める予定である。二の丸御殿は約2haの敷地規模で、これまでの整備に比べれば格段に大きい。本丸焼失後は、藩主の居住地であり、加賀藩の政務の中枢として存在していた建造物であり、復元の価値は大きいといえる。　　　（坂本 英之）

● 金沢城石川門
金沢市丸の内｜江戸初期

撮影：鈴谷梅隆

南側の兼六園側より百軒堀園地越しに見る。

【櫓】
二重二階隅櫓、鉛瓦葺き
【表門】
高麗門、鉛瓦葺き
【櫓門】
櫓門、入母屋造、鉛瓦葺き
【続櫓】
折曲リ一重渡櫓、鉛瓦葺き
MAP⇨ **p.61**

石川門は表門と内側の櫓門、枡形を囲む続き櫓および二重櫓からなる枡形門。表門は高麗門、扉は両開きで向かって右の扉に潜り戸がつく。柱やまぐさ、扉は素木のままだが、これらの表面には筋鉄板が打たれ、入八双や饅頭という金具で補強されている。櫓部の基礎部分は石垣積みで、外回りは塗籠壁、屋根には鉛瓦を葺いている。現在の石川門は宝暦9（1759）年の火災で焼失し、同12年からの再建工事で、約30年後の天明8（1788）年に完成。その後、寛政11（1799）年に地震で被害を受け、文化11（1822）年修理され現在に至る。
　　　（坂本 英之）

国指定重要文化財

● 金沢城土蔵（鶴丸倉庫）
金沢市丸の内｜江戸末期（1848年）

撮影：宮下春水

土蔵造、桁行21.8m、梁間14.6m、2階建、切妻造、桟瓦葺き
MAP⇨ **p.61**

正面外観。

金沢城土蔵（鶴丸倉庫）は、金沢城東ノ丸附段に建つ、江戸後期、嘉永元年（1848）頃に建築された土蔵である。桁行21.84m、梁間14.56m、土蔵造総2階建、切妻造、桟瓦葺きで、屋根の形式は鞘屋根形式。加賀藩大工山本勝左衛門が普請を手がけ、もとは武具蔵として建てられた。旧陸軍時代には「被服庫」として使われていたことがわかっている。腰の石張りなど金沢城に特徴的な技法も併せ持っている。城郭内に現存する近世の土蔵として全国でも希少な遺構であり、高い価値が認められる。
　　　（坂本 英之）

国指定重要文化財

p.33

西町3番丁

博労町

大手町

尾崎神社（江戸初期、寛永20/1643年）

お堀通り

東門口

大手堀

尾山町

大手門（尾坂門）跡

・金沢弁護士会

金沢商工会議所会館
（平成26/2014年）

新丸広場

切手門

・金沢簡易裁判所

白鳥路

・金沢地方裁判所

旧第六旅団司令部庁舎（明治31/1898年）

菱櫓
（平成13/2001年復元）

河北門（平成22/2010年復元）

尾山神社

尾山神社神門
（明治8/1875年）

二の丸広場

五十間長屋
（平成13/2001年復元）

丸の内

鼠多門（令和2/2020年復元）
鼠多門橋（令和2/2020年復元）

三の丸広場

石川門（天明8/1788年）

尾山神社神苑
（旧金谷御殿庭園、江戸初期）

橋爪門続櫓
（平成13/2001年復元）

橋爪一の門（平成13/2001年復元）

玉泉院丸庭園
（平成27/2015年復元）

橋爪門（平成27/2015年復元）

・石川橋（平成7/1995年掛け替え）

広坂合同庁舎

三十間長屋（安政5/1858年）

玉泉院丸口

・金沢城土蔵（鶴丸倉庫、江戸末期）

丑寅櫓跡

本丸園地

・水景（設計：谷口吉郎）

辰巳櫓跡

いしかわ四校記念公園

広坂2丁目

いもり堀（平成22/2010年復元）

お堀通り

広坂緑地

夕顔亭（安永3/1774年）

霞ヶ池

兼六園

鯉喉櫓台

兼六町

・内橋亭

瓢池

石川四高記念文化交流館
（旧第四高等学校本館、
明治24年/1891年）

しいのき迎賓館
（旧石川県庁舎、大正13/1924年、
平成22/2010年）

旧広坂通り

・時雨亭（平成12/2000年復元）

広坂

●金沢城三十間長屋

金沢市丸の内｜安政5（1858）年

二重2階多聞櫓、鉛瓦葺き、
桁行26.5間、梁間3間
MAP⇨*p.61*

外観。

　二重2階の多聞櫓であり、本丸西側につながる本丸付壇にある。屋根は1、2重ともに鉛瓦葺き、南面入母屋造、北面切妻造となっている。長屋という呼称の通り、桁行26間半、梁間3間の細長い建物で、切込みハギの2m程度の石垣の上に乗っている。外回りは漆喰壁で、1階外周の腰部は石川門同様の平瓦きの海鼠壁である。安政5（1858）年につくられたものであるが、明治5（1872）年に陸軍の所管となり、戦後は金沢大学の図書館書庫に転用された。窓の格子や内部階段の一部が撤去されたが、昭和43（1968）年に解体修理され創建当初の姿に復原された。　　　　　　　　　　　　　　　　　（坂本 英之）

国指定重要文化財

●玉泉院丸庭園

金沢市丸の内｜寛永11（1634）年作庭開始、平成27（2015）年復元

面積：7,000㎡
池泉回遊式庭園
MAP⇨*p.61*

石垣を取り込んだ作庭。

　金沢城公園内に廃藩まで存在した池泉回遊式の大名庭園である。寛永11（1634）年加賀藩三代藩主利常が、京都の庭師剣左衛門を招いて作庭が始まったと伝えられている。兼六園よりも早い時期に作庭されている。石垣中段に滝を組み込んだ「段落ちの滝」と、その石垣を構成する正方形（色紙）と長方形（短冊）を組み合わせた「色紙短冊積石垣」が特徴である。軍事目的の石垣を作庭の意匠として使われた希有な例である。再現整備は、発掘調査や絵図、文献、類似事例を基に設計を行い、遺構保存のため約2mの盛土をして、その上に平成27（2015）年に完成した。直ぐ近くの「鼠多門」と「鼠多門橋」の完成により、兼六園周辺文化ゾーンへの回遊性が増した。　　（坂本 英之）

●旧第六旅団司令部庁舎

金沢市丸の内｜明治31（1898）年

床面積：196㎡
階数：地上1階
構造：木造
MAP⇨*p.61*

外観。

設計　陸軍省経理部

　建物正面中央部分は張り出して切妻屋根をかけて、その妻面の三角破風部分をギリシャ神殿に由来するペディメント風に飾り、玄関両脇の壁には繰り方を施したピラスター（付柱）を付けて建物の中心性を醸し出している。そして背面の壁面構成は煉瓦積みの基礎に、腰から軒までモルタル塗りとし、上げ下げ窓を要所に配した左右対称の簡明なデザインでまとめられている。このデザイン構成はルネサンス様式の扱いで、旧陸軍第九師団司令部庁舎（国立工芸館）の建物とデザイン的に非常に似通っている。　　　　　　　　　（中森 勉）

●金沢城菱櫓・五十間長屋・橋爪門続櫓・橋爪一の門

金沢市丸の内｜平成13（2001）年復元

事業主：石川県
建築面積：1,217.91㎡
延床面積：1894.23㎡
階数：地上3階
構造：木造
施工：松井・城東JV、大林・真柄・松浦JV、北国建設
MAP⇨*p.61*

二の丸広場側外観。

復元設計　建築文化研究所

　金沢城公園に位置し、同敷地内に現存する三十間長屋や石川門（重要文化財）とは異なり復元である。構法は木造軸組構法でありながら内部は一部バリアフリーになるなど時代に合わせた復元となっている。菱櫓の100本の菱形の柱を使用していること、菱櫓、橋爪門続櫓と橋爪一の門、土塀を含めて、屋根の鉛瓦葺き、外壁の海鼠壁、漆喰塗り込め壁では伝統工法が用いられている。

　構造は柱、梁、桁による木造軸組と土壁と貫を組み合わせた耐力壁となっている。部材の接合は金物を使用せず、継手や仕口が用いられている。　　　　　　　　　　　　　　　　　（武田 知展）

第24回金沢都市美文化賞、第34回中部建築賞一般部門特別賞

● 金沢城河北門
かほくもん

金沢市丸の内｜安政元年（1772）、平成22年（2010）復元

撮影田正 ：溝

【一の門】高麗門、高さ7.4m、幅4.7m
【二の門】木造2階、櫓門、入母屋造、鉛瓦葺き、外壁大壁漆喰塗、内壁板壁 面積：220.12㎡（2階床面積）、石垣見付面積329㎡
【枡形土塀】太鼓塀もしくは築地塀、長さ29.6m、石垣見付面積22㎡
【ニラミ櫓台土塀】二重塀、長さ23.9m、唐破風造幅2.4m、石垣見付面積132㎡
MAP⇨ *p.61*

二の門。

復元設計　文化財建築物保存技術者協会

───

　河北門は、高麗門である「一の門」、櫓門である「二の門」、「枡形土掘」及び続き櫓の機能を持つ「ニラミ櫓台」により構成されている。金沢城の実質的な正門である。宝暦9（1759）年の大火で焼失の後、安政元（1772）年に再建され、明治15（1882）年頃に取り壊されたとされる。金沢城公園整備にあわせて、現存する絵図や古写真、文献及び埋蔵文化財の調査を踏まえ、平成22（2010）年に復元された。戸室石の石垣積み、漆喰仕上げの壁や木部軸組構法などの伝統工法の素材や匠の技を活かして、史実に基づいて蘇らせた。　　　（坂本 英之）

● 金沢城橋爪門

金沢市丸の内｜文化6年（1809）、平成27年（2015）復元

撮影田正 ：溝

【一の門】
高麗門、鉛瓦葺き
【二の門】
木造2階、入母屋造、鉛瓦葺き、大壁漆喰塗り（櫓門）
MAP⇨ *p.61*

二の門。左は橋爪門続櫓。

復元設計　文化財建築物保存技術協会

───

　橋爪門は、寛永8（1631）年の大火で焼失した後に整備された門である。高麗形式の「一の門」、石垣と二重塀で囲われた「枡形」、櫓門形式の「二の門」からなる枡形門である。城内の実質的心臓部である二の丸御殿へ至る最後の門として、通行に際して最も厳しい制限がかけられ、また城内で最も格式の高い門である。文化5（1808）年の火災で焼失した後、文化6（1809）年に再建された姿を復元している。今回の復元工事では、石垣、左官、屋根、木工などの伝統的技法を駆使して平成27（2015）年に完成している。　　　（坂本 英之）

● 金沢城鼠多門、鼠多門橋
ねずみたもん

金沢市丸の内｜令和2（2020）年復元

撮影谷沿 ：溝

【鼠多門】
形式：櫓門、入母屋造
階数：地上2階（門部分地階）
構造：木造
寸法：桁行22.03m、梁間7.35m
建築面積：198.62㎡
床面積：323.84㎡
【鼠多門橋】
構造：鋼床版ラーメン構造
寸法：橋長32.6m、全幅5.5m、有効幅員4.3m
施工：兼六・松浦・ほそ川特定建設工事共同企業体
MAP⇨ *p.61*

鼠多門橋より見る。

復元設計　文化財建築物保存技術協会

───

　鼠多門は明治期の火災により焼失、鼠多門橋は明治10（1877）年に老朽化により撤去された。ともに令和2（2020）年復元された。名称の由来は、「多門」は長屋形式の建造物の別称であり、「鼠」には諸説あるが、黒漆喰の海鼠塀のねずみ色の外観からとされる。
　鼠多門橋は鉄骨造に木材で化粧仕上げをしたもの。この整備により、香林坊周辺から金谷出丸（現、尾山神社）を通り、立体交差で車に出会うことなく金沢城公園を含む「兼六園周辺文化の森」ゾーンを巡る回遊動線が整備されたことになる。　　　（坂本 英之）

撮影谷沿 ：溝

鼠多聞橋はお堀通りに架かる歩道橋として尾山神社につながる。

↑ p.61

三の丸広場
石川門（天明8/1788年）
橋爪門続櫓（平成13/2001年復元）
橋爪門（平成27/2015年復元）
・石川県営兼六駐車場
玉泉院丸庭園（平成27/2015年復元）
三十間長屋（安政5/1858年）
小将町
・金沢市立小将町
・金沢広坂合同庁舎
丸の内
鶴丸倉庫（弘化5/1848年）
・加賀友禅会館
本丸園地
・玉泉園（西田家庭園）・灑雪亭
いもり堀（平成22/2010年復元）
・徽軫灯籠（ことじとうろう）
いしかわ四校記念公園
広坂2丁目
広坂緑地
・夕顔亭（安永3/1774年）
霞ヶ池
兼六町・内橋亭
・石川四高記念文化交流館（旧第四高等学校本館、明治24/1891年）
鯉喉櫓台
・しいのき迎賓館（旧石川県庁舎、大正13/1924年、平成22/2010年）
兼六園
・時雨亭（平成12/2000年復元）
旧広坂通り
辰巳用水
広坂
金沢能楽美術館・
成巽閣（文久3/1863年）
石川県立美術館 広坂別館（旧陸軍第九師団司令部、明治32/1899年）
・石川県立伝統産業工芸館（旧石川県立美術館、昭和34/195...）
金沢市役所（昭和56/1981年）
広坂1丁目
・旧津田玄蕃邸
金沢21世紀美術館（平成16/2004年）
金澤神社
・成巽閣 辰巳屋舎
・石川県立能楽堂別館（昭和43/1...）
柿木畠
松涛庵
石川県立美術館（昭和53/1983年）
金沢市役所第二本庁舎（令和2/2020年）
城南荘（旧横山邸）（明治27/1894年）
石川県繁友会館・
上柿木畠
・石川県社会福祉会館
旧中村邸（昭和3/1928年）
出羽町
・石川県立能楽堂（昭和47/1972年）
里見町
下本多町6番丁
金沢歌劇座
・石川県立図書館
・金沢市立中村記念美術館
国立工芸館（旧陸軍第九師団司令部、明治21/1888年）（陸軍偕行社、明治42/1909年）
里見町こまちなみ保存区域
・旧本多家住宅長屋門
石川県立歴史博物館（石川赤レンガミュージアム）（旧陸軍第九師団兵器支廠第一棟：大正3/1914年、第二棟：大正2/1913年、第三棟：明治43/1910年）
本多の森ホール（旧石川厚生年金会館、昭和52/1977年）
石引4
・北陸放送会館
石川県 金沢中警察署
本多町3丁目
・松風閣（旧広坂御広式御対面所、天保5/1834年）
栄木町
金沢電気ビル・
松風閣庭園
・鈴木大拙館（平成23/2011年）
・NTT西日本出羽町ビル
油車
本多町2丁目
金澤町家情報館（旧川縁米穀店、江戸時代）
下本多町5番丁
水溜町
犀川大通り
鰱町
・建築研究所
・石川県立工業高等学校
水溜町こまちなみ保存区域
新竪町3丁目
・遊学館高等学校
杉浦町

← p.51

p.81

MAP ❶-01F │ 小立野台地とその西側 縮尺 1/5,000

兼六園周辺文化の森界隈
兼六通り
河岸
東兼六町
旧天神町こまちなみ保存区域
完聴橋金沢医療センター
シ館（明治24/1891年）
北陸学院中学校・高等学校
飛梅町
辰巳用水
金沢くらしの博物館
（旧石川県第二中学校本館、明治 32/1899年）
小立野通り（旧江戸道）
石引3丁目

0　　　　　100 m

Cluster ❶-01F
兼六園周辺文化の森 | 辰巳用水が潤す小立野台地とその西側
（こだつの）

　右の地図は金沢の都心のど真ん中に位置する「兼六園周辺文化の森」と呼ばれているゾーンである。中央に兼六園があり、北側に金沢城址、南側に本多の森界隈があり、これらはいずれも小立野台地の上部に位置している。台地の下部での文化の森ゾーンは南西側の広坂、本多町界隈である。「兼六園周辺文化の森」とは、そのゾーンに公園、庭園、広場、緑地を配し、歴史と文化の諸施設を設置して金沢文化の「伝統と創造」のシンボル拠点とするプロジェクトである。

　文化の森を建築分野から見るとゾーン内に、江戸期の重要文化財の金沢城石川門、三十間長屋、成巽閣、尾崎神社などがあり、明治の重文の旧第四高等学校本館、旧陸軍第九師団兵器支廠、旧石川県第二中学校本館、尾山神社神門がある。さらに大正の旧石川県庁舎、昭和の旧石川県立美術館、旧石川厚生年金会館、平成の金沢21世紀美術館、鈴木大拙館もある。すなわち当ゾーンは金沢の都市と建築の歩みが辿れる「建築博物館」になっている。またこれら各時代の建築はすべて今でも現役であり、ことに上記で「旧」と記したものは博物館、資料館、記念館、集会施設などに再利用されていて文化の森で大きな役割を担っている。

　またこのゾーンは水と緑の豊かな場所である。金沢は3つの台地に挟まれたふたつの河川のお陰で水に恵まれているが、さらに

金沢城の利水のために東方11kmから引いた辰巳用水が兼六園を含む中央の台地上部に流れている。

　台地上部の稜線に位置している兼六園にて、本来はないはずの水流、池、滝、噴水が鑑賞できるのは、この辰巳用水のお陰である。兼六園を潤した水はさらに城内の玉泉院丸庭園や城下の尾山神社の池泉などを経て界隈の用水となり、あるいは台地の斜面で滝となり、広坂で用水の道を演じている。このように兼六園周辺文化ゾーンは辰巳用水の水流が台地の上下にいきわたり、利水、遊水、親水の潤い空間がつくられている。

　緑については、兼六園と金沢城址に圧倒的な質と量の緑があり、それに台地斜面を覆う自生の緑が加わり、広大で安定的な都心の緑が存在している。さらにゾーン内の公園や広場や施設は樹木、地被、草花、芝生を付加して各々の個性を表現した環境をつくっている。

　一般的に地方都市の都心は、商業、業務、行政などの機能が高密に集積した賑わいのゾーンであるが、金沢の都心は兼六園周辺文化の森として水と緑の中に歴史と文化を散りばめたゆったりゾーンである。この整備方向の推進力は金沢が明治以来積み重ねてきた内発力からのまちづくりである。

（水野一郎）

兼六園脇を流れる辰巳用水。

●● 石川県政記念しいのき迎賓館 (旧石川県庁舎)

金沢市広坂 2-1-1 ｜ 平成 22 (2010) 年、(大正 13/1924 年)

設計　山下設計　(原設計：矢橋賢吉)

延床面積：4,887.64 ㎡
階数：地下1階、地上4階
構造：鉄筋コンクリート造
(保存部分)、鉄骨造、一
部鉄骨鉄筋コンクリート造
(増築部分)
施工：大成・兼六特定建設
工事共同企業体
MAP⇨ **p.64**

一対のシイノキ (天然記念物) のある南側正面外観。

石川県庁が金沢駅西側へ移転した後、金沢市中心部のランドマークとして親しまれてきた旧県庁舎本館 (大正 13/1924 年建設) の道路側部分の棟が保存され、中庭を囲んで背後に延びていた部分が解体されて芝生の広場 (しいのき緑地) となる一方、保存部分北側に1スパンの共用スペースが増築された。広場と増築部のガラス張りのファサードは新たな文化交流・賑わいの場を生み出している。周辺に広がる金沢の歴史のパノラマを臨む共用スペースでは重層する歴史が感じられる。　　　　　　　　　　　　　　　　　　　　(大塚 旅詩)

第21回ベルカ賞、第15回公共建築賞、第43回中部建築賞、第17回いしかわ景観大賞、グッドデザイン賞2011、『日本建築学会作品選集2012』、『新建築』2010年10月号ほか

正面ファサードのある旧広坂通り側に延びる棟が保存されている。

エントランスホールから中央階段を見る。

金沢城公園を臨む吹き抜けた増築部分2階。

ガラス張りのファサードが増築されたしいのき緑地側外観。しいのき緑地は旧県庁舎本館の後背部を解体して生まれた。

●石川四高記念文化交流館（旧第四高等学校本館）

金沢市広坂2-2-5｜明治24（1891）年

建築面積：1,068㎡
階数：地上2階
構造：煉瓦造、寄棟桟瓦葺き
MAP⇨*p.64*

エントランス回り外観。

設計　山口半六、久留正道（文部省技師）

建物は煉瓦造り2階建てで寄棟桟瓦葺きの屋根を架け、壁面は赤煉瓦積を基調に1階アーチ窓の上部にブラインド・アーチを入れる。2階窓のアーチには白煉瓦と赤煉瓦を交互に入れ、アーチ最上部に釉薬煉瓦を積んで細部まで行き届いたデザインがなされている。また1、2階を分ける胴蛇腹や軒蛇腹にも白と焦げ茶のラインを巡らし、アーチ窓とともに赤煉瓦の壁面にアクセントとリズムを与えている。全体として装飾的な派手さはないが、清楚で簡明な美しさを持つ非凡なデザインを有する建物である。　　　　（中森　勉）

国指定重要文化財

●兼六園

金沢市兼六町｜延宝年間（17世紀中頃）作庭開始

池泉回遊式庭園
面積：11.7ha
MAP⇨*p.64*

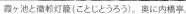
霞ヶ池と徽軫灯籠（ことじとうろう）。奥に内橋亭。

夕顔亭。

時雨亭（復元）。

城下町金沢に残る武家庭園の代表格、藩主の庭であり、日本三名園のひとつである。「宏大、幽邃、人力、蒼古、水泉、眺望」の相対する六つの価値を兼ね備えるとされる。たとえば「水泉、眺望」という一対を比較すれば、前者はまず、辰巳用水から豊富な水を引いた曲水の庭園であり、園内のいたるところにせせらぎがあり、霞ヶ池や噴水などの池泉回遊式庭園の優雅な姿を見せる。同時に後者は、この高さから金沢のまちなみを俯瞰し、卯辰山や戸室山、医王山の山並みを眺められる。これらの価値が同居している希な魅力が備わる。
　　　　（坂本　英之）

国指定特別名勝

●玉泉園（西田家庭園）

金沢市小将町8-3｜江戸初期

面積：2,370㎡
池泉回遊式庭園
MAP⇨*p.64*

玉泉園本庭の水字形池泉。

茶室「灑雪亭」（さいせつてい）（金沢市指定文化財、⇨p.38）の露地570㎡と、玉泉園1,800㎡が上下2段の構成になっている池泉回遊式の庭園。今でも「兼六園」から水を引き入れている。2代利長の妻、玉泉院の信頼篤き加賀藩大小将頭であった脇田直賢により江戸初期に着工し、4代久兵衛の代に完成している。金沢最古の茶室と言われる灑雪亭露地は、寛文6（1666）年加賀藩士した千宗室の指導による簡素な茶室である。水字形の池泉を配する外露地と朝鮮五葉松の内露地で構成、朝鮮五葉松が、初代直賢が秀吉の朝鮮征伐の折の戦災孤児であったことを伝える。隠れキリシタンであった初代直賢。隠れキリシタン灯籠の足下に聖母マリア像が刻まれている。　　　（坂本　英之）

県指定名勝

● 成巽閣

金沢市兼六町 1-2｜文久 3（1863）年

撮影：中森勝利

成巽閣表門。左は辰巳長屋。

木造 2 階建て、寄棟造り、
柿葺き
【飛鶴庭】 江戸時代末期、
平庭式、650㎡
【つくしの縁、万年青の縁】
江戸時代末期、平庭式、
530㎡
MAP ⇒ p.64

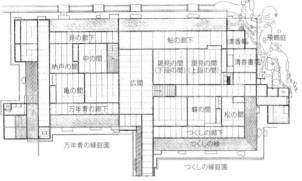
成巽閣 1 階平面図（出典：『重要文化財成巽閣及び辰
巳長屋修復工事報告書』／成巽閣保存会 1972）

13 代藩主斉泰により、母真竜院の隠居所として建てられた。金沢城からみて巽（東南）に位置することから当初「巽御殿」と称し、明治に成巽閣と改めた。木造 2 階建て、寄棟造り、柿葺きで、1 階には謁見の間、広間、茶室等があり、2 階には群青、書見、網代、越中の各間がある。「謁見の間」は書院造りで折上格天井の上段 18 畳と格天井の次の間 18 畳からなり、床、違い棚、付書院、帳台構を備えている。

謁見の間と広間の西側には 1 間半の入側「鮎の廊下」と、やはり 1 間半の広縁が設けられているが、9 間半の長大な縁桁を桔木構造で支えていて見事である。
（坂本 英之）

飛鶴庭、つくしの縁庭園、万年青の縁庭園

「成巽閣」では各所に兼六園からの引水による作庭が行われている。特に美しいのは茶席「清香軒」（⇒ p.38）及び「清香書院」の前に広がる「飛鶴庭」である。その名の由来は、庭内の古松が空を飛ぶ鶴に似ていたからだという。清香書院の前を横切った流れは、大胆にも漆喰で固めた護岸によって美しい曲線を描いている。その土間には三和土の中に飛び石が配されており、雨戸を入れる置き敷居を取り外せば、茶室清香軒の内露地となる仕掛けが施してある。美しい雪景色の中でも茶の湯を愉しもうとする設えである。

要所に据えられた灯籠や置き石、飛び石によって構成された庭の多くを占めるのは鮮やかな苔の緑である。樹木によって生まれる木漏れ日の濃淡が美しさを増す。作庭されたのは、成巽閣が「巽新殿」として建てられた文久 3（1863）年であろう。古図によれば、庭には腰掛け御亭があり、茶室への露地を形成していたことがうかがえる。飛鶴庭からつながる「つくしの縁庭園」及び「万年青の縁庭園」も書院の庭として国指定特別名勝である。
（坂本 英之）

国指定重要文化財、国指定名勝

撮影：中森勝利

1 階謁見の間。

提供：成巽閣

2 階群青の間（右）より続く書見の間。天井の折り上げと目地は群青。壁に紫。床壁は鉄砂。

撮影：中森勝利

清香軒土縁。曲水が土縁に引き込まれている。写真は雨戸を半分建て込んだ状態。

撮影：中森勝利

万年青の縁庭園。

提供：成巽閣

清香書院より飛鶴庭を見る。左奥は清香軒の土縁。

撮影：坂本英之

つくしの縁。桔木により柱なしで縁桁を飛ばしている。

● 石川県立伝統産業工芸館（旧石川県立美術館）

金沢市兼六町1-1 │ 昭和34（1959）年

延床面積：1,594㎡
階数：地上2階、地下1階
構造：RC造
施工：真柄組
MAP⇒**p.64**

正面外観。

設計　谷口吉郎

　1959年に開館した旧石川県美術館は地方の県立美術館として最も早い時期に建設されたもののひとつである。しかし、多様化する展覧会に対応が困難になり1983年に閉館し、現在の石川県立伝統産業工芸館となった（通称：いしかわ生活工芸ミュージアム）。敷地は、兼六園の内部にあり、周囲の景観に適合する必要があった。建設当時は用途が美術館であったため、展示物を主役とし建築は脇役となるような意匠を求めた。外観に用いられている連続したコンクリートのモチーフが日本建築の障子の感覚を思わせる趣のある建築である。

（佐々木 智哉）

『新建築』1959年12月号

● 石川県立美術館 広坂別館（旧陸軍第九師団長官舎）

金沢市出羽町1 │ 大正11（1922）年

建築面積：248㎡
階数：地上1階
構造：木造
施工：不詳
MAP⇒**p.64**

正面玄関。

原設計　陸軍第九師団経理部

　かつて陸軍第九師団の師団長官舎として創建された木造平屋建ての建物である。外観は正面から見ると急勾配の瓦葺き屋根に、同形式の三角破風をみせる屋根が直角に張り出した構えとし、さらに石積みのがっしりした基礎に支えられた鉄板葺の車寄せが加わる。この玄関廻りの外壁は、スペイン壁に似た仕上げで、真壁モルタル掻き落としとなっている。露出された化粧柱や梁などからヨーロッパの民家でよく見かけるハーフ・チンバーのデザインである。外壁面の開口部は、連窓の縦長開き窓を要所に入れ、建物全体を引き締めている。

（中森 勉）

国登録有形文化財

● 本多の森ホール（旧石川厚生年金会館）

金沢市石引4-17-1 │ 昭和52（1977）年

延床面積：15,606㎡
階数：地下1階、地上4階
構造：RC造
施工：熊谷組
MAP⇒**p.64**

南側エントランス部分外観。

設計　黒川紀章建築都市設計事務所

　石川県営兼六園野球場の閉鎖・移転に伴い、跡地に石川厚生年金会館として建設された。その後、平成21（2009）年10月より、同施設のホール部分が「北陸電力会館 本多の森ホール」として新たに開館した。建物の平面形状は、ホールを中心に扇状の敷地に合わせて計画されており、前面道路側には特徴的な円弧状のファサードが表れている。外壁には、設計者の唱えた「グレーの文化」にもとづき、両義的で曖昧な「利休鼠」の感覚をイメージした色のタイルが用いられており、落ち着きのある抑制された表現となっている。　（齊藤 淳史）

第19回BCS賞、第10回中部建築賞、『新建築』1977年9月号

外壁ディテール。

ホール内部。

●●国立工芸館（旧陸軍第九師団司令部庁舎、旧陸軍金沢偕行社）

金沢市出羽町 3-2
令和 2（2020）年、（明治 31/1898 年、明治 42/1909 年）

事業主：石川県
延床面積：3,072.22㎡
階数：地上2階、地下1階
構造：RC造＋木造、一部S造／施工：RC造・S造＝真柄・高田・共栄特定建設工事共同企業体／木造（旧陸軍金沢偕行社）＝岡・本田特定建設工事共同企業体／木造（旧陸軍第九師団司令部庁舎）＝長坂・川元特定建設工事共同企業体　MAP⇨**p.64**

外観。左が旧陸軍第九師団司令部庁舎、右が旧陸軍金沢偕行社。

旧陸軍第九師団司令部庁舎
設計　陸軍省経理部
明治 31（1898）年

　金沢城内の二の丸御殿跡に木造総2階建てで建てられていた。しかし、昭和40年代末に城外の出羽町地内に移築され、さらに令和2（2020）年に現在地に移築された際、外観復原した。その外観はルネサンス様式を基本としてまとめられ、正面玄関上部の屋根妻面に三角形の破風を付けているが、これは古代ギリシャ建築に由来するペディメントの模倣である。また正面2階の窓にもペディメントが付けられ、両翼端にあるバルコニー風手摺りの装飾などに、西洋古典様式を多用し、単調な全体に生気を与えている。　　　　　（中森 勉）
国登録有形文化財

設計　山岸建築設計事務所
————

　国立工芸館（正式名称：東京国立近代美術館工芸館）は、昭和52（1977）年に東京都千代田区北の丸公園に東京国立近代美術館の分館として開館し、令和2（2020）年に国の地方創生施策の一環でこの地に移転された、日本で唯一の工芸専門の国立美術館である。国の登録有形文化財（木造）である旧陸軍の第九師団司令部庁舎と金沢偕行社を移築・活用しており、展示室等はRC造にて明治期の姿に復元を行った。移築木造と復元RC造の平面混構造により、木造部分の地震力をRC造部分に負担させることで新旧の一体構造を実現し、新たな施設として生まれ変わった。　　　　　（山岸 敬広）

旧陸軍金沢偕行社
設計　陸軍省経理部
明治 42（1909）年

　偕行社とは「偕に行かん」に由来し、師団長や旅団長といった高級将校たちだけが出入りを許された集会所のことである。明治末期に現地の近くに新築され、令和2（2020）年に現在地へ移築された。1階に軍服の布地や軍靴などの軍装品を売る販売所があり、将校たちが玉突きや囲碁、将校などの娯楽に興じていたと伝えられている。外観はルネサンス様式にバロックの要素を加えた折衷式建築である。正面玄関部分の屋根は一段高い寄棟のマンサード屋根を掛けて、建物の中心性を強調している。　　　　　（中森 勉）
国登録有形文化財

●●石川県立歴史博物館（旧金澤陸軍兵器支廠兵器庫）

金沢市出羽町 3-1｜平成 2（1990）年

延床面積：7,321㎡
階数：地上2階
構造：RC造＋S造＋SRC造
施工：岡組、出戸建設、治山社、ミツワ建設
【旧第五號兵器庫】建築面積：1,243.0㎡／地上2階／煉瓦造／桟瓦葺き、【旧第六號兵器庫】建築面積：1,322.3㎡／地上2階／煉瓦造／桟瓦葺き、【旧第七號兵器庫】建築面積：1,322.3㎡／地上2階／煉瓦造／桟瓦葺き　MAP⇨**p.64**

南東からの俯瞰。左より旧第五號、六號、七號兵器庫。

同一の規模・意匠の旧第七號兵器庫（左）と旧第六號兵器庫（右）。

設計　五井建築研究所・五洋設備事務所
————

　明治、大正期に建築された旧陸軍の兵器庫は、その後金沢美術工芸大学の校舎として使われ、美大の移転後に、石川県立歴史博物館に転用されたものである。転用にあたって3棟はそれぞれ異なった耐震補強がなされた。1棟は煉瓦躯体の内側にRC造の壁を増強し補強している。もう1棟は鉄骨のバットレスを入れ補強している。さらに3棟目は鉄骨で耐震補強を施し可能な限り内部の木構造を残している。こうした3種類の異なった補強方法で外壁を当時のまま残していることが大きな特徴である。　　　　　（西川 英治）
国指定重要文化財

旧金澤陸軍兵器支廠兵器庫
設計　陸軍第九師団経理部
第五號兵器庫：明治42/1909年、第六號：大正2/1913年、第七號：大正3/1914年

　日露戦争後（明治38/1905年）の軍備拡大政策により全国の師団に煉瓦造兵器庫の増設が行われた。この3棟の建物はその一環として建設された。基本は倉庫建築の系譜に属し、様式的な装飾はなく、機能的な煉瓦造りのデザインだが、それだけに簡素で無駄のない端正な美しさを持っている。昭和戦後（昭和20/1945年）、金沢市立美術工芸大学の校舎として使われ、昭和61（1986）年に石川県立歴史博物館として保存・再生が実施された。同一敷地内、同種の建物をそれぞれ異なった構造補強が試みられた全国的にも稀有な例。　　（中森 勉）

● 金沢21世紀美術館

金沢市広坂1-2-1｜平成16（2004）年

延床面積：27,920㎡
階数：地上2階、地下2階
構造：S造＋RC造、一部
SRC造
施工：竹中・ハザマ・豊
蔵・岡・本陣・日本海特定
建設工事企業体
MAP⇨ **p.64**

西側より俯瞰する。

設計　妹島和世＋西沢立衛／SANAA

　金沢市内の中心に建つ美術館。「まちに開かれた公園のような美術館」の建築コンセプトのもと、市民の交流ゾーンと展覧会ゾーンを併せ持つ。どこからでもアクセスできるという敷地条件を活かして、どの方向も正面であるような、裏表のない円形な建物とし、地上部には4つのエントランスが設けられている。直径113mの円形の建物には4つの光庭と、建物の端から端まで見通すことのできる貫通廊下がいくつもあり、内部へ自然光と外の景色が取り込まれ、建物中心部でも明るく解放的な空間になっている。　　　（大塚 旅詩）

第47回BCS賞、2005年度グッドデザイン賞金賞、『新建築』2004年11月号

展覧会ゾーンの通路と光庭。

交流ゾーン南側外周部。

東側外観。

● 鈴木大拙館
金沢市本多町3-4-20 ｜ 平成23 (2011) 年

延床面積：631,63㎡
階数：地上1階
構造：RC造一部S造
施工：清水・豊蔵特定建設
工事共同企業体
MAP ⇨ *p.64*

撮影：中道淳

キャプション。

設計　谷口吉生／谷口建築設計研究所

　金沢市に生まれ、東洋や日本の文化を世界に広めた仏教哲学者である鈴木大拙を紹介する施設。大拙についての理解を深めると同時に、来館者自らの思索の場となることを目的に建てられた。建物は、緑豊かな本多の森の斜面緑地を借景に、「玄関棟」、「展示棟」、「思索空間棟」の3棟で構成され、それぞれに「玄関の庭」、「露地の庭」、「水鏡の庭」が配されている。各棟は、内部空間と外部空間が対になった1本の回廊で結ばれており、シークエンシャルな場面の移ろいとともに、静寂な大拙の世界が展開されている。　　　（齊藤 淳史）
第56回BCS賞、グッドデザイン賞2005金賞、『JIA建築年鑑2005』、『新建築』2012年9月号、第33回村野藤吾賞

提供：鈴木大拙館

水鏡の庭と思索空間棟。

撮影：中道淳

玄関棟から展示棟へ至る廊下。

提供：鈴木大拙館

展示棟内部。

● 金沢市立中村記念美術館 旧中村邸

金沢市本多町3-2-30｜昭和3（1928）年、昭和41（1966）年移築

木造2階建て、桟瓦葺き、切妻平入り
MAP⇨ **p.64**

外観。

　旧中村邸は昭和3（1928）年、酒造業を営む中村家の住居として長土塀に建てられた。切妻平入の木造2階建て、大正期から普及した高町家の形式を持つ大店商家建築の典型である。1階、2階ともに階高が高く、太い柱や格子等の直線的な部材で構成され、重厚な中にも明快な比率を持った美しさが際立つ。2階広間と次の間には、二間の床の間と違い棚、付書院を配し、「猩々（しょうじょう）」を主題にした井波産欄間と朱壁により華やかな趣を見せる。昭和41（1966）年財団法人中村記念美術館開設にあたり、現在地に移築改修され、催事等に利用されている。　　　　　　　　　　　　　　　　（坂本 英之）

金沢市指定保存建造物

● 松風閣庭園

金沢市本多町3-2-1｜江戸時代中期（推定）

池泉回遊式庭園
面積：7,300㎡
MAP⇨ **p.64**

西側からの俯瞰。右奥に鈴木大拙館がある。

　加賀藩八家の本多家下屋敷跡にあり、明治19（1886）年に上屋敷から移築された「本多家旧広坂御広式後対面所」が、明治40（1907）年に「松風閣」と改称されたため、「松風閣庭園」と呼ばれるようになった。この地は、17世紀初頭「霞ヶ野」と呼ばれており、元和2（1616）年以降、本多家の庭になった。
　一畳の広さをもつ要石の前に広がる「霞ヶ池」は古沼を活かしたもの。池に浮かぶ蓬莱島は島内の11層の石塔とともに奥行きと広がりを感じさせる。庭に残るシイの古木、モミの林、竹林などの樹木は、金沢の地形の特徴である斜面緑地の本多の森の豊かな樹林を背景とし、静寂な庭園空間を形成している。　　　　　　　（坂本 英之）

金沢市指定名勝

● 金沢くらしの博物館（旧石川県第二中学校本館）

金沢市飛梅町金沢市飛梅町3-31｜明治32（1899）年

建築面積：603.4㎡
階数：地上2階
構造：木造、桟瓦葺き、一部銅板葺き
MAP⇨ **p.64**

正面外観全景。

原設計　山口孝吉（石川県技師）

　左右対称の木造コロニアル・スタイルで、ペンキ塗りの下見板張りの外壁だが、1、2階腰部は竪羽目としながら、建物四隅は石貼りのコーナーストーンを入れてアクセントになっている。また各階の窓は上げ下げ窓で、規則的に配した均整のとれた様相を呈している。この建物の最も特徴となっているのは屋根である。正面両翼の入隅部分は、銅板葺きの尖塔型屋根と中央玄関部の寄棟屋根正面、左右両翼寄棟屋根正面にゲーブル風に破風は、木造ゴシックの装飾で、高い水準の洋風木造技術が随所に見られる。　　　　　（中森 勉）

国指定重要文化財

● 旧ウィン館

金沢市飛梅町1-10 北陸学院中学校・高等学校構内｜明治24（1891）年

木造、2階建て、瓦葺き
施工：不詳
MAP⇨ **p.64**

正面外観。

設計　T. C. ウィン

　ウィン館は北陸女学校（現在の北陸学院）の教師であり、キリスト教宣教師でもあった米国人トマス・クレイ・ウィンの住居として、明治24（1891）年に建築されたものである。外観は木造下見板張りにペンキ塗り仕上げで、創建時は正面に2層のベランダをとり、そこの柱上部には1階と同じ柱頭飾りを付けていた。現在この部分はガラス障子の建具が入るが、厚板を鋸で切り抜いただけのオープン・ワークの手摺りや溝を彫った柱などの意匠は素朴な味わいをみせ、正面ベランダ上部の切妻部分のきつね格子は日本的な扱いである。　　（中森 勉）

金沢市指定保存建造物

● Share金沢

金沢市若松町セ104-1 ｜ 平成25（2013）年

事業主：佛子園
棟数：25棟
延床面積：約8,000㎡（25棟計）
構造：鉄骨造2棟、木造23棟
施工：みずほ工業
MAP⇨ *p.22*

南側から俯瞰する。左奥遠方が金沢の中心市街地。

既存の緑の間を抜ける歩行者。

設計　五井建築研究所

　金沢市の東部郊外に建設された「ごちゃまぜ」理念に基づく福祉・交流複合施設であり、すべてが就労支援施設として建設された。障がいの有無や年齢に拘わらずすべての人が生きがいをもってくらせる街を目指しており、高齢者、障がい者、若者が居住する住居群、生活介護等の福祉施設、人びとの交流を促す温泉・食事施設、料理教室・飲食施設、住民が運営する共同売店、地域にも開放されるドッグラン・アルパカ牧場・屋内運動場等全25棟からなる。元々あった緑豊かな環境を残し配置計画がなされている。　（西川 英治）

2014年度グッドデザイン賞、第46回中部建築賞、第41回石川県デザイン展建築デザイン部門石川県知事賞、第21回いしかわ景観大賞県知事賞、第37回金沢都市美文化賞、第1回建築研究所すまいづくり表彰地域住宅賞地域部門賞、2015年度日事連建築賞優秀賞、2015年度医療福祉建築賞、『新建築』2016年7月号

街路から交流施設を見る。

共同売店脇の緑。

交流施設から見下ろすまちの風景。正面に共同売店。

屋外デッキで休憩する親子グループ。

● 金沢市立小立野小学校

金沢市小立野4-7-7｜平成23（2011）年

フェンスのない校舎。西側前面道路より見る。

延床面積：8,560㎡
階数：地上2階
構造：RC造、一部SRC造、木造
施工：真柄・鈴木・高田JV、城東・北川ヒューテックJV、真柄・吉田JV、みづほ工業、真柄建設
MAP⇨p.22

設計　山岸建築設計事務所

　緑豊かな小立野台地の、寺院や住宅が建ち並ぶ伝統的な地域の小学校である。もともと天徳院の庭であった場所に建てられた旧校舎の老朽化に伴い建て替えを行った。既存のふたつの中庭とそこに生える木々を残しながら段階的に建て替え、子どもたちの成長に合わせて大小さまざまな空間をつくっている。残した中庭に面して木造平屋の低学年棟をつくり、比較的狭い前面通り沿いに住宅群と向き合うかたちで2階建ての校舎を分割しながら伸びやかに配置している。フェンスのない開放的な校舎は健全な建築のあり方を示す。　（山岸 敬広）
第46回中部建築賞、第20回いしかわ景観賞、第35回金沢都市美文化賞、第40回石川デザイン展 石川県知事賞

北側からの俯瞰。右の緑は天徳院。

吹き抜けた内部空間。

● 天徳院山門

金沢市小立野4-4-4｜元禄7（1694）年

山門外観。

木造入母屋造本瓦葺き、三間一戸、二階二重門
MAP⇨p.22

　天徳院は元和9（1622）年加賀藩第三代藩主利常が正室であった天徳院（二代将軍秀忠の息女玉姫）の菩提を弔うために安房国長安寺一世泉諦を招いて開山した。明和5（1768）年に火災で山門のみを残して焼失。焼失を免れた山門は、三間一戸、二階二重門、入母屋造、平入、本瓦葺として、県下でも古い遺構であり、2階内部は簡素化しているが、質的にも高い。再建前は山門から回廊が出て本堂に達し、諸堂が建ち並んでいたとみられる。伽藍配置は、本堂から山門を通して遠く玉姫の里であった江戸の方角を向いている。　（坂本 英之）

石川県指定文化財

● 金澤町家情報館（旧川縁米穀店）

金沢市茨木町53｜江戸末期

外観。

規模：間口5間半
主要構造：木造2階建て、切妻平入り、桟瓦葺き
MAP⇨p.64

　この建物は、藩政時代に大工が自宅として建てたと伝えられる。昭和5（1930）年、米穀店が購入し店を構えた。金沢市に寄贈された後、整備工事を経て、平成28（2016）年、金澤町家情報館が開設される。
　設計方針は、町家のよさを活かすため改変部分を元に戻すとともに、現代の生活に合わせて設備を新設、柱の不同沈下・傾斜を修正、土壁を塗り直し、耐力格子を設けて構造補強を行うこととした。
　表構えは、各柱間に蔀戸、庇にはサガリが付き、2階の両側に袖壁があって金澤町家の特徴をよく残している。内部は、町家の再生活用モデルとして自由に見学することができ、町家に関する総合相談や町家情報の発信も担って、市民や観光客に親しまれている。
　　　　　　　　　　　　　　　　　　　　（武藤 清秀）

金沢市指定保存建造物

時間軸に耐えうる意味や価値｜金沢の景観をつくる歴史的建造物群と現代の建築

秋元 雄史（金沢21世紀美術館特任館長、東京藝術大学大学美術館館長・教授）

愛称"まるびぃ"という現代建築のインパクト

私の仕事に引きつけて、金沢の建築と景観について記してみたい。「金沢21世紀美術館」という強いインパクトをもった現代美術館が街なかにできたのは、平成16（2004）年のことである。愛称は"まるびぃ"と可愛らしいが、もたらしたインパクトは、憎らしいほどに大きかった。

それまでの金沢にはない、何から何まで新しい、「現代」を表象した建築であった。

現代性は、建築だけでなく、運営方針も同様。最先端の現代アートを美術館の中心に据えて、オーバーにいえば、金沢の街と文化をヒッチャカメッチャカにした。

美術館建築が変えた風景、まち

伝統文化を是とする金沢市民にとっては、相当に受け入れがたい建築＋美術であったようだが、今では金沢の顔になっている。

建築設計は、SANAA（妹島和世＋西沢立衛）で、ふたりの出世作だ。国際的に評価が高い。

激震が走ってから、2年半がたった平成19（2007）年。私は、縁あって金沢21世紀美術館の館長に就任した。そこから10年金沢に住んだ。

この時期の、にわかに殺気立った街の雰囲気は、忘れがたいが、「文化がこれほどまでに街の話題になるのか」と、妙なところで金沢に感心した。

金沢では、文化は、政治の場においてすら、真っ先に話題になる。これは、暮らしてみないとわからないが、金沢にとっては、文化は何をおいても最も重要なもの、街の中心的な存在なのだ。

伝統と現代の対比

このときの対立構図は、こうである。

"伝統"か、"現代"か。

断っておくが、"文化"が必要か、そうでないか、ではない。

金沢においては、文化は、すでに必要不可欠なものであり、それを踏まえた上で、「中身が、伝統に則ったものなのか、そうでないか」、というのが論議の的になる。

判断を分けるものは、「オーセンティックか、どうか」。

つまり「本格的なものなのかそうでないか」ということだ。市民の疑問は、そこに集中する。

それは、裏返せば、これまでの金沢の歴史に見合うものなのか、という問いでもある。

茶屋街、寺院群、用水といった歴史を感じさせるエリアの大切さ

「伝統」と「現代」論争は、テンションの違いはあっても、ほぼ何に

でも当てはまる。建築も当然その中に入る。だから初めに記したような議論が起こる。

街を構成する要素として、単体の建築物について、市民が金沢21世紀美術館に対して、一定のクオリティを要求したように、街全体のもろもろのものに対しても、同様の要求をしていく。エリアや個々のプロジェクトについても同様で、およそパブリックな場は、大小に関わらず対象になり得る。ある神社のまつりの仕方が気に入らないと、地元の新聞に取り上げられたことがあった。ひとり宮司が運営する小さな町の神社での出来事である。

ここでいうクオリティとは、先程の、オーセンティシティとも関連するが、質の高い低いだけでなく、方向性も関心の的になる。

では、金沢21世紀美術館の"現代"と対比した"伝統"は、具体的には、どういうものなのかというと、茶屋街界隈や寺院群、武家屋敷などの通称、重伝建（重要伝統的建造物群保存地区）といわれているところや、金沢城、兼六園などである。

なかには明治以降の建築物も含まれるが、基本的には藩政時代の文化を反映した建物群のことである。

これらは、どれもが日本的、伝統的という形容がぴったりくる場所である。つまり金沢の人たちが考えるオーセンティックな場は、江戸時代に形成された価値に基準に置いたものということになる。つまり、金沢らしさが生まれた加賀藩時代のものだ。

こういう価値観が、金沢21世紀美術館の現代性とぶつかった。

歴史性という価値観

さて、現代に対しても「オーセンティック」を求めるという話をしたが、それでは伝統と現代とをつなぐものとは何なのだろうか？ 金沢における「オーセンティック」を決定するキーはなにかということだ。

それは、"歴史"ということではないかと思っている。丁寧にいえば、歴史そのものというよりも"歴史性"といったほうがいいようなものだ。時間軸に耐えうる意味や価値ということになるだろうか。

こういう観点から、金沢においては文化的な出来事は云々され、まちの景観に影響する建築物についても云々される。

金沢21世紀美術館のように激しい討論になったかどうかは別として、強いインパクトをまちにもたらしたものに、「鈴木大拙館」（設計：谷口吉生）、「金沢海みらい図書館」（設計：堀場弘、工藤和美）などがある。

ここのところこれらに続く建物が建っていないような気もするが、それは気のせいだろうか。

（あきもと・ゆうじ）

積層する歴史のパノラマ

蜂谷 俊雄（建築家、金沢工業大学教授）

　金沢の特徴として、前田利家（1538-1599）の金沢入城（天正11/1583年）から現在までの各時代を表徴する遺構・庭園・建築が旧城下町エリアに存在し、各時代の歴史の断片が積層して見えるまちであるといわれる。この積層する歴史を一望のもとに把握できる場所として、「石川県政記念しいのき迎賓館」と「金沢城跡の石垣」の間にある芝生広場（広坂緑地）を紹介する。

　配置図をご覧いただきたい。

　まず、西側に①の旧北国街道がある。

　②は2代藩主利長（1562-1614）、3代藩主利常（1594-1658）の時代に築かれた金沢城の石垣と堀（復元）。

　③は利常の作庭を始まりとする「玉泉院丸庭園」（復元）。

　④は幕末から明治にかけて現在の姿になった「兼六園」。

　⑤は明治6（1873）年に造営された前田利家を祀る「尾山神社」（元は金沢城の金谷御殿）。

　⑥は明治20（1887）年に設立された旧制第四高等学校の本館（設計：山口半六、久留正道）を保存再生した「石川四高記念文化交流館（石川四高記念館、石川近代文学館）」。

　⑦は大正13（1924）年時に建設された旧石川県庁（設計：矢橋賢吉）の一部を保存再生した「石川県政記念しいのき迎賓館」（設計：山下設計）。

　⑧は昭和56（1981）年に改築された「金沢市役所」（設計：釣谷建築事務所）。

　⑨は平成16（2004）年に開館した「金沢21世紀美術館」（設計：妹島和世＋西沢立衛 SANAA、元は師範学校→金大附属中学校）である。

　配置図の赤丸部分に立って周囲を眺めると、江戸初期から平成までの時間軸の中で築造されてきた遺構・庭園・建築に囲まれていることがわかる。

　現在ではここが歴史文化都市金沢の中心地であることは明らかだが、明治になって石川県庁がこの地に建設されるまでは、金沢城の大手門の反対側に位置する裏側で、米蔵・的場・馬場などがあった場所であった。明治になって県庁ができたことで行政の中心地になり、さらに昭和の末に県庁移転を決めたことで、歴史文化都市の中心地であると誰もが認識できる緑地公園となった。

　写真❶は、隣接する百貨店の最上階レストランの客席から見たシーンで、金沢城の石垣、四校記念館、しいのき迎賓館、金沢市役所、21世紀美術館、そして背後の兼六園が一望できる。

　写真❷は、しいのき迎賓館の2階にあるレストランの客席から見た金沢城の石垣（約300m）がライトアップされている夜景。都市のど真ん中で、このような積層する歴史のパノラマを堪能しながら、殿様になったような気分で食事が楽しめる場所は他にあるだろうか。

（はちや・としお）

配置図（作図：金沢工業大学蜂谷研究室）

写真❶ 隣接する百貨店最上階から見る歴史のパノラマ。

写真❷ 300mの長さの石垣がライトアップされた夜景。

「ごちゃまぜ」の建築論｜Share金沢、B's行善寺、輪島KABULET

西川 英治（建築家、五井建築研究所）

私語から社会通念に

「ごちゃまぜ」とは、かなり否定的な意味遣いがある言葉だと誰しもが感じるところだと思う。だが、私たちが設計に携わった社会福祉法人佛子園（ぶっしえん）の雄谷良成（おおやりょうせい）理事長（「Share金沢」平成25/2013年、「B's行善寺」平成28/2016年、「輪島KABULET」平成30/2018年などを運営）は、この言葉を施設運営の理念とし、施設づくりを行っている。

この言葉の発端は不明である。雄谷理事長は私が初めに使ったと仰っているが、私にはとんと記憶がなく、施設づくりを議論していく中でこれは「ごちゃまぜ」だということになったのかもしれない。いずれにしても雄谷理事長の目指す施設・運営理念であることは間違いない。だが、令和元（2019）年6月に閣議決定された「まち・ひと・しごと創生基本方針2019」にこの言葉が登場したことに、大きな驚きと感慨を覚えた。急速に個人的な私語の域を超え社会通念として定着しつつあるように感じた。

この政府の基本方針には、「年齢や障がいの有無を問わず誰もが交流できる地域共生型による多世代交流の場づくりや、コミュニティとの関係も視野に入れた住まいの場づくりなどにより、制度の縦割りを超え『ごちゃまぜ』のコミュニティづくりを推進する」と記されている（「Ⅴ. 各分野の施策の推進→3. 若い世代の結婚・出産・子育ての希望をかなえる、誰もが活躍できる地域社会をつくる→（2）全世代・全員活躍まちづくり－「生涯活躍のまち」の更なる推進等－→【具体的取組】◎居場所と役割のあるコミュニティづくり」より）。

年齢や障がいの有無を問わないこと、地域共生型、そして多世代交流が、内閣府の定義する「ごちゃまぜ」の意味するところであろう。

Share金沢俯瞰。緑に囲まれた小さなまち。ループ状の街路とフットパスの構成。街路にはさまざまな施設が顔を出す。MIDTOWN地区は高齢者、障がい者、若者が居住する住居群。

心の働きとして──刺激し合う関係性

この基本方針にある「ごちゃまぜ」は、「ソーシャルインクルージョン」から派生していると考えている。厚労省によるとソーシャルインクルージョンとは、「すべての人びとを、孤独や孤立、排除や摩擦から援護し、健康で文化的な生活の実現につなげるよう、社会の構成員として包み支え合う」ことを指している（『「社会的な援護を要する人々に対する社会福祉のあり方に関する検討会」報告書』、平成12年12月8日）。しかしこれは、私たちの考える「ごちゃまぜ」は何かが違うと感じてきた。

それは何かと突き詰めていくと、「ごちゃまぜ」には社会制度を超えた心に訴える何かが入っていることだと思った。「ソーシャルインクルージョン」はひとつの社会思想であり、すべての人が健康で文化的な生活を送るための社会制度の確立を求める考えである。一方「ごちゃまぜ」はそうした社会思想の面も持つが、心の能動的な働きを掘り起こす言葉である。「ソーシャルインクルージョン」の言うところの「包み支えあう」ことを、制度としてではなく心の能動的な働きとして捉えているのが、「ごちゃまぜ」ではないかと考えている。

「すべての人が混ざり合う中で、相互に関わり合い刺激し合う関係性をつくり出し、今まで体験し得なかった共感性を呼び起こすことで前向きに生きようとする心の様態を醸成する」ことが、「ごちゃまぜ」の本質と独自に考えている。こうした「刺激し合う関係性」が成立していなければ、単に多様な人びとが共存・共生しているに過ぎないといえる。

反モダニズムとしての「ごちゃまぜ」

「ごちゃまぜ」をよくよく考えてみると、この言葉の中には近代建築への批判が込められていることを、最近ある方の指摘を受け自覚するようになった。近代建築を、合理性と機能性に基づいた造形理念とすると、「ごちゃまぜ」の根本である人と人との関係性づくりのためには建築の機能性や合理性は重要なことではなく、むしろ阻害要因にもなりうるのである。また「ごちゃまぜ」には人間は皆平等であるという宗教的かつ哲学的背景を持っており、人に対する限りない愛情がその中心にある。「ごちゃまぜ」という言葉は、感情的かつ情熱的で極めて強い非合理性を有しているといえ、そうした面でも反モダニズムであることは明白である。

建築家、槇文彦は閉塞感の満ちたモダニズムの中で「多くの人間の共感を呼び起こすような、あるいはそうした人間性のあり方を求める姿勢が存在する建築を共感のヒューマニズム」であると述べているが（槇文彦『残像のモダニズム──「共感のヒューマニズム」をめざして』2017年、岩波書店）、もしかすると今日までの建築史の中で存在しえなかった「人間に対する深い洞察力」が現れた建築が社会的価値を持つようになるかもしれないと感じている。その中に「ごちゃまぜ」が位置することができればと密かに思っている。 　　（にしかわ・えいじ）

おくりいえ｜金沢発、家をおくるプロジェクト
やまだのりこ（建築家、あとりいえ。）

はじまりは2009年。当時、金沢に残る町家は約6,000軒で、内270軒が毎年（現在は約100軒/年に減少）姿を消していると耳にしたことからです。建築家の先輩の隣の町家が数日後に取り壊されると聞き、建築に携わる方々10名ほどで、消えゆく町家を毛糸で彩り、最期を看取りました。人の最期に死化粧をし、キレイにして見送る、それは家も同じ。その時に「おくりいえ」という名がつきました。

「送る」から「贈る」へ

取り壊される町家を「送る」から始まりましたが、5回目に、その町家に住みたいというご夫妻が現れます。「送る」から「贈る」になった瞬間です。「中にはゴミがいっぱい、このままでは住めない」ということで、みんなでぴっかぴかにお掃除して、次の住まい手に贈りました。以後53回（2020年3月現在）まで、9割近くが「贈る」になっており、イベント内容としても、これが定番となっています。

県を超え、鳥取や宮崎、秋田でも開催していただいています。主催は地元の方、こちらが参加させていただくというスタイルです。

その地域ごとの建築に、内部に眠るモノに、違いがあります。町に特性があります。人には個性があります。その土地の方々と交わることができる、建築やモノを介して過去から現在、未来につながるさまざまな話ができる、これは、おくりいえの財産です。ここから先、その土地土地に合ったおくりいえが増えていったら。そして、それにこっそり参加できたら、と思っています。次の100年、さらにその先には、土地土地に根付いている、そんな存在でありたいです。地域に何百年もひっそりと受け継がれている神事や祭りのように。

ほしいモノがあれば持ち帰り可能、だけではなく

お掃除をして、ほしいモノがあれば持ち帰り可能という内容のイベントばかりではありません。解体が決定していた築約100年の仕出し屋さんでは、その家にとって何がいちばんいいかを考え、浮かんだのは、「この家の歴史上、最大の宴で幕を閉じる！」でした。最後に食べたいモノを持ち寄り「最後の晩餐」と称して、華やかに宴を開催しました。そして、タイトル通り、みんなに扮装していただいての記念写真（写真、最後の晩餐）。お家も笑ってくれたんじゃないかな、と思うのです。毎回、その家にとって最善のおくりいえを考えて、実行させてもらっています。

奇跡的な出逢いや出来事があったりもします。家が、モノが、運んでくれるご縁は毎回不思議なことでいっぱいで、みんなで泣いたことも、つながりに驚いたこともあります。今思い出しても、胸キュンキュン。そこにはドラマ以上のドラマがあります。ここで書いてしまってはもったいないので、詳しい話は是非直接聞いてくださいませ。将来どこかで映画化してもらえるんじゃないかという期待も込めて（笑）。

このように何かしらの行動をおこし続けると、いろいろな発見があります。おくりいえをしても誰も持ち帰らないモノってなんだか分かりますか？ 答えは、トロフィーや賞状、家人が写っている写真等です。本人が大切なモノほど、他人にとっては不必要と知ることができます。逆に言えば、「モノ」になってしまっているモノには、次の貰い手があります。服や器、小物や古木、テーブルや箪笥等の家財道具一式、魂抜きをしてある仏壇まで。価値観、ちょっぴり見直したくなるのではないでしょうか？

家は生きている

10年で約50件、おくらせてもらいました。建築やモノが介在しているおかげで、その家の家族構成から、お人柄、お顔立ちまで、感じられるようになりました。毎回のように参加してくれてる方々も同じようなことをおっしゃいます。共有できることが増えていく豊かさ、あたたかさ。このプロジェクトに参加してくださる方々との出逢いは、私のなによりの財産です。開催を告知すると、どこからともなくやってきてくれて、一緒に場を、時を、会話を、楽しむ。みんな、本当に面白い。日々豊かに、楽しく過ごさせてもらっているのは、みんなのおかげです。感謝を込めて、ありがとう！

家は生きています、人と同じ。人より命が長かったりもします。心を込めておくってあげることで、感じることが多くあります。これからもご縁をいただいた家をひとつひとつ、大切におくっていきたいと思っています。ひいてはそれが、町の、金沢の、日本の、キラキラにつながると信じて。

（やまだのりこ）

消えゆく町家を毛糸で彩る。

最後の晩餐。

おくりいえの日常。

寺町台・犀川左岸 | 寺町台地のリトリート

寺町台の地形は犀川がつくり出した河岸段丘によるものである。川の氾濫で形成された扇状台地を川が浸食して形成したもので、犀川に沿って崖を形成し、自然地形の襞がつくり出す都市の中の貴重な緑空間「斜面緑地」を形成している。地形の面白さがよく見える場所である。ただ、河川とこの高低差により中心街からは少し距離を置いた場所でもある。令和元(2019)年、この地に「谷口吉郎・吉生記念 金沢建築館」が、金沢の建築・都市計画に大きな役割を果たしてきた建築家、谷口吉郎の生家跡に建てられた。犀川以西のエリアへの回遊性向上が図られている。

寺町台は、地名の通り藩政期に城下内から寄せ集められた寺院群が甍を連ねる台地である。寺院群は他にも卯辰山麓と小立野台の2カ所があるが、なかでも最も多く40

カ寺余りの寺院が集まっている。重要伝統的建造物群保存地区にも選定されている。藩政期から観月の場として料亭などが存在していた。中程に位置する宝暦2(1752)年創業の老舗料亭「つば甚」は、眼前に犀川の光景を従えるように、見渡せば卯辰山や医王山の峰々が悠々と広がる景勝の地である。伊藤博文が滞在の折に揮毫した「風光第一楼」が「月の間」に残る。

地域は2本の歴史的な通りによって大きく構成されている。そのひとつは、前田家の墓所のある野田山への参詣道を形成している野田寺町の通り(旧野田往還)である。沿道に山門と土塀が連なり、背後に寺院群の甍と境内樹林の緑地がつくる奥行きある風景を見せている。もうひとつは鶴来街道に沿って白山への参詣道を形成する泉寺町の通りで

ある。寺院の門前にあたる通り沿いには町家が並び、通りから寺院があまり見えない。「玉泉寺跡」や「六斗の広見」があり、忍者寺として知られる「妙立寺」、芭蕉ゆかりの「願念寺」などが少し奥まってある。

「六斗の広見」は、金沢の広見の中でも最も大きな広見である。広見は辻(交差点)の一部が少し膨らんでできた広場(空地)のことである。藩政期の町割がそのまま残り細街路の多い金沢では、現在も市街地の中に300カ所余り存在する。もとは伏兵を配置する軍事目的や火除け地、荷車廻し、高札場などとして利用されてきたが、現代でもゴミステーションや雪の捨て場など生活の一部としても欠かせないものとして機能している。

(坂本 英之)

● 寺町台重要伝統的建造物群保存地区
金沢市寺町 | 慶長期(1595-1615)

旧鶴来街道(泉寺町)。

寺町
平成24年12月28日選定
面積：約22.0ha
伝統的建造物：
　建築物 161件
　工作物 30件
　環境物件 8件
(平成24年12月28日現在)
MAP ⇨ *p.81*

寺町通り(野田寺町、旧野田往還)。

六斗の広見(泉寺町)。

金沢城下町にある三寺院群、卯辰山麓、小立野台、寺町台は、慶長期(1595-1615)から寺地を拝領したり、城下内外からこの地に移動したりすることによって形成された。

その中でも70カ寺近く、最も寺院数の多い寺町台地区は、直線的な道路に沿って社寺が建ち並ぶ「野田寺町」と、通り沿いには門前地として形成された町家の家並みが展開され、通りから社寺の見えにくい「泉寺町」のそれぞれ特徴的なふたつのエリアを中心に構成されている。寺町台寺院群の鐘の音は「日本の音風景100選」にも選ばれている。

(坂本 英之)

重要伝統的建造物群保存地区

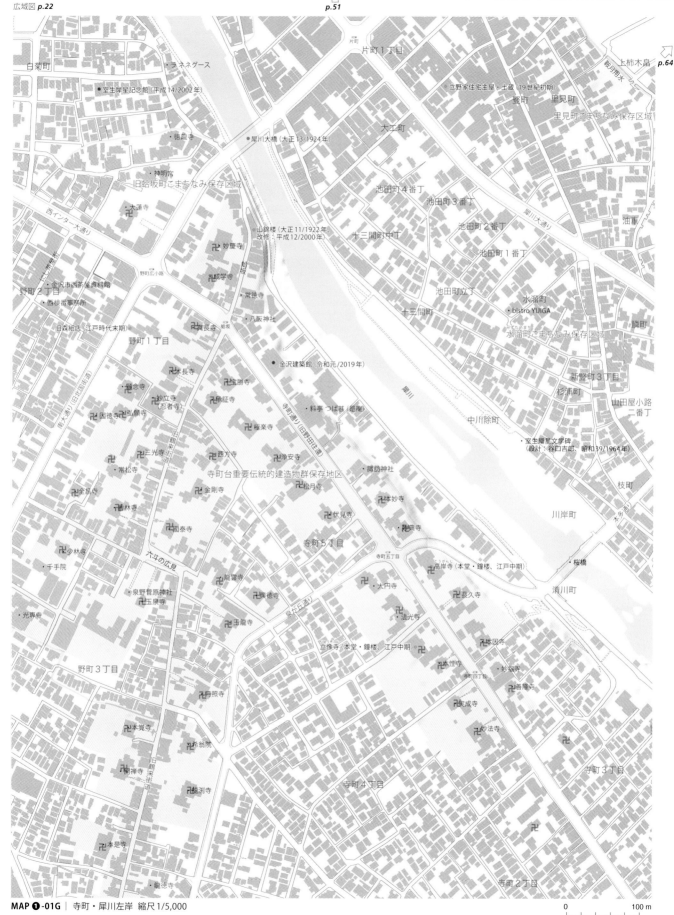

● 旧森紙店

金沢市野町1-2-34 ｜ 19世紀前期（推定）

木造、2階建て、切妻平入り、板葺き石置き
MAP⇨ **p.81**

外観。

　元塩乾物を生業とする商家を森家が明治中期に購入し、紙販売を営んできた。江戸末期建築と推定される町家であり、金沢市内に唯一残る板葺き石置き屋根である。主屋は桁行4間、梁間7間半、表構えは低町家古格子型で、セガイ構造の軒と袖卯建が付く。間取りは一列半4段型で、トオリニワが奥まで続く。木造2階建て平入の構造で、2階にある1間の床の間と平書院、違い棚が付く10畳のオクザシキが最も格の高い部屋である。市に寄付された後、国道の拡幅事業によって曳き屋され、今後の活用策を探っているところである。

（坂本 英之）

金沢市指定保存対象物

● 室生犀星記念館

金沢市千日町3-22 ｜
平成14（2002）年

延床面積：589.5㎡
階数：地下1階、地上2階
構造：RC造、一部S造
施工：安原建設、津田電業社、日榮商事
MAP⇨ **p.81**

外観。

設計　森俊偉＋ARCO建築・計画事務所

　犀星文学の原風景を表現：犀川辺りの犀星生家跡地に建つ。犀星文学の世界観や背景が垣間見える建築となることを意図し、感受性豊かで、きめ細やかで、やさしさや透明感が施設全体から感じ取れる建築となるよう心掛けた。また人間・犀星の生活感が感じられるたたずまい的な建築および住いの空間が持つコンパクトなスケール感と親しみ感のある建築となるよう図り、同時に四季の変化や時の移ろいを機敏に感受できる場となるよう努めた。

（森 俊偉）

第35回中部建築賞、日本建築学会北陸建築文化賞、石川建築賞優秀賞、金沢都市美文化賞、『日本建築学会建築選集』

● 立像寺
りゅうぞうじ

金沢市寺町4-1-2 ｜ 寛永15（1638）年（本堂）、元禄元（1688）年頃（鐘楼）

【本堂】
木造、寄棟造、桟瓦葺き、向拝1間
【鐘楼】
重層、入母屋造、桟瓦葺き
MAP⇨ **p.81**

寺町通りより見る。正面奥に本堂。右奥に鐘楼。

　立像寺は、永禄3（1560）年、日治の開基により、天正11（1583）年に来宅し、河原町から現在の泉野寺町に移った。本堂は正面桁行柱間8間（実長11間）、梁行柱間7間（実長8間半）、寄棟造、桟瓦葺きとし、正面中央には向拝1間を設ける。細部様式は江戸時代初期を示す。鐘楼は重層、入母屋造、桟瓦葺きとするが、柿葺きの軒積みを残している。重層の鐘楼で下層に強い内転びを持つものは珍しく、この種の貴重な遺構として貴重である。

（坂本 英之）

金沢市指定文化財

● 高岸寺
こうがんじ

金沢市寺町5-2-25 ｜ 文久元（1861）年（本堂）、寛政9（1797）年頃（鐘楼）

【本堂】
木造、切妻造、妻入り、桟瓦葺き、向唐破風造玄関付き
【鐘楼】
入母屋造、桟瓦葺き
MAP⇨ **p.81**

寺町通りより見る。正面奥に切妻造妻入りの本堂。

　寺町台重要伝統的建造物群保存地区にある、日蓮宗の寺院のひとつである。初代藩主利家の正室まつの実家であった高畠石見守の菩提寺である。寺町通りの寺院群のなかでも屋根が大きく目立ち、景観的に重要な位置を占める。本堂は正面の妻面を大きく装飾的に見せる切妻造妻入り、桟瓦葺き（当初は柿葺きであったと推定）で、正面中央に向唐破風造の式台玄関を設けている。本堂平面は内陣を囲んで八間取りの形式である。鐘楼は祠堂に乗る2階建て形式が特徴的であるといえる。棟札から寛政9（1797）年頃の建立であるとされる。

（坂本 英之）

金沢市指定文化財

● 金沢建築館

金沢市寺町 5-1-18｜令和元（2019）年

延床面積：1,570㎡
階数：地下1階、地上2階
構造：鉄筋コンクリート造
施工：清水建設北陸支店
MAP⇨ *p.81*

まちなみに配慮した道路側外観。

地下1階企画展示室。

設計　谷口吉生・谷口建築設計研究所

金沢生まれの建築家、谷口吉郎の住宅地が市に寄贈され、息子、吉生が設計した建築ミュージアムである。構成は吉郎設計の迎賓館赤坂離宮和風別館「游心亭」（昭和49/1974年）の広間と茶室を再現した常設展示室、建築文化情報発信の企画展示室、そして谷口親子の設計図書・模型・著作物中心の収蔵庫の3つが主である。

重要伝統的建造物群保存地区の寺町台寺院群に隣接しているので、ガラスとルーバーでスケールダウンさせた正面壁をセットバックさせ、緑を配して調和させている。「游心亭」からは犀川を介して金沢の都心を一望させ、建物脇の階段で寺町台地と犀川河畔とを自由に往来できるなど敷地特性を活かしている。

インテリアは、エントランス・導入ホール・展示室などの穏やかでおおらかな空間と、それらを辿る際の区切りとして置かれた壁や段差や方向転換が、ダイナミックな移動体験を味わわせてくれる。

吉郎は建築や記念碑を残しただけではなく、金沢の都市のあり方として「開発と保存の調和」を提言・定着させた。吉生は金沢に寄り添いながら「金沢市立玉川図書館」や「鈴木大拙館」を通して優れたモダニズム建築を立地させてくれた。そういう点で「金沢が育んだ」谷口親子といわれるが、それよりも「金沢を育んだ」建築家といってもよいであろう。　　　　　　　　　　　　　　　　（水野 一郎）

金沢都市美文化賞（令和2年）

迎賓館赤坂離宮和風別館の游心亭広間を再現した2階常設展示室。

● 山錦楼 （さんきんろう）

金沢市寺町5-1-38 ｜ 大正11（1922）年、平成12（2000）年改修

階数：地下1階、地上3階
構造：木造
施工（改修）：中田建築工房
MAP⇨*p.81*

西側の街路（蛤坂）側外観。

改修設計　竹中建築計画工房

　正面の通りから見れば3層に見え、川側から見れば4層に見えるという傾斜地に建つゆえの特徴ある外観。大正期に建てられ、その後正面左側にあたる3軒分を客座敷に改築、昭和初期に3階部分の増築が行われた。さらに平成にかけて2回改修され、現在の姿となっている。現存する最古の部分は正面1、2階である。平成の改修の際に昭和以降に改修された部分を撤去し、大正から残る部分を残した。さらに新規改修部分の木材には古色を塗布するなど、古くから残る部分のよさを前面に生かした改修が行われた。　　　　（武田 知展）

第8回いしかわ景観賞、第24回金沢都市美文化賞、2002年グッドデザイン賞、金沢市指定保存建造物

犀川越しに見る東側外観。

● 若草教会 （旧日本基督教団金沢教会）礼拝堂

金沢市若草町13-44 ｜ 明治24（1891）年

建築面積：172㎡
木造、平屋一部2階建て、瓦葺き
施工：不詳
MAP⇨*p.22*

正面玄関。

設計　T. C. ウィン

　この礼拝堂はかつて旧石浦町地内に日本基督教団石浦教会礼拝堂として建てられ、昭和30（1955）年に現在地に移築されたものである。建物は木造平屋建てで、急勾配の背の高い切妻屋根をかけ、垂直性を強調したゴシックの扱いである。外壁は木造下見貼りにペンキ塗り仕上げを施し、外観はコロニアル・スタイルの建築である。この建物で最も特徴的なところは、天井を張らない吹き抜け空間とし、登り梁に水平な挟み梁を渡し、さらにタイ・バーを組み合わせた、ビクトリアン・ゴシックの小屋組である。　　　　（中森 勉）

国登録有形文化財

● 金沢市立泉野図書館

金沢市泉野町4-22-22 ｜ 平成7（1995）年

延床面積：9254㎡
階数：地上3階、地下2階
構造：鉄筋鉄骨コンクリート造
施工：戸田建設、治山社、みづほ工業共同企業体
MAP⇨*p.22*

外観。

設計　岡田新一・釣谷JV

　本建築は泉野という金沢の歴史的まちなみの南のエッジに位置している。館内は天蓋から光が降り注ぎ、時間の流れとともに変化し、光溢れる空間を演出している。これらは大きくうねる屋根の稜線にも反映されている。また、できるだけ多くの本を開架にすることを試みており、蔵書数36万冊の7割近くが開架となっている。赤褐色の外壁タイルと黒瓦を思わせる屋根材（亜鉛合金複合板）との対比はサンクンガーデンの大樋焼の彫刻とも調和し、新たな金沢の風景をつくっている。　　　　（佐々木 智哉）

第27回中部建築賞、『新建築』1996年10月号

● 犀川大橋

金沢市 ｜ 大正13（1924）

設計　関場茂樹

犀川大橋は加賀藩初代藩主〈……〉
けたのが最初といわれる。江〈……〉
ており、橋のたもとには番所〈……〉
通にあわせて鉄筋コンクリー〈……〉
年に完成した。しかし同11（1〈……〉
に幅員16.3m、橋長62.0m、〈……〉
在の橋が架け直された。番所〈……〉
る。
国登録有形文化財

犀川下流側より見る。

● 大乗寺伽藍

金沢市長坂町ル10 ｜ 寛永年〈……〉

仏殿。

補充注文カー

貴店名

年　月　日

部数

書名　部

発行所

㈱建築技術

著者

金沢圏の建築家と建築編集委員会＋
金沢工業大学蜂谷研究室

蟇郎　酉川英浩　坂本英之　蜂谷俊雄　浦淳　竹内申一

9784767701677

ISBN978-4-7677-0167-7
C3052 ¥2700E

金沢圏の建築家と建築

定価
本体2,700円＋税

定価
本体2700円
＋税

裳階付き、
き
【山門】
3間1戸、楼門、入母屋造、
銅板葺き
MAP ⇨ p.22

山門。

　金沢市長坂にある曹洞宗寺院。富樫家菩提寺として野々市に建立
されたのが始まり。加賀一向一揆の際、一揆に擁立された富樫泰高
は2千余騎の兵を率いて当寺に陣取り、高尾城で自害した富樫政親
は当寺に葬られたという。その後。この寺も焼かれ何度か移転したり
したが、加賀藩本多家の菩提寺として本多家上屋敷付近に移転復興
する。元禄10年（1697）藩より寺地山に屋敷地を与えられて移転、現
在に至る。伽藍は北面し、山門、仏殿、法堂が軸線上に並ぶ構成で
ある。仏殿は桁行3間、梁間3間、一重裳階付きの入母屋造り柿葺
きである。　　　　　　　　　　　　　　　　　　　　　　（坂本 英之）
国指定重要文化財（仏殿）、石川県指定文化財（法堂、山門、総門）

● 寺地新の家

金沢市寺地｜昭和59（1984）年

延床面積：331㎡
階数：地上2階
構造：鉄筋コンクリート造
施工：池田建設北陸支店

撮影：新建築社

庭につながる雪囲い空間。

設計　水野一郎＋金沢計画研究所

　戦後流行したLDKプランや洋風外観などのモダンリビングは、北陸の雪対策のような地域の風土性への配慮はなかった。そこで伝統建築に残る昔からの雪国の知恵を調査・収集した中から、縁先と玄関前のふたつの雪囲いを採り上げ、コンクリート・鉄骨・ガラスのデザインで再現した。この雪囲いは冬だけではなく、四季折々の生活を豊かにしてくれる有効な空間装置であった。　　　（水野 一郎）

第17回中部建築賞、『新建築住宅特集』1986年12月号

売上カード

月 日

発行所

書 名

売上

㈱建築技術

金沢圏の建築家と建築

著者

金沢圏の建築家と建築 編集委員会＋金沢工業大学蜂谷研究室

水野一郎 西川英治 坂本英之 蜂谷俊雄 浦淳 竹内申一

9784767701677

ISBN978-4-7677-0167-7
C3052 ¥2700E

定価
本体 2,700 円＋税

撮影：新建築社

室内からの雪囲い空間。

● S-HOUSE (4SCREENS)

金沢市｜平成12（2000）年

延床面積：183.47㎡
階数：地上3階
構造：鉄骨鉄筋コンクリート造、一部鉄筋コンクリート造
施工：真柄建設

提供：松本大建築設計事務所

外観。

設計　松本大建築設計事務所（設計時：SCAPE）

　道路と中庭の間に、「透明」「半透明」「不透明」のパネルからなるスクリーンを東西方向に4枚並べることにより、成り立つ住宅。道路側より、「ユーティリティ（台所、トイレ、風呂、洗濯）」、「上下階のアクセス階段」、「居室」の3つのゾーンが形成される。「居室」から道路へは直接の視線が通らないよう3枚のスクリーンが重なり合い、プライバシーを守る。周辺との環境を断ったものになりがちな都市住宅を、自然の感じられる開かれたものにしたい。「開き」かつ「閉じる」、相反したふたつのテーマをこの住宅では実現できた。　　　（松本 大）

第24回金沢市都市美文化賞受賞、第23回石川建築賞優秀賞受賞、第34回中部建築賞、『新建築住宅特集』2001年3月号

● デッキハウス

金沢市高尾南｜平成15（2003）年

延床面積：204.52㎡
階数：地上3階
構造：鉄筋コンクリート造、一部鉄骨造
施工：みづほ工業

提供：森俊偉＋ARCO建築・計画事務所

外観。

設計　森俊偉＋ARCO建築・計画事務所

　「見晴るかす性」と「潜み性」を享受する内外空間とヴォイド空間：敷地は、両義的特質を潜在的に併せ持ち、街の喧騒を感じつつリゾート気分を享受できる空間を生み出せる可能性を秘めた場所であった。①高台の特性を最大限に引き出し、見晴るかす性と潜み性に満ちた住空間を構築する。②生活の器として、多くの内外空間とヴォイド空間を内包した融通性と包容力のある住空間とする。③四季の変化を微細に感知し、その変化に機敏に反応する住空間とする等を設計のテーマとした。　　　（森 俊偉）

第36回中部建築賞、石川建築賞優秀賞、『新建築住宅特集』2004年11月号

● 泉野出町の家 N 邸

金沢市泉野出町｜平成22（2010）年

延床面積：667.55㎡
階数：地上2階
構造：鉄筋コンクリート造
施工：みづほ工業

正面外観。

設計　吉島 衛（きちじま）

　内と外のつながりを楽しむ住まいである。敷地の前後は道路に面している。敷地の広さを生かし、ゲート、アプローチ、玄関、居間、ピロティ、和室、浴室がそれぞれ特徴のある庭と接している。中庭からはブリッヂを渡り2階外廊下へと立体的に回遊することができる。境界に沿った中庭ブリッジの側壁は隣家からの視線を遮り、家族のプライバシーを守るとともに、囲まれた中庭と静かな佇まいの室内に、一体感をもたらす。周辺環境に対し、外観はほどよいスケール感でまちなみに参加し、美しい景観をつくることを目指した。　　　（吉島 衛）
JIA優秀建築選2011、第33回石川建築賞優秀賞

● まちの家

金沢市｜平成27（2015）年

延床面積：149.18㎡
階数：地上2階、地下1階
構造：木造、一部鉄筋コンクリート造
施工：加賀建設

外観夕景。

設計　竹内申一

　重要伝統的建造物群保存地区内に建つ住宅。現代における「町屋＝まちの中にある住まい」のあり方が模索されている。通りに面した1階は土足の土間空間となっており、ミニコンサートや地域の寄合など、さまざまな用途に利用可能である。音楽室の気積確保のために4.5mの高さに持ち上げられた2階は、高さと長い奥行きによって開放的でありながらプライバシーが保たれる。格子状の構造体は、短手方向をラーメン構造とし、伝統的な町屋を連想させる奥行き方向に抜けたフレキシブルな空間を実現している。　　　（竹内 申一）
第48回中部建築賞、第37回石川建築賞優秀賞、『日本建築学会作品選集2018』、JIA優秀建築選2017、『新建築住宅特集』2016年4月号

寺町通りの風景。料亭つば甚越しに中心市街地を遠望する。

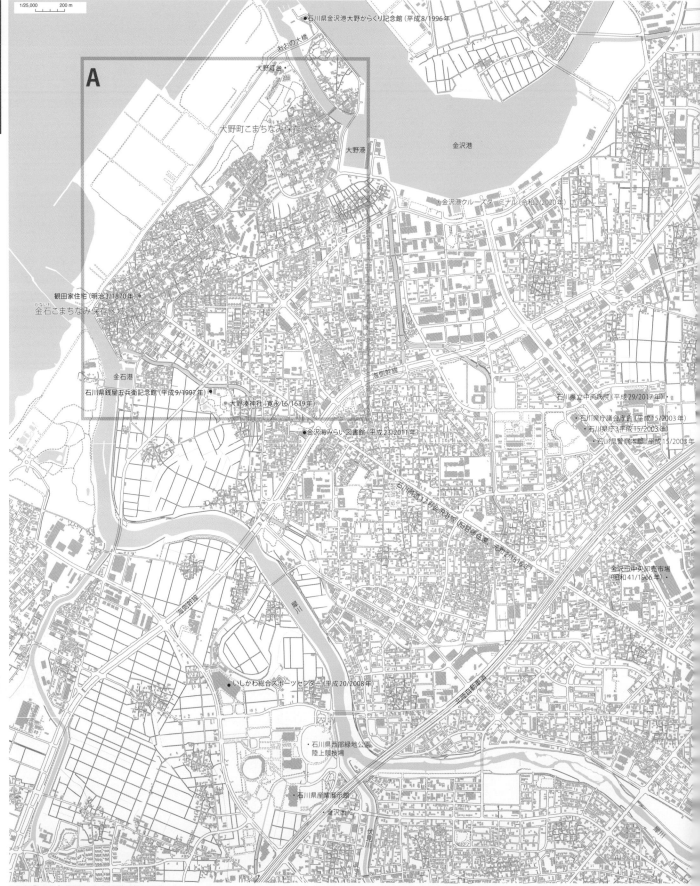

1/25,000　　200 m

A

石川県金沢港大野からくり記念館 (平成 8/1996 年)

おおの大橋

大野灯台

大野町こまちなみ保存区域

大野港

金沢港

金沢港クルーズターミナル (令和 2/2020 年)

観田家住宅 (明治 3/1870 年)

かないし
金石こまちなみ保存区域

石川県立中央病院 (平成 29/2017 年)

金石港

石川県銭屋五兵衛記念館 (平成 9/1997 年)

大野湊神社 (寛永 16/1639 年)

石川県庁議会庁舎 (平成 15/2003 年)
石川県庁 (平成 15/2003 年)
石川県警察本部 (平成 15/2003 年)

金沢海みらい図書館 (平成 23/2011 年)

犀川

石川県教育委員会庁舎
（旧県庁第二分庁舎/大正 13/1924 年）

北陸自動車道

金沢市中央卸売市場
(昭和 41/1966 年)

いしかわ総合スポーツセンター (平成 20/2008 年)

石川県西部緑地公園
陸上競技場

石川県産業展示館

金沢西 IC

伏見

浅川

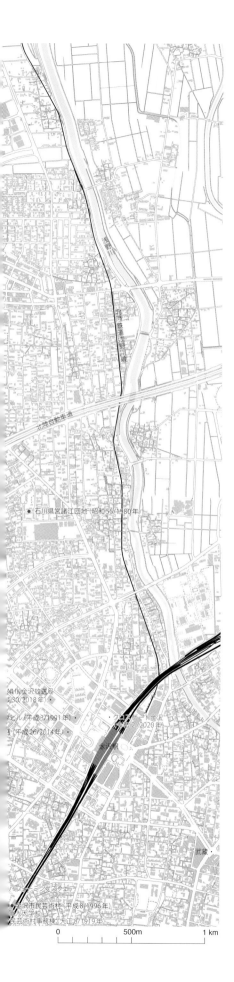

石川県営諸江団地（昭和55/1980年）

NHK金沢放送局（平成30/2018年）・
〇〇〇〇（平成3/1991年）・
〇〇〇〇（平成26/2014年）・

金沢駅

〇〇〇〇（平成8/1996年）
〇〇大学校
〇〇〇〇事務棟（大正8/1919年）

武蔵

0   500m   1 km

Cluster ❶ -02
金沢駅西 |都市の進展

戦後の高度経済成長期の日本では、都市の近代化・拡大が時代のテーマであった。しかし、戦災にあわなかった金沢では中心市街地に土地の余裕がなかった。歴史的環境や金沢らしさを守りながら都市を成長させるためには、ここで紹介する「金沢駅〜金沢港」をつなぐエリア（金沢駅西側の田園地帯）を新たに開発する必要があった。

まず、駅から港までつながる50m幅の道路をつくり、同時にJR北陸本線を高架化することで、中心市街地と駅西地区の一体化を行い、新たな副都心づくりの基盤を整えた。そして、先陣を切って当地に移転したのが県庁（平成15/2003年）であった。その後、民間・公共の新設建築物が次々と50m道路沿いに建ち並び、現在も駅西地区に移転・新築する建築の計画が動いている。また、その両側の土地も宅地化が進み、マップで示される駅西地区が金沢の新しい市街地になってきた。

駅西地区といえば、まずこの金沢港に向かう50m道路のシーンと、その中間地点で立体交差する北陸自動車道、さらに、その両端部に位置する「金沢駅西口広場」（平成27/2015年）と「金沢港クルーズターミナル」（令和2/2020年）が思い浮かぶ。

駅西広場の景観デザインは、季節ごとに楽しめる植栽帯、蓮・睡蓮の池、低く抑えられたシェルター、歩く方向性を強調したストライプの舗装などで構成されている。これらは、日本海や能登につながる金沢駅の西口広場として、自然（空・緑・水）をテーマにした表現であり、駅東口広場が中心市街地へとつながる構築的な表現（もてなしドーム）となっていることを意識した対比的な景観デザインである。

金沢港は、江戸期から明治にかけて北前船の寄港地として栄えた旧大野港と旧金石港を合わせて大野川右岸の陸地を掘り込んで建設された。昭和38年の豪雪で陸の物流がストップしたことが建設推進の契機となった。近年、貨物の取扱量が増加し、さらに世界的なクルーズ需要の高まりがあり、大型クルーズ船が接岸できる工事が行われた。新設されたクルーズターミナルは、日本海の白波の形をイメージした屋根のデザインと日本海を一望できる展望デッキが特徴である。金沢観光に訪れる海の玄関口のランドマーク的存在である。　　　　　（蜂谷 俊雄）

金沢駅西口広場。

金沢港クルーズターミナル。

●● 金沢市民芸術村
金沢市大和町 1-1 ｜ 平成 8 (1996) 年

延床面積：4,017㎡
構造：木造
階数：平屋、一部地上 2 階
施工：松本・斎藤ほか JV
MAP⇒ *p.88*

外観夕景。

設計　水野一郎＋金沢計画研究所

　繊維工場跡地に残存していた倉庫群を市長が再利用できないかと提案したことから物語が始まった。倉庫は大正から昭和にかけてばらばらの用途とサイズで建てられた 6 棟だが、インテリアはいずれも窓の少ないガランとした空間に、屋根を支える柱・梁が林立して美しかった。

　金沢は工芸や能などの伝統文化への支援は厚いが、日常的な芸術創作活動へはほとんどない状態だったので、市民のクラブ活動支援施設とすることになった。市内で文化活動グループの集合を呼び掛けたところ演劇は 40 を超すし、音楽はジャズ・ロック・フォークから合唱・クラシック・民族楽器と幅広く名乗ってきた。美術やダンスも同様で、いずれも練習、制作、発表の場の確保に困っていた。

　各ジャンルの代表者と倉庫利用方法を打ち合わせたが、驚いたことに倉庫のインテリアをそのまま味わいたいので、建築計画的な平面構成は不要との意見であった。例えばドラマ工房では演者と観客の区分けはせずに、舞台をどこに設定するかも劇団や演目ごとに自由に構成したいとのことだった。

　市民のクラブ活動は勤務後の夜や休日が中心となるので、365 日 24 時間オープンを市に提案した。正直なところ 6・7 掛けで返ってくると予想したが、10 掛けで返ってきて、その代わり運営管理は市民がすることとなった。その自主運営が 100 パーセント近い利用率を生んだことが一気に全国に知れ渡り、ハード・ソフトを含めた評価でグッドデザイン大賞を建築部門が初めて受賞した。

　この成果は市長をはじめとする行政側の見識と、それに答えた市民の文化力・行動力によるものであろう。そしてもう一つ忘れてならないのは、倉庫再利用ゆえ自由に使いまわす気軽さと楽しさが、新築の場合を越える活発な活動を促したというリノベーションならではの面白さである。　　　　　　　　　　　　　　（水野 一郎）

1997 年グッドデザイン賞大賞、建築学会作品選奨 1999、第 9 回公共建築賞、『新建築』1997 年 5 月号

アート工房。

ミュージック工房。

オープンスペース。

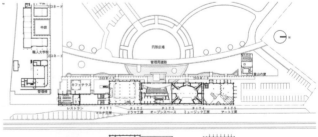
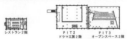

平面図

元の倉庫群。

● いしかわ総合スポーツセンター

金沢市稚日野北222｜平成20（2008）年

メインアリーナ内部。

延床面積：28316.34㎡
階数：地下1階、地上4階
構造：RC造、SRC造、S造
施工：清水・戸田・兼六・
みずほ・近藤特定建設工事
企業体
MAP⇨*p.88*

外観。

ロビー。

設計　池原義郎建築設計事務所

　県民の日常利用のためのスポーツ施設である。分割されたそれぞれの競技空間は、直列に1列で配置させることにより、それぞれの空間が独立しつつも全体を一体と感じさせる開放感のある空間となっている。大スパンを要する体育館の構造ではあるが、高さを抑えながら、低ライズの立体長弦梁を採用し、ゆったりとうねる形状を繊細な構造体で対応させることで、柔らかく、変化に富んだ空間を創出している。　　　　　　　　　　　　　　　　　　　　（大塚 旅詩）
第13回公共建築賞、第40階中部建築賞、第50回BCS賞、『新建築』2008年9月号

● 金沢海みらい図書館

金沢市寺中町イ1-1｜平成23（2011）年

外観。

事業主：金沢市
延床面積：5,641.90㎡
階数 地下1階、地上3階
構造：S造、一部RC造
構造設計：オーク構造設計
施工：戸田・兼六・高田特
定建設工事共同企業体
MAP⇨*p.88*

柔らかな光に包まれた内部空間。2、3階吹き抜け。

設計　堀場弘＋工藤和美/シーラカンスK&H

　建築壁面全体にパンチングウォールという無数の穴が開いている。この穴から入る自然光により建物内は柔らかい光に照らされる。また、開架図書空間と閲覧空間がひとつの大空間となっている。これにより大空間が柔らかい拡散光に包まれて居心地の良い空間を構成し、図書館建築に重要である均質な光に照らされた学習環境がつくられている。さらに3階からは2階の開架スペースと閲覧スペースを見渡すことができこの建築におけるボリューム感と一つの箱感を味わうことができる。　　　　　　　　　　　　　　　　　　　（武田 知展）
2011年金沢都市美文化賞、石川建築賞、2012年グッドデザイン賞、日本建築家協会賞、中部建築賞、2013年 第54回BCS賞、『新建築』2011年7月号ほか

● 石川県銭屋五兵衛記念館
金沢市金石本町口55 ｜ 平成9 (1970) 年

事業主：石川県
延床面積：973㎡
階数：地上2階
構造：RC＋S＋W造
施工：松本工務店
MAP⇨ **p.88、95**

正面外観。

設計　五井建築研究所

江戸時代後期、加賀藩において北前船交易で財を成し海外との密貿易も積極的に行っていたとされる銭屋五兵衛の記念館である。五兵衛並びにその一族は幕府が禁止していた密貿易の容疑により加賀藩によって処刑されたため、ほとんど遺品が残っていないが、地元金沢市金石地区では郷土の大商人として信奉されていた。富の象徴である蔵をモチーフに、周囲に水を廻らせ海に浮かんでいる姿を表現している。内部はRC壁式構造に屋根架構を木構造とした混構造を採用し、緊張感のある空間をつくり出そうとしている。　（西川 英治）
第30回中部建築賞、第20回金沢都市美文化賞、第18回石川建築賞石川県建設業協会会長賞ほか

● 大野湊神社
金沢市寺中町ハ163 ｜ 寛永18 (1639) 年

【八幡社本殿】
1間社流造
【神明社本殿】
3間社切妻造
【佐那武社本殿】
3間社切妻造
【旧拝殿】桁行七間、梁行四間、入母屋造り、桟瓦葺き、平入り
MAP⇨ **p.88、95**

本殿。

大野湊神社は、近世金沢城下町の外港として栄えた加賀宮腰の氏神で、合計7棟の建物がある。中でも佐那武、八幡社、神明社の3本殿は棟札、文献により、寛永16(1639)年の造営であることがわかっている。この種の様式で建立年代がおさえられるものとして貴重であり、斬新な細部様式を駆使している点は注目される。

現在の拝殿は近年の造営であるが、旧拝殿は拝殿の前に移築されており、横に3本殿が並ぶ形式にあわせた横長の建物である。

旧本殿は、正面桁行柱間7間、梁行柱間4間の規模で、入母屋造、平入、桟瓦葺きである。建立年代は「加越能社寺由来」に寛文3(1663)年とある。　（坂本 英之）
石川県指定文化財（旧拝殿：金沢市指定文化財）

● 石川県金沢港大野からくり記念館
金沢市大野町4甲2-29 ｜ 平成8 (1996) 年

延床面積：864.66㎡
階数：地上1階
構造：木造　一部RC造
施工：松本工務店
MAP⇨ **p.88**

外観。

設計　内井昭蔵建築設計事務所

金沢出身のからくり師大野弁吉の業績を顕彰しつくられた博物館である。本建築の特徴は有機的な平面計画と、それを支える複雑かつ繊細な木架構である。この架構表現は大野弁吉が操った千石船のメタファと、設計者の「からくり的」表現が融合したものである。また設計者はこの複雑な表現を実現させるため、従来の手書きによる二次元的アプローチではなく、当時最先端であったコンピュータによる三次元モデリングを活用し、木架構による新たな表現技術を開拓した作品でもある。　（清滝 智輝）
第8回公共建築賞、『新建築』1996年6月号、『日本建築学会作品選集1999』

展示室。

展示室。

● 石川県営諸江団地

金沢市諸江町28 ｜ 昭和55（1980）年

延床面積：9329.29㎡
階数：地上3階
構造：鉄筋コンクリート造
施工：木藤建設、堀工務店、
豊蔵組、竹田土建、
北国建設
MAP⇨*p.88*

街路空間。

設計　現代計画研究所

　県営諸江団地は当時の団地特有の面積の狭さ、一般住宅からの疎外感といった問題を克服することを目標に計画された。金沢特有の多雪、多雨、多湿という自然環境や住居感、住居様式といった金沢らしさをもとに設計されている。また、諸江団地は当時としては珍しい街路型住棟配置手法を日本でいち早く取り入れている。この事によって街路空間を近隣コミュニティ生活の場として復権し、団地内外のコミュニティ形成を狙っている。3階の住戸でも土を近くに感じられるようプラントボックス、広場が配置されている。　　（佐々木 智哉）
『新建築』1980年7月号

● A-ring

金沢市 ｜ 平成21（2009）年

建築主：宮下智裕
延床面積：111,18㎡
階数：地上2階、地下1階
主要用途：専用住宅
構造：アルミニウム造
施工：みづほ工業
その他：国土交通省平成20
年度（第1回）住宅・建築物
省CO_2推進モデル事業

内観。輻射式冷暖房システムでもあるアルミ構造体。

設計　山下保博×アトリエ天工人×金沢工業大学宮下智裕研究室

　A-ringはアルミハウスプロジェクトの一環として建設された住宅で、産学官連携の実践的な試みとしてアルミという素材の有利点を活かすことを主軸に、施工、運用・維持管理、再生・再使用といったライフサイクルにおいてトータルな省CO_2環境共生型住宅の開発を目的としたものである。アルミリングと名付けた基本型材の開発を行い、このアルミ構造自体を輻射冷暖房装置とすることで省エネルギーに貢献している。　　　　　　　　　　　　　　　（宮下 智裕）
日本アルミニウム協会協会賞開発賞（2010年）、第32回金沢都市美文化賞（2010年）、照明学会照明普及賞優秀施設賞（2010年）、IES ILLUMINATION AWARD（2010年）、第4回サステナブル住宅賞（2011年）、Green Good Design 2011 Award（2011年）、『新建築住宅特集』2010年6月号

「おおの大橋」より金沢の中心市街地方向を見る。

金石、大野 | こまちなみとリノベーション

金石（旧宮腰町）は、藩政期初期の前田利家の時代から町奉行が置かれた水陸交通の要衝であった。北前船の基地として栄え、加賀藩の蔵米や材木、専売品の塩などの商売で城下町の経済を支えた。金沢城下から日本海に向かって一直線に伸びる金石街道（宮腰往還）が出来たのは元和2（1616）年であり、明治時代には馬車鉄道が、その後電車通りが並行して走り、金沢の外港として栄えた金石港に向かう幹線道路であった。

大野は、千葉県野田、同銚子、兵庫県龍野、香川県小豆島と並んで日本の五大名産地のひとつとして知られる醤油の町である。北前船の豪商の活躍で商工業が繁栄し、幕末の安政3（1856）年に大野村は町立てを許されている。現在もかつての商家や醤油製造の蔵が点在しており、町を歩いていると、直源醤油やヤマト醤油などの醤油蔵から醤油の香りが漂ってくる。

金石と大野は、ともに歴史的なまちなみが残されたエリアとして「こまちなみ保存区域」に指定されている。そうした歴史的景観や生業の風景を資源として、ふたつの地区ではそれぞれ独自のまちづくりが展開されている。金石地区では、地域企業である建設会社が、自社の周辺に小さな商業施設「コッコレかないわ」（平成29/2017年 設計：ナカエアーキテクツ）と倉庫を改修したカフェ「Ten riverside」（令和2/2020年 設計：金沢工業大学竹内研究室）をオープンし、金石港周辺に新たな賑わいを生んでいる。これらは建設会社が自ら運営を行っており、地域企業による地域還元型のユニークな取り組みといえる。大野地区では、コラムで詳しく紹介されているように、住民主導によるまちづくりが進められてきた。遊休蔵を活用した街のサロン「もろみ蔵」から始まり、さまざまな分野の人たちを巻き込みながら活動を広げ、年2回開催される「こまちなみなーと」をはじめとしたさまざまなイベントやワークショップが20年以上にわたって継続されている。

（竹内 申一）

金石のまちなみ。

金石港。

コッコレかないわ（平成29/2017年 設計：ナカエアーキテクツ）。

Ten riverside（令和2/2020年 設計：金沢工業大学竹内研究室）

● 観田家住宅
金沢市金石西2-12-3 | 明治初期

外観。

木造、切妻造、妻入り、2階建て、桟瓦葺き
内部非公開
MAP⇨ p.88、95

金沢城下の外港として栄えた金石（旧宮腰）に、明治初期に町年寄を務めた廻船問屋の湊屋左太郎が建てたものと伝わる。主屋は数寄屋造で、外観は潮風の強い港町らしく、1階を縦板、2階を下見板（一部漆喰塗り）で仕上げられている。透かし塀や玄関の腰板には虫喰いの舟板を用い、北前船との関わりをうかがわせる。鉤字に配した土縁のある15畳の広間、三畳半向切りの茶室「颯々庵」を設けた間取りは、農家建築を思わせるおおらかな構成である。当該敷地を含む周辺一帯約1.6haは「こまちなみ保存区域」であり、港町金石の往時の繁栄を伝える貴重な遺構である。

（坂本 英之）

金沢市指定保存建造物

石川県金沢港大野からくり記念館（平成8/1996年）↑

大野灯台・

大野町7丁目

大野町6丁目

大野町5丁目   大野町3丁目

大野町こまちなみ保存区域   大野町2丁目

大野町1丁目   ・もろみ蔵

大野港

金石北3丁目

桂町

金石西4丁目   金石北1丁目

・金石味噌屋街
・専長寺（松樹樹）
金石通町

金石今町 金石新町
観田家住宅（明治3/1870年）・   金石下本町 金石西3丁目   金石東2丁目

金石西2丁目

無量寺町

金石海神寺町   金石東3丁目

金石こまちなみ保存区域   金石東1丁目

金石西1丁目

飲田西4丁目

・Ten riverside

・コッコレかないわ   金石本町

金石街道（旧金沢街道 元和2/1616年）

金石港   寺中町

飲田西3丁目

石川県銭屋五兵衛記念館（平成9/1997年）・

大野湊神社（寛永18/1639年）

醤油とアートのまち大野 | 遊休蔵のコンバージョンによる自律型まちづくり

水野 雅男（法政大学教授・元金沢大野くらくらアートプロジェクト代表）

「醤油とアートのまち大野」として市民に認識されるようになった金沢市大野町は、金沢市中心部から北西約8km。平成8（1996）年から始まったまちづくり活動（以下、本活動）は、25年を過ぎた今振り返ると「自由度」が大きく、ユニークな「自律型まちづくり」だったと言える。

面ではなく点

大野町でまちづくり活動に取り組み始めた頃、金沢市は東山地区で重要伝統的建造物群保存区域指定による歴史的まちなみの保全に注力していた。さらに、市独自の「こまちなみ保存条例」も制定され、大野町も10カ所の内のひとつとして平成8（1996）年に指定されている。いずれも、歴史的まちなみが一定程度連続している区域の景観保全が主目的である。本活動では、点在する遊休蔵を対象としている点でまちなみ保全とは一線を画している。

保全ではなく用途転換

本活動で対象とした建物は、醤油蔵5棟と芋蔵1棟、当時築70年から100年であり、小さなものは15坪、大きなもので36坪の広さ。それぞれが異なる空間特性を持っているが、いずれも倉庫であり、簡素な構造体である。それらの建物を保全することよりも、建物の構造を活かしながら別の用途に転換することに重きを置いた。外観修景中心のまちなみ保全とは異なる考え方で臨んでいる。

観光施設ではなくたまり場

本活動を始める前に視察に訪れたのが、滋賀県の長浜市と高島市。どちらも琵琶湖畔に位置するが、前者は「黒壁ガラスの街」（黒壁スクエア）として観光客で賑わっていたのに対して、後者は築150年の元商家を改修した「高島びれっじ」がオープンしたばかりで人影はまばらだった。だが、「高島びれっじ」は、商工会の有志が資金

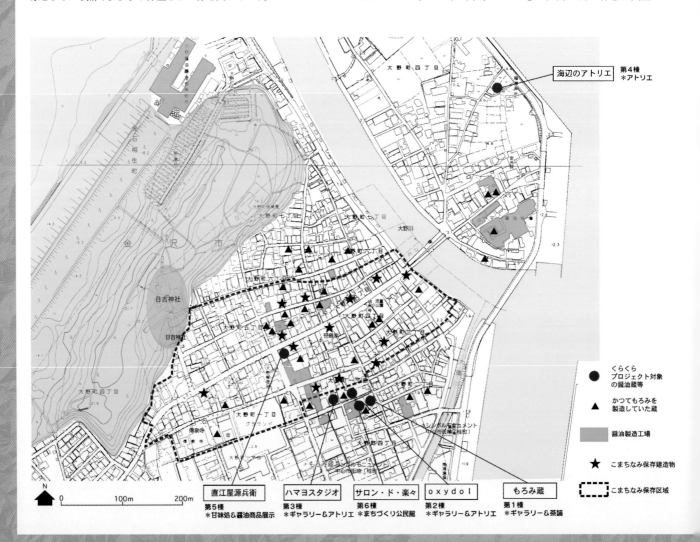

を百万円ずつ出しあい、日曜大工で改修し、敷地奥の小さな蔵はカフェを営業し夜間はパブとして、出資したメンバーが交替で営業していた。自分たちと仲間のたまり場を設けて、生活を愉しむ姿勢が貫かれており、「生活景」を大切にしていた。

この資金面でも運営の面でも無理のない「身の丈のスケール感」の活動が気に入って、われわれの目標像が明確になり、その日から本活動がスタートした。

自律型のまちづくり

「街のサロンをつくろう」と意気込んだものの、どの蔵を活用するか、どういう空間にするか、誰に設計してもらうか、資金はどうするか、いつオープンするか、何ひとつ決まっていなかった。まさにフリーハンドというか手探り状態。地域住民の発意で始まった活動であり、当時は行政からの支援が一切受けられなかった。それが功を奏した。

所有者が持て余していた蔵を一軒ずつ打診して、ようやく路地裏のどん詰まりにある醬油蔵に決定したのが1棟目の「もろみ蔵」である。毎週水曜の夜現場に集まり、設計内容を確認したり、運営方法を吟味したり、すべて自分たちで話し合い決めていった。改修費のほとんどをメンバーが持ち寄り、不足分は信用金庫から借り入れて、改修作業もメンバーや外部の支援者と汗を流して取り組んだ。行政主導あるいは行政支援で街の拠点を創るのがほとんどだった当時、住民主導で推進したまちづくり活動は県内の先駆けとしてマスコミに数多く取り上げられた。

組織を拓き資産を持ち寄る

誰からも束縛されず、みんなで話し合いつくり上げていく活動スタイルが愉しく、結果として新たな拠点が出現する手応えが大きかった。その感動を伝えながらワークショップを重ねることで、建築家や大学生、アーティスト、学芸員、一般市民など、関心のある人たちがどんどん集まってきた。

当初は、地域住民と筆者約20名で協同組合を組織していたが、「金沢大野くらくらアートプロジェクト実行委員会」が組織され、第二段階に入っていった。遊休蔵の所有者は建物を無償で提供し、建築家は設計技術を、アーティストや学芸員はアトリエ入居やアート企画を、現地に足を運べない人は寄付金をと、各人が持つ資産を持ち寄り、それを束ねることでプロジェクトを10年間続けることができた。

大切にしてきたこと

筆者が携わった10年間で6棟の拠点（うちアトリエが4棟）が生まれ、コミュニティガーデンと案内石柱づくり、映像制作、地域通貨の流通、アートイベントなど、多様な事業を積み重ね継続してきた。それは、点在する遊休蔵を活用し、街に新たな風を吹き込むための社会実験の連続であった。本活動で大切にしてきたことは、醤油の香りとのんびりと流れる空気。大野町固有の生活景の保全と創造であった。

（みずの・まさお）

（写真提供：水野雅男）

「高島びれっじ」視察。

もろみ蔵のレンガ敷きワークショップ。

もろみ蔵のオープニングライブ。

oxydolともろみ蔵の夜景。

デザイン・ワークショップ。

海辺のアトリエ。

金沢工業大学と野々市市市街地

「加賀は天下の書府」と称されたように加賀藩は学問研究に熱心であった。その流れは後世にも引き継がれ、明治には金沢都心に第四高等学校や、医学、工学、女子教育の機関が設立されて「学都金沢」となり、現在は金沢都市圏に23の大学等の高等教育機関が立地し「学都石川」が形成されている。

「学都石川」の特徴はふたつあり、そのひとつは戦後の高学歴化に合わせて必要と認識した地域が、23機関の大半を内発的に私立・県立・市立の機関で開設したことである。内発的というのは外部からの誘致による大規模私大の分校や国立の短大などの高等教育機関設置ではなく、地域や住民が自ら学校経営を起ち上げてきたことである。

もうひとつは「学都」が金沢から石川に変わったことである。金沢にも日本の戦後の高度経済成長と近代化に合わせて、県庁所在都市としての中枢機能集積や人口流入が起こり、都心機能再編を進める必要があった。一方で兼六園周辺に立地していた金沢大学など4校が自らの拡張を求めて金沢市郊外に移転した。また同時期に新設された大学等も広さを求めて同じ郊外や周辺市町に立地した。この結果、都心型の「学都金沢」は近郊分散型の「学都石川」に変容した。

金沢工業大学も地元経済人が工業立国の一端を担う人材育成を目指して、金沢に隣接した野々市市に昭和40（1965）年開設した。工大学園は大学に先行して工業高等専門学校（現在の国際高等専門学校）を昭和37（1962）年に野々市に設置していた。大学用地はその接続地で、周辺は近くに農家集落があるだけのまったくの水田地帯の市街化調整区域であった。大谷幸夫設計の金沢工業大学本館が工事中の昭和44（1969）年、現場上空を自衛隊のF-104J機が低空で通過し金沢市に墜落したのを目撃したが、当時現場から金沢市街地まで見通せる田園しかなかった。

この頃より金沢市は人口急増対策として、野々市市に近い南部地域に住宅地の開発整備を進めていた。まず基盤として土地区画整理事業を行い、その一画に公営住宅と宅地分譲の住宅団地と、学校、集会所、商店、医療施設などがある拠点を先行整備してから、全体の宅地化を進行させるといった良好な市街地形成の方策を展開していた。

この方策は野々市町でも継承され、基盤としての土地区画整理事業と良好な市街地形成を目指す開発条例や住民協定などにより、現在の全国「住みよい地域」ランキングで上位に選ばれる環境を保有することとなった。

金沢工業大学周辺においても同様で、学園環境に相応しい商業施設や4,000人分の下宿・寮・アパートなどを立地させるなど、大学と地域は昭和40年代から良好なコミュニティ関係を築いている。　　（水野 一郎）

高橋川と金沢工業大学キャンパス。

MAP ❶-03 │ 金沢工業大学と野々市市市街地　縮尺 1/10,000

横宮町

横川1丁目

横川2丁目

久安2丁目

久安1丁目

・にぎわいの里ののいちカミーノ（平成31/2019年）

・野々市工大前駅
・富樫館跡碑

・喜多家住宅（喜多記念館、江戸時代後期）
・野々市市郷土資料館（旧魚住家住宅、江戸時代末期）
・水毛生家住宅（江戸時代末期）

・国際高等専門学校

・金沢工業大学夢考房

本町二丁目

高橋町

金沢工業大学北校地キャンパス
（昭和44年〜平成12年/1969〜2000年）

金沢工業大学東校地キャンパス
（平成3年〜平成28年/1991〜2016年）

久安一丁目

三馬三丁目

水町二丁目

北陸鉄道石川線

高橋川

・金沢工業大学
南校地キャンパス

三馬3丁目

扇が丘

菅原町

住吉町

三馬1丁目

高尾台一丁目

馬替3丁目

馬替2丁目

馬替1丁目

高尾台4丁目

高尾台2丁目

高尾台3丁目

額新保1丁目

額新町1丁目

光が丘1丁目

高尾南3丁目

額住宅駅

高尾南2丁目

額新保2丁目

額新町2丁目

太郎2丁目

光が丘2丁目

高尾南1丁目

● 金沢工業大学北校地キャンパス

野々市市市高橋町｜昭和44年～平成12年（1969～2000年）

南より俯瞰する。

本館
　延床面積：約8,800㎡
2号館
　延床面積：約2,920㎡
3号館
　延床面積：約4,476㎡
5号館
　延床面積：約3,813㎡
ライブラリーセンター
　延床面積：約21,730㎡
7号館
　延床面積：約11,840㎡
施工：池田建設北陸支店
MAP⇒*p.99*

本館（益谷記念館）　1期、昭和44（1969）年
設計　大谷幸夫・大谷研究室／第1回中部建築賞、第11回BCS賞、
DOCOMOMO（2018選）、『新建築』1969年10月号

2号館　1期、昭和44（1969）年
設計　大谷幸夫・大谷研究室

3号館　2期、昭和51（1976）年
設計　大谷幸夫・大谷研究室
第9回中部建築賞

5号館　2期、昭和51（1976）年
設計　大谷幸夫・大谷研究室
第9回中部建築賞

ライブラリーセンター　3期、昭和57（1982）年
設計　大谷幸夫・大谷研究室／第15回中部建築賞、日本建築学会賞
（作品）（1983年）、『新建築』1982年10月号

7号館　4期、平成12（2000）年
設計　大谷幸夫・大谷研究室

4期にわたり積み上げられたあたたかな想い

　金沢工業大学の北校地キャンパスは、大谷幸夫の設計により1969年～2000年の間の4期にわたり建設された。
　1期の本館・2号館は大谷が「インフォーマルな接触を」で述べているように、教育現場での営み・当時の学園紛争・雪国環境への対応などから、学生・教員・事務の3者が交わる屋内広場を提案している。2期の3・5号館では、豊かな北校地キャンパスの秩序を探りながら1期の建築に若干の修正を加え、さらに内容未定の3期を予想した分離の外部空間と連結の通路を用意した。
　3期では大谷自身が「確かな存在感を求めて」にて述べているように、「個と全」「部分と総体」の組織化の秩序がテーマであった。その結果生まれた個と全体は配置図に見られるように、生き生きした個の空間とそれを包み込む群空間とがあり、キャンパスに佇む利用者にあたたかな思いやり、祈り、信頼の気持ちを体感させてくれる。
　昭和58（1983）年、当キャンパスで日本建築学会の大会が開かれた際に、大谷幸夫は積み重ねてきた北校地設計に対して「日本建築学会作品賞」を受賞した。　　　　　　　　　　　　　　（水野 一郎）

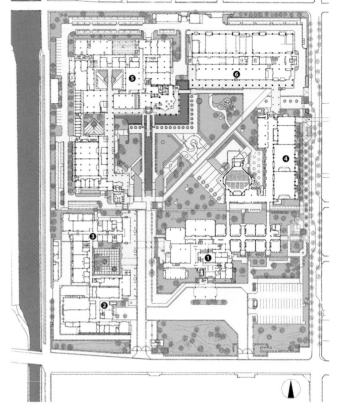

金沢工業大学北校地キャンパス配置・1階平面図　縮尺1/3,000
❶本館（益谷記念館）　❷2号館（土木工学科 実験棟）
❸3号館（環境工学科 実験棟）　❹5号館（講義棟）
❺ライブラリーセンター（6号館）　❻7号館（工学設計等）

本館南西側外観。

2号館東側外観。

インフォーマルな接触を

わたくしたちは、この校舎の設計にあたって、学園という人間形成の場に、いま何が欠けているのか、何を提案すべきなのかを考えようとした。

教育にはさまざまな形式があるが、講義というフォーマルな伝達形式が第一に考えられる。学校建築においては、まず教室の空間的性能が重視されるのは当然である。

しかし、人間形成はこのようなフォーマルなもののみでは十分ではない。教師と学生、学生相互のインフォーマルな接触によってはぐくまれるものをも重視しなければならない。

この建物の中央には、大きな吹抜のホールが内蔵されている。このホールは、各階に連なる教室・教官室・図書室あるいは会議室などに囲まれた、いわば広場のようなものである。わたくしたちは、この広場で、教師と学生、学生相互の自発的な接触が誘発されることを期待している。　（大谷 幸夫　『国際建築』1967年6月号より抜粋）

確かな存在感を求めて

現代の建築は、己れを主張することで、町という自らの環境の解体に力を貸し、環境を脅かし脆弱にすることで、己れの存在まで不確かなものにする事態を招いている。現代の建築に見るこの自己破壊こそ、現代建築が克服しなければならない重要課題である。

しかし、そこに求められていることは、建築の固有性の否定でもなく、市街地や都市といった、個を超えた何らかの総体に関わる秩序の、絶対的優位を主張することでもない。総体に関わる秩序は、個の存在や固有性を保障する必要不可欠の要件として在る。一方、都市という総体の固有な形質は、個としての建築に規定されているものであり、総体に関わる秩序の体系も、個々の建築の在り方によって具現されるものである。要は、建築と都市、個と総体に関わる固有性と秩序の文脈を探り出し、これを成立させることが求められているのである。

ここに掲載されている金沢工業大学のキャンパスは、10数年間、3期にわたって計画され建設されてきたものである。この間、私の念頭にあったテーマは、いうまでもなく、如何なる学園をそこに実現するか、ということであったが、方法論上のテーマは、結局、ここに述べてきた個と総体、固有性と秩序に関わる文脈を見出すことにつきている。

今回のライブラリーセンターの建設によって、このキャンパスの空間的性格や構成はおおむね確定されたといってよい。しかし、確からしいマスタープランがまず検討されたのではなく、それぞれの時点で、大学が必要とする最小限の施設が建設され、こうした部分の確定を積み重ねることによって規定され、方向づけられるキャンパスの全体像を検討しながら、次期の計画や既存の確定部分の再規定を心もるといった方法がとられている。

（大谷 幸夫　『新建築』1982年10月号より抜粋）

本館屋内広場。学生・教員・事務員が行き交う雪国の広場。

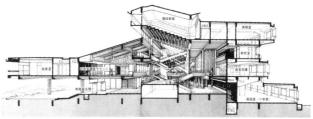

本館断面透視図。教室・実験室・教員室・学長室などの個の空間に囲まれた広場。

北校地彩色縦断図（ライブラリーセンター、5号館、本館）。大谷幸夫作画。

ライブラリーセンター外観。高層棟を広場の軸線上に配してランドマークとする。

● 金沢工業大学東校地キャンパス

野々市市高橋町 ｜ 平成2〜28年（1990〜2016）

東校地キャンパス群と周辺の街。

24号館
　延床面積：約8,370㎡
国際高等専門学校
　延床面積：約9,960㎡
8号館
　延床面積：約9,860㎡
21号館
　延床面積：約8,980㎡
23号館
　延床面積：約1,3270㎡
駐輪場＋プロムナード
　延床面積：約2,930㎡
MAP⇨ **p.99**

24号館（工学基礎実技センター）　平成2（1990）年

設計　水野一郎・田中光＋金沢計画研究所

第22回中部建築賞、第2回北陸建築文化賞、『日本建築学会作品選集1991』、『新建築』1990年12月号

***

国際高等専門学校　平成3（1991）年

設計　水野一郎・田中光＋金沢計画研究所

第2回北陸建築文化賞、第24回中部建築賞、『日本建築学会作品選集1992』、『新建築』1992年2月号

***

8号館（講義棟）　平成5（1993）年

設計　水野一郎・田中光＋金沢計画研究所

第27回中部建築賞

***

21号館　平成24（2012）年

設計　水野一郎・蜂谷俊雄＋金沢計画研究所

第34回石川建築賞、『日本建築学会作品選集2013』、『新建築』2012年9月号

***

23号館　平成24（2012）年

設計　水野一郎・蜂谷俊雄＋金沢計画研究所

第35回石川建築賞

***

駐輪場＋プロムナード　平成28（2016）年

設計　水野一郎＋金沢計画研究所

『JIA建築年鑑2018』

　金沢工業大学野々市キャンパスは、開設期の南校地、発展期の北校地、拡張期の東校地の3校地からなる。東校地は既に入手困難になっていた市街地に、一区画づつ拾うように購入を重ねて得た敷地ゆえ、高密化が求められた。

　内容は1987年〜2016年の間の5期にわたる学科増・定員増・教育改革に伴う増築と、金沢工業高等専門学校の南校地から東校地への移転である。設計は建築学科の3教員と金沢計画研究所が行った。

　全体秩序は大谷幸夫の北校地同様、個の諸室を機能的に提供しながら、学生・教員・事務の3者の流動空間と3者が交流する滞留空間を様々に用意することであった。その結果、各棟・各室固有の営みが保証され、全体として分離や連結、統一的意匠や個性的ラウンジなどが複合した都市空間的秩序が形成された。　（水野一郎）

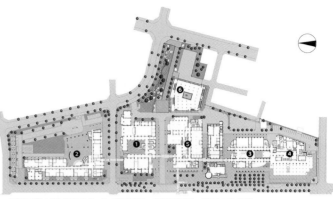

金沢工業大学東校地キャンパス配置・1階平面図　縮尺1/5,000
❶24号館（工学基礎実技センター）　❷国際高等専門学校　❸8号館（講義棟）
❹21号館　❺23号館　❻駐輪場＋プロムナード

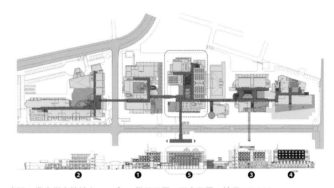

金沢工業大学東校地キャンパス2階平面図・西立面図　縮尺1/5,000
流動動線（濃赤）と滞留空間（薄赤）。

24号館（工学基礎実技センター）

　工学基礎実技の実験・製図・計算機演習などが入る建築である。東校地最初の建築としての布石を、北校地のライブラリーの高層棟に向かう東西方向の軸線と、東校地を貫く連絡路となる南北方向の軸線を定め、その交差点に列柱のコロネードと人体寸法図の天井レリーフ（学生が作成）を持つ玄関前ホールを置いた。

　全体構成は中庭型平面と南高北低の段状断面であり、外観は陶製花ブロックやパーゴラ風フレームなどの環境調整装置をつけて日照・通風・視線・スケール感・方向感との対話を視覚化している。

国際高等専門学校

　金沢高専は大学より3年早く工大学園の中心にて開学した。その後の拡張に伴う移転が本建築で、大学の諸施設と共用しながらも、高専の自律性を有するべく、大屋根を持つ半屋外の中庭広場を設けた。平成30（2018）年金沢工業高等専門学校は国際高等専門学校へ名称変更し、教育目標もグローバルな人材育成を目指す方向へ転換、当校舎の他に白山麓にキャンパスを増設した。日本の教育体制の中で奮闘している高専に対して、建築の側から力強い内外空間と形態を与えることで応援している。

24号館。花ブロックなどの環境調整装置を有する。北校地の高層棟に向かう軸線。

国際高等専門学校北側外観と半屋外広場。雪対策の広場だが四季折々に有効。

8号館講義棟。エスカレーターの流動とアートの空間の5層吹き抜けホール。

23号館。多種の個性的教室を収容。吹き抜けホールに多様な機能が集まる。

キャンパスの3校地と市街地が交わる交差点に立地する21号館。1・2階に食堂・カフェのある福利厚生棟。

手前にプロムナードと駐輪場。奥に東校地教室群。

8号館（講義棟）

学科新設や定員増により必要になった150人教室15室の講義棟である。時間割毎に発生する学生の大量移動に対応するエスカレーター、エレベーター、階段を有する5層吹抜の流動空間を建築の中央部に配した。そしてこの吹抜空間に接して豊かな交流を促すラウンジを数多く設置し、合わせて現代的な絵画・彫刻・テキスタイル・建築模型を展示することでアートラウンジともなっている。

21号館

キャンパスの3校地と市街地が交わる交差点の一画に立地する21号館は、1・2階に食堂・カフェ・書店・文具店や下宿・旅行・保険のサービスセンターが入る福利厚生棟である。朝食から夕食まで提供する食堂とカフェは、約700の全席に情報コンセント設置していることもあり、学生たちは個人やチーム活動で利用している。教員や事務員の団らんや来客との打ち合わせなども多く、この列柱と木漏れ日あふれる林のような大空間は一日中キャンパスの交流広場になっている。

23号館

学生がチームでテーマを立てて取り組むプロジェクトデザインのスタジオ、英語・数学・理科の理解度に合わせた対面指導の広場、可動の机・椅子とIT機器があるフレキシブルな多機能教室など、教育改革で提案された多種の個性的教室を収容している。このような多様な各階の空間構成に対して、中央に5層吹抜の流動空間を配して判りやすさを演出している。

駐輪場＋プロムナード

学園に約7000人の学生が在籍し、その7割が周辺に生活している。その通学路として新たに門と石庭を持つプロムナードと、1365台収容の屋根付き2階建ての駐輪場を設けることで、金沢市側から東校地の工学基礎実技センターのコロネードを経て、北校地のライブラリーの高層棟に至る軸線を通している。　　　　　　（水野 一郎）

MAP ❶-03A │ 野々市市市街地　縮尺 1/5,000

野々市・旧北国街道のまちなみ

　中世には野市あるいは布市とも称し、商品流通の要衝としての市が存在したことを推測させる。また、加賀国の政治・経済の中心地として加賀守護富樫氏の守護所（富樫館跡）が置かれた。近世初頭には北国街道の野々市宿という金沢城下から上方へ向かう最初の宿駅を形成したたが、その後、城下近郊の農村としての性格を強めた。近隣には国指定の重要文化財「喜多家住宅」がある。明治24（1892）年の野々市大火に罹災したため、金沢市材木町の商家を移築した。その他、市指定文化財の「水毛生家住宅」（非公開）などがあり、歴史的まちなみを残す。

　金沢市に隣接するベッドタウンである。平成23（2011）年に市制を施行し野々市市が誕生した。市内には石川県立大学と金沢工業大学のふたつの大学があり、20歳前後の人口が多い。「学びの杜ののいちカレード」（図書館併設の生涯学習施設、平成29/2017年）や「にぎわいの里ののいちカミーノ」（公民館、市民活動センター、特産物販売所などからなる複合施設、平成31/2019年）など、民間の活力を使った公共施設を充実させ、また、子育て世代に手厚い施策を進めていることから「住みよさランキング2020」（東洋経済）で全国自治体の第1位になっている。　　　　　　　　　　　　　　　　　　　（坂本 英之）

旧北国街道のまちなみ。左が喜多記念館。

喜多記念館（喜多家住宅）の座敷と土縁、奥に茶室。

● 野々市市役所（旧野々市町役場）

野々市市三納1-1｜平成16 (2004) 年

延床面積：14,174㎡
階数：地上3階
構造：SRC造、一部S造
施工：鹿島・真柄・治山社・和泉特定建設工事共同企業体
MAP⇨ p.98

南側の公園より見る。

南側外観部分。大屋根とブリッジ。

設計　香山壽夫建築研究所

行政棟、議会棟、併設棟の3棟がコの字型に中庭を囲み、大きく公園に向かって開く平面形を持つもので、建物は低く3層で展開している。建物の中庭に面する側には、3層吹き抜けのアトリウムが巡り、平面的にも、立体的にも、空間全体を見渡せる。中庭にかかるブリッジの大屋根が施設全体にまとまりをつけている。建物の主体構造はSRC造であるが、外周壁はこの地方特有のアテ（能登ヒバ）で包まれており、これらは、加賀地方の伝統に連なる色である赤茶色の耐候性塗料で仕上げられている。　　　　　　　　（大塚 旅詩）

第37回中部建築賞、『新建築』2005年8月号

西側併設棟の3層吹き抜け空間。

● 喜多記念館（喜多家住宅）

野々市市本町3-8-11｜明治24 (1891) 年

桁行22.2m、梁間15.1m
2階建て、切妻造、桟瓦葺き
MAP⇨ p.98、104

通り庭とオエ。

主屋間口9.5間、奥行き9間の19世紀前期の建築。元禄年間（1700年ごろ）野々市に居住するようになった喜多家は代々油屋治兵衛を名乗り、油屋を家業とし、幕末より酒造業を営んでいた。明治24 (1891) 年野々市に大火があり喜多家は酒蔵を残し焼失する。その年に金沢の材木商田井屋惣兵衛の家を買ってこの地に移築したものである。間取りは向かって右側に広い土間の通り庭を設け、土間に面して表側に板敷きの帳場、その奥に広いオエがある。オエは通り庭と一体となって上部は吹き抜けで梁、束、貫が美しく重なっている。　（坂本 英之）

国指定重要文化財

● 野々市市文化会館 フォルテ

野々市市本町5-4-1｜昭和63 (1988) 年

延床面積：5,638㎡
階数：地上2階
構造：鉄筋コンクリート造
施工：真柄・ミツワ特別共同企業体
MAP⇨ p.98

東側のアプローチより見る。

設計　釣谷建築事務所、山岸建築設計事務所、土倉建築事務所JV

昭和63 (1988) 年5月に開館し、平成23 (2011) 年に一部リニューアルをした。用途は文化施設であり、野々市市において、広く芸術文化活動の場を提供し市民の教養向上と芸術文化の振興を図っている。外観は箱が重なったように見える。中に入ると2層分の天井高を持ったコミュニティプラザが迎え、心地よい空間が広がっている。forteとは「文化会館を拠点に、活力と躍動に満ちた町づくり、人づくりが、さらに力強く展開されることを願う」という意味を込められて名付けられた。　　　　　　　　　　　　　　　　（佐々木 智哉）

第20回中部建築賞、第16回石川県デザイン展知事賞、第10回石川県建築賞知事賞

金沢湯涌江戸村、湯涌温泉｜藩主も愛した金沢の奥座敷

金沢には周辺に湯涌、犀川峡、深谷など、いくつかの温泉がある。湯涌温泉は金沢市の東南部の中山間地域に位置していて、金沢の奥座敷とも呼ばれる。谷間に通る1本の道とその周辺に9軒の宿がある小さな温泉街を形成している。総湯（湯涌温泉総湯 白鷺の湯、平成11/1999年）があり、また、かつてこの地に滞在し、湯涌温泉を題材にした書籍を著した竹久夢二を記念した「金沢湯涌夢二館」がある。

湯涌には、かつて東洋一といわれた豪華さを誇る「白雲楼ホテル」（昭和7/1932年、設計：大林組）があった。昭和天皇・皇后や吉田茂など多くの要人が来館している。経営難から平成11（1999）年に廃業した。その白雲楼ホテルが運営していた江戸村が「金沢湯涌江戸村」として平成22（2010）年に移築して新たに開設された。石川県内の江戸期の重要文化財級の建造物を移築保存する金沢市の管理運営による施設である。

藩政期の加賀藩前田家は江戸の徳川家へ旧暦6月1日に氷を献上していた。約480kmを昼夜4日間かけて飛脚が運んだ。それに倣って現在、湯涌に復元された氷室で、1月最終日曜日に雪を詰める「氷室の仕込み」、6月30日に氷を取り出す「氷室開き」を行っている。氷の無事を祈って奉納された饅頭「氷室饅頭」を7月1日（旧暦6月1日）に金沢人は食べて健康を祈ってきた。　　　（坂本 英之）

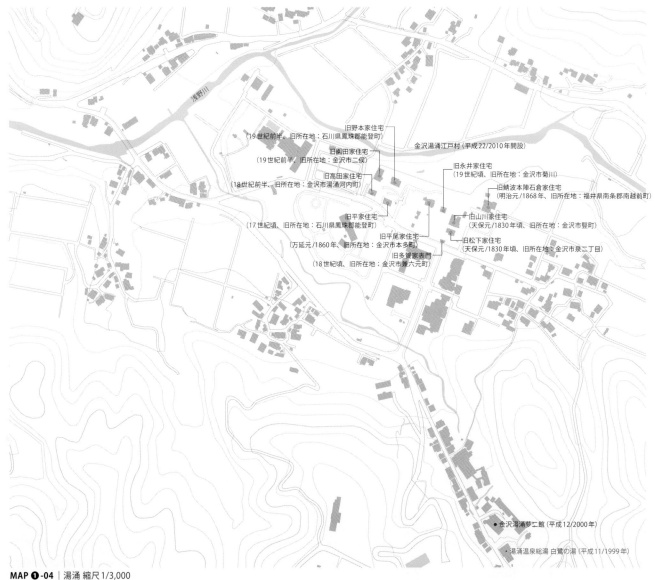

浅野川

旧野本家住宅
（19世紀前半、旧所在地：石川県鳳珠郡能登町）

旧圃田家住宅
（19世紀前半、旧所在地：金沢市二俣）

旧高田家住宅
（18世紀前半、旧所在地：金沢市湯涌河内町）

金沢湯涌江戸村（平成22/2010年開設）

旧永井家住宅
（19世紀頃、旧所在地：金沢市菊川）

旧鯖波本陣石倉家住宅
（明治元/1868年、旧所在地：福井県南条郡南越前町）

旧平家住宅
（17世紀頃、旧所在地：石川県鳳珠郡能登町）

旧山川家住宅
（天保元/1830年頃、旧所在地：金沢市竪町）

旧平尾家住宅
（万延元/1860年、旧所在地：金沢市本多町）

旧松下家住宅
（天保元/1830年頃、旧所在地：金沢市泉二丁目）

旧多賀家表門
（18世紀頃、旧所在地：金沢市兼六元町）

● 金沢湯涌夢二館（平成12/2000年）

・ 湯涌温泉総湯 白鷺の湯（平成11/1999年）

MAP ❶-04｜湯涌 縮尺1/3,000

● 金沢湯涌夢二館

金沢市湯涌町イ144-1｜平成11（1999）年

延床面積：806.74㎡
階数：地上2階
構造：鉄筋コンクリート
造一部鉄骨造
MAP⇨ *p.106*

外観。

設計　大屋設計

　竹久夢二が好んだ湯涌温泉での夢二館の設計にあたり、夢二絵画の代表的特長である女性像そのものといえる曲線を用いることで、細くしなやかな夢二世界の具現化を試みた。前面の先端頭部には円形の開放感溢れる小塔を配し、自然と一体化した中で、内・外部の建物全体を通して夢二を感じられるように考慮した。また、夢二の活躍した時代の大正ロマンの香りが感じられるように、外観、テクスチャー、仕上材料にも配慮した。建物を、敷地後方に寄せることにより、前面に公共的な空地を広く取れたこともよかったのではないかと思う。　　　　　　　　　　　　　　　　　　　　　　（大屋 修）

日事連建築賞奨励賞（平成13/2001年）、石川県デザイン展入選（平成12/2000年）

● 金沢湯涌江戸村

金沢市湯涌荒屋町35-1｜平成22（2010）年
※詳細はColumn 13「金沢湯涌江戸村」p.106参照

MAP⇨ *p.106*

農家ゾーン。

南側より俯瞰する。右手前は旧松下家住宅。

旧園田家住宅
金沢市二俣町
重要有形民俗文化財

旧野本家住宅
能登町｜19世紀前半
金沢市指定有形文化財

旧高田家住宅
金沢市湯涌河内町｜18世紀前半
石川県指定有形文化財

旧平家住宅
能登町｜17世紀頃
石川県指定有形文化財

旧平尾家住宅
金沢市本多町｜万延元/1860年
金沢市指定有形文化財

旧山川家住宅
金沢市竪町｜1830年頃
石川県指定有形文化財

旧永井家住宅
金沢市菊川町｜19世紀頃
金沢市指定有形文化財

旧松下家住宅
金沢市泉2丁目｜1830年頃
国指定重要文化財

旧鯖波本陣石倉家住宅
福井県南条郡南越前町｜1868年
国指定重要文化財

旧多賀家表門
金沢市兼六元町｜18世紀頃
金沢市指定有形文化財

旧平尾家住宅前より見る。

金沢湯涌江戸村

土屋 敦夫（金沢湯涌江戸村長、都市計画史）

江戸時代は日本の封建制の強化された時代で、徳川幕府のもとに大名が全国を支配した。士農工商の身分制があり、政治権力は武士が握っていた。しかし250年を超す平和な時代は世界史的にも貴重で、各藩は商工業を発展させ、地方文化も花開いた。城下町金沢を中心とした加賀藩は加賀、能登、越中にわたる加賀百万石を誇る日本最大の藩であった。

旧江戸村から江戸村へ──民間から金沢市が引き継ぐ

「金沢湯涌江戸村」（以下、江戸村）は、隣接する山上の平坦な敷地に「百万石文化園・江戸村」（以下、旧江戸村）という名称で、同地で「白雲楼ホテル」を経営していた民間企業が昭和42（1967）年に開設した野外民家博物館であった。江戸時代の加賀藩を中心とした民家を、士農工商にわたり、大から小まで広く集めたものだった。

残念ながら白雲楼ホテルは平成9（1997）年に経営破綻し、旧江戸村も閉鎖されたが、これを引き継いだ金沢市は、山上にあった旧江戸村を、湯涌温泉に隣接するこの地に下ろし、再建することとした。再移築は平成13（2001）年から取りかかり、平成22（2010）年に「金沢湯涌江戸村」として再開した。

農民住宅の変遷

江戸村には現在10件の物件が移築されている。たとえば農家は4件あり、どの家も茅葺きで、外形はよく似ている。それはそのまま農家の生活様式が類似していることを表している。

もうすこし間取りまで細かくみると、「旧平家住宅」（**D**）と「旧野本家住宅」（**B**）の2件は能登の家で類似性があり、「旧園田家住宅」（**A**）と「旧高田家住宅」（**C**）の2件は加賀の家で、これも類似性がある。つまり地域性があったことが読み取れる。

また江戸時代といっても250年以上あり、初期の素朴な形から後期にかけて、農民の生活も徐々に進歩しているわけで、家はしっかり建てられるようになる。また紙漉きをしていた家（「旧園田家住宅」）は、農業以外の収入があったので、家は格調が高く、立派である。

武士住宅と町民住宅

城下町金沢には、武士と町人が住んでおり、武士住宅と町民住宅はそれぞれ2件ずつある。どれも屋根は板葺き石置き屋根であった。

武士は階層により家は大きく差があり、足軽のような下級武士の家は、これが武士の家かと思うほど小さい（「旧永井家住宅」**F**）。中クラスの武士の家（「旧平尾家住宅」**E**）は、格調を重んじた家になる。

町人は表で商売をしていたので、「旧山川家住宅」（**G**）と「旧松下家住宅」（**H**）の2件の家の大小は、そのまま商業規模の大小を表す。

江戸時代は美術館もなく、それぞれの家が価値ある品を所有した。裕福な米仲買商の家（「旧山川家住宅」）は、数多くの茶室を備え、家には特別な防備を施し、国宝級の美術品まで所有した。家の持つ生活文化のレベルは極めて高かった。

（つちや・あつお）

金沢湯涌江戸村イラストマップ

旧園田家住宅 A
金沢市二俣町
19世紀前半
重要有形民俗文化財

加賀藩に御料紙を納めていた紙漉き農家。

旧永井家住宅 F
金沢市菊川町
19世紀頃
金沢市指定有形文化財

足軽居住区に建てられた足軽組頭クラスの住宅である。

旧野本家住宅 B
石川県鳳珠郡能登町
19世紀前半
金沢市指定有形文化財

代々肝煎（きもいり）を務めた家柄であり、土間ニワは御白洲（おしらす）に使われた。

旧山川家住宅 G
金沢市竪町
1830年頃
石川県指定有形文化財

江戸時代から明治・大正にかけて繁栄した商家で「通楽庵」と名付けられた茶室をもつ。

旧高田家住宅 C
金沢市湯涌河内町
18世紀前半
石川県指定有形文化財

典型的な加賀型農家であり、建物内に馬屋を持つ。

旧松下家住宅 H
金沢市泉2丁目
1830年頃
国指定重要文化財

旧北国街道沿いにあり、種苗店や茶店を営んでいた。

旧平家住宅 D
石川県鳳珠郡能登町
17世紀頃
石川県指定有形文化財

能登型のきわめて古い農家で手斧（ちょうな）仕上げの柱も残っている。

旧鯖波本陣石倉家住宅 I
福井県南条郡南越前町
1868年
国指定重要文化財

北国街道の鯖波宿で人馬継立問屋であり本陣でもあった。

旧平尾家住宅 E
金沢市本多町
万延元/1860年
金沢市指定有形文化財

旧多賀家表門 J
金沢市兼六元町
18世紀頃
金沢市指定有形文化財

人持組5000石という上級武士の屋敷の表門。

金沢市北部 |旧北国街道添いの農家住宅

もともとは森下川がつくり出す水利を使った金沢の近郊農村集落が続く地域。旧北国街道と越中へ抜ける福光街道の分岐点で交通の要衝であった。旧農村部には今も明治期に建てられた豪壮な農家建築が残る。明治維新により武士階級は没落し、それに伴って町人階級も疲弊した。それに代わって、当時の経済を支えたのは周辺の農村であった。経済的発展を遂げた農家は、新しい時代の新しい建築をつくり出していった。

藩政期において茅葺きであった農家建築は、家作制限のなくなった明治に入ると大きく変わっていく。最も大きな変化は「タチアゲ」である。茅葺き屋根を取り払い、大きな切妻瓦葺き屋根に変えることである。それにより、表構えは大きな切妻三角屋根の妻壁が正面に現れ、梁と束を重ねた「アズマダチ」という美しい表現となる。この地域では、このように武家住宅の建築要素が大幅に入り込んだ農家住宅が多く見られる。

現在の金沢北部は、北陸新幹線、IRいしかわ鉄道、国道8号線、159号線が並行し、沿線に工場、倉庫、住宅が進出している。金沢市に隣接する内灘町、津幡町やかほく市などの開発もある。また今世紀にかけて、「山側環状道路」の建設、内陸工業団地「金沢テクノ・パーク」の造成など、この地域山間部が新たに開発されて変化が著しい。昭和戦前までの農村集落が城下町金沢の周囲に衛星のように点在していた頃ののどかな姿を想像してみることは難しい。 （坂本 英之）
MAP ⇨ *p.20*

金沢北部の農村集落。

● 伊東家住宅
金沢市｜明治10 (1877) 年

外観。

木造、切妻造、妻入り、2階建て、桟瓦葺き

金沢北部の山裾に展開する花園八幡町に明治10 (1877) 年に建てられた農家住宅である。もとは茅葺きで、昭和8 (1933) 年に現在の瓦葺きへ「建ち上げ」をした。間口3間の正面切妻のアズマダチは、3本の梁と束、貫が構成する美しい意匠を見せる。間取りは典型的な加賀農家の二列五室型で構成され、間口7間、奥行き3間、42畳の最大級の規模を誇るオエが備わる。明治期の農家住宅に発展したサシモンダチで組まれたオエは、4.8mの高い天井に長さ3間、太さ1尺半ほどの5本のサシモンが渡っており見事である。 （坂本 英之）
国登録有形文化財、金沢市指定保存建造物

● 八田家住宅 (はったけ)
金沢市｜明治38 (1905) 年

外観。

木造、切妻造、妻入り、2階建て、桟瓦葺き

金沢北部旧北国街道沿いの今町の街道から少し入った静かな住宅地に建つ。台湾総督府時代に烏山頭ダムによる水利で貢献された八田與一技師の実家である。当初から瓦葺きであり、典型的な加賀農家の切妻妻入りアヅマダチ、二列五室型の間取りで構成されている。オイ天井には、桁行にオビキを渡し、ネダを組んだ明治中期以降の新しいオビキザシ構法が見られる。これはサシモンダチと呼ばれるサシモン井桁構造に代わるものである。2階部分の全面利用、または囲炉裏の消失、簀の子天井の煙出しの機能不要など、合理的な生活空間が求められ発展した形式である。 （坂本 英之）
国登録有形文化財、金沢市指定保存建造物

●●● 北金沢の古民家再生

金沢市 ｜ 平成19（2007）年

主要用途：専用住宅
延床面積：570.01㎡
階数：地上2階
構造：木造
施工：丹保建設

外観。

内部。

設計　金沢設計 赤坂 攻（おさむ）

　金沢郊外で久しく空き家となっていた大正期の農家の古民家再生である。ご家族は先祖との絆であるこの家で再び暮らすことを望んでいたので、古民家のもつ風土に育まれた美しさと現代が求める居住性やエコロジーを両立させて、次の百年に受け継がれる古民家再生に努めた。次の世代にも愛着を損なわないように恣意的なデザインを避け、大胆に間取りや外観に手を加え、構造補強や気密断熱も高め、すべての建物を曳家して屋敷構えを再構成した。この古民家と共にある風景が地域の心の拠りどころになることを願っている。　（赤坂 攻）
2009年グッドデザイン賞、JIA優秀建築選2008、JIAいしかわ賛助会建築大賞（2008年）、いしかわ景観大賞・大賞（第15回）ほか

● 菊知家住宅

金沢市 ｜ 明治4（1871）年

木造、切妻造、妻入り、2階建て、桟瓦葺き

旧北国街道より見る。

　菊知家は旧北国街道に面して街村状に農家が並ぶ北森本に位置している。当初から瓦葺きアヅマダチで建てられた。当時としては最も早い時期の例として特徴的な農家建築である。武家風に板塀と門を持ち、明治期の農家の堂々とした構えを見せている。間取りはドマに32畳のオイが続き、3列の部屋が連なる加賀農家Ⅱ型の類型であるといえる。オイの構造は大きな梁を何本も見せるサシモンダチから、当時としてはまだ新しいオビキに天井を貼るオビキザシ形式へ移行する段階にあったものとみえ、興味深い。　（坂本 英之）
国登録有形文化財、金沢市指定保存建造物

内部吹き抜け。

● 鈴木設備事務所社屋

金沢市 ｜ 平成13（2001）年

事業主：鈴木設備事務所
延床面積：305.90㎡
階数：地上3階
構造：鉄骨造
施工：兼六建設

設計　松島健建築設計事務所

パッシブエネルギーを利用したオフィスビル

　外壁のエネルギーボックスにより、冬は温室効果による暖気取入れと、夏は可動ガラスルーバーによる排熱でワークスペースの熱環境を調整している。建物中央の吹き抜けは各階をつなぐ対話の場を形成すると同時に下階の輻射熱を各階に届け、トップライトに組み込まれた大型サーキュレータが暖気を撹拌させている。また屋上には太陽光発電4kw級、風力発電0.2kw級、深夜電力利用の氷蓄熱室外機等を設置している。　（松島 健）
第18回日本建築士会連合会賞、第16回日経ニューオフィス賞、第14回北陸建築文化賞、『新建築』2002年1月号

② -05 ｜松任 (まっとう)
・B's行善寺（平成16/2016年）
松任駅
p. 118

② -07 ｜根上
・小松マテーレ ファブリック・ラボラトリー [fa-bo]（平成27/2015年）
能美根上駅
五間堂IC
p. 119

② -04 ｜鶴来 (つるぎ)
鶴来駅
・手づくり木工館「もく遊りん」（平成11/1999年）
・獅子ワールド館（平成8/1996年）
・白山比咩神社
・石川県ふれあい昆虫館（平成10/1998年）
・石川県林業試験場展示館（昭和57/1982年）
p. 116

② -06 ｜泉台
・長蔵五十吉美術館（平成6/1994年）
p. 119

末寺山古墳・
能美古墳群 能美市
秋常山古墳
和田山・
古墳
大長野IC

② -08 ｜小松
小松市公会堂（昭和34/1959年）・小松市立本陣記念美術館（平成2/1990年）
宮本三郎美術館（平成12/2000年）
小松空港・
小松駅
安宅スマートIC
サイエンスヒルズこまつ ひととものづくり科学館（平成25/2013年）
千代能美IC
佐々木IC
古府町
小松市
八幡IC
p. 120

② -03 ｜鳥越
鳥越城跡・
・石川県鳥越パートパイジングサイクルランド ＆バーベキューガーデン（平成5/1993年）
・白山市釜清水ノ森住宅（昭和58/1983年）
p. 115

② -09 ｜那谷
那谷寺（寛永12/1635年）
p. 121
・九谷焼窯跡展示館（平成14/2002年）
・山代温泉湯の曲輪（平成23/2011年）

② -02 ｜瀬戸
・尾小屋鉱山
・金沢工業大学・国際高等専門学校白山麓キャンパス（平成30/2018年）
p. 114

② -01 ｜白峰
・白山市白峰重要伝統的建造物群保存地区
・旧山岸家住宅
p. 114

・中谷宇吉郎雪の科学館
柴山潟
・片山津温泉 総湯
小松ドーム・

・山中座（平成17/2005年）
・あやとりはし（平成3/1991年）
・加賀市加賀東谷重要伝統的建造物群保存地区

金沢駅
金沢西IC
金沢IC
白山IC
西金沢駅
松任駅
・金沢工業大学
鈴見IC
橋波IC
大桑IC
金沢市
野々市市
二俣
医王山
湯涌
北陸自動車道
北陸本線
金沢西バイパス
美川IC
能美根上スマートIC
川北町
手取川
山間緑林
白山市
北陸鉄道石川線

片山津IC
・片山津ゴルフ倶楽部
安宅
小松IC
木場潟
粟津駅
東山IC
蓮代寺IC
木場IC
粟津IC
動橋駅
箱宮IC
加賀市

手取湖
手取川
一里野
中宮
▲白山

MAP ②
縮尺 1/200,000
0　　　5km　　　10km

Cluster ❷
白山、能美、小松

霊峰、白山に続く山々から開かれた扇状地にかけて、白山市、小松市、能美市は位置する。白山信仰は古く、717年に開山、木曽義仲が津幡の倶利伽羅峠の戦いの際に戦勝記念に総本山である白山市の白山比咩神社（MAP⇨p.114）に神馬を奉納したとされる。白山市は石川県の自治体では面積がいちばん大きく、人口は金沢市に次いで2番目である。全域が県内最大の河川である手取川の流域であり、日本三名山の白山を有する南部は山岳地域で、北部は手取川扇状地に市街地が広がる。日本海から白山にかけての狭い範囲で水循環が生み出されていることから、市全域が「白山手取川ジオパーク」として認定されている。

能美市には、古墳時代前期から後期（3世紀〜6世紀）にかけて古墳が継続的につくられており、能美古墳群と称され国史跡に指定されている。北陸最大級の前方後円墳である「秋常山1号墳」が出現するなど、遠隔地との交流の可能性も指摘されている。823年には、越前国から独立する形で、日本最後の律令国、加賀国が能美、小松の地に生まれる。国府は小松市古府町にあったと考えられている。

小松の由来は平安時代に花山天皇が巡幸した際、梯川のほとりにマツを植え「園の小松原」と呼ばれたのが地名の由来とされる。南の加賀市とともに、源平合戦由来の逸話も多く、歌舞伎で有名な勧進帳は小松市の安宅を舞台としている。近世においては寛永16（1639）年に加賀藩主3代前田利常が隠居所として小松城に住み、城下町としての整備が進んだ。利常は孫の綱紀とともに加賀藩の礎を築き、京都から文化人や職人を呼び寄せ、文化行政を推し進めた人物である。殖産産業として今でいう工芸品の開発なども進め、小松、能美において有名な九谷焼の初期の発展も、利常による影響が大きかったといわれる。那谷寺を再興したのも利常であり、茶室や寺社など多くの建築も建てられた。

明治期においては小松山手の尾小屋鉱山が銅山として隆盛を迎え、世界的建機メーカーのコマツなど鉄鋼機械産業がこの地で育った。また、能美市においては、手取川の豊富な伏流水を利用し、小松マテーレなど、電子部品・繊維関連の企業が多く立地している。

この地の名建築を見渡すと、白山の豊かな自然を活かした観光、教育、居住施設が山手に並ぶ。また、文化施設である美術館や寺社などは利常のお膝元であった小松から能美地域に点在する。ものづくり産業の地として、コマツや、小松マテーレが企業で公益的な文化施設を建設しているのも特徴的である。ぜひ、この地の風土、文化、歴史を重ね合わせながら建築を訪ねていただきたい。　　　　　（浦 淳）

和田山古墳群。

那谷寺 奇岩遊仙境。

木場潟より白山を望む。

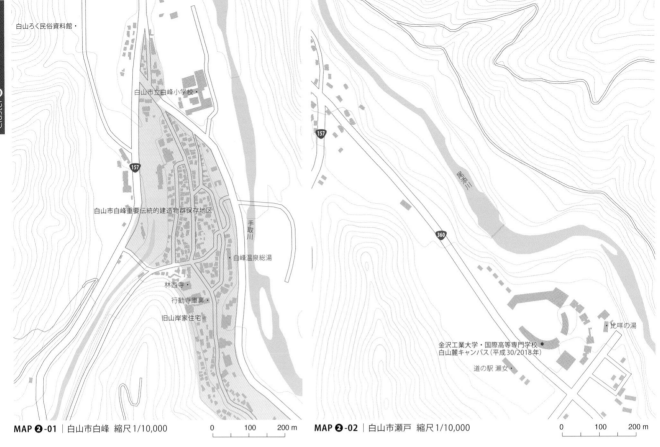

白山ろく民俗資料館・

白山市立白峰小学校・

157

白山市白峰重要伝統的建造物群保存地区

手取川

・白峰温泉総湯

林西寺・

行勧寺庫裏・

旧山岸家住宅

157

360

・北咲の湯

金沢工業大学・国際高等専門学校・
白山麓キャンパス（平成30/2018年）

道の駅 瀬女・

MAP ❷-01 ｜ 白山市白峰 縮尺 1/10,000　　　0　100　200 m

MAP ❷-02 ｜ 白山市瀬戸 縮尺 1/10,000　　　0　100　200 m

●白山市白峰重要伝統的建造物群保存地区

白山市白峰

白峰のまちなみ。

山村・養蚕集落
選定：平成24（2012）年7月
9日
面積：約10.7ha
MAP⇨*p.112、114*

　白山市白峰重要伝統的建造物群保存地区は、白山麓の山間部の狭隘な土地に展開する山村集落である。まとまった平地の少ないことから、建物が密に集積し、また段丘上の旧幹線道路に沿って細長い集落を形成してきた。集落の密度が高いために、多くの主屋が前庭を持たず、通りに面して建ち、宿場町の町家地区でもないのに、連続的なまちなみ景観を形成している。
　地区中央部には、寺社、大家が居を構え、石垣で囲む特徴ある景観をつくりだしている。豪雪地帯の気候風土や養蚕を生業とした伝統的建造物が群として残る。厳しい自然環境の中で、歴史的風致を残す山村・養蚕集落である。　　　　　　　　　　　（坂本 英之）

重要伝統的建造物群保存地区

●旧山岸家住宅

白山市白峰イ72-1ほか｜天保11（1840）年

旧幹線道路より見る。

主屋及び仏間棟：天保11年
（1840）（推定）、明治25年
（1892）移築（移築時に仏間
棟増築）
切妻造、桁行9間半、梁行
6間、桟瓦葺き（平成6/1994
年に木羽葺きから変更）
外観3階建（小屋裏含み4
層）
MAP⇨*p.112、114*

　白峰の重要伝統的建造物群保存地区のほぼ中央に位置し、南北に貫き白山に向かう旧幹線道路（加賀往来）に面して長大な石垣を積み、屋敷地を構えている。石垣の南寄りに設けた塀重門を通用口とし、北寄りには腕木門を設けて式台玄関への入口としている。大壁造り、3階建の主屋と、屋根が一段低い「仏間棟」が式台玄関を介して一体となっていることが特徴である。主屋と仏間棟は幅半間の畳廊下を隔てて接続する。仏間棟は垂木を継ぎ足して屋根が架けられていることから、後年の増築であることがわかる。　　　　（坂本 英之）

国指定重要文化財

● 金沢工業大学国際高等専門学校白山麓キャンパス

白山市瀬戸辰3-1ほか｜平成30（2018）年

緩やかに湾曲する外観。

延床面積：14,892㎡
階数・構造：（校舎）S造2階、（体育館）RC＋S造2階、（学生寮）S造3階、（温泉施設）W＋RC造2階
施工：清水建設
MAP⇨p.112、114

設計　五井建築研究所

　全寮制の高等工業専門学校であり、校舎棟、寮、体育館と既存建築を改修した研修棟及び地域開放される温泉施設からなる。白山麓の豪雪地帯に立地しており落雪による雪処理を行うための急勾配屋根が全体として特徴のある外観を形づくっており、校舎棟は緩やかな円形形態となっている。木と鉄骨のハイブリッド構造の空間構成に特徴があり、それぞれのテクスチャーが表されている。また温泉施設は近くの古民家及び能登の土蔵を移設し再利用したほか、浴室は地元の能登ヒバを主体とした木構造でつくり上げた。　（西川 英治）
石川県デザイン展第45回石川県知事賞、第50回中部建築賞、第25回いしかわ景観大賞

● 鳥越バードハミングサイクルランド＆バーベキューガーデン

白山市釜清水町｜平成5（1993）年

外観。

事業主：白山市（旧石川郡鳥越村）
敷地面積：77,000㎡
構造：RC造、及S造
MAP⇨p.112

設計　森俊偉＋ARCO建築・計画事務所

　記憶の風景：コンセプトは、雄大な自然とのどかな山間田園風景を背景に、県民が記憶に留める古きよき時代の遊園地跡地に建つ、「環境にやさしい自転車をテーマとした軽スポーツ、軽レジャー、軽リゾートの場の創出」。周囲の自然景観を借景として利用しつつ、緑の大地のうねりの中に建築を点在させ、ランドスケープと建築が一体化したファンタジーあふれる場を形成。童心に返って自然の中を疾走し、空中を浮遊し、世代を超えた、場所に対する記憶の風景として人びとが継承していくことを期待した。　（森 俊偉）
日本建築学会北陸建築文化賞、石川建築賞特別賞（県建設業協会長賞）、『新建築』1994年7月号

● 白山市営宮ノ森住宅（旧鳥越村営住宅 別宮ノ森団地）

白山市鳥越別宮丙57｜昭和58（1983）年

外観。木造の公営住宅の嚆矢。

戸当たり面積：66㎡
全体延床面積：694㎡
階数：地上1階
構造：木造
施工：ニュウハウス工業
MAP⇨p.112

設計　水野一郎＋金沢計画研究所

　一地方からの提案が画一的な国の施策を変更させた事例である。過疎化が進行していた旧鳥越村が定住策として10戸の村営住宅を企画した。当時、国が公営住宅は不燃化と定めていたが、村民アンケートで不燃のコンクリートや鉄骨ではなく木造住宅が欲しいと出たので、木造で申請したが認可されなかった。そこで村の主産業が林業であり、施工も保守も地元大工でできることや、豪雪寒冷地には木造が適しているなどの主張を加え陳情を続けたところ、県の後押しもあって国は特例として認可した。その木造公営住宅団地が全国的に関心を呼び、多数の視察が起こった時点で、建設省は地域に合った構造での建設を認め、同時に建設大臣表彰を当団地に与えた。以後国はHOPE計画を起ち上げ、地域にふさわしく豊かな公営住宅を推進する契機になった。　（水野 一郎）
第16回中部建築賞、建設大臣表彰（昭和59）、『建築文化』1983年9月号

玄関前の多目的な雪囲い空間。

鶴来駅

・金劔宮

・白山市立朝日小学校

石川県ふれあい昆虫館（平成10/1998年）・

・石川県立白山青年の家

手作り木工館・もく遊りん（平成11/1999年）・

獅子ワールド館（平成8/1996年）・

157

手取川

白山比咩神社・

石川県林業展示館（昭和58/1983年）▲

MAP ❷-04 ｜ 白山市鶴来　縮尺 1/10,000

0　　　100　　　200 m

Cluster ❷

● 石川県林業展示館

白山市三宮町 ｜ 昭和 58（1983）年

アプローチより見る。

延床面積：1,101.60㎡
階数：地上2階
構造：鉄筋コンクリート・鉄
骨・鉄骨鉄筋コンクリート併
用混構造
施工：城東建設・白山建設
共同企業体
MAP⇨ *p.112、116*

設計　瀧光夫建築・都市設計事務所

　林業試験場が運営する樹木公園の一画に建つ本建築は、森林や林業についての啓発を図ると共に、敷地利用者のための休息の場を兼ねた展示館である。外装・内装の仕上げ材には地場産材が使用されている。これは設計者の設計コンセプト「建物自身が生きた展示であるように」の現れであり、馴染みある風合いとなっている。また山の傾斜に逆らわずに計画することでできたガラス張りの吹き抜け空間（展示ホール）は、まるで森の中にいるような、内外が一体となった空間である。　　　　　　　　　　　　　　　　　（清滝 智輝）
第2回公共建築賞建設大臣表彰、第25回BCS賞、『日本建築学会作品選集1995』、『新建築』1984年1月号

● 石川県ふれあい昆虫館

白山市八幡町3 ｜ 平成10（1998）年

正面外観。

延床面積：2,728.13㎡
階数：地上2階、塔屋3階
構造：鉄筋コンクリート・鉄
骨・鉄骨鉄筋コンクリート併
用混構造
施工：山下・大日特定建設
工事共同企業体
MAP⇨ *p.112、116*

設計　瀧光夫建築・都市設計事務所

　緑あふれる獅子吼連山の麓に建つ昆虫館である。展示や研修スペースをコの字型に配置し、中央に「放蝶温室（蝶を飛ばす温室）」を配置した、アトリウム風の空間とすることで、一体感のある展示館となっている。昆虫館という新たなプログラムを考えるにあたって、設計者は広大なバックヤードや、観覧者と展示空間との関係性について、水族館建築と対比して考えることで昆虫館もまた一つのミュージアムのジャンルになるのではないかと考えた。その思いがそのまま建築化され、現在の昆虫館の姿になったと話している。　　　（清滝 智輝）
第31回中部建築賞、『日本建築学会作品選集2000』、『新建築』1998年11月号

● 獅子ワールド館

白山市八幡町リ110 ｜ 平成8（1996）年

正面外観。

延床面積：780㎡
階数：地上3階
構造：1階鉄筋コンクリート造、2・3階木造
施工：真柄・出口JV
MAP⇨ *p.112、116*

設計　水野一郎＋金沢計画研究所

　獅子舞文化はインドより東のアジア各国・各地にさまざまに存在している。鶴来は獅子舞の祭りと獅子頭工芸が有名であり、かつ立地場所が獅子吼高原であることから国内外の獅子舞収集を行った獅子舞文化ミュージアムである。獅子舞は地域の祈り・祝い・祭りがこめられた民俗文化なので、建築はその地域の空間や形態を取り入れたデザインの混合体になっている。　　　　　　　　（水野 一郎）
第28回中部建築賞、石川デザイン大賞（平成8年）、1998年日本建築学会作品選奨、『新建築』1997年1月号

● 手作り木工館・もく遊りん

白山市八幡町リ1-6 ｜ 平成11（1999）年

延床面積：988㎡
階数：地下1階、地上2階
構造：木造
施工：弘陽建設
MAP⇨ *p.112、116*

斜面敷地をそのまま利用した中庭。

設計　水野一郎＋金沢計画研究所

　白山麓林業の集散地・鶴来町で材木業を営むオーナーが、市民向けに木の文化体験を願い「もく遊りん」と名付けて建設した。里山の緩斜面に沿った、小径木と鉄のハイブリッドによる樹木状の柱・梁を林立させた円形平面の空間に、中庭を介してレストランと工房がある。レストランでは変化ある移動が楽しめる階段状の床に机と椅子を配することで、インテリアが外部の緩斜面の自然環境と心地よく連続した。　　　　　　　　　　　　　　　　　（水野 一郎）
木造コンクール農林水産大臣賞（平成11年）、第31回中部建築賞、石川建築大賞（平成11年）、『新建築』2000年8月号

● B's行善寺

白山市北安田町 548-2 ｜ 平成 28（2016）年

中庭を囲んで生まれる交流風景。

南側より俯瞰する。

事業主：社会福祉法人佛子園
延床面積：4,705㎡
階数：地上2階
構造：S造
施工：豊蔵組
MAP⇨ *p.112*、*118*

設計　五井建築研究所

　白山市の郊外北安田町に建築された福祉・交流複合施設である。この地は運営法人の社会福祉法人佛子園発祥の地であり、老朽化した施設の建て替えとして建設された。生活介護、放課後等ディ等の福祉施設、地域に開放された温泉・食事施設及びウェルネス・プール、地域住民が自由に使える住民自治室、整形外科クリニック等からなる。周辺地域のコミュニティの中心施設としての役割が期待されている。　　　　　　　　　　　　　　　　　　　　　（西川 英治）

2017年度グッドデザイン賞ベスト100特別賞「地域づくり」、第30回いしかわ景観大賞県知事賞、2018年度日事連建築賞優秀賞、2018年度医療福祉建築賞

温泉施設へのアプローチ。

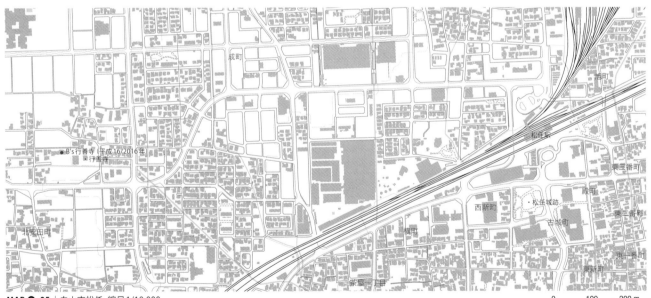

MAP ❷-05 ｜ 白山市松任　縮尺 1/10,000

0　　　100　　　200 m

● 浅蔵五十吉美術館
能美市泉台町南│平成6（1994）年

延床面積：624.87㎡
階数：地上1階
構造：鉄筋コンクリート造
一部鉄骨造
施工：西松建設
MAP⇨*p.112*

アプローチより見る。

設計　池原義郎・建築設計事務所
────

　九谷焼作家として初めて文化勲章の受章者となった陶芸家・浅蔵五十吉の作品を展示する美術館である。池原義郎の建築ファンが期待する建築のプロポーション、素材選定、精緻なディテールは本作品でも十分に堪能できるが、特に、九谷焼の巨匠・浅蔵五十吉の世界へ誘う到達の儀式の演出として、外界から展示室（目標空間）へと移動する玄関前の庭（つなぎの空間）の演出が秀逸である。水盤を渡り奥へ奥へと導かれる苑路を通過することで、場の転換を行い、来訪者の意識の切換えを促す日本古来の空間構成を思わせる。　（蜂谷 俊雄）
第26回中部建築賞、第36回BCS賞、全国公共建築百選（1998）、『新建築』1994年7月号

展示室。

● 小松マテーレ ファブリック・ラボラトリー [fa-bo(ファーボ)]
能美市浜町ヌ167 小松マテーレ本社内│平成27（2015）年

延床面積：2,873.42㎡
階数：地上3階、塔屋1階
構造：鉄筋コンクリート造
施工：清水建設北陸支店
MAP⇨*p.112*

炭素繊維複合材料で耐震補強された外観。

設計　隈研吾建築都市設計事務所
────

　昭和43年に竣工した3階建ての事務所ビルの改築・耐震補強を行った姿である。最大の特徴は、外観に表れた建物を包み込む無数の糸。これは本施設の所有者「小松マテーレ株式会社」が開発した、炭素繊維ロッドを用いた構造補強体である。この炭素繊維ロッドは、地元北陸の組紐という伝統技術が応用されたものだ。従来の武骨な耐震構造とは一線を画し、柔らかく自由度の高い耐震化が可能となった。その効果は本施設でも十分に発揮され、ファブリックメーカーを象徴するように柔らかな布を纏いつつ、耐震材の未来を予感させる建物である。
（小柳 舞夏）
2017年グッドデザイン賞、2016年いしかわ景観賞、『新建築』2016年1月号

● Yo
能美市│平成23年（2011）年

延床面積：76.35㎡
階数：地上1階
構造：RC造
施工：長坂組
構造設計：田口雅一/TAPS

外観。

設計　長田直之
────

　敷地は、金沢市内から車で30分ほどの新興住宅地にあり、雑木林の残る斜面が敷地の2/3を占めている。建物の配置を全体から考えるのではなく、ひとつひとつの部屋と周辺の環境との接し方から考えている。大きさの異なるひとつひとつの部屋が自閉せず隣接の部屋や環境に依存することで、ここで生活する人の意識が、次の部屋へ、またその次の部屋へと移動し…リレーのバトンが次々と送られるように…確定せず遅延しズレながら次の空間へ、そして恵まれた周辺環境へと広がっていくことを意図している。　（長田 直之）
第25回JIA新人賞、第35回石川建築賞入選、第46回中部建築賞、『新建築住宅特集』2011年7月号

芦城公園

小松市立本陣記念美術館〈平成2/1990年〉

小松市公会堂〈昭和34/1959年〉

小松市庁舎・

・宮本三郎美術館〈平成12/2000年〉　・旧石川商銀信用組合小松支店

小松市立空とこども絵本館・

小松市立錦窯展示館・

・こまつ芸術劇場うらら

旧北国街道

小松駅　・小松の杜

サイエンスヒルズこまつ ひととものづくり科学館〈平成25/2013年〉

MAP ❷-08 ｜ 小松　縮尺 1/10,000

0　　　100　　　200 m

● 小松市公会堂

小松市丸の内公園町32 ｜ 昭和34（1959）年

延床面積：4,663.69㎡
階数：地上4階
構造：鉄筋コンクリート造
施工：鹿島建設
MAP⇨ **p.112、120**

東側外観。現在は塔屋が撤去されている。

設計　浦建築研究所

　大ホール、大集会室を備えた集会施設である。正面の全面ガラスは、来訪者を暖かく迎え入れる印象とするために緩やかにカーブするカーテンウォールとしている。ピロティの外階段を上がると2階のメインホールにつながる空間構成とすることで、宙に浮いたような開放的な空間を構成する。また、上階に続く階段は、一筆書きのように降り曲がる形状とし、空間に連続性を持たせている。さらに、側面の外壁の形状を工夫することで、連窓から差し込む外光がきれいなラインを描くように、細かな配慮も施している。　　　　　（浦 淳）

● 小松市立本陣記念美術館

小松市丸の内公園町19 ｜ 平成2（1990）年

延床面積：614.99㎡
階数：地上2階
構造：鉄筋コンクリート造
施工：戸田建設
MAP⇨ **p.112、120**

外観。

設計　黒川紀章建築都市設計事務所

　小松市出身の銀行家、故・本陣甚一氏の近現代の日本画を中心としたコレクションが収蔵・展示された美術館である。ユニークな幾何学的形態をした本館は一見すると西洋古典建築にも見え、切妻屋根が日本的とも思える、なんとも不思議な外観意匠である。池の中心に佇む本館へは、橋が唯一の道である。「江戸時代の蔵」をモチーフとした空間は重厚感がありつつ、円形に壁面をカーブさせることにより抽象性を持たせている。入口すぐのホールは吹き抜けており、トップライトから落ちる光が空間を軽やかに演出している。　（小柳 舞夏）
『新建築』1990年9月号

● 小松市立宮本三郎美術館

小松市小馬出町5 ｜ 平成12（2000）年

延床面積：1,262㎡
構造：鉄骨造
施工：トーケン・道場建設
特定建設工事共同企業体
MAP⇨ p.112、120

外観。右奥は既存木造倉庫を改修。

設計　THTアーキテクト

「写実の奇才」と評された昭和を代表する洋画家・宮本三郎氏の作品を展示する美術館であり、木造町家や戦前レトロ建築が残る小松市街の北西部に立つ。

東側に鉄の架構、細い鉄骨柱など、白を基調とした現代的な表現の建築、西側に明治19年に織物倉庫として建設された木造石張り2階建ての倉庫が、開放的な中庭をはさんで併置されている。ガラスファサードの現代建築と、木造架構の歴史的建造物の融合は、竣工当時は全国的にも類例を見ない美術館であった。　（東條 鴻介）
第43回BCS賞、こまつまちなみ景観賞

● サイエンスヒルズ小松

小松市こまつの杜2 ｜ 平成25（2013）年

延床面積：6,063㎡
階数：地上3階
構造：鉄筋コンクリート造、
　　　一部鉄骨造
施工：熊谷組、加越建設
MAP⇨ p.112、120

南側外観。

設計　スタジオ建築計画、Uao

小松駅前にあり、地域の産業・文化の発展のための「科学博」と「産学連携の拠点」としての機能を有しつつ、公園的にも活用されている。この特異な形態は、白山連峰の風景と呼応する4つのウェーブを重ねることで、建築とランドスケープが融合した魅力を発している。4つの丘陵状の屋根面は自然の丘を楽しむように通り抜け、散歩できる。科学・ひとづくり・ものづくりがテーマであるが、丘陵公園のようなイメージの建築環境を提示することで、次の時代を託す子どもたちに建築の可能性や夢を示している。　（蜂谷 俊雄）
第16回公共建築賞、第56回BCS賞、『新建築』2014年4月号

● 那谷寺 （なたでら）

小松市那谷町ユ122／本堂拝殿：慶長2（1597）年、三重塔：寛永19（1642）年、書院・庫裏：慶安2（1649）年頃

【本堂拝殿】
懸造、桁行3間、梁間3間、一重、入母屋造、正面千鳥破風及び軒唐破風、背面両下屋根付き、檜皮葺き
【三重塔】
三間三重塔婆、檜皮葺き
【書院・庫裏】
入母屋造、銅板葺き
MAP⇨ p.112

山門。

三重塔。　　　　　大悲閣（本堂拝殿）。

戦国期には一向一揆等の戦乱で伽藍が焼失、江戸時代に小松に隠居した3代藩主利常が寛永17（1640）年から正保元（1644）年にかけて本堂、三重塔などを再興し、寺領を寄進した。慶安2（1649）年頃の建築の書院・庫裡をはじめ、本堂、本殿厨子、拝殿、唐門、三重塔、護摩堂、鐘楼などは重要文化財、庫裡庭園は国名勝である。本堂は3間4面、唐様で大悲閣とも呼ばれ、慶長2（1597）年、山上善右衛門を棟梁として建てられたと伝えられる。　（坂本 英之）
国指定重要文化財、国指定名勝

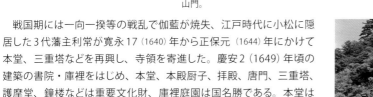

庭園。

❸-01│橋立

加賀市橋立重要伝統的建造物群保存地区

p. 124

❸-02│片山津

中谷宇吉郎雪の科学館（平成6/1994年）

柴山潟

加賀片山津温泉総湯（平成24/2012年）

p. 124

北陸本線

動橋川

動橋駅

箱宮IC

片野鴨池

加賀温泉駅

那谷寺（寛永12/1635年）

❸-03│大聖寺

江沼神社長流亭（宝永6/1709年）

大聖寺川

大聖寺駅

加賀市

加賀IC

8

❸-04│山代温泉

九谷焼窯跡展示館（平成14/2002年）

山代温泉 湯の曲輪（平成23/2011年）

p. 126

大聖寺川

動橋川

牛ノ谷駅

❸-05│山中温泉

山中座（平成17/2005年）

あやとりはし
（平成3/1991年）

山中温泉駅

p. 127

金津IC

MAP ❸
縮尺 1/75,000

0　　　1　　　2　　　3km

加賀

　大和朝廷が国内統一を進めた4世紀頃、北陸地方は越の国と呼ばれた。平安時代のはじまる9世紀初頭には、その越の国の一部、越前国と越中国に挟まれた現在の南加賀地方一帯に独立した地域として加賀国は生まれた。その加賀国の中に、小松市の一部を含む江沼郡の江沼臣一族が治めた記録が延喜式にある。江沼の由来は、湿地や湖沼の多い地域だったことによると思われる。現在も地域には、石川県が定める白山眺望の重要な視点場である「柴山潟」、「木場潟」(小松市)があるほか、ラムサール条約によって水鳥の生息地として重要な湿地を保全されている「片野鴨池」などがある。

　藩政期の寛永16(1639)年に、第3代加賀藩主前田利常の三男、利治を藩主に、大聖寺藩十万石が生まれた。大聖寺は、非戦災都市として町割りや町家などの城下町の遺構を今でも多く残し、今日ではその継承・活用に積極的に取り組んでいる。また、その利治が藩の経済政策のひとつとして、良質の陶土が発見された山中町の九谷で開発させたのが九谷焼である。現在では古九谷と呼ばれる陶芸の里が南加賀地方一円を生産地とする九谷焼発祥の地でもある。その後の衰退・復興を繰り返しながらも、今日まで優れた作家により伝統の継承の上に革新的な技法が試みられている。

　加賀市は、JR北陸本線の「加賀温泉」駅があることからもわかるように、山中・山代・片山津の三大湯治場がある温泉郷のイメージが強い。山中・山代の両温泉は8世紀はじめ、行基によって発見されたといわれる歴史ある湯治の場である。また、奥の細道の途中、長逗留した芭蕉や、比較的近年では魯山人など、文人との関連も深い。昭和の高度経済成長期に、大型観光バスを連ねた来客で賑わった大観光時代に大きく発展した。それによって失われたものも多く、現在は大規模開発からの移行、原点回帰を掲げ、湯治湯の本質である豊かな自然と一体化した湯治の里を目指している。

　南加賀一帯の建築の特徴としては、赤瓦の存在がある。北前船文化を継承する「加賀橋立」や、同様に豊かな山林を背景に炭焼きの里である「加賀東谷」のふたつの重要伝統的建造物群保存地区における建物は赤瓦である。海岸部の船主集落と山間部の山村集落の違いはあるが、両者ともに加賀地方に広く見られる間取りを持つ切妻妻入り2階建の特徴とともに、屋根と庇を赤褐色の桟瓦で葺く。ちなみに、明治期の姿を復元した山代温泉の「古総湯」(平成21/2009年)も主屋根は赤瓦で葺かれている。

（坂本 英之）

加賀風景。

● 加賀市橋立重要伝統的建造物群保存地区
加賀市橋立町

撮影：橋谷加奈壁

赤瓦のまちなみ。棟に笏谷石を載せる。

船主集落
平成17 (2005) 年12月27日選定
面積：約11.0ha
MAP ⇨ *p.122、**124***

江戸後期から明治中期にかけて、北前船の船主や船頭などが多く居住した北前船船主集落である。起伏に富む地形の中に屋敷地が点在し、屋敷地を取り囲むように板塀や土蔵、石垣が配されている。石垣等の石材には淡緑青色の笏谷石が多く用いられている。

主屋は切妻妻入、屋根は赤瓦（赤茶色）の桟瓦葺きで、笏谷石（火山礫凝灰岩）の棟石を用い、四周に下屋をまわす。外壁には船板を貼るなど、この地区固有の形式によって建築されている。船主屋敷「酒谷長兵衛家住宅」（明治9/1876年）を活用した「北前船の里資料館」があり、当時の歴史や生活を知ることができる。　　　　（坂本 英之）
重要伝統的建造物群保存地区

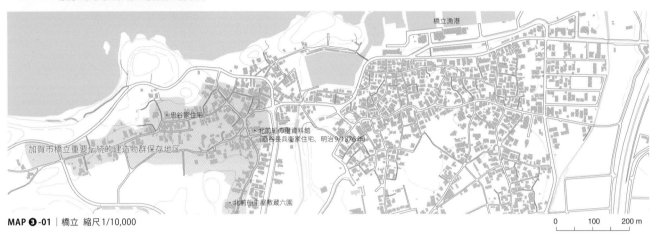

忠谷家住宅

北前船の里資料館
（酒谷長兵衛家住宅、明治9/1876年）

橋立漁港

加賀市橋立重要伝統的建造物群保存地区

北前船主屋敷蔵六園

撮影：橋谷加奈壁

MAP ❸-01｜橋立 縮尺1/10,000

0　　100　　200 m

● 中谷宇吉郎雪の科学館
加賀市潮津町イ-106｜平成6 (1994) 年

撮影：橋谷加奈壁

2階エントランスに至るアプローチより見る。

延床面積：759.69㎡
階数：地上2階
構造：RC造＋PCa造（1階）、木造（2階）
施工：大成・山本・川向・加賀設備共同企業体
MAP ⇨ *p.122*

設計　磯崎新アトリエ

　雪の結晶の研究を経て世界初の人工雪生成を成し遂げた物理学者・中谷宇吉郎博士の偉業を讃える、雪をテーマとしたサイエンスミュージアムである。柴山潟を一望し、潟越しに白山連峰を望むことができる。建物は六角錐の塔と基壇で構成されている。アプローチとなる台形平面の庭は、盛土によって緩やかな勾配をもち、雪の結晶をイメージした六角形の大胆なトップライト、さらにガラス張りのカフェ越しに柴山潟をのぞむシーンなど、風景との出会いを計算し尽くした建築である。　　　　　　　　　　　　（東條 鴻介）
第7回公共建築賞、『新建築』1995年3月号

● 加賀片山津温泉街湯
加賀市片山津温泉65-2｜平成24 (2012) 年

撮影：橋谷加奈壁

アプローチ側外観。奥に柴山潟。

延床面積：1,079.69㎡
階数：地下2階、地上2階
構造：鉄筋コンクリート造一部鉄骨造
施工：熊谷組・ダイド建設特定建設工事共同企業体
MAP ⇨ *p.122*

設計　谷口吉生／谷口建築設計研究所

　北陸の温泉地には古くから地元の人びとが利用する「総湯」という文化がある。加賀片山津はこの文化を活かし、市民と観光客が交流できる新しい観光都市を目指した。そして温泉地のシンボルとなるのが本施設。敷地前方からは雄大な白山連峰と美しい柴山潟が、後方からは青々とした薬師山がそれぞれ望め、建物はふたつの景観を楽しめるよう全面ガラス張りである。2階ラウンジは観光スポットとして整備された柴山潟の遊歩道へと続くように計画され、市民の日常と観光客の非日常が交わる新しい温泉施設となった。　　（小柳 舞夏）
日事連建築賞会長賞 (2012)、『新建築』2013年10月号

● 江沼神社長流亭

加賀市大聖寺八間道｜宝永6（1709）年

桁行9.5m、梁間8.4m、南
面玄関、東面土庇付、一重、
寄棟造、柿葺き
MAP⇨p.122、125

内部。

旧大聖寺川越しに見る。

　加賀市大聖寺八間道を流れる旧大聖寺川のほとりに建つ。大聖寺
藩3代藩主前田利直が宝永6（1709）年、藩邸の庭園の一隅に川に臨
んで建てた別邸である。それゆえ当時は「川端御亭」と呼ばれていた
が、後に長流亭と改称された。廃藩置県の翌明治5（1872）年この辺り
一帯は江沼神社が造営され、その社地となっていたが、やがて神社
に寄進され現在に至っている。江戸中期の建築意匠の特徴をよく伝え
る優れた遺構である。建物は平屋建て、柿葺き寄棟造りの屋根であ
り簡素な佇まいである。間取りは西北隅に玄関、建物中央に座敷を
上・下二間設け、その周囲に入側で取り巻く形式である。上の間は6.5
畳の広さがあり、1間の床の間と床脇飾り棚、付け書院を設けている。
この付け書院には花頭窓や透かし彫りの欄間など建物の中でも最も
意匠を凝らしてある。（坂本 英之）

国指定重要文化財

江沼神社庭園。

● 加賀市立錦城中学校

加賀市｜平成14（2002）年

延床面積：7,514.89㎡
階数：地上2階
構造：鉄骨造
施工：淺沼・ダイド・下
出・富士特定建設工事共同
企業体

内部吹き抜け。

設計　安藤忠雄建築研究所

　本施設の最大の特長は、何といっても2層に吹き抜けたオープンス
ペースを中心に普通教室、特別教室、大食堂、地域開放スペースな
どが楕円形に連なった形状であろう。諸室から容易にアクセスできる
ため、設計者によって「生徒たちの自由な活動を許容する『もうひと
つの教室』」として位置付けられている。トップライトから自然光が落
ち、地元産スギの内装とも相まって温かみに溢れた空間は、活動に
取り組む生徒たちを見守るようであった。この校舎で過ごす子どもた
ちは従来の形態では得られなかった感性を育むことだろう。

（小柳 舞夏）

『新建築』2005年11月号

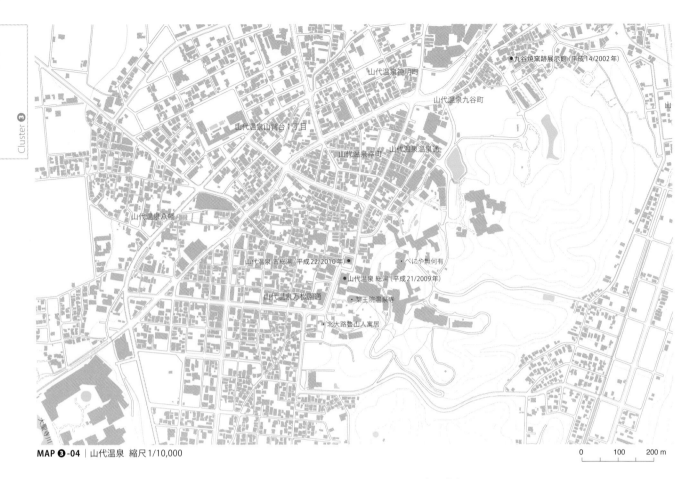

MAP ❸-04 | 山代温泉 縮尺1/10,000

0 100 200 m

（地図上の注記）
- 九谷焼窯跡展示館（平成14/2002年）
- 山代温泉薬師町
- 山代温泉九谷町
- 山代温泉山背台1丁目
- 山代温泉温泉通
- 山代温泉幸町
- 山代温泉八幡
- 山代温泉 古総湯（平成22/2010年）
- べにや無何有
- 山代温泉 総湯（平成21/2009年）
- 山代温泉万松園通
- 葵王院温泉寺
- 北大路魯山人寓居

●九谷焼窯跡展示館

加賀市山代温泉19-101-9｜平成14（2002）年

窯跡覆屋内部。

延床面積：630.76㎡（覆屋226.85㎡、便所棟37.80㎡、旧母屋286.78㎡、窯小屋79.33㎡）
階数：覆屋・便所棟・窯小屋 地上1階、旧母屋 地上2階
構造：鉄骨造
施工：日樽工業、加賀トム建設、下荒製材所
MAP⇨ *p.122*、*126*

設計　内藤廣建築設計事務所

　九谷焼の旧窯元として実際に使われていた木造建築を修復・保存された展示棟は加賀市指定文化財である。また、同敷地内別棟の登り窯跡は、江戸時代後期、すでに絶えて久しかった九谷焼を再興すべく、江沼郡（現・加賀市）の豪商四代目吉田屋伝右衛門が築窯し、受け継がれた現存最古の登り窯である。

　登り窯跡を保存する「窯跡覆屋」はグレー調のシェルターのような建築であり、それを覆う鉄骨トラスシェルの腰折れ屋根は、遺跡の保護と保存展示の観点から、柱は最小限に制限されている。（東條 鴻介）
国指定史跡、『新建築』2002年11月号

●山代温泉 湯の曲輪（ゆのがわ）（総湯、古総湯）

加賀市山代温泉万松園通2-1、山代温泉18-128｜平成21（2009）年、平成22（2010）年

古総湯。明治時代の総湯を復元したもの。

【総湯】
延床面積：1,186㎡
階数：地下1階＋地上2階
構造 鉄骨鉄筋コンクリート造＋木造
施工：清水建設
【古総湯】
延床面積：287.35㎡
階数：地上2階
構造 木造
施工：シモアラ
MAP⇨ *p.122*、*126*

設計　内藤廣建築設計事務所（総湯）、文化財保存計画協会（古総湯）

　山代温泉は行基上人以来「湯の曲輪（ゆのがわ）」を中心に1300年の歴史を刻んできた。湯の曲輪とは、源泉が流れ込む「総湯（共同浴場）」を旅館が囲むように形成されたまちなみを指す（平成23/2011年整備）。内藤廣は10年以上まちづくりに関わり、老朽化した鉄筋コンクリート造の総湯を、明治時代（明治19/1886年）の木造の総湯を「古総湯」として湯の曲輪の中心に復元（平成22/2010年）。そして、それに先立ち隣接する旅館跡地に市民のための新しい共同浴場「総湯」（平成21/2009年）を建てた。古総湯の室内は、九谷焼のタイルやステンドグラスなどの伝統工芸が見られ、落ち着きのある魅力的な温泉である。　（東條 鴻介）
2012年グッドデザイン賞

● あやとりはし

加賀市山中町鶴仙渓｜平成3（1991）年

主構造長：84m
支間長：67m
歩廊幅員：1,500mm
歩廊高低差：5m
施工：川田工業
MAP⇨ p.122、127

渓谷上空22mに舞うあやとりはし。

設計　勅使河原宏＋金沢計画研究所

　山中温泉の観光拠点である鶴仙渓に、草月流家元の勅使河原宏が「鶴仙渓を生ける」作品のひとつとして架けた歩行専用橋である。平面も断面もS字状に揺れ動く歩行路を、70mスパンの3弦トラスの中に入れ込んでいる。龍伝説が橋下の渓谷にあるが、宙を舞うその龍になったかのような空中歩行が味わえる。　　　（水野　一郎）

『新建築』1992年3月号、『橋梁』1992年3月号

● 山中座

加賀市山中温泉薬師町ム1｜平成17（2005）年

延床面積：1,140.96㎡
階数：地上2階
構造：鉄筋コンクリート造
施工：清水・真柄・谷口特定建設工事共同企業体
MAP⇨ p.122、127

外観。左が菊の湯。

設計　観音延平＋宇枝敏夫／宇枝設計室

　山中温泉のシンボルである「菊の湯」が併設されている劇場ホールであり、館内の内装は延べ1,500名からなる山中漆器職人によって造られた。

　見どころとして、ロビーの柱、欄間、階段の手すりなど、あらゆる部位に山中塗りやろくろ挽き技術の粋が見て取れ、格調高い雰囲気である。さらに、ホールの天井に描かれた菊の模様や、山中漆器の伝統技法・蒔絵の研ぎ出しで仕上げた作品「わらべたちのまつり」など、この地域の伝統工芸を最大限に生かした建築である。（東條　鴻介）

日本建築士会連合会賞奨励賞（2004年）

● 加賀市加賀東谷重要伝統的建造物群保存地区

加賀市山中温泉荒谷町、今立町、大土町、杉水町

山村集落
平成23（2011）年11月29日選定
約151.8ha
MAP⇨ p.122

今立町のまちなみ。

　保存地区東谷は加賀市山間部にある荒谷、今立、大土、杉水の4集落にまたがる。藩政期より製炭や焼畑により栄えた。明治前期から昭和30年代までに建てられた主屋及び土蔵の群が、山間地固有の集落を形成してきた。

　主屋は、2階建て、切妻造、妻入、赤瓦（赤茶色）の桟瓦葺きで、周囲に下屋を回し、棟に煙出しをつけたものが一般的である。正面妻側意匠は、梁束の格子と漆喰による地域固有の形式を持つ。雪深い山間地の気候風土と一体を成した伝統的建造物が、周囲の自然環境に溶け込んで、歴史的山村景観を形成している。　（坂本　英之）

重要伝統的建造物群保存地区

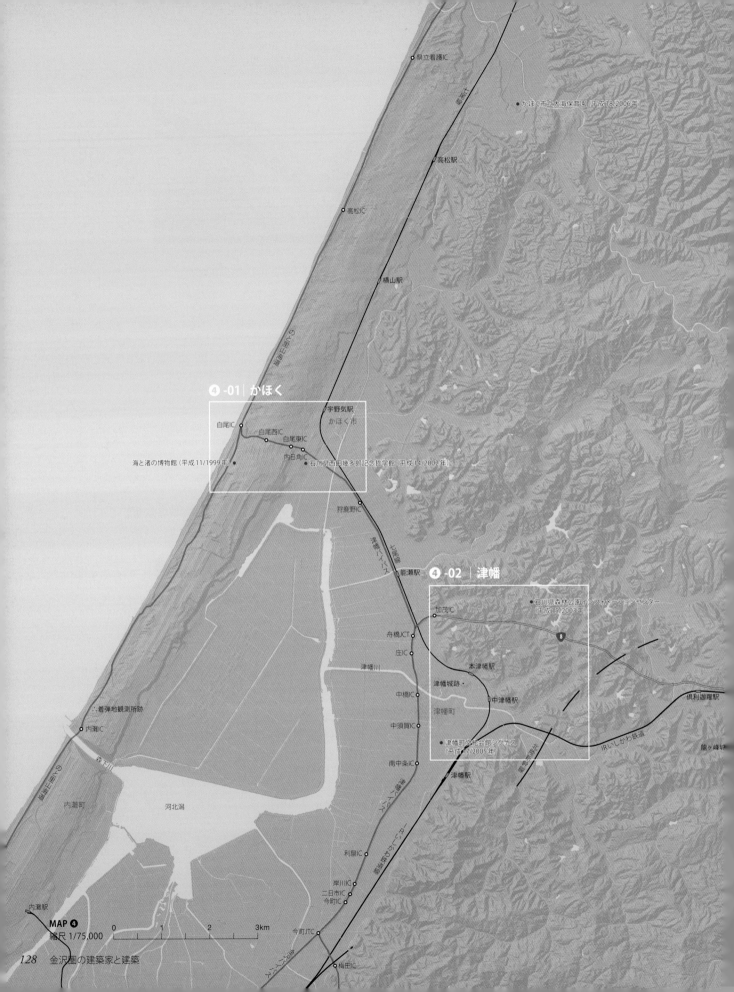

県立看護IC

●かほく市立大海保育園（平成18/2006年）

高松駅

高松IC

横山駅

4-01｜かほく

宇野気駅
白尾IC　　　　　　　　かほく市
　　白尾西IC　　白尾東IC
　　　　　内日角IC
海と渚の博物館（平成11/1999年）●　　●石川県西田幾多郎記念哲学館（平成14/2002年）

狩鹿野IC

七尾線

津幡バイパス

能瀬駅

4-02｜津幡

加茂IC　　　　　●石川県森林公園インフォメーションセンター
　　　　　　　　　　平成15/2003年
舟橋JCT　　　　　　　　　8

庄IC
津幡川　　　　　本津幡駅

中橋IC　　津幡城跡・
　　　　　　　　　○中津幡駅
津幡町
中須賀IC
　　　　　　　●津幡町文化会館シグナス
南中条IC　　　　（平成17/2005年）

倶利迦羅駅

IRいしかわ鉄道

龍ヶ峰城

津幡駅

∴着弾地観測所跡

●内灘IC

内灘町

河北潟

利屋IC

岸川IC
二日市IC
今町IC

内灘駅

MAP 4
縮尺 1/75,000
0　　1　　2　　3km

128　金沢圏の建築家と建築

今町JCT

梅田IC

Cluster ❹
かほく、津幡、内灘

　金沢市の北に位置するこれらの町々は海に面する地域から富山県境に接する山々まで含む広い範囲に渡っている。現在かほく郡市と称される1市2町に加えて現金沢市に属する森本地区は、地理的にはほぼ石川県の中心に位置している。八郎潟に次いで日本で3番目の大きさを誇ったかほく潟を取り囲むように、森本地区、内灘町、津幡町、旧宇ノ気町、旧七塚町があり、北端に位置する旧高松町は中能登地域と繋がっている。この地域は海あり湖あり平地もあり、そして山林もあるといった変化に富む自然特性を持ち、地域ごとの特徴もよく見える。そうした背景を抱え各地域はその特性に合わせた産業を育んできたといえる。

　この地域の住民にはあまり貧富の差がなかったのではないかと思われる。そのことは石川県が企画発行した『加賀・能登の住まい』（平成7/1995年、歴史書刊行会編）、『加賀・能登の庭園』（平成4/1992年、歴史書刊行会編）、そして『加賀・能登の芸術風土』（平成8/1996年、歴史書刊行会編、北國新聞社）のいずれにおいても、この地域の記載は、旧北国街道沿い北森本の「菊池家住宅」（⇨p.108）についてのみであり、加賀地区や能登地区に数多く存在する特に大きな庄屋や豪農の屋敷がこの地区には存在しなかったことからわかる。そのことにより加賀・能登とは違った統治機構や精神が存在していたと想像する。このような際立った富を持った層が存在しない地域では文化的な営みも薄かったと思われる。

　一方で世界的な哲学者西田幾多郎が現かほく市に生を受けている。西田の哲学は難解で一般市民にはなじみが薄いがそれでも「善の研究」という言葉は市民の間で広く知れ渡っている。それだけかほく市民は西田のことを大切に扱っているのである。また内灘町は幾度か小説や映画の舞台になってきた。そのきっかけともいえるのは昭和27（1952）年に起こった内灘闘争である。これは朝鮮戦争で砲弾の需要が高まりその試射場を内灘砂丘につくることが政策決定された。これに地元は大きな反対運動を起こしたのである。昭和32（1957）年アメリカ軍が撤収し事態は収束したが、このような小さな町で地元の政界を巻き込んだ大きな闘争に発展したのは海と湖に囲われた決して広くないこの地に生きてきた人びとの土地へのこだわりではないかと思う。この内灘闘争を題材にして映画や小説が生まれた。昭和38（1963）年、浦山桐郎監督の「非行少女」、昭和43（1968）年、五木寛之著『内灘夫人』などである。

　永らく文化的な営みが薄かったといえるこの地域に内灘闘争をきっかけにこのような映画や小説の題材となる作品が生まれたことは歴史の皮肉である。

（西川 英治）

河北潟西側より見る。

● 海と渚の博物館

かほく市白尾ム1-3｜平成11（1999）年

延床面積：1,939.22㎡
階数：地上2階
構造：木造
施工：表組
MAP ⇨ **p.128**

展示室。

北側アプローチ。

設計　内井昭蔵建築設計事務所、浦建築研究所

　かほく市（旧七塚町）の海際に建つ本建築は人と海との関わりをテーマにした博物館である。

　浜辺の漁師の暮らしについて紹介している本建築の特徴は、船を裏返したような屋根の繊細な小屋組である。複雑な曲線の架構は内井昭蔵設計の「金沢港大野からくり記念館」（⇨p.90）にも見られるが、エントランスからつながるギャラリーと展示空間が大きな吹き抜け空間となっており、サイドの窓・屋根部のハイサイドライトからの光が差し込むことで空間の広がりを感じることができる爽快な空間である。

（清滝 智輝）

『日本建築学会作品選集2001』

● 石川県西田幾多郎記念哲学館

かほく市内日角井1｜平成14（2002）年

延床面積：2,952㎡
階数：地下1階、地上5階
構造：鉄筋コンクリート造
施工：施工：竹中工務店・みづほ工業特定建設工事共同企業体
MAP ⇨ **p.128**

ホワイエ上部のすり鉢状吹き抜け。

東側外観。

設計　安藤忠雄建築研究所

　かほく市出身の哲学者である西田幾多郎を記念してつくられた博物館である。この建築のテーマは「考えること」である。そのため本建築は迷路のような複雑なプランをとっている。これは利用者が館内を歩く中で自らについて「考えながら」次の進むべき道を選んで欲しいという設計者の願いによるものである。そのほかにも天窓から美しい陽の光が差し込むすり鉢状の吹き抜けなど、瞑想や思索に吹けるための空間が用意されており、この建築は見て楽し見ながら、同時に何かを「考えること」を楽しむ建築である。　　　　（清滝 智輝）

第35回中部建築賞、第9回いしかわ景観大賞2002年、『日本建築学会作品選集2003』、『新建築』2003年11月号

● 石川県森林公園 インフォメーションセンター

津幡町字津端エ14 ｜ 平成15（2003）年

外観。平坦になる前の地形を示す立面。

延床面積：990㎡
階数：地上1階
構造階数：木と鉄のハイブリッド構造
施工：表組
MAP⇨ *p.128*

設計　水野一郎＋金沢計画研究所

　最初に出会う正面外観のゆったりしたスカイラインは、敷地が平坦地にされる前のコブ状の地形の外郭線である。平面は中庭を持つ矩形で、長手方向の両側1間半幅の立体フレームが、中間にある7間幅の大空間の木と鉄のハイブリッドのトラス梁を支えている。この大空間と中庭が、森林公園の自然空間と格好のスケール感で対話していて快適であるとともに、森との豊かな交流や体験を誘導してくれる。インテリアの各室は仕切りは少なく、区分けされた連続空間になっている。　　　　　　　　　　　　　　　　　　　　　（水野 一郎）

第6回木材活用コンクール・林野庁長官賞、第25回石川建築賞、第35回中部建築賞、『日本建築学会作品選集2004』

中庭。森林散策の出発点。

森に大きく開かれた学習ホール。

● かほく市立大海保育園

かほく市夏栗い43-1 ｜ 平成18（2006）年

南東からの俯瞰。

建築主：かほく市
延床面積：1,436㎡
階数：平屋
構造：木造
施工：兼六建設
MAP⇨ *p.128*

設計　マック建築研究所

地域性、周囲の環境に配慮した木の保育園

　「緑広がる田園風景の中にできる限り低層で開放的なのびのびした保育園を」という当初のイメージで設計を進めていく中で、周辺環境へ配慮し、瓦屋根や木をふんだんに使うことが盛り込まれていった。特に木材は、地元産の大海杉を使用しており、温もり溢れる保育園となった。また、地中熱を利用した空調により省エネ効果も発揮している。小屋裏を利用した『冒険の道』は園児たちの好奇心や想像力を育む場所となっている。　　　　　　　　　　　　　　　　　　　（中村 健）

平成20年度日事連建築賞優秀賞、第33回石川県デザイン展石川県商工会連合会会長賞

● 津幡町文化会館シグナス

津幡町北中条3-1 ｜ 平成17（2005）年

東側前面道路より見る。

事業主：津幡町
延床面積：9,881㎡
階数：地下1階、地上4階
構造：SRC＋S＋RC造
施工：（建築）鹿島・豊島・岡ＪＶ、（電気設備）北菱・東田ＪＶ、（空調設備）菱機・アムズＪＶ、（給排水衛生設備）津端工業、（舞台演出装置）カヤバシステムマシナリー、（植栽）北造園
MAP⇨ *p.128*

設計　五井建築研究所、五洋設備事務所、永田音響設計

　この建築は図書館棟・ホール棟・研修棟によって構成されているが、それぞれに大きなボリュームがある。各棟に違った特有の表情を持たせる事により、巨大な建築物という感覚を軽減しヒューマンなスケールが感じられるものとしたいと考えた。本来はホール棟の機能であるホワイエ空間を研修棟と共有させ、普段ホワイエを町民の憩いの空間として開放していることはこの建築の大きな特徴である。外観を構成するいずれの材料も、材料自身がもつ質感・テクスチャーが豊かであることを主眼として選択している。　　　　　　（西川 英治）

第32回石川県デザイン展石川県建築士会会長賞、第27回石川建築賞優秀賞、照明普及賞（平成17年）、第12回公共建築賞優秀賞

羽咋、志賀、七尾
<small>は　く　い</small>

この地の歴史は古く、古来から海を通じてアジア諸国との交易があった。律令国家として越前国より分離し、能登国が置かれたのは約1300年前、718年で、七尾市古府に国府がおかれ、国分町には後に定められた国分寺跡も残る。

748年には、万葉集を編纂した大伴家持が越中国守としてこの地を巡行し歌も残している。そのうちの一首、「之乎路<small>しおじ</small>から直越え来れば羽咋の海 朝凪ぎしたり船楫<small>ふねかぢ</small>もがも」は羽咋市の「気多大社」に参拝した時に詠まれたといわれる。

志賀町にある福浦港は水深も深く自然の良港であり、700年代より今の中国東北部から朝鮮半島北部地域にあった渤海国と交易を行い、能登客院という迎賓館もあったとされる。テンや熊の毛皮、蜂蜜などを輸入し、鉱物資源や漆、絹、麻などを輸出、輸入品は当時の奈良、京都の都までこの地より運ばれたといわれる。

作家の五木寛之氏は、著書の中で当時のこの地を日本の表玄関であり、「情報先端都市」であったと記している。史実から、この地方は金沢より遥かに古い時代から高い文化性を有し、これが半島であるにも関わらず、現在に続く建築を含めた能登の豊かな地域文化の礎となったと考えられる。

安土桃山時代には、日本美術史上の傑作、国宝、「松林図屏風」を描いた長谷川等伯が七尾で生まれる。当時は能登畠山氏が七尾城を拠点とし、城下に壮麗な「畠山文化」が花開いていた。その後、織田信長の家臣であった、前田利家が七尾小丸山城に入城、能登全域を領有し、江戸期には天領を除き、加賀前田藩の一部となった。

能登随一の伽藍をもつ重要文化財、「妙成寺」は、前田利家の側室、寿福院の菩提寺でもあり、前田家の庇護のもとこの時代隆盛を極めた。前田藩政下では、北前船の寄港地として七尾港をはじめ能登全体がさかえ、豊かな経済力を育んだ。

和倉温泉は畠山、前田時代に整備が進められ、明治時代になって交通アクセスが容易になってから大規模化した。「日本一の旅館」とも言われる「加賀屋」は現在も国内外から多くの観光客が押し寄せる。

俳優の仲代達矢氏は、能登の自然と文化に感銘し、私塾である無名塾の合宿を七尾の地で長らく行っていた。その縁から、「能登演劇堂」の舞台設計を監修し、自ら出演するロングラン公演を25年に渡って開催、大都市圏からも多くのファンが今も訪れ、氏は現在七尾市の名誉市民となっている。

過疎化の波が押し寄せる当地であるが、日本の中でも特筆すべき文化資源が潤沢にあり、インフラの整備とともに移住者も増えている。その地域性を反映した建築群を尋ねる際は、同時にこの地の豊かな文化や自然を感じていただきたい。　　　　　　　　　　　　　　　　　　　（浦 淳）

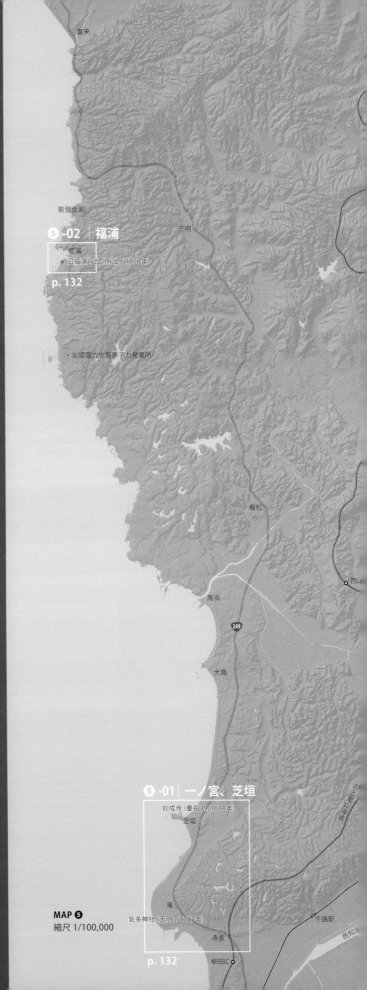

⑤-02 ｜福浦
福浦
・旧福浦灯台（明治9/1876年）
p. 132

・北陸電力志賀原子力発電所

⑤-01 ｜一ノ宮、芝垣
妙成寺（慶長19/1614年）
芝垣
気多神社（天明7/1787年）

MAP ⑤
縮尺 1/100,000

p. 132

p. 133

⑤-06｜能登島
● 石川県能登島ガラス美術館（平成3/1991年）
p. 133

⑤-05｜中島
● 七尾市中島文化センター（能登演劇堂）（平成7/1995年）
能登中島駅
p. 133

能登島

鵜浦

⑤-04｜和倉温泉
● 加賀屋「能登渚亭」（昭和56/1981年）
p. 133

和倉温泉駅

大津IC
徳田大津JCT

田鶴浜IC

直津IC

⑤-03｜七尾
石川県七尾美術館（平成7/1995年）
七尾駅
本宮保育園（平成23/2011年）
p. 133

七尾IC

七尾城山IC

能越自動車道

佐々波

七尾大泊IC

大泊

徳田駅

能登二宮駅

良川駅

能登部駅

159

滝尾「日輪舎」

七尾線

長曽川

女良

灘浦IC

0 1 2 3 4 5km

● 気多神社

<ruby>気多<rt>けた</rt></ruby>神社

羽咋市寺家町ク1｜天明7（1787）年

撮影：坂本英之

拝殿外観。

【本殿】
桁行3間、梁間4間、一重、両流造、向拝1間、檜皮葺き
【拝殿】
江戸前期／1654
桁行三間、梁間三間、一重、入母屋造、妻入、檜皮葺き
MAP⇨ **p.132**

　祭神の大己貴命は出雲から船で能登に入り、国土を開発した後、守護神としてこの地に鎮まったとされる。能登国一宮として中世、近世には歴代の領主からも手厚い保護を受けた。本殿は極めて少ない三間社両流造りの遺構であり、桁行3間、梁行4間の平面に1間の向拝を付加した大規模な本殿建築である。平面も特色あるもので、各柱軸線に円柱を立て、前面庇部を外陣、身舎前寄り1間を中陣、後寄り1間と背面庇部を内陣としており、神仏習合の影響がうかがえる。

（坂本 英之）

国指定重要文化財

● 妙成寺

<ruby>妙成寺<rt>みょうじょうじ</rt></ruby>

羽咋市滝谷町ヨ－1｜本堂：慶長9（1604）年、五重塔：元和4（1618）年、三光堂：江戸前期（1615-1660年）

撮影：坂本英之

本堂外観。

【本堂】
桁行5間、梁間5間、一重、入母屋造、向拝1間、柿葺き
【五重塔】
三間五重塔婆、とち葺
【三光堂】
桁行5間、梁間5間、一重、入母屋造、柿葺
MAP⇨ **p.132**

　羽咋市滝谷町にある日蓮宗の本山。金栄山と号する。中世北陸における日蓮宗弘通の拠点で、寺蔵の「日乗上人画像」や「涅槃図」は上洛以前の若き日の長谷川等伯が描いたとされる。前田利常の母寿福院の帰依を受けてその菩提所となった。この間、利常による伽藍の整備が行われ、寛永8（1631）年には加越能3カ国の総録所（触頭）となった。重要文化財の五重塔、二王門、祖師堂、本堂、三光堂、三十番神堂、経堂、鐘楼、書院、庫裡の10棟は文禄から万治年間（1590～1660年）の造立で、その多くは前田家御用大工の山上・坂上一門の手によるものである。

（坂本 英之）

国指定重要文化財

● 旧福浦灯台

羽賀町福浦港マ176｜明治9（1876）年

提供：昭和市

外観。

木造、桟瓦葺き、高さ約5m、内部は3階
MAP⇨ **p.132**

　旧福浦灯台の歴史は古く、慶長13（1608）年日野長兵衛が港入り口の先端・日和山の断崖上に篝火を焚いたのが初めとされる。日野家の由緒書きによれば、元禄5（1692）年11代長兵衛が石垣を築いて灯明堂を建て、代々灯明役として守ってきたという。現存する灯台は明治9（1876）年日野吉三郎により建造された。木造、桟瓦葺き、高さ約5mの建物で、内部は3階となっている。現存する木造灯台としては日本最古であり、かつての北前船による繁栄の歴史を物語る貴重な遺構である。

（坂本 英之）

石川県史跡

● 石川県七尾美術館

七尾市小丸山台1-1｜平成7（1995）年

撮影：渋谷

湾を望む丘の上の地形に連続する配置。

延床面積：3,049.87㎡
階数：地上2階
構造：RC造
施工：間・在沢特定建設工事共同体
MAP⇨ **p.133**

設計　内井昭蔵建築設計事務所

　能登の芸術文化の中核的役割の担う総合美術館として七尾市の文教・スポーツ施設の点在する小高い丘に建てられた美術館である。

　本建築は周囲との調和や連続性をコンセプトとした建築である。ランドスケープは計画前の溜池の地形を利用したもので、周囲の公園との同線を延長するように計画されている。平面は広場や廊下、ランドスケープとの連続によって長いすべてが展示空間となるような計画としている。外観は七尾の7つの山並みを曲面屋根で表現し、壁面を地場材の土壁とすることで具現化している。

（清滝 智輝）

『新建築』1995年7月号、『日本建築学会作品選集1998』

● 本宮のもり幼保園
ほんぐう

七尾市本府中町リ23-1 ｜ 平成23（2011）年

延床面積：664.02㎡
階数：地上2階
構造：木造
施工：戸田組
MAP⇨ *p.133*

広い三和土の土間。

設計　谷重義行建築像景

　本宮のもり幼保園は、社会福祉法人本宮福祉会の運営する0才児～5才児、定員80名の保育園である。園舎の外周には 犬走りと深い庇が巡り、子供たちの活動が内から外へ、外から内へとつながりながら循環し、さらに広い三和土の土間（内と外の中間領域）を設けることで雨の日も雪の日も外で泥んこ遊びを楽しむことができる。また、地元の素材にこだわり、主要構造材の柱・梁には、木本来の性能を発揮すると共に耐久性の高い天然乾燥の地元木材を用い、壁には調湿・消臭効果がある地元珪藻土を使用した。　　　　（谷重 義行）
第38回石川県デザイン展石川県知事賞、第2回ななお景観賞、第4回JIAいしかわ建築大賞2011大賞、第28回日本建築士事務所協会連合会建築賞日事連会長賞、日本建築家協会優秀建築選2013

● 七尾市中島文化センター「能登演劇堂」

七尾市中島町中島上9 ｜ 平成7（1995）年

延床面積：5,791㎡
階数：地下1階、地上3階
構造：鉄骨鉄筋コンクリート造
施工：佐藤工業
MAP⇨ *p.133*

外観。

設計　浦建築研究所

　651席を収容する演劇主体ホールと図書館、研修室を持つ生活情報センターとの複合施設である。「芝居小屋」をキーコンセプトとし、平面計画や色彩計画を行っている。隣接する役場庁舎や周囲の環境を意識したスケールとし、演劇ホール・イベント空間としての中庭及び生活情報センターとをインナーコリドーによって有機的に連結した。 演劇ホールとしての基本性能を満たすことはもちろんのこと、舞台後方の大扉（15.5m×8.5m）を開閉することにより屋外空間（舞台庭）を取り込んだ演出も可能としている。　　　　（浦 淳）
第21回建築士事務所全国大会 建設大臣賞、第22回石川県デザイン展金沢市長賞、第2回いしかわ景観賞

● 加賀屋「能登渚亭」

七尾市和倉町ヨ80 ｜ 昭和56（1981）年

延床面積：13,157㎡
階数：地上12階
構造：鉄筋コンクリート造
施工：大林組
MAP⇨ *p.133*

外観。左側のタワーが能登渚亭。右は雪月花。

設計　山本勝建築設計室

　日本を代表する旅館建築である。
　巨額の45億円を投じて設計された本建築のテーマは「和服が似合い、お茶が好きな50～60代の女性が喜ぶ旅館」である。当時は、利用客層が男性中心であった時代から、徐々に女性客層が増え始めた過渡期であり、新たな客層への需要を見据えてのテーマであった。そのため、内装は和を中心とした落ち着いた装飾が施されている。中でも数寄屋造りの要素が建ち並ぶ「錦小路」と呼ばれるお土産街や、12階すべてを吹き抜けとしたプランは当時の旅館建築としては斬新なデザインであった。　　　　（清滝 智輝）
第14回中部建築賞、いしかわ景観大賞2002年

● 石川県能登島ガラス美術館

七尾市能登島向田町125-10 ｜ 平成3（1991）年

延床面積：2830.93㎡
階数：地下1階、地上2階
構造：S造＋RC造
施工：鹿島建設・在沢組共同企業体
MAP⇨ *p.133*

外観。

設計　毛綱毅曠建築事務所

　能登島の海を見下ろすことのできる小高い丘に建つ本建築は文化づくりを目指す石川県の前哨戦として建てられた。
　本建築のコンセプトは古代の都市づくりに利用されてきた「座」である。面計画に「四神相応」を反転・転写をして当てはめている。また、敷地全体を一つの枯山水として、建築を石組みのように分散させ、オブジェ化させることで環境との調和を図り、建築群を巡ることでさまざまなシークエンスが展開される散逸構造となっている。設計者は「四神相応」を散逸構造のネットワーク（ブーツ・ストラップ）として捉え建築全体に当てはめているのである。　　　　（清滝 智輝）
第5回公共建築賞、『新建築』1991年11月号

⑥ -03 ｜町野

仁江

鵜春

時国家住宅
上時国家住宅

p. 138

町野川

南志見

河見

⑥ -02 ｜輪島

249

輪島

●輪島KABULET

p. 138

河原田川

▲高洲山

大沢

上大沢

●能登空港 (のと里山空港)

⑥ -01 ｜門前

総持寺祖院

旧角海家住宅

門前

輪島市黒島重要伝統的建造物群保存地区

●のと門前ファミリーインター・サンセット

p. 136

五十洲

のと里山空港IC

のと里山海道

穴水IC

穴水駅

鵜川

249

鵜地

越の瀬IC

上り
別所岳SA
下り

249

249

志賀

横田IC

249

●石川県能登島ガラス美術館

能登島

●中島町演劇文化センター「能登演劇堂」

-04｜片岩
・CAFE 大谷
38

折戸
高屋
禄剛崎
狼煙

249

⑥-05｜若山
黒丸家住宅
p.139

若山川

⑥-06｜珠洲
珠洲
・ラポルトすず

▲宝立山

蛸島

宝立
・谷口建設社屋
p.139

松波

07｜宇出津
書
県水産総合センター
39

・真脇遺跡 ・九十九湾

0　　　　5km　　　　10km

奥能登

　奥能登は南北に長い石川県の北側半分を占める日本海に突き出した半島である。その地理的な特徴から、この地域は古代から大陸との交流が盛んであった。経済や文化の行き交う要衝であり、真脇遺跡などの遺跡に縄文人の多くの足跡が残る。中世には、中央から遠隔の地であり、要人が流刑されてきた。平時忠につながる「時国家」はその系譜である。これによって中央の文化がとどまり、醸成された。また輪島は中世から「小屋の湊」と呼ばれ、三津七湊のひとつとしてあげられ、近世には北前船の主要な寄港地として栄えた。輪島塗などの産業もこれらの流通に支えられて発展した。

　奥能登の行政区分は珠洲市、輪島市、穴水町、能登町の2市2町で構成されている。同じ半島内ではあるが、日本海側の外浦と富山湾側の内浦では気候風土に差異が見られる。季節風の強い冬の荒海が特徴の外浦の大沢・上大沢（輪島市）に代表される「間垣の里」（重要文化的景観）や、仁江（珠洲市）の揚浜式塩田（重要無形民俗文化財）は、外浦の厳しい自然環境に置かれつつも、逞しく生きる人びとの生活や生業の姿を示している。一方、比較的おだやかな気候の内浦は、日本百景に数えられる九十九湾（能登町）や、牡蠣などの養殖やボラ待ちやぐら（穴水町）が特徴を示している。

　標高471mの宝立山（珠洲市）や567mの高洲山（輪島市）などの比較的低い山々がリアス式海岸に迫っていて、平野部は比較的少なく、沿岸部や谷あいに点在する。奥能登は、この地形的特徴である平地を挟んで前の海と後ろの山までを活用して農林水産業を複合的に生業としているところにその豊かさがある。

　主要な交通は「のと里山海道」と「能越自動車道」による。加えて2003年に開港した「能登空港」（のと里山空港）により、アクセスの利便性は増した。近年では人の交流を目指して「奥能登芸術祭」が3年ごとの開催を目指して2017年から始まった。

　伝統的産業としては、輪島塗や珠洲焼があり、伝統の技を継承しながら新しい活用の場を求めて変革している。また能登半島に多く採れる珪藻土は、埋蔵量日本一といわれ、その高い断熱性、保温効果から古くから七輪などの調理器具として使われてきたが、調湿作用などにも優れていることから、近年では建築壁材にも多く使用されている。

　環境問題から森林活用が叫ばれ、能登ヒバが注目されている。能登アテとも呼ばれる県木であり、もとは青森ヒバを移植したものともいわれている。ねじれや樹脂が多いことが特徴で、これまで能登大工しか扱えないといわれてきたが、その性質から外装材に適する素材であり、また集成材としての価値も見直され、大梁などの構造材として使用される場面が多くなった。ちなみに能登の住宅は立派な住宅が多く、能登大工はその技術を継承している。能登の黒瓦、加賀の赤瓦に代表されるように、地域の景観を特徴付けている。

（坂本 英之）

● 輪島市黒島重要伝統的建造物群保存地区

輪島市門前町黒島町

船主集落
平成21 (2009) 年6月30日
選定
面積：約20.5ha
保存物件：建築物148件、
工作物101件、環境物件21
件
MAP⇨ *p.136*、*138*

下見板張りと格子の家並み。

輪島市黒島重要伝統的建造物群保存地区は、能登半島の輪島市西南の海岸段丘上に細長く形成された船主集落である。江戸後期から明治中期にかけて活躍した北前船船主や船頭、水夫が居住した。

海岸線に沿うように帯状に形成された集落には、昔ながらの街路割を残す。主屋は、木造切妻造2階建て、平入り、妻入りが混在しており、能登地方特有の黒釉薬を用いた桟瓦葺きである。正面外観は、1階格子と下見板張りが特徴である。「旧角海家住宅」が復元修理されている。能登半島地震の復興に際して、土蔵等も修理されている。

(坂本 英之)

重要伝統的建造物群保存地区

MAP ⑥-01｜門前　縮尺 1/20,000

●旧角海家住宅

輪島市門前町黒島町口94 ｜ 明治5（1872）年

木造、建築面積330.84㎡、
一部2階建て、一部地下1
階、桟瓦葺き
MAP⇨*p.136*、*138*

街路側外観。

　主屋表間口5間、奥行き7.5間。門前町黒島は能登半島外浦の小
さな集落である。藩政期は天領であり、江戸中期から回船業が盛ん
であった。角海家は初代角海孫左衛門が天保14（1843）年船頭から独
立して廻船問屋になり、幕末期には黒島でも屈指の船主となってい
た。当初の建物は明治4（1871）年の火災で土蔵4棟を残して焼失し、
翌年には元通りに再建されたという。通り側に座敷や仏間をならべ、
中庭を挟んで奥に家族の居室を取る「みつぼ囲い」と呼ばれる形式の
間取りが特徴である。　　　　　　　　　　　　　（坂本 英之）

国指定重要文化財

●総持寺祖院

輪島市門前町門前1-18甲 ｜ 寛保3（1743）年（経蔵）

【経蔵】
3間3面、宝形造、柿葺き、
柿葺き裳階
MAP⇨*p.136*、*138*

経蔵。

　諸嶽山と号す曹洞宗寺院、法人名を総持寺祖院とする。南北朝期
から地頭による寺領の寄進が多くみられたほか、室町幕府の祈願寺
となり、また能登守護畠山義元などからも寺領の寄進を受けていた。
元亀元（1570）年に兵火にかかり焼失、江戸期に前田家による再興が
進んだが、明治31（1898）年火災のため伽藍のほとんどを焼失。同
39（1906）年神奈川県鶴見に本山を移転する計画が浮上し、地元の反
対を抑えて同43（1910）年本山は移転した。跡地には新たに伽藍が再
建され、総持寺別院として存続し、昭和44（1969）年現在の公称に変
更された。県指定文化財である経蔵は寛保3（1743）年の建立である。
建物は石造の基壇に建ち、宝形造りの檜皮葺きの身舎に、同じく檜
皮葺きの裳階を付けた形式をとった、禅宗様と和洋の混合様式である。
（坂本 英之）　石川県指定文化財

●能登・門前ファミリーインビュー・サンセット

輪島市門前町千代29-58
平成3（1991）年

延床面積：1,428.20㎡
階数：地下1階、地上2階
構造：S造、RC造、木造
施工：熊谷組・協栄建設共業体
MAP⇨*p.136*、*138*

西側外観。

設計　毛綱毅曠建築事務所

　曹洞宗の総本山として栄えた門前町の宿泊施設である。
　かつて能登は和と洋の出会いの場として日本海文化を隆盛させた
地であり、設計者は「和と洋の対比と統合」を記憶の再生装置として
この建築にその精神を取り込んだ。海側のエントランスゾーンは洋風
庭園と翼・球体・塔の様な幾何学的建築形態の洋的表現であり、山
側の客室ゾーンは池を配した和風庭園と刻書院のヴィレッジといった
和的表現による対比的な編成がなされている。その境界にメイン廊
下であるペデストリアンデッキを通し、利用者は和と洋の空間を交互
に行き来することで対比・統合を空間体験できる。　　（清滝 智輝）

『新建築』1991年11月号

エントランス側外観。

山側の客室ゾーン。

● 輪島 KABULET

輪島市河井町 208 ｜ 平成 30 (2018) 年

南側街路より見る。

事業主：社会福祉法人佛子園
棟数：8棟
延床面積：2,235㎡ (8棟計)
構　造：W+S造2棟、W造6棟
施工：豊蔵組、里谷組、宮地組、上野組
MAP ⇨ **p.136**

設計　五井建築研究所

　輪島市の中心地区河井町における地域コミュニティ再生を目指した複合施設である。平成19 (2007) 年の能登半島地震によりこの地域は大きな被害を受け街の中に空き家空き地が散在している。「あるものを活かす」というコンセプトの基にこうした空き家空き地をできるだけ利用することでそれまで街にあった風景や生活、伝統を残そうと試みている。地域のコミュニティを育む温泉・食事施設、ウェルネス、高齢者ディ、ママカフェ等からなりさらに街中広域的にサ高住、グループホーム、ゲストハウス、配食センター等が整備されつつある。

（西川 英治）

2018年グッドデザイン賞、第51回中部建築賞特別賞、『新建築』2019年2月号

● しお・CAFE

珠洲市片岩町ノ12 ｜ 平成 26 (2014) 年

北側外観。

延床面積：91㎡
階数：地上2階
構造：木造
施工：谷口建設
MAP ⇨ **p.137**

設計　金沢工業大学竹内申一研究室＋あとりいえ。

　能登半島の先端、日本海に面した古い民家をカフェとして改修し、限界集落となった村や地域の新しい可能性を探し出そうとするプロジェクト。コンセプトは「限界集落に風穴をあける」。既存の景観を維持しながら、シンプルかつ力強い手法によって現代的かつ印象的な風景を生み出している。建築のデザインコンセプトが、空間や景観を形作るだけでなく集落の今後の在りようにまで及んでおり、持続的なまちづくりや地域コミュニティを含めたトータルな環境デザインが行われている。

（竹内 申一）

第37回石川建築賞優秀賞・奨励賞、2015年グッドデザイン賞

● 時国家住宅 (下時国家)

輪島市町野町西時国 2-1 ｜ 寛文 10 (1670) 年

外観。

桁行13間、梁間8間、総面積108坪、茅葺き入母屋造り、四方に桟瓦葺き庇
MAP ⇨ **p.136**

　桁行13間、梁間8間、総面積108坪の17世紀末の建築である。屋根は茅葺き入母屋造、四方に瓦葺きの庇を巡らせている。前面の表向きの部分は庭に面して上段の間、中段の間、下段の間と3室並び、前に御縁座敷と呼ぶ入り縁側、さらには濡れ縁が回っている。下段の間の前には庇を出して式台玄関となっている。中央列には15畳の大茶の間、仏間、納戸がある。後ろ列には前・中・奥の部屋と続く。玄関左側には家の間口の半分もあり広さ約107㎡の極めて大きな大土間があり、その41cm角の大黒柱などで支える上部の梁組は圧巻である。大土間の後ろには竈場があり広さ40㎡の板敷きの大広間に続く。柱が1間ごとに入る古い造りで、全体の意匠も簡素な素朴で古風な趣を持つ。

（坂本 英之）

国指定重要文化財

● 上時国家住宅

輪島市町野町南時国 13-4 ｜ 天保 2 (1831) 年

外観。

桁行29.1m、梁間18.1m、入母屋造、茅葺き、桟瓦葺き庇
MAP ⇨ **p.136**

　上時国家は、中世以来奥能登地方に強大な勢力を持った旧家である。近世には、幕府領の大庄屋として、多いときで13村を束ねた。天保2 (1831) 年頃、現在地に屋敷を移し、幕末には千石船を五艘所持し、幅広い交易を行っていた。北前船海運によって得た財をもって、28年の歳月をかけて造営した主屋をはじめとする建造物は、安政4 (1857) 年頃までに完成された。

　西面して建つ主屋は、桁行29.1m、梁間18.1mの大規模な建築で、入母屋造、茅葺きの母屋の周囲に桟瓦葺きの庇を巡らし、唐破風の玄関を持つ形式である。北陸でも最大級の規模と豪奢な民家である。

（坂本 英之）

国指定重要文化財

● 黒丸家住宅

珠洲市若山町上黒丸｜江戸前期（1615–1660年）

桁行22.6m、梁間16.8m、入母屋造、茅葺き、四面庇付、桟瓦葺き
MAP⇨ *p.137*

外観全景

　黒丸家は、前田氏の能登入部後、初期の十村役を務めた家柄であり、十村・肝煎を世襲し、農林業の他に酒造業も営んだ。主屋を中心に、納屋、米蔵、道具蔵などの付属の建物を持つ。主屋は、入母屋造、平入の茅葺きで、前面と背面に桟瓦葺きの下屋庇がつく。

　土間に入ると、正面奥に広い台所があり、下手に水屋、上手にチャノマ、ブツマ、ザシキと続き、大型農家の当初の間取りを残す。裏側の部分で改変が多く見られるが、軸部をよく残し、建築年代は元禄年間（1688-1704）前後まで遡ることができる。格調が高く、石川県でも最古であるが、全国的にも有数のものである。　　　（坂本 英之）

国指定重要文化財

● ラポルトすず

珠洲市飯田町1-8｜平成18（2006）年

延床面積：3,511.74㎡
階数：地上2階、塔屋1階
構造：鉄骨造、一部鉄筋コンクリート造
施工：鹿島建設
MAP⇨ *p.137*

南側外観。

設計　長谷川逸子・建築計画工房

　能登半島の先端部の海に面する場所に建つ文化会館。多目的ホールを中心に市民活動スペースが点在している。原っぱ的に意図された広がりのあるロビーに各諸室を浮島状に配置し、これらをふかふかした雲が漂うような屋根で覆うことで、独創的な建築形態と空間を生み出している。このようなポエティックなイメージは、建築を具体化するプロセスで消えていく場合が多いが、本作品においては、構造・材料・ディテールにいたるまで、こだわりの設計姿勢が一貫しており、スケッチのイメージを失うことなく実現されている。　　（蜂谷 俊雄）

第49回BCS賞、『新建築』2005年3月号

● 谷口建設社屋

珠洲市宝立町金峰寺8-19-8｜平成10（1998）年

事業主：株式会社谷口建設
延床面積：397.18㎡
階数：地上2階
構造：木造
施工：谷口建設
MAP⇨ *p.137*

南側外観。

設計　-architect office- Strayt Sheep/ 長村寛行

　近年まれな「大工を抱える建設会社」として木造で何ができるかを考えた。構造計算にのらない荷重を伝達するだけの母屋・垂木といった部材を減らし、直に荷重を受ける野地板と梁だけで屋根を構成している。最も屋根荷重を受ける部分に柱がくるよう梁は片上がりに偏心させている。屋根全体を樋形状にすることで、外壁を保護する庇を出したいが軒樋・呼桶は付けたくないというジレンマからも逃れることができた。右上がりに偏心させた屋根は西日の影響を避け、今後の業績が「右肩上がり」になることも期待している。　　（長村 寛行）

第14回日本建築士会連合会賞、1998年度北陸建築文化賞、第2回木材活用コンクール入賞、第20回石川建築賞

● 石川県水産総合センター

能登町宇出津新港3-7｜平成6（1994）年

延床面積：5,582㎡
階数：地上2階
構造：RC造（本館）、SRC造（科学館）
施工：宮地組・近藤工務店JV、宮下建設・賭建設JV、須美天建設
MAP⇨ *p.137*

本館外観。

設計　川崎清＋環境建築研究所

　奥能登近くの富山湾に面した漁港にある本建築は、衰退しつつあった漁業の養殖研究施設と、未来を担う子供たちに海について関心を寄せてもらうための海洋科学館を兼ねた、水産センターである。

　そんな本建築のデザインテーマは「波と船」である。6〜7棟からなる建築群を波に見立て、その中の科学館を近代船のようなデザインとした。それらのデザインを周囲の風景に合わせておおらかなデザインにまとめることで、シルエットを見せる建築として完成させたと設計者は語っている。　　（清滝 智輝）

第6回公共建築賞、『新建築』1996年4月号

金沢圏の建築｜過去・現在・未来

1 古代から中世まで

石川県で発見された最古の石器は、現在のところ「押水町宿向山遺跡」（約3万年前、羽咋郡宝達志水町）である。金沢市では、金沢城址から旧石器時代（約1万年前）の石器が出土している。金沢で縄文以前に人が活動していたことを裏付けるものである。小立野台地は当時の人びとが狩りをしたところであったと考えられている。

「御経塚遺跡」（国指定史跡、野々市市）は、縄文時代後期から晩期（3,700〜2,500年前頃）にかけて続いた縄文集落であり、集落の中心には祭祀・集会の広場があり、その周りに住居が並んでいたとされる。一時期の集落人口は60〜100人ほどと推定される。「チカモリ遺跡」（縄文時代晩期、国指定史跡、金沢市新保本町）では、日本で初めてクリの巨大木柱根が350本以上発見された。その他、能登半島の「真脇遺跡」（縄文時代前期から晩期、鳳珠郡能登町）などの発掘調査を通じて、縄文人が高度な技術と深い精神世界を持っていたことが証明されている。

その後、約600年間続く弥生時代には、水田耕作に有利な沖積平野に住居をつくり、堀に囲まれた集落がつくられた。4世紀以降の古墳時代には、加賀市の「片山津玉造遺跡」や金沢市の「塚崎遺跡」、能美市の「和田山古墳群」がよく知られ、5世紀に入ると大陸から渡ってきた人の影響で須恵器が出土している。大和朝廷が勢力を伸ばしていた6世紀には、朝廷に従った道氏という豪族が勢力を強め、「末松廃寺」（野々市市）を建立した。

一方、能登国には大きな港があり、早くから大陸文化に触れることができた。日本海の対岸に文化の進んだ渤海（698-926年）という国が建国され、福良泊（福浦港、志賀町）に使節の受け入れを積極的に行った。

弘仁14（823）年、越前国から江沼郡・加賀郡を割いて加賀国が誕生。古代律令制の空白地帯だったこの地域は、体制下の最後の立国となった。その加賀国・能登国の地域性は石川県となった今日まで続く。

2 中世と時国家

時国家

時国家は平家物語で有名な平大納言時忠を祖とし、その子時国から800年続く旧家である。13世紀末以来、藤原宗家にあたる九条家領であった町野荘（現輪島市町野町）を貫流する町野川河口近くに旧邸跡がある。慶長期（1596 - 1615）に至り、領地の組み換えがあり、本家の上時国家と分家の下時国家に分かれた。時国家は中世的名主の性格のみならず、下町野において公的な性格をもつ豪農であった。また、北は北海道、西は山陰、九州、瀬戸内と東西に開かれた海上交通北前船の要衝として巨豊を得た起業家でもあった。

時国家住宅（上時国家住宅）

県指定文化財である。桁行12.5間、梁間7.5間、大梁に周囲が2mの松の芯材

上時国家住宅（天保2/1831年、輪島市）⇨*p.140*

時国家住宅（下時国家住宅、江戸中期／1701-1800頃、輪島市）⇨*p.140*

を使用している。地元の大工、安幸が23年間を費やして天保2（1831）年に完成したという。母屋は入母屋造り、平入り、茅葺きで、四周に瓦葺きの下屋をつけている。間取りは公・私用を分割した構成となっている。表向き（公用）の部分は正面に唐破風造りの玄関と式台を設け、右上手に上段の間、伺いの間を設けて対面所に類する形式をとり、鉤の手に上広間・下広間を並べ、その周囲に回り座敷と呼ぶ縁側を巡らし、さらに濡れ縁をつけるという格式の高さである。天井は折上げ格天井、平格天井、竿縁天井と部屋によって格付けし、柱や造作は漆で拭き上げ、欄間も透かし彫りで華麗なものを入れている。裏（私用）には内向きの部屋として茶の間、アラケの間、中の間、奥の間の4室を並べている。

時国家住宅（下時国家住宅）

　国の重要文化財、桁行13間、梁間8間、総面積108坪の17世紀末の建築である。下時国家と呼ばれるこの家は寛文10（1670）年、上時国家13代、藤左衛門時保のときに分家してこの地に移り、以後歴代が肝煎りや藩の山役、能登外浦一円の塩吟味役を務めた家柄である。現存の建築は分家のときに築造したと言い伝えられているが確証はない。ただし構造や技術から判断して、分家の時からあまり遅れない時期のものであるとみられる。屋根は茅葺き入母屋造り、四方に瓦葺きの庇を巡らせている。前面の表向きの部分は庭に面して上段の間、中段の間、下段の間と3室並び、前に御縁座敷と呼ぶ入り縁側、さらには濡れ縁が回っている。下段の間の前には庇を出して式台玄関となっている。中央列には15畳の大茶の間、仏間、納戸がある。後ろ列には前・中・奥の部屋と続く。玄関左側には家の間口の半分もあり広さ約107㎡の極めて大きな大土間がある。大土間の41cm角の大黒柱などで支える上部の梁組は圧巻である。大土間の後ろには竈場があり広さ40㎡の板敷きの大広間に続く。柱が1間ごとに入る古いつくりで、全体の意匠も簡素・素朴で古風な趣を持つ、石川県を代表する民家のひとつである。この豪華な建物は身分不相応として21代左門時輝のとき柳田村黒川へ数年間幽閉されたこともあるという。

3　尾山御坊から金沢城へ

　平安時代の中頃に律令制が崩れ始めると地方の国司・郡司などが競って耕地を再開発し、荘園化して力を拡大した。

　加賀方面では林氏・富樫氏など数多くの武士団が勢力を拡大していた。富樫政親（1455?-1488）が弟、幸千代を破り、加賀国の守護になる嘉吉元（1441）年、政親が本願寺門徒の力を嫌い門徒弾圧を行った。一向宗農民門徒は政親に反旗を翻し、政親率いる高尾城を長享2（1488）年攻略し政親を敗死させた。その後ほぼ一世紀にわたる坊主、土豪、農民たちによる加賀共和国「百姓ノ持チタル国」が成立した。

　その後、一向宗門徒の主導権争いによる仲間割れが起こったりした結果、本願寺は直接加賀を治めるようになる。その際、本拠地として建設したのが尾山御坊（金沢御堂、天文15/1546年）であり、加賀の一向宗の中心地となった。後の金沢城本丸あた

りといわれる。信徒はこの寺を「御山」と呼び、信仰の中心として寺内町を形成し、商人も出入りするにぎやかな街となった。

尾山御坊の回りにつくられた寺内町の中には、本願寺の僧らと共に近江（現滋賀県）から商人たちが移ってきた近江町、用水の堤近くに住んでいた堤町、西町、南町、後町などがあった。ここに住む商人が市を営み、やがて経済の中心として大いに賑わった。つまり、この金沢寺内町が都市金沢の始まりとなった。

尾山御坊のあった小立野台地は、金沢の由来である「芋掘り藤五郎伝説」からもわかるように、かつては砂金が多く取れた。小立野台地で砂金を取ったのは金屋と呼ばれる鉄や金を求め歩く流浪の民であった。彼らは小立野台地で砂金を発見すると、そこを掘り続け、掘って平地になったところに住んだようだ。尾山御坊が建てられた後も、金屋たちの砂金採掘は続き、掘ったところが寺内町の一部となった。すなわち、この金屋が金沢の街を最初につくったともいえる。

天文15（1546）年に成立した尾山御坊は、天正8（1580）年3月に佐久間盛政（1554-1583）や柴田勝家（1522-1583）の猛攻に遭い、4月に陥落した。先に入った佐久間盛政と、次に入城した（天正11/1583年）前田利家（1538-1599）は金沢御堂をそのまま居室とし、御坊を城につくり替えたといわれる。前田利家以降、利長、利常の三代にわたって城及び城下町の整備を行い、加賀百万石の礎を築いた。

「芋掘り藤五郎伝説」
　金沢の地名の起源となっている伝説。
　諸伝説があるが、最も典型的といわれているのが「藤五物語」（成立、作者不明）である。
　藤五は芋掘りを職業としていた。いつも掘る山芋　の根にいくらでも黄金があるといい、掘ってきた黄金を沢で洗った。後にその沢は金洗い沢と呼ばれた。この藤五郎の伝説は元来、採鉱者や鋳物師によって語り伝えられてきたとされる。

4　城下町金沢の都市構造

金沢の地形は河岸段丘によって3つの丘陵地（卯辰山、小立野台地、寺町台地）とふたつの川（犀川、浅野川）で特徴付けられる。

金沢の城下町は平地に突き出した台地上の城を中心にした町の構成をしている。2本の川が明確に町の範囲を示している。江戸時代には幹線道路としての北国街道をはじめとして32本の幹道と無数の枝道が張り巡らされていた。非戦災都市であり、これまで大きな災害もなかった金沢では、現在も、藩政期の街路網が残っており、現存する街路のほぼ95%が藩政期のものと一致する。

城下町金沢の礎を築いたのは、三代藩主利常（1594-1658）である。時代は戦国乱世から徳川家による幕藩体制がしかれ、利常はいち早く加賀藩を戦時の体制から平和な時代へと舵取りを進め、藩内の産業の振興と文化の発展に尽くした。「改作仕法」という新しい農政を考え、十村を中心とする郷村支配の確立をもって、土地租税制度の見直しによる税収の安定化を図った。それまで家来が直接農民から取っていた年貢を藩に直接納め、藩から家来に与える仕組に変えたのである。その他、能登の塩づくりを藩の専売として塩田を開発したり、小松で畳表の材料となるい草の栽培を盛んにしたりした。また、「七木の制」として、松や檜などの7種の樹木の伐採を禁じ、林業の発展にも努めた。

利常は建築・美術工芸の分野においても、「妙成寺」（羽咋市）や「瑞龍寺」（富山県高岡市、国宝）、「天徳院」（金沢市小立野）など多くの寺院を建立し、俵屋宗達（1570?-1640?）や五十嵐道甫（?-1678）など有名な画家や職人を招き、美術工芸を奨励した。その

金沢の都市構造。

撮影：坂本英文
妙成寺五重塔（元和4/1618年、羽咋市）。
⇨ p.134

結果、美術工芸の分野では江戸、京都と並ぶようになった。現在でも人間国宝の保持者は東京、京都に次いで全国で3番目の数を誇っている。

利常の都市計画

　城下町金沢の都市計画は城を中心に武家屋敷を配置し、往還と呼ばれる幹線道路沿いに町人地を配置した。武士は禄高に応じて藩から家を建てる土地が与えられた。これを「拝領地」という。さらに三千石以上の武士には下屋敷地が与えられ、そこに自分の家臣を住まわせた。足軽（鉄砲や弓を扱う者）と小者（槍持ちや草履取りなど雑用を務める者）の住宅地を「組地」といい、大縄という制度で組単位にまとめて住宅地が支給された。足軽はおよそ50坪、小物はおよそ30坪と定められていた。足軽組地は城下の至るところにあり、現在も町割りに当時の敷地割が残る。政治的あるいは戦略的に、身分の高い武士は城の周辺に、身分の低い武士は城下の端々に住まわせて社会的階層を都市構造的に示していた。

　城下町の拡張事業においては、当時、2筋に分かれていた犀川を1筋に合わせて、中州状態だった河原を埋め立てて町場にした。城の裏側にあたる現在の片町（かたまち）、竪町（たてまち）、柿木畠（かきのきばたけ）、水溜町（みずためまち）などの町名が残る地域一帯がそれである。また戦略的な意図を持って寺院を移動させている。

　三代藩主利常は城下のあちらこちらに散らばっていた一向宗（浄土真宗）以外の寺院を、主要往還である北国街道沿いの北と南の入口にあたる犀川口（寺町寺院群）と浅野川口（卯辰山麓寺院群）に集めた。また、前田家ゆかりの寺院を小立野台地に集め（小立野寺院群）、各村にあった有力な一向宗の寺院は金沢城下の町中に散在させるという策をとった。一向一揆が再び起きないようにするための配慮である。

　寺町寺院群は、藩主も槍を倒して通ったといわれる「松月寺」など、約70の寺院から成り立っている。小立野寺院群は、前田利家が建立した「宝円寺」、玉姫の菩提寺の「天徳院」など約40の寺院から成り立っている。卯辰山麓寺院群は、約45の寺から成り立っている。

　寺院群の成立には上述の一向宗の力を弱めるという意図と共に、軍事上の戦略もあったといわれる。それまでも比較的広い境内を持つ寺院は軍事戦略上も重要な拠点となってきた。卯辰山麓と寺町台地の寺院群と城の背後に配された小立野台地寺院群による3方向の防備をもって、城下町金沢の戦略的都市構造は形成されたものと考えられる。

　商業振興策としては、藩でいちばんの港のある宮腰（みやのこし）（現金石）から城まで約5kmにも及ぶ直線道路「宮腰往還（金石往還）」を建設した。

　火災は当時の城下町の最大の弱点である。寛永の大火（寛永12/1635年）では、約1万軒の家屋が焼失している。これに対して、火事の延焼を防ぐため、金沢では現在でも街の特徴となっている「広見」（ひろみ）と呼ばれる火除地（ひよけち）をつくらせている。入り組んだ城下町の細街路の交わるところに少しひらけた広場的な空間を提供し、現代でいう防火帯（火除地）の役割のほか、積雪期の雪の置き場として、そして何より住民のたまれる場所として、他都市に誇れるものであろう。

撮影：佐々木智恵

六斗の広見。⇨ p.80

金沢城石川門（天明8/1875年）。
⇨ p.60

金沢城三十間長屋（安政5/1858年）。
⇨ p.62

5 金沢城の建築群

　金沢城は金沢市丸の内にある平山城で、加賀藩前田家の居城であった。小立野台地の突端部を占め、南北に流れる犀川、浅野川が防衛上の大きな要素であった。

　金沢城は少なくとも3つの画期をもって形成された。

　第1期は天文15(1546)年、加賀一向一揆の本拠としての尾山御坊の時代がある。「百姓の持ちたる国」加賀の政治、信仰、軍事上の中枢を成していた。しかし、尾山御坊の正確な位置は特定されていない。本丸付近にある極楽橋の名称や手洗石、層塔塔身などが当時の面影を伝えるものとされる。

　第2期は天正8(1580)年に一向一揆が壊滅し、織田軍の攻撃によって金沢城が占領され、その武将佐久間盛政が約4年間駐屯した時代である。この時期におそらく尾山御坊の堂舎などはほとんど破壊・撤去され、一部は城郭として使用されたものと思われる。

　第3期は天正11(1583)年、七尾小丸山城にいた前田利家が北加賀領有に際して金沢城に入城したことに始まり、以後、本格的な築城が開始された。

　文禄元(1592)年、秀吉の命を受けて九州に出向いていた前田利家が、留守をしていた利長(1562-1614)に命じて本格的な城づくりが始まった。城の周りに大きな堀や高くて頑丈な石垣が築かれ、その中に天守閣が築かれた。城づくりの中心となったのは、当時天下にその人ありと知られた高山右近(1552-1615)であった。

　石垣づくりは、当時最高の技術を誇っていた近江の穴太村出身の石工集団「穴太衆」が担当した。石垣にする石材の多くは城から8kmほどの戸室山から切り出された戸室石が使われた。現在も戸室山から城跡までの間に石引町という名の町名があるが、城づくりの石を引いたことで名付けられたものである。

　金沢城の総面積は、南北663m、東西675mの敷地に堀を含め約27.7haである。百万石大名の居城としては比較的小さく、初期に存在した天守閣も慶長7(1602)年に落雷によって焼失したあと再建されなかった。しかし、櫓の数は最も多いときで20基を数え、江戸城や名古屋城も凌駕するもので、金沢城の特色を出していたものと考えられる。当初は城の大手を西側に置き、東側の石川門を搦手としたが、のちに北側の河北門を大手門に変更している。

　金沢城は慶長7(1602)年の火災の後も、しばしば火災・震災の被害を受けており、本丸は寛永8(1631)年の大火災で焼失した。本丸に代わって政治の中心となったのは藩主の住まいであった「二の丸御殿」で、明治時代を迎えるまで名実ともに加賀藩の政治・文化の中心となった。

　明治維新の廃藩置県により、金沢城は国の所轄となる。まず明治4(1871)年、兵部省が所管、同8(1875)年からは歩兵第7連隊が置かれている。同14(1881)年には二の丸跡の兵舎から出火し、藩政期の建物がほとんど焼失した。

　江戸時代に建てられたもので現存するのは、天明8(1788)年の「金沢城石川門」や、安政5(1858)年の「金沢城三十間長屋」がある。

　これらの特徴的な意匠として海鼠壁と鉛瓦があげられる。中でも鉛瓦は木型の上

に鉛をかぶせたもので、一般の瓦に比べて落ち着いた銀鼠色である。また、鉛は戦闘時に鉄砲の弾として使うものであったといわれ、経年変化で白化していき、気品に満ちた美しさを誇っている。

6 金沢城下町の土木

金沢城の石垣

いもり堀と石垣。MAP⇨*p.61*

　金沢城には、全国的に例がないほど多種多様な石垣が存在する。出入口や庭園といった場所に応じて、特殊な技術や意匠が工夫されたこと、また何度も修築が繰り返されたことから、さまざまな種類の石垣をみることができる。

　城の外側には野趣に富む高石垣を配し、藩主の住む御殿や庭園の周りには芸術的ともいえるセンスに溢れた石垣群が築かれている。場所により様式を使い分けたことと、江戸時代を通じて、火災や地震の被害に対する修築を繰り返されているためである。石垣には鬼門封じや陰陽石、亀甲石といった陰陽五行思想の影響も見られる。石は城の南東約8kmにある戸室山周辺から運ばれてきた安山岩「戸室石」であり、青色、赤色の色彩で青戸室、赤戸室と呼ばれ、独特の色味を醸し出している。

　本格的な石垣は文禄元（1592）年の本丸東側の高石垣に始まり、慶長・元和期の外郭整備、大火を契機とした寛永8（1631）年の場内再整備により現在のかたちが完成した。野面積み、切込接ぎ、打込接ぎは時期差のようにもみえるが、場所によって使い分けられたものと考えられている。築城初期の石には刻まれた刻印が特徴としてあるが、家臣ごとの識別番号とみられる。これら刻印は寛文期以降消えていくが、石材確保が各家臣から普請奉行に委ねられたためと考えられる。

辰巳用水隧道と城への逆サイフォン管

　金沢の代表的な池泉回遊式庭園である庭園、兼六園には豊かな水流がある。園内を曲水として流れ霞が池をうるおす豊富な水は辰巳用水から引かれたものである。平地の突端に位置する金沢城の弱点は、その水利にあり、火災等に弱いとされた。それを補うために行われた土木事業が辰巳用水である。

　辰巳用水は寛永9（1632）年に当時小松の町人であった板屋兵四郎（?-1653）が任に当たり、犀川上流の上辰巳村東岩付近に取水口をつくり、岩をくりぬき隧道を掘った。小立野台地の西斜面を進み、兼六園を経て城までの約2kmをたった2年間でつくりあげたとされる。また、兼六園と城の間には百軒堀という深い堀があったが（現在は堀が埋められて幹線道路が通っている）、逆サイフォン管の原理で石管を使って引いている。これによって、場内の水の便は格段によくなった。

用水

鞍月用水とせせらぎ通り。MAP⇨*p.51*

　金沢には現在55本、総延長約150kmにも及ぶ用水が流れている。この城内を流れる用水は、もともと農業用の灌漑用水である。背後に控える平野部水田地帯に

水を送り込むためのものである。城下においては、水力利用や物資運搬に関わる産業機能、夏の打ち水や川筋の風の利用、洗い物、あるいは個人の庭に引き込む曲水などの生活機能、防火用や豪雪時に雪を捨てる克雪の対応など防災機能等、多様な性格を併せ持ち、金沢の街に密接に結びついて生活風景の一部を成してきた。

惣 構
<ruby>惣<rt>そうがまえ</rt></ruby>

用水の中には、江戸期城下町の重要な役割として、軍事機能に利用されたものがある。「惣構」と呼ばれ、堀や土居により城下町を囲い込んで防御するためのものである。安土桃山時代から江戸時代初期にかけて日本の各地の城下町で築かれたものである。金沢では内と外の二重の惣構がつくられた。それらがさらに東と西に分かれているため、東内惣構、西内惣構、東外惣構、西外惣構の4つの惣構が存在する。

内惣構は二代藩主利長の命によって高山右近が慶長4（1599）年に築造したとされ、外惣構は三代藩主利常により、慶長15（1610）年につくられた。特に内惣構堀は幕府に謀反の嫌疑をかけられ攻撃を受ける可能性のあった緊急事態の中、わずか27日間で完成させたと伝えられている。

惣構堀の外側には土を盛り上げた土居を2～3丈（6～9m）ほど築き、松、竹、ケヤキあるいは雑木などを植えていた。元々は城郭防衛線として構築されたものであり、惣構堀肝煎や惣構番人が置かれた。やがて時代の流れとともに、平和な時代が続く中、多くの土居は崩され、堀は狭められてしまったが、一部の遺構では今でも当時の姿を確認することができる。当時の惣構の堀幅は10mほどであったが、発掘調査により現在は2mほどに狭められていることがわかっている。

橋

藩政期には、わが国の街道筋の大きな川には橋が少なかった。軍事上の理由から架橋を許さなかったためである。加賀藩ももちろん例外ではなかった。しかし城下町金沢の北國街道で犀川と浅野川のみの架橋は許されていた。明治維新後の金沢にとって橋の架橋は重要な課題であったが、財政上の理由から架橋は容易ではなかったようだ。架橋されるまで、俗に一文橋（橋賃を取って渡していた私橋）といわれる仮橋が犀川に4橋、浅野川に5橋あったようだ。

現在の「犀川大橋」（大正13/1924年）は、金沢市内を流下する犀川に架けられている国道157号の橋で、石川県を代表する橋のひとつである。記録によると、前田利家によって文禄3（1594）年に最初に架設されたという。藩政期には「いさごの橋」、「中川原の大橋」、「一の橋」とも呼ばれた。松尾芭蕉の「あかあかと日はつれなくも秋の風」はこの橋上で吟じられたといわれる。延宝金沢図によれば、当時の大橋の長さ40間（約72m）、幅3間（約5m）であった。木橋最後の架け替えは明治31（1898）年、大正期に入って、市電敷設の計画から永久橋になっている。しかし、大正11（1922）年の洪水で流失、同年、鋼ワーレン型曲弦トラス構造で再建された。鋼材は英国北部のMiddles Broughである。

惣構配置図（作図：金沢工業大学蜂谷研究室）

西外惣構跡
西内惣構跡
浅野川
東内惣構跡
金沢城跡
尾山神社
兼六園
東外惣構跡

撮影：武田勝彦

現在の犀川大橋。⇨ p.85

浅野川に掛かる「浅野川大橋」(大正11/1922年)が初めて架けられたのは、犀川大橋と同じく前田利家により文禄3(1594)年に最初にという説や、佐久間盛政の頃からという説もあり、定かではない。明治以降最初の架け替えは、明治9(1876)年で、木橋最後の掛け替えは明治36(1903)年である。大正期になって、交通量が増えたこと、橋の老朽化、そして市電の敷設により、現在の浅野川大橋はRC造、3径連続固定アーチの構造形式で永久橋に架け替えられた。現在の橋は大正ロマンを今に伝える橋である。浅野川の清流では、伝統ある加賀友禅の友禅流しやゴリ漁が今も行われている。

7 庭園文化

金沢の庭園の特徴は国指定文化財となっている「兼六園」を代表とする武家の庭園である。日本三大名園のひとつに数えられる「兼六園」は池線回遊式の庭園であり、池とその周囲を巡る園路を中心に構成された庭園である。

同様に国指定文化財となっている「成巽閣庭園」がある。その他県指定および市指定のものが5つある。そうでないものも所有者の努力によって保存されているものがいくつもある。いずれにせよ雪吊り、灯籠や蹲踞等の菰掛けは冬の風物詩として金沢の風景の一部となっている。

兼六園

兼六園（金沢市丸の内）。
⇨ *p.67*

作庭の起源は古く延宝4(1676)年、5代藩主綱紀(1643-1724)が城に面する傾斜地に別荘「蓮池御殿」やいくつかの茶室、四阿を建て、その周辺に庭づくりを行ったのがはじまりだとされる。蓮池庭は藩政時代最大の火災であった宝暦9(1759)年の大火で焼失したが、11代藩主治脩(1741-1786)が安永年間(1770年代)に現在の庭園部分を復興させた。その後12代斉広(1782-1824)、13代斉泰(1811-1884)が作庭を進めた。

斉広は、文政5(1822)年に完成した自身の隠居所「竹沢御殿」に曲水を引き入れ雁行橋をかけ、築山・七福神山を築いた。斉泰は「竹沢御殿」を逐次取り壊しながら庭づくりを進めた。嘉永年間(1850年代)御殿が全部取り払われたあと、旧蓮池庭と調和させた雄大な回遊林泉式庭園の基本構想ができあがった。

兼六園と命名したのは松平定信(1759-1829)である。中国宋代の詩人李格非(1045-1105)が書いた『洛陽名園記』の中で庭園の中で宏大・幽邃・人力・蒼古・水泉・眺望の6つを兼ね備えた「湖園」にたとえて命名している。水泉の美をつくり出しているのは辰巳用水からの豊富な水である。高台にある眺望は見事である。

「夕顔亭」は園内の建物では最も古く、治脩が安永3(1774)年に建てた。三畳台目の茶室で、京都・藪内家「燕庵」の写しであるといわれている。控えの間の袖壁に夕顔（瓢箪の古語）の透かしがあることからその名がつけられた。園内最大の池、霞が池の汀脇の「徽軫灯籠」は琴の糸を支える琴柱に似ていることからこの名がついており、周辺の景観とあわせて兼六園のシンボルとなっている。

成巽閣飛鶴庭（金沢市兼六町）。
⇨p68

成巽閣飛鶴庭と茶室清香軒の土縁

　国の名勝である。作庭は「成巽閣」が巽新殿として建てられた文久3（1863）年と同じである。前庭・本庭と各所に兼六園からの引水などによって作庭されている。特に美しいのは茶席「清香軒」および「清香書院」の前に広がる「飛鶴庭」である。「清香書院」の前を横切った流れは大胆な漆喰によって護岸がされ、美しい曲線を描いている。

　その土間には三和土の中に飛び石が配されていて、雨戸を外し雨戸を入れる置き敷居を外すと、屋内に取り入れられた曲水の流れと相まって、内部の内露地でありながら外部であると見えるような優れた仕掛けである。流れの淵に手水桶を置けば、雪深い冬でも露地を渡って席入りは容易となり、美しい雪景色を愉しむことができる。雪深い北陸において理想的な露地形式である。

玉泉園（西田家庭園、金沢市小将町）。
⇨p67

玉泉園（西田家庭園）──武家の庭園

　「玉泉園（西田家庭園）」は金沢市小将町に、「兼六園」と兼六園坂を挟んで位置する県指定名勝である。金沢市最古の茶室といわれる「灑雪亭」の露地570㎡と、「玉泉園」1,800㎡が上下2段に重なって構成される池泉回遊式庭園で、金沢に現存する武家の庭園で最も古いものである。地名の小将町の由来にもなったといわれる加賀藩大小姓頭であった脇田直賢（1585-1660）による江戸時代初期の着工、4代九兵衛の代に完成している。「玉泉園」の名前の由来は秀吉の朝鮮討伐の折に戦争孤児として日本に連れてこられた脇田直賢（幼名金如鉄）を養育した玉泉院（永姫）からとられている。「玉泉園」は本庭、西庭、東庭に分かれ、本庭は崖地の地形を巧みに利用して東西2組の滝口を設け、下段の平地には兼六園から辰巳用水の枝水を水源とする「水字形」の池泉を配している。「灑雪亭」と露地は寛文6（1666）年加賀藩に仕えた千宗室の指導によってつくられたとされる。一畳に台目二畳向切りの簡素な茶室の露地であり、池泉を中心とした平地の外露地と朝鮮五葉松のそびえる内露地とからなっている。

寺島蔵人邸庭園（金沢市大手町）。
⇨p.37

寺島蔵人邸庭園の曲水

　「寺島蔵人邸」は加賀藩中級武士の屋敷の様子をよく伝えている。歴史的価値を有し、金沢市史跡に指定されていて、茶室や回遊式庭園が武家の庭園を今日に伝えている。寺島家に伝わる文書によれば、建物は蔵人の祖父五郎兵衛が安政5（1776）年に2階建ての豪華な家を建てたとして「家作の儀につき閉門仰せつかる」とあり、当時の建物に対する様子がうかがえる。後年、改築され現在の姿になったが、旧奥座敷や控えの間などは旧態を残している。

　庭園は南画家、浦上玉堂（1745-1820）の指導でつくられ「乾泉」と名付けられているので、作庭当時は枯山水であったと考えられる。その後、池を掘り、水を張り、鯉を飼った時期もあったようだが、平成4（1992）年に曲水に那智石が敷かれ、「乾泉」庭園に復原された。庭には日本古来の灯籠が数基あり、中でも春日灯籠は代表的古代灯籠として評価が高い。

城下町金沢にはもともと用水路が多く、用水路沿いの屋敷において、その用水を活かした庭園「曲水」が発達した。曲水とは庭園あるいは樹林・山麓を流れる水を指す。金沢の庭園における曲水の代表はやはり「兼六園」である。辰巳用水から引き入れた豊富な水を成巽閣庭園の「飛鶴庭」、茶室「清香軒」の土縁に流して、園内を静かに曲水として流し、霞ヶ池、瓢池に注ぎ、噴水に高めている。

市内の用水路沿いに敷地を持つ庭園では、曲水によって庭園の池に用水路に取水口から水を引き、また出水口から出す形式である。常に新鮮な水が庭園の池を潤すものであり、たまに川（用水）の魚が紛れ込む。

8 町の賑わい

5代藩主綱紀の時代の記録から、元禄10（1697）年の町の人口は68,636人であり、その30年前の寛文7（1667）年と比べると約9,500人と急激に増加している。城下町が整備され、人口が増えることにより、多くの商人が集まり、経済活動も活発になっていった金沢は江戸末期には江戸、大坂、京都に次ぐ4番目の規模の都市に発展していった。

金澤町家

金澤町家は現代に息づく城下町の生活の知恵が詰まった住居である。金沢市が定める金澤町家は、昭和25（1950）年以前に建てられた木造の建築であり、町家には多様な形式や機能性があり、これが金澤町家の特長である。

城下町金沢では住居を、町家系、武士系、近代和風の3種類に分類している。城下町を代表するものとして武士系のものは、現存するものは少ないが、足軽屋敷など一部に当時のものが残る。土塀や門（足軽屋敷は生垣）によって敷地を囲み、切妻の三角形の部分を正面に向けたアズマダチの外観が特徴である。

町家系は町人の住居と仕事場を兼ねた建築で金沢市内に6,000軒ほど残る（令和2/2020年現在）。藩政期の税制に対する効率的な土地利用のため間口一杯まで建てられており、1階は通り沿いに店を構え、奥に生活空間を配した。家作禁止令のあった藩政期には2階に住むことはできず、「アマ」という物置として使用していた。そのため2階部分は比較的低く抑えられた「低町家」であった。明治期に入り、2階部分が自由に建てられるようになると、こぞって背の高い町家を建るようになる。この時代の町家を「中町家」と呼ぶ。時代が下り、大正期、あるいは昭和戦前期にかけては、店の1階の天井も高くした「高町家」が主流を占めていく。

昭和25（1950）年は建築基準法の制定された年にあたり、都市防火のため建築物の不燃化が求められ、それまでの伝統的な在来工法による木造建築が規制された。残念ながら300年近くをかけて進化してきた都心居住の形式に終止符が打たれたのである。金澤町家は大工や建具職人が腕の見せどころと、しのぎを削った匠の技、中庭やセドと呼ばれる作業庭、内部にトオリニワと呼ばれる土間空間を配した自然との近い距離、職住近接、道を挟んだ向こう三軒両隣コミュニティなど、まちの近

代化で失われたものが残されていて刺激的である。金澤町家は都市に住まうスタイルのひとつとして注目を浴び始めている。

⑨ 重要伝統的建造物群保存地区

　石川県には現在8カ所の重要伝統的建造物群保存地区がある。北から輪島市黒島地区、金沢市東山ひがし、同市主計町（かずえまち）、同市寺町台、同市卯辰山麓（うたつ）、白山市白峰、加賀市東谷、加賀市加賀橋立の8つであり全国で最も多い（2020年現在）。

東山ひがし

　金沢市の重要伝統的建造物群保存地区は4つあるが、茶屋街と寺院群に集約されている。

　「東山ひがし」は藩の政策変えにより許可された茶屋を集めて文政3（1820）年に設置された茶屋街である。「卯辰茶屋街」、あるいは「浅野川茶屋街」と称された。当時、街中のいたるところにあった茶屋を新たな街区を計画し直して集めた江戸期の再開発地区である。街区の約1.8haをもって平成13（2001）年に金沢市の重要伝統的建造物群保存地区の第1号として選定された。東側から4本の通りを平行して並べ、中央の二番町を当時の往還並に広げて大きな店を置き、柳と桜を交互に植えた。かつては宇多津神社から浅野川にかけて地区を斜めに横切る水路があった。現在も街区や個々の敷地の中にその痕跡が残る。

　茶屋建築は町家の一種であるが、2階表が接客空間で背が高く、しかも表に縁側を持ってくるので1階表柱より迫り出す形式が特徴である。座敷は朱壁で、芸妓の演ずる控えの間を持ち、接客の空間として華やかである。弁柄（べんがら）に塗られた加賀千本格子「木虫籠（きむすこ）」による繊細な出格子と、2階の座敷廻りの雨戸が対照的な表情をつくる。指定建築は3軒あり、二番町の「志摩」が重要文化財、「越浜（懐華楼）」が市指定文化財でともに公開されていて、「諸江屋」（市指定文化財）は非公開である。

主計町（かずえまち）

　藩の公認ではなく、茶屋街として生まれた時期は明確ではない。おそらく自然発生的に茶屋が開かれていったのであろうが、明治2（1869）年に茶屋が設置されたとしている。かつて藩政期に富田主計（とだかずえ）の上屋敷があったことから地名となったといわれるが確証はない。主計町の特徴は表通りが浅野川に面していることである。2階座敷からの浅野川と桜並木の眺めは風情がある。茶屋建築は東山同様、2階の背が高く2階前面が前に迫り出した形式である。中には3階建てのものもあり、また茶屋以外の建物も並ぶため、東山に比べればやや統一感に欠けるが、自然で素朴なまちなみが特徴である。平成20（2008）年に「東山ひがし」に次いで金沢市の第2号として重要伝統的建造物群保存地区に選定された。また全国における旧町名復活の第一号である。

卯辰山麓

　第三代藩主利常により慶長期から元和期（1596〜1624）にかけて寺町台、小立野台

東山ひがし重要伝統的建造物群保存地区。
⇨ p.42

主計町重要伝統的建造物群保存地区。
⇨ p.42

卯辰山麓重要伝統的建造物群保存地区。
⇨ p.42

と共に卯辰山山麓の寺院の建設が始まり、延宝期（1673〜1681）までには概ね現在のような寺院群が形成されたと考えられる。22.1haの広大な地区面積の中に藩政期の細街路や町割が色濃く残り、傾斜地の地形により行き止まりや曲がりくねった街路の先に寺院が現れる。また旧北国街道に沿って配されている寺院は自然地形の傾斜に沿って参道が形成され、そこにまちなみも形成されている。寺院群と町家群が渾然一体となった景観をつくり出している。平成23（2011）年に重要伝統的建造物群保存地区に選定された。

寺町台

　寺町台は大きくふたつの道で構成されている。ひとつは旧鶴来街道沿いに寺院と町家が渾然一体となった「泉寺町」であり、もうひとつは前田家墓地のある野田山に通ずる参道的まちなみを形成する「野田寺町」である。寺町とはいえ沿道からは門前地のまちなみの奥に寺があり、通り沿いには門がのぞくだけのものも多い。町と寺院の渾然一体となった風景と寺院の境内や墓地に育った大樹による樹林は、寺の甍の風景と共にこの寺院群の大きな特徴である。野田寺町は大正10（1921）年の市電敷設にともない片側（東側）が拡幅されたが、土塀や門の再構築を行った。平成24（2012）年に重要伝統的建造物群保存地区に選定された。

輪島市黒島

　県内の輪島市黒島と加賀市加賀橋立のふたつは、共に北前船の船主集落としての特徴を持つものである。北前船とは江戸中期（18世紀中頃）から明治30年代までの間、大坂と北海道を日本海回りで商品を売り買いしながら結んでいた商船群であり、単に荷物の運搬をしていた船ではなく、寄港地で安い商品を買い、それを高く売れる港で売りさばきながら大阪と北海道を航海していた人たちである。

　輪島市黒島の重要伝統的建造物群保存地区は輪島市の西南に位置し、河岸段丘上に細長く形成されている。江戸後期から明治中期にかけて活躍した北前船の船主や船頭・水夫が多く居住した集落で、現在でも町割りがよく残されている。平入・妻入の主屋が混じり合う中で、釉薬による黒瓦、格子、下見板張りなどの要素が統一感のあるまちなみを形成している。

加賀市加賀橋立

　江戸後期から明治中期にかけて活躍した北前船の船主や船頭が多く居住した集落である。往時の様子を伝える船主屋敷が起伏に富む地形に展開している。船主屋敷の特徴は主屋が切妻妻入で屋根は赤瓦（赤茶色）の瓦葺きである。外壁には船板を張ったものが多い。屋敷地を取り囲むように板塀や土蔵が配置されている。石垣や敷石には淡緑青色の笏谷石（しゃくだにいし）が使われている。

白山市白峰

　白山市白峰と加賀市加賀東谷の両重要伝統的建造物群保存地区は、共に山村集落である。炭焼きや養蚕を生業として、限られた平地にまとまりが保たれた集落を形成している。

　白山市白峰重要伝統的建造物群保存地区は、山間地固有の狭隘な平地に高い密度をもって展開する山村集落である。中央部には地区を貫く一本の幹道があり、

寺町台重要伝統的建造物群保存地区。
⇨ *p.80*

輪島市黒島重要伝統的建造物群保存地区。
⇨ *p.138*

加賀市加賀橋立重要伝統的建造物群保存地区。
⇨ *p.124*

白山市白峰重要伝統的建造物群保存地区。
⇨ *p.114*

それに沿って寺社、大家が居を構え、それらを外から包むように、その他の家屋が配されている。江戸期のものは21棟を数える。豪雪地帯の厳しい自然環境や、養蚕を生業とすることによる建築的あるいは集落的特徴を示し貴重である。

加賀市加賀東谷

　加賀市加賀東谷重要伝統的建造物群保存地区は、白峰同様、山間固有の集落形態を持つ。ただ、加賀東谷は加賀市山間部にある荒谷、今立、大土、杉水の4つの集落にまたがる。藩政期より炭焼きや焼畑により栄えた。明治前期から昭和30年代までに建てられた主屋及び土蔵の群が固有の集落景観を形成してきた。主屋は2階建、切妻造、妻入り、赤瓦の桟瓦葺である。周囲に下屋を回し、棟に煙出しをつけたものが一般的である。雪深い山間地の気候風土と一体を成した伝統的な建物が周囲の自然環境に溶け込んだ集落である。

加賀市加賀東谷重要伝統的建造物群保存地区。
⇨ p.127

撮影：坂本英之

10 その他の建造物

大乗寺伽藍

　大乗寺は金沢市長坂町に所在する曹洞宗寺院である。寺伝によれば、富樫家尚（とがしいえひさ）が弘長3（1263）年に野市（現野々市市）に寺を建立したことに始まるとされる。長享2（1488）年の一向一揆の際、高尾城で自害した富樫政親は当寺で葬られたという。天正8（1580）年、一向一揆平定の折、当寺も焼かれた。その後、金沢城下の本多家下屋敷付近に移ったとされ、現在も大乗寺坂という地名が残る。元禄10（1697）年、藩より野田山に屋敷地を与えられ現在に至る。

　重要文化財である仏殿をはじめ法堂、山門、総門などが元禄15（1702）年の建立とされる。仏殿は入母屋造り平入りで瓦葺き（天保元/1830年までは木羽葺き）、三間四方の身舎に一重の裳階（もこし）をつけた五間四方の仏殿である。禅宗様を基調としながらも、細部において和様の要素を多分に用い、江戸中期における地方禅宗寺院の形式をよく伝えている。

大乗寺仏殿（1702年、金沢市長坂町）。
⇨ p.85

撮影：斉藤守史

江沼神社長流亭（1709年、加賀市）。
⇨ p.125

提供：加賀市

江沼神社長流亭（えぬまじんじゃちょうりゅうてい）

　重要文化財。加賀市大聖寺八間道を流れる大聖寺川のほとりに建つ。大聖寺藩（だいしょうじ）3代藩主、前田利直（としなお）が宝永6（1709）年藩邸の庭園の一隅に川に臨んで建てた別邸である。それゆえ当時は「川端御亭」と呼ばれていたが、後に「長流亭」と改称された。廃藩置県の翌明治5（1872）年この辺り一帯は「江沼神社」が造営され、その社地となっていたが、やがて神社に寄進され現在に至っている。江戸中期の建築意匠の特徴をよく伝える優れた遺構である。建物は平屋建て、柿葺き（こけら）寄棟造りの屋根であり簡素な佇まいである。間取りは西北隅に玄関、建物中央に座敷を上・下二間設け、その周囲に入側で取り巻く形式である。上の間は6.5畳の広さがあり、1間の床の間と床脇飾り棚、付け書院を設けている。この付け書院には花頭窓や透かし彫りの欄間など建物の中で最も意匠を凝らしてある。

（さかもと・ひでゆき）

【参考文献】
牧考治『加賀の茶室』1983年、北國新聞社
金沢市編さん委員会『金沢市資料編17 建築・建設』1998年、金沢市
「角川日本地名大辞典」編纂委員会『石川県地名大辞典』1981年、角川書店
北國新聞社出版局『石川県大百科事典』1993年、北國新聞社
平凡社地方資料センター『日本歴史地名大系 第十七巻 石川県の地名』1991年、平凡社
石川県教育委員会『石川県の近代化遺産』2008年、石川県教育委員会

明治〜戦前昭和｜

金沢の近代建築

竺 覚暁[*]

＊竺覚暁先生が、執筆中に亡くなられたため、
中森勉先生に代筆をお願いしました。

1 日本の近代建築

　日本は19世紀半ば過ぎ、明治維新において開国し、西洋文化、文明を受容して「近代化」を開始した。いわゆる「文明開化」である。圧倒的な技術力を持つ西洋の支配に呑み込まれないためには、可能な限り速やかに西洋文明を吸収し、同化して西欧に対抗する必要があった。このことは建築文化においても例外ではなく、明治以降、ある意味では現代にあってもなお、私たちは西洋建築を学び吸収することを続けているといっていい。そして、この学習と吸収に基づいてつくられ建てられた日本の西洋建築と、この「近代化」によってさまざまな制限から解き放たれ、自由になった伝統的和風建築を含めた全体を「日本近代建築」と総称している。

　時代的には西洋文明が伝来しその学習が始まった幕末から、ある意味でその学習の結果が問われたことになった第二次大戦敗戦までの間の建築を指す。したがって、日本の近代建築は一般に、西洋建築の学習、受容の仕方や経緯、つくり手や近代化の様態などによって、いくつかの種別に区分されている。

西洋館建築

　その最初のカテゴリーは、幕末から明治初期にかけて、わが国に渡来して来た西洋諸国の外交官や宣教師、商人などが自らの設計で主として自らの居館として建てた、いわゆる「西洋館建築」と呼ばれるものである。これは、設計者が西洋人であるから比較的正確な西洋建築の様式を保持しているが、設計者が専門の建築技術者ではない場合がほとんどであり、かつ施工は日本の伝統的和様建築の技術者、大工が行ったのであるから、そのデザインには様式的な逸脱や和風の混入が見られ、この混合がかえってこの建築形態を魅力的なものとなしている。

擬洋風建築

　第2のカテゴリーは、この「文明開化」によって全国各地で捲き起こった「西洋建築」建設の要求に、それぞれの地元の大工が応えてつくられた作品群である。この大工たちは多く堂宮大工など極めて優秀な伝統的和様建築技術者ではあったが、当然に「西洋建築」の様式や技術に関する知識も技能も持ってはいなかった。そこで彼らは横浜や神戸などの外人居留地や東京などに建てられていた「西洋館建築」を見学に行き、それによって学んだ西洋建築の形態を、自らの持つ優れた伝統的和様建築技術でつくってしまうのである。彼らの世界にも類例を見ない精緻な和様木造建築技術をもってすれば、西洋木造であれ西洋組積造（石造、煉瓦造）であれその形態をコピーしてつくってしまうのは難しくはなかった。この点で彼らは自信に満ちており、かつ西洋文明に対するヴィヴィッドで強烈な好奇心と憧れでもって、いわば力ずくで西洋建築をものにしてしまったのである。しかし、和洋を問わず建築の形態ないし様式には、それぞれ固有の形態上様式上の「文法」や「構文法（シンタックス）」、「文脈」といったものがあり、それに則ってデザインが構成されているのである。大工たちは西洋建築のこうした形態構成上のルールに関しては知る由もなかったし、

これを習得することもできなかっのだから、ルールが必要になった局面では伝統的和様建築の「文法」を応用せざるを得なかったし、また形態の細部にはそれをつくる和様技術のために和様の形態が混入して来るのも避けられなかった。こうしてできあがった作品は、したがって和洋が混淆し折衷されたものとなるが、それは日本の大工たちの西洋文明に対するダイナミックな憧憬と自信を反映して、生命力に満ちた一種の幻想的で魅惑的な造形になることが多い。こうした建築を「西洋」に「擬」した建築を「擬洋風建築」と呼ぶ。

「日本の」折衷主義建築

西洋建築を真に自分のものとするためには、その「文法」や「構文法」などのルールを含めてその様式を「正確」に学ばなければならない。このために明治政府は大学など高等建築教育機関をつくり、そこにお雇い外国人教師を招致して西洋建築を日本人学生に教授させ、外国人建築家に官庁建築の設計を発注したのである。また、日本人が直接西洋の大学その他の建築学校に留学して西洋建築を学ぶことも奨励した。お雇い外国人や外国人建築家が帰国した後は、彼らから本格的に西洋建築を学んだ日本人建築家がその後を承けて、教育機関や設計組織などで後輩に西洋建築を教えるとともに、彼ら自身の西洋建築をつくっていったのである。

このようにして明治日本が西洋建築を学び始めた時のヨーロッパは、「折衷主義建築」の時代であった。折衷主義というのは、過去のさまざまな建築デザイン、すなわち、ギリシャ・ローマの古典建築、ロマネスクやゴシックの中世建築、ルネサンスやバロックの近世建築などの様式を、つくろうとする建築の目的に応じて適宜に選択し折衷してデザインする方法である。第3のカテゴリーはこの日本の本格的な西洋建築であり、したがってこれは日本の「折衷主義建築」ということになる。

日本のモダニズム建築

ヨーロッパにおいてこの「折衷主義建築」に対する批判が高まり、合理的で自由、機能的、かつヒューマニズムに基づく新しい建築デザインが創造され始めたのは1920年代である。歴史的な建築形態とその折衷を捨て去り、機能主義に基づく抽象的で「モダン」な形態が特徴的な「モダニズム建築」デザインがこれであるが、このデザインはすぐに日本へも波及した。すなわち「日本のモダニズム建築」が第4のカテゴリーである。

近代和風建築

日本人の生活という局面から見れば、この「西洋化」、「近代化」が及んだのは専ら公的生活の面においてであって、私的な面ではその生活様式は高度経済成長期までは純和風であったといっていい。会社や学校では洋服を着、自宅では専ら和服で寛ぐのが一般的であったように、企業や商店、官衙、学校、病院など生活のパブリックな局面における建築は西洋建築であっても、自宅や別荘、また料亭、旅館など生活のプライヴェートな局面における建築は長く和風建築で建てられたのである。

明治以前、この和風建築は木造建築技術としては世界にも稀な精緻さの水準に達していたが、士農工商また社寺などの階級別、格式別に、使用できる材料や様式、形式が定まっていた。明治の近代化は和風建築上のこうした制限を取り外してしまったのである。したがって、その高度の大工技術を存分に奮うことのできる環境を得た明治以降の和風建築は、極めて優れた作品を生み出す一方で、また技術の高度さ、精緻さのみを徒に競うマニエリスティックな作品も生み出したのであった。このカテゴリーを「近代和風建築」と呼んでいる。

以上が歴史的展開に沿って区分された「日本近代建築」の4つの種別であるが、金沢の近代建築の歴史においても、当然のことながらこの4つの種別すべてが存在しているのである。以下この4つの種別に分けて金沢の近代建築史の概要を述べるが、個々の作品に関して現存するものは別項で論ずるため、以下においては既に失われたものに中心を置いて記述する。

2 金沢の近代建築

お雇い外国人のための西洋館建築──「デッケン居館」と「スロイス居館」

金沢における西洋建築の嚆矢は、明治4（1871）年に金沢藩が鉱山学の教師として招いたプロシア人貴族バロン・エミール・フォン・デア・デッケンのための住宅兼鉱山学所として、明治3（1870）年10月に建てたといわれる兼六園山崎山前方にあった洋風住宅、「デッケン居館」であろう。この建物は後に石川県勧業博物館の東本館となり、明治41（1908）年に博物館廃止とともに取り壊された[1]。

「異人館」と呼ばれたこの建築は、前田慶寧が建てたといわれ[2]、必ずしも当初からデッケンのために準備されたものではなかったのかも知れない。この建築の詳細は分かっていないが、外観を描いた「辰巳旧園新造客殿図」（佐々木泉玄筆、金沢市立玉川図書館近世史料館蔵、図❶）が残っており、また「金澤公園勧業博物館之図」（明治24/1891年、金沢市立図書館蔵）や「金澤兼六公園之図」（明治31/1898年、同）など明治期にたびたび出版された兼六園案内図にその形姿の略図を見ることができる。しかし描写は曖昧で正確な形は分からない。最も詳しい図は「勧業博物館全景」[3]（発行年不詳、石川県立図書館蔵）であるが、これらの図から判断すると、寄棟瓦葺きの2階建ての建物で、1階周囲に手摺り付きヴェランダを、2階周囲に手摺り付きバルコニーを廻して、上げ下げ窓に鎧戸を付けたフレンチ・ウィンドウを配し、正面に半六角形の張出を設けてポーチとなしたアメリカン・コロニアル・スタイル[4]といっていいデザインの建物だったようである。

藩や、後に県が招いたお雇い外国人との雇用契約には、洋館住宅を提供する条件が含まれているのが常であった。たとえば医学館の教師として招いたオランダ陸軍軍医ピーテル・J・A・スロイス（Pieter Jacob Adrian Sluys, 1833-1913）の居館を金沢城内玉泉院丸に明治3（1870）年頃に建てたように、こうした外国人のために建てた西洋館建築がいくつか建築されていたはずであるが、それらの住宅建築については「スロイス居館」も含めて、どのような建物であったのかはまったく分かっていない。

❶「デッケン居館」の外観を描いた「辰巳旧園新造客殿図」。（佐々木泉玄筆、金沢市立玉川図書館近世史料館蔵）。

1）「特別名勝兼六園―その歴史と文化―」編纂委員会『特別名勝兼六園―その歴史と文化―本編』（橋本確文堂、金沢、1997.2）p.114。「兼六園」編集委員会・石川県兼六園管理事務所『特別名勝兼六園』（北国出版社、金沢、1987.3）pp.70-71。
取り壊しの際、益知館という書店がこの建物を譲り受けて、現在県警本部に隣接する緑地となっている広坂角に移築し店舗として用い、後、金沢英学院がここに移り学校として用いたという。最終的にこの建物は現在福音館書店となっている場所に再移築され、キリスト教教会堂広坂教会となった（同書、pp.315-316）。これら後身建物についても詳しいことは分かっておらず、僅かに広坂教会に使われていた「デッケン居館」当時のものといわれる唐草透かし彫りの欄間の一部が残っているのみである。
真柄建設に残る初代真柄要助による文書にこの「デッケン居館」の施工覚書があり、材料や仕上げの一部が記されている。今井一良「金沢最初のもう一つの異人館 スロイス居館の変転と遺品の透彫り装飾」（『石川郷土史会々誌』第29号、1990）。
2）小川南疇『兼六公園誌 乾坤』（養志堂、1913）。
3）全景とあるがそうではなく、東本館の図であろう。

宣教師ウィン、ヘッセル、ヘイズの建築

　しかし、外国人は招請されて金沢へやって来た人たちばかりではない。異郷にキリスト教を広めるべくやって来た宣教師たちもいた。彼らは自宅や教会堂を自ら設計し地元の大工を使って建てたのである。金沢で北陸初の宣教活動を始めたのは米国人トマス・C・ウィン（Rev. Thomas Clay Winn）であった。彼は石川県中学師範学校のお雇い英語教師として、2年間の契約で明治12（1879）年に着任したのだが、元来彼はプロテスタントの宣教師であり、教職の傍ら伝道を行い教会建設の活動を行うことを、時の石川県権令、千坂高雅に願い出て許されたのである。彼は任期満了の後も金沢に止まって宣教を続けることを決心したが、日本滞在資格を得るためには教師を続ける必要があり、このため彼は、明治16（1883）年に「私立愛真学校」を大手町に設立し、そこの教師をしながら伝道を行うこととした。したがって彼は金沢の私学の開祖であり、またミッション・スクールの開祖でもあることになる。

　この愛真学校は日曜日には教会堂としても用いられたようであるが、古写真[5]を見ると、石置き屋根の普通の町家を利用したものであった。この愛真学校は明治18（1885）年に広坂に移り、「北陸英和学校」となった。現存する写真[6]によると、この建築はやはりアメリカン・コロニアルの2階建で、中央に尖塔屋根を載せた角塔を配した教会堂を連想させるものであった。

　ウィンの建てた建築で現存するものは、彼の自邸である「ウィン館」（明治24/1891年、飛梅）と「日本キリスト教団金沢教会」（明治24/1891年、石浦町、移築後若草教会と呼称、若草町、図❷）である。いずれもアメリカン・コロニアル・スタイルの西洋館建築である。

　愛真学校は男子学校であったので、ウィンは女子学校の必要を感じていた。このことに共感を持った婦人宣教師メリー・K・ヘッセル（Mary K. Hesser）はウィンの勧めに応じて明治16（1883）年に来沢し、翌17年に広坂の民家を借りて私塾を開いた。この学校が明治18（1885）年に柿木畠に校舎を新築して「私立金沢女学校」となったのである。大工高田宗右衛門と島田吉秋が建てたといわれるこの校舎は、復元平面図及び立面図[7]によるとやはり、2階建瓦葺き下見板貼りペンキ塗り、フレンチ・ウィンドウを付け、前面左半分に1階2階ともベランダを回したアメリカン・コロニアルの洋館であった。

　この建築は明治24（1891）年に改築されて原型は失われ、一部が昭和41（1966）年に三小牛町に改造移築されて「北陸学院本部」となって現存している。この改築は大規模な増築を伴っており、校舎、寄宿舎など学校全体がアメリカン・コロニアル・スタイルで完成し[8]、北陸学院が昭和41（1966）年に三小牛町に移転するまで金沢市民に親しまれた。大正11（1922）年にも増築が行われたが、この時建てられた外国人教師館が三小牛町に移築され、「ヘッセル館」（現存）と呼ばれる教員宿舎となっている。外壁がモルタル塗り仕上げであることを除けば、上げ下げ窓、煉瓦造暖炉や煙突など、アメリカン・コロニアルである。移築前の古写真[9]を見ると煙突の向きが変わっていることを除けば移築は原型を変えることなく行われている。

　ウィンの伝道を助けるために明治20（1887）年に来日、金沢、富山の伝道に当たったマーシャル・C・ヘイズ（Rev. Marshall C. Hayes）が明治21（1888）年に飛梅町に建て

❷「日本キリスト教団金沢教会（若草教会）」。明治24（1891）年、設計：トマス・C・ウィン、石浦町から若草町に移築。（若草教会蔵）

4）アメリカン・コロニー・スタイル
　アメリカは最初イギリスやフランスの植民地（Colony、コロニー）として出発した。この植民地時代に成立した住宅を中心とする建築様式をアメリカン・コロニアル・スタイルと総称している。
　元来はヨーロッパからの移民がそれぞれの本国の建築様式を、アメリカで得られる建築材料を用いて簡略化して実現したものだが、独自の発展を遂げた。特に木造に特色があり、それは柱と梁のフレーム構造にクラップ・ボードと呼ばれる下見板を貼りペンキ塗仕上げ、上げ下げ窓を付けて、スレート屋根を架し、建物中央、各室の境界に煉瓦造暖炉を配し煙突を上げるのが標準であった。

5）北陸学院100年史編集委員会『北陸学院100年の歩み―創立100年記念誌』（北陸学院、金沢、1985）p.3.
6）北陸学院100年史編集委員会『北陸学院100年史』（北陸学院、金沢、1990）p.8.
7）『北陸学院100年の歩み』p.8.
8）同書 p.9及び10の写真、石川写真史編纂委員会『石川写真百年「追想の図譜」』p.95、写真162、p.101、写真173.
9）『北陸学院100年の歩み』p.21.

た自邸が「ヘイズ邸」である。ヘイズが明治25（1892）年に帰国した後に同僚宣教師ジョージ・W・フルトン（Rev. George W. Fulton）が住んだので「フルトン邸」として長く知られたこの住宅は、ヘイズが故郷ニューイングランドの自邸をモデルにして自ら設計した。また施工にあたっては大阪、神戸から職人を呼び寄せて建築したと伝えられ、木造2階建てアメリカン・コロニアルの建物で、ベイ・ウィンドウやヴェランダを付け、ステンド・グラスや刳形、手摺子、煉瓦造暖炉や煙突など細部の意匠は本格的なもので、水準の高い作品であったが、惜しくも解体されてしまった（図❸）。

こうした西洋館建築は他にも、たとえば、恐らくは明治24（1891）年創立のメソジスト系の私立金澤英學院の初代教頭、英国人マッケンジーの住宅であったであろう「マッケンジー館」（石引）と呼ばれた建築などいくつか残っていたが、昭和40年代後期（1970代前期）に相次いで取り壊され現存しない。また、時代は下るが、この系譜に属する教会堂建築では、カソリック聖公会の建築家、マックス・ヒンデルが、ロマネスク・スタイルを木造コロニアル・スタイルで美しく設計して、昭和6（1931）年に建築された「金沢聖霊修道院聖堂」（長町）が残っている。

❸「ヘイズ邸」。明治21（1888）年、設計：マーシャル・C・ヘイズ、飛梅町。（中森研究室蔵）

擬洋風建築──「尾山神社神門」と失われた4つの建築

明治初期の金沢の名所案内錦絵などを見ると、擬洋風と覚しきデザインの建築がいくつか散見されるが、それらがどのようなデザインであったかは正確には分からない。全国的な例を見ると官公庁や学校が先ず擬洋風で建築されることが多いのだが、金沢の場合は明治13（1880）年建築の「石川県庁」も明治28（1895）年建築の「金沢市役所」も和風の建築であったし[10]、学校も、たとえば明治3（1870）年設立の金沢藩医学館、金沢医学専門学校が藩重臣津田玄蕃の武家屋敷を校舎としていたように[11]、多く既存の和風建築を転用して始まったようである。

金沢最初の擬洋風建築は、明治8（1875）年、名工津田吉之助の設計施工になる「尾山神社神門」（重要文化財）であって現存している。

その他、現存しないが古図、古写真で確認ができる擬洋風建築は4つあった。

そのひとつが明治8（1875）年建築の「金沢中央郵便局」[12]（博労町）で、寄棟屋根を架し壁は白漆喰仕上げの塗屋とした作品である。上げ下げ窓に鎧戸を付けたフレンチ・ウィンドウを付け、精緻な左官鏝仕上げの軒蛇腹（コーニス）を付けた洋風のデザインであるが、窓の細部やコーニスの曲線、1階玄関部の柱の仏寺風意匠などに和風が混入していて擬洋風独特の雰囲気をもっている。

もうひとつは、明治9（1876）年建築の「金沢裁判所」[13]（兼六園下、新堂形米倉跡）である。これは、2階建てで上げ下げ窓を並べ、中央玄関部に大きなアーチを架けた入口を配し、その2階部にも半円形タンパンを頂く上げ下げ窓を付けたコロニアル風の洋館である。しかし玄関部が頂く屋根は和風入り母屋、また全体の屋根の形状も和風であり、和洋が混淆したデザインであった。

第3は「石川県（金沢）病院」で、恐らくは明治12（1880）年に殿町に移転新築された同病院を描いた版画[14]が残っていて、それには八角形平面の3層の楼屋を中央に配し、仏寺様式の混入した洋館が描かれている。

10）『石川写真百年「追想の図譜」』p.36、写真50、p.38、写真58。写真集金沢編集委員会『ふるさとの思い出写真集、明治大正昭和、金沢』（国書刊行会、東京、1978）p.44、写真46、p.46、写真68。
11）『石川写真百年「追想の図譜」』p.68、写真109。
12）『ふるさとの思い出写真集、明治大正昭和、金沢』p.42、写真62。
13）『石川写真百年「追想の図譜」』p.40、写真60。

第4のものは建築年は定かではないが明治中期は下らないと思われる「聖ヨゼフ教会」[15]（広坂）である。木造2階建て瓦葺き、教会には珍しく平入りの建築で前面にヴェランダを廻し、その2階をバルコニーとして、轆轤細工の手摺子を付けた洋風の手摺りを廻す。バルコニーを支える角柱には板を鋸で切り抜いたカーペンター・ワークの持送り状の柱頭を付けている。内部は祭室と会堂部に分かれており、その境にロマネスク風の丸柱を4本並べアーチを架している。会堂側壁の窓もアーチ窓でありステンド・グラスが入れてあった。これらの洋風意匠はかなり正確なものだが、しかし会堂の床は畳敷きであり、入口の戸も襖になっている和室のしつらえで、ここでも和洋が混淆している。全体に和風が多量に混入した洋風意匠で魅力的な建物であった。

明治中期から末期にかけて都市の不燃化が唱えられ、都市中心部では行政によって土蔵造や塗屋で町家や商家を建てることが奨励された。こうした中で富山資本の銀行店舗には土蔵造で洋風建築をつくった例が少なくなかった。この擬洋風建築の好例である「金沢貯蓄銀行」（明治40/1907年、尾張町、現町民文化館、県文）が残っている。

折衷主義建築──中央の建築家が設計した本格西洋建築の教育機関

金沢は長く加賀能登越中三国の中心地であったために、明治維新後も国の行政や金融などのサーヴィス産業の展開の上において、北陸の中心拠点都市と見なされてきた。このため国の高等教育機関や出先機関、軍、また中央金融、保険産業の支店などは金沢に置かれることが多かった。そうして、こうした中央の施設の建築が、中央の建築家の設計により本格的な西洋建築の様式──すなわち折衷主義建築──をもって建てられていったのである。

明治政府が国の近代化の基本をなすものとして第一に整備を計ったのが教育制度であった。明治5（1872）年8月の学制発布によって、全国に標準的な教育機関が整備されて行ったのである。そのなかでも国が設置する国立教育機関は当然、本格西洋建築で建てられた。

その最初期のものが、現存する明治20（1887）年建築の「第四高等中学校本館」（広坂、現・四高記念文化交流館、重文）である。山口半六[16]と久留正道という文部省（現文部科学省）所属の建築家によって設計された。煉瓦造2階建ての本館と同時に木造コロニアル・スタイルの教室群や寄宿舎も建てられたが、このうち「階段教室」が博物館明治村に移築されて保存されている。これらの建物の施工請負によって、地元の建設業は初めて西洋建築技術を本格的に修得したのであった。なお、この作品は日本人建築家の手になる本格西洋建築のわが国最古の現存例となっている。

また、最初は藩立として発足した医学館は、次いで県立医学校となり、明治20（1887）年に国立となって「第四高等中学校医学部」となったが、明治34（1901）年に「金沢医学専門学校」として独立し、木造コロニアル・スタイルの校舎を明治45（1912）年に土取場町に建てている[17]。後に、大正11（1922）年にこの医専の付属病院となる前出の「石川県金沢病院」は明治38（1905）年に、木造ゴシックの意匠を持つコロニアル・スタイルで、全国屈指の規模をもって小立野に建築された[18]。下つ

14) 金沢大学医学部百年史編集委員会『金沢大学医学部百年史』（金沢大学医学部創立百年記念会、金沢、1972）図37。
15) 岩波書店編集部『岩波写真文庫68 金沢』（1953）pp.42–43の写真。
16) 山口半六（1858–1900）
大学南校からパリのエコール・サントラルに留学、日本人建築家として始めて学位を得て帰る。郵船汽船、三菱を経て文部省入省、東京の高等師範学校、第一高等中学校などを設計。久留正道と共同では他に「第五高等学校」（1889、現存）を設計。後に独立して設計事務所を営み、大阪、長崎などの都市計画に携わった。
17) 『石川写真百年「追想の図譜」』p.71、写真115、116。『ふるさとの思い出写真集、明治大正昭和、金沢』p.84、写真130。

18)『石川写真百年「追想の図譜」』p.70、写真114。
『ふるさとの思い出写真集、明治大正昭和、金沢』
p.52、写真79。
19)『石川写真百年「追想の図譜」』p.85、写真138。
『ふるさとの思い出写真集、明治大正昭和、金沢』
p.84、写真129。
20)『石川写真百年「追想の図譜」』p.84、写真137。
『ふるさとの思い出写真集、明治大正昭和、金沢』
p.76、写真129。
21)『石川写真百年「追想の図譜」』p.87、写真141。
『ふるさとの思い出写真集、明治大正昭和、金沢』
p.77、写真119。
22)『石川写真百年「追想の図譜」』p.87、写真142。
『ふるさとの思い出写真集、明治大正昭和、金沢』
p.77、写真120。
23)『石川写真百年「追想の図譜」』p.90、写真147。
『ふるさとの思い出写真集、明治大正昭和、金沢』
p.79、写真124。
24)『石川写真百年「追想の図譜」』p.91、写真149。
『ふるさとの思い出写真集、明治大正昭和、金沢』
p.78、写真122。
25)『ふるさとの思い出写真集、明治大正昭和、金
沢』pp.36-37、写真54-55、p.103、写真166（写
真説明に火器被服庫とあるのは誤り）。
26)『石川写真百年「追想の図譜」』p.40、写真61。
『ふるさとの思い出写真集、明治大正昭和、金沢』
p.45、写真66。
27)『ふるさとの思い出写真集、明治大正昭和、金
沢』pp.50-51、写真74-76。

て大正12（1923）年には「金沢高等工業学校」の校舎が簡略化され通俗化された折衷様式で建てられている[19]）。

さらに、県、市などの公立教育機関も順次整って行くが、「石川県師範学校」（明治22/1889年、広坂）[20]）、「県立金沢第一中学校」（明治30/1897年、下本多町）[21]）、「県立金沢第二中学校」（明治32/1899年、飛梅町）[22]）、「県立工業学校」（明治33/1900年、本多町）[23]）、「金沢商業学校」（明治37/1904年、彦三）[24]）などがその代表的なもので、いずれも上げ下げ窓をつけた木造コロニアル・スタイルで建てられている。このうち「三尖塔校舎」の名で親しまれた「県立金沢第二中学校」が「金沢くらしの博物館」（重文）として保存されているが、この建築は石川県内中学校校舎のモデルとなった。

軍の建築──金沢城跡と出羽町

学制の次に整ったのは軍制である。明治6（1873）年の徴兵令によって金沢城跡に陸軍名古屋鎮台金沢分営が置かれ、2年後に歩兵第七連隊が編成されて城跡はその本拠となった。兵舎は大正6（1917）年の取壊しまで兵舎に改造して使用された「九十間長屋」のように、藩政時代の建物を用いていたようであるが、明治14（1881）年の火事でそのほとんどを焼失し、以後、洋風の兵舎が建設されていった。

木造コロニアル・スタイルを原型とする本格的な洋館建築の兵舎が建てられていくのは、明治31（1898）年に第九師団が置かれてからである。城内には、明治31（1898）年建築の「第六旅団司令部」が残る。「第九師団司令部」（明治31/1898年）と、大手町にあった将校用社交場「偕行社」（明治19/1886年建築、同42/1909年出羽町移転新築）は出羽町に移築され、さらに令和2（2020）年、「第九師団司令部」と「偕行社」は、「国立工芸館」として出羽町地内の別の場所に復原再移築して保存されている。

また煉瓦造の倉庫建築「陸軍兵器支廠」3棟（明治42/1909年、大正2/1913年、大正3/1914年）が「石川県立歴史博物館」（重文）として再生保存され、旧石川郡野村、現在の金沢市野田には、やはり煉瓦造の「野戦砲兵（山砲）第九連隊覆馬場」1棟（大正2/1913年）が「陸上自衛隊第十四普通科連隊車両整備工場」として現在も使われている。

煉瓦造では軍用ではないが、大蔵省臨時建築部設計の「日本専売公社煙草工場」（大正2/1913年、玉川町）[25]）があり、一部が「金沢市立玉川図書館近世史料館」として保存されている。

その他の折衷主義建築

その他の公的機関の折衷主義建築では「金沢地方裁判所」（明治42/1909年、尻垂坂通）[26]）がある。煉瓦造の壁面に白御影石のバンドコースが美しく走り、マンサール屋根を架した堂々たるバロック風の重厚な作品であった。司法関係では、高い煉瓦塀に囲まれ2基の塔を持つ正門が印象的だった「金沢監獄」（明治40/1907年、元鶴間町、図❹）[27]）があり、この正門と典型的なパノプチコン（放射状平面）であった中央看守塔と舎房1棟が明治村に移築保存されている。また私企業では、北陸の鉱山王と称された旧加賀藩重臣の横山家の「横山鉱業部」[28]）が明治43（1910）年に、華麗なバロック風洋

❹「金沢監獄」。明治40（1907）年、設計：不明、元鶴間町。（中森研究室蔵）

❺「明治生命金沢支店」。明治37（1904）年、設計：葛西万司、南町。（中森研究室蔵）

❻「日本生命金沢支店」。大正4（1915）年、設計：辰野金吾、南町。（中森研究室蔵）

28）『石川写真百年「追想の図譜』』p.217、写真396。
29）同書、pp.156–160、写真271、273、278、279。
30）同書、p.157、写真274。
31）葛西万司（1863–1942）
　東京帝国大学建築学科卒業後、日本銀行技師を経て辰野金吾と辰野・葛西建築設計事務所を設立。辰野の良き女房役であると同時に建築の経済的局面に早くから着目し、建築経済という学問分野の確立に力があった。
32）辰野金吾（1854–1919）
　工部大学校造家学科第一回卒業生で、東京大学建築学科の主任教授、建築学会会長を長く勤めた明治建築界の大立者で、後進に大きな影響力を持った。東大退官後は東京に「辰野・葛西建築設計事務所」、大阪に「辰野・片岡建築設計事務所」を置いて活発な設計活動を行った。主要作品に「日本銀行本店」「東京駅」などがある。
33）ウィリアム・メリル・ヴォーリズ（1881–1964）
　キリスト教伝導師として明治38/1905年来日。明治41/1908年に設計事務所を開設、設計活動に入る。正式な建築教育を受けてはいなかったが、その正確な歴史的西洋建築様式の知識を駆使して、優れた折衷主義の建築作品を数多く残した。昭和16（1941）年に日本へ帰化、一柳米来留と名乗った。
34）『石川写真百年「追想の図譜』』p.227、写真409（写真左側中央の建物）。
35）『石川写真百年「追想の図譜』』p.232、写真418。
36）片岡安（1876–1946）
　旧加賀藩士、細野直重の二男として金沢市に生まれる。東京帝国大学建築学科卒業後、日本銀行技師となり同行大阪支店を手掛けた。その際、同支店長片岡直輝の勧めで、日本生命創設者、片岡直温の養子となり、終生関西で活躍した。辰野金吾と共に「辰野・片岡建築設計事務所」を主宰、大阪における辰野の女房役であると同時に、関西建築界の重鎮であった。後に名誉金沢市長も勤めた。
37）同書、p.41、写真65。『ふるさとの思い出写真集、明治大正昭和、金沢』p.25、写真38–39。
38）『石川写真百年「追想の図譜』』p.185、写真339。『ふるさとの思い出写真集、明治大正昭和、金沢』p.70、写真108。

館で建てられていた。

明治期の表通り

　明治期の金沢の表通りは、見世部分にガラス戸を入れたり、また塗屋としたりして一部の意匠が近代化されたかも知れないが、通りに沿って林立した電柱を除けば、基本的には藩政時代の町屋の様式を守った剥板葺き石置き屋根の商家が立ち並んだ伝統的な景観であった[29]。明治後期になってそうした伝統的まちなみの中に、折衷様式の洋風建築が現れて来るのである。その多くは中央の保険金融業の支店であって、主として上堤町から南町、香林坊に至る街路に建ち並んできた。その早い例は明治40（1907）年頃に南町に建てられた、丸窓や隅塔を持つ擬ルネサンス風の意匠、恐らくは木骨石貼り構造の「第十二銀行金沢支店」[30]であった。これは宮内庁技師、長岡平三の設計と伝えられるが、このようにこうした中央資本の建築は多く中央の建築家の手によって建てられるのである。

　そうした建築のなかの白眉が南町にあった「明治生命金沢支店」（明治37/1904年、設計：葛西万司、図❺）[31]と「日本生命金沢支店」（大正4/1915年、設計：辰野金吾、図❻）[32]であった。「明治生命」は煉瓦造でルネサンス・スタイルを基調としつつ、その中に和風の意匠を混入させつつ破綻なく調和させたユニークで非凡なデザイン、葛西らしい洒脱な作品であった。「日本生命」は木骨煉瓦造でやはりルネサンス・スタイル、辰野らしいやや武骨だが重厚なデザイン、特にドームを架した塔屋の迫力ある意匠はこの建築を南町通りのランドマークとなしていた。

　また、少し時代は下るが、近江兄弟社のウィリアム・メリル・ヴォーリズ[33]設計の「大同生命金沢支社」（大正15/1926年）[34]が、柔らかい感触の肌色のテラコッタ・タイルを貼り、ルネサンスのパラッツォ（貴族邸宅）様式の外観で香林坊北端に建てられていた。また広坂通りでは、大正11（1922）年建築の「金沢市役所」[35]（設計：片岡安[36]）が木骨煉瓦造のルネサンス・スタイルであり、通りに瀟洒な雰囲気を与えていた。

まちなみを変えた路面電車

　こうした伝統的まちなみに西洋建築が点在する景観が大きく変わるのは、やはり街鉄、路面電車敷設（街鉄開通は大正8–11/1919–1922年）のために、大正元（1912）年から同11（1922）年にかけて行われた主要道路の拡幅によってである。拡幅により取り壊しや曳屋を余儀なくされた商家のかなりのものは、洋風の意匠を持つ建築に改築ないし新築された。しかしそれらのデザインは、西洋折衷主義建築デザインを本格的に学んだ建築家のものとは異なって、西洋折衷主義建築が大衆化され通俗化されたデザインが大部分であった。たとえば通俗化されたバロック・スタイルの「日本銀行金沢支店」（明治42/1909年、香林坊）[37]や、まちなみの中にあったのではないが「石川県立図書館」（明治45/1912年、大正5/1916年増築、兼六園内）[38]が挙げられる。

　昭和時代に入って、鉄筋コンクリート造が用いられ始めても、たとえば簡略化されたルネサンス・スタイルの「高岡銀行橋場支店」（現・金沢文芸館、昭和4/1929年、尾張町）や、精緻で正確な西洋古典の意匠を用いた「明治屋」（昭和3/1928年、設計：曽禰中條建

39) **曽禰達蔵**（1852-1937）
　辰野金吾と同郷、同級で同じく工部大学校造家学科第一回卒業生。辰野と異なって終始民間の建築家として活躍。最初、三菱に入社し、東京丸の内の三菱の建築を担当。明治41（1908）年、中條精一郎（1868-1936）と共同で設計事務所を開設、昭和11（1936）年まで数多くの作品を残した。中條は東京大学建築学科卒業後、文部省に入り学校建築を担当。ケンブリッジ大留学を経て曽禰と共同し、折衷主義の優れた作品を多数設計。戦前の日本建築士会の中心人物として建築家の職能確立に努力した。
40) 『石川写真百年「追想の図譜」』pp.224-229、写真405、406、407、410、411。
41) **武田五一**（1872-1938）
　東京帝国大学建築学科卒業後、同大助教授となり、欧州留学後に京都大学建築学科の創設に参画、同大教授となる。関西建築界の指導的建築家であり、その作風は時に耽美的といっていい芸術的なもので、理知的な折衷構成を尊ぶ当時の建築デザインの主流からすれば異端であった。
42) **渡辺節**（1884-1967）
　東京帝国大学建築学科卒業後、韓国政府技師、鉄道院を経て独立、設計事務所を構える。アメリカへ外遊し、アメリカ合理主義的な建築設計を学び、その堅実で親しみやすいデザインや、新しい建築設備計画には関西で定評があり、多くの優れた作品を残した。若き村野藤吾は渡辺のもとで十数年修業している。
43) **村野藤吾**（1891-1984）
　早稲田大学建築学科卒。昭和4（1929）年まで渡辺節のチーフを勤め、同年、村野建築事務所を開設、旺盛な設計活動を開始した。モダニズムを実践しつつも単なるモダニズムの枠に止まらず、材料の美、フォルムの美、装飾的な美などにも強い関心と優れた感覚を持ち、独自の作風を築いた。1980年代まで活躍し、優れた作品を多く残した。

❼「加州銀行（後に北国銀行香林坊支店）」昭和3（1928）年、設計：渡辺節、香林坊。（中森研究室蔵）

築事務所）**39)**、「三田商店」（昭和5/1930年、設計：大林組、現存）等のように、折衷主義的デザインはしばしば用いられていた。

　こうしたデザインの最も通俗化された様式がいわゆる「看板建築」と呼ばれるものである。これは、伝統的な町屋形式の商家の店部分のみを洋式化し、表通りに面した正面の壁面、ファサードのみを、あたかも看板を貼りつけたように西洋風の意匠にするもので、その他の間取り、意匠、構造は伝統的町屋のままという建築である。そのデザインは自由奔放というか西洋風に見えれば何でもよかったので、生命力に溢れてはいたが極めて混乱したものであった。大正から昭和初期の金沢の表通りのまちなみ景観は、建築家が設計した大かれ少かれ正統的な西洋折衷主義デザインの建築、アナーキーな「看板建築」的デザイン、伝統的町屋のデザインが混在したダイナミックだが無秩序なものであった**40)**。

金沢のモダニズム建築

　金沢のモダニズム建築の嚆矢はやはり「旧石川県庁舎」（現・石川県政記念しいのき迎賓館、大正13/1924年、広坂、正面保存）であろう。設計は国会議事堂の設計に携わった大蔵省の矢橋賢吉と笠原敏郎である。そのデザインは、細部、たとえば正面玄関のアーチやレリーフ装飾など、部分的に折衷主義的な意匠が見られるが、全体的にはプレーンで抽象的な立体構成を基調としたモダン・デザインである。これは県内最初の鉄筋コンクリート造（RC造）の建築であり、水洗トイレ、電気暖房などの近代設備を備えた当時最先端の技術を傾注した作品であった。地元の建設業界はこの作品の施工を担当することで、これらの先端技術を学び自己のものとしていったのである。

　2年後に、武田五一**41)**の設計で、武田らしい凝ったデザインの「旧石黒ファーマシー本社ビル」（大正15/1926年、尾張町、現存）がRC造で建てられ、昭和に入るとRC造は急速に普及していった。

　昭和3（1928）年には渡辺節**42)**が設計した「加州銀行」（後に北国銀行香林坊支店、香林坊、図❼）が、銀行、菓子店、レストラン、貸事務所などを入れた、金沢としては最初の多目的ビル、いわゆる雑居ビルがRC造で建てられている。曲面のファサードを持ち、屋上に木造和風のペントハウスと庭園を載せて異彩を放ったこの作品は、香林坊と広坂の角にあって長く市民に親しまれた。

　また昭和7（1932）年、村野藤吾**43)**設計の「加能合同銀行本店」（現・北国銀行武蔵辻支店、青草町、現存）と「中島商店」（十間町、現存）が、本格的かつ完成度の高いデザインで建築されている。

　こうした作品を通じて地元建築界はモダン・デザインを学んだわけで、昭和5（1930）年には、地元の建築家の設計で「金沢市立図書館」（設計：藤沢安太郎、大手町）が建てられ、また県内最初のRC造小学校、ネオ・ゴシックデザインの「馬場小学校」（東山）が建てられている。前者は地元建築家が精一杯モダン・デザインを実現しようとした作品で、そのデザインには混乱が見られるもののエネルギーに満ちた作品であった。これらの作品は、地元の建設業界がRC造その他の近代建設技術をほぼ修得したことを示すものであって、事実、この後、地元資本の商業ビルや、小学校、

❽「白雲楼ホテル」。昭和7 (1932) 年、設計：大林組、湯涌。（中森研究室蔵）

中学校などの学校建築などが、地元の設計施工のRC造で続々と建てられて行ったのである。

しかし、昭和も10年代に入るといわゆる戦時経済が徐々に国民生活を圧迫し始め、大規模な建築は建設が困難になってくる。そして太平洋戦争が始まると金沢における建築活動はほぼ停止してしまうのである。そのなかにあって最後の大建築が「白雲楼ホテル」（昭和7/1932年、設計：大林組、湯涌、図❽）である。この作品は外観はスパニッシュ・コロニアル及び近代和風というべきで、内部客室も和風、洋風、朝鮮風、モダン・デザインなどのものがあるなど、純然たるモダニズムとはいいかねる作品であるが、そのデザイン、特にほとんど工芸的といっていい緻密なインテリア・デザインの密度及び完成度は高く、迫力があり、正に金沢の近代建築史の有終の美を飾るに相応しい建築作品といえるであろう。

金沢の近代和風建築

「近代和風建築」に関しては、その作品の性格が個別的、特異的でその一般的な傾向や方向性などを把握して述べることが難しいが、文字通り「近代」に建てられた「和風」の建築を指す。ここでいう「近代」とは先にも述べたように、明治時代から昭和の大戦前までの期間を指し、また「和風」とは伝統的な建築様式、建築技法、建築材料によって建てられたものを指すが、しかし、「近代」において建築されたものであっても、「建築歴史」において「伝統的建築」ないし「民家」と呼ばれるような歴史的建築様式を比較的純粋に維持している住宅建築（町家などの商家を含む）は除かれている。すなわち、「近代和風建築」は「近代化」によって変容した伝統的建築様式、建築技法、建築材料によって建てられた「伝統的建築」を示す概念である。しかし、ここここの作品を見ていくと「伝統的和様」が近代化の受容により、混沌化し、高級化し、いわゆる「多様化」した建築であることがわかる。

金沢の「近代和風建築」は別項を参照していただくとし、ここでは既に失われた作品の内で特記すべきもの1件について簡単に触れておきたい。その作品は、武田五一設計の「石黒別邸」[44]（昭和5/1930年、彦三、図❾）である。

尾張町に藩政期より続く薬種商、石黒家が、大正15（1926）年に武田五一に依頼してその本社ビルを建てたことは既に述べた。当時の当主、石黒傳六が隠居するにあたってその隠居所の設計を旧知の武田に頼んだのである。武田は住宅にも造詣が深く、伝統的和風住宅の風土にあった性格や情緒性を生かしつつ洋式住宅の合理性、衛生性、装飾性を融合し、止揚した住宅が望ましいと考えており、その思想をこの住宅で実現しようとしたのであった。

玄関、応接、居間、厨房、浴室を洋風として建物前半部に配し、背後に茶の間、座敷、仏間、書斎などを和室として配置している。2階も洋風の書斎の他和室の寝室2室を配した和洋併置となっているが、やはり私的な生活は和風で、社交や作業、衛生面の生活は洋風で設備するという思想が端的に現れていた。

和室の部分も壁全面に押入れ、物入れ、箪笥など収納スペースを美しい比例で組み込んだり、換気通風に意を用いるなど、西欧的な合理的機能的なデザインが

❾「石黒別邸」。昭和5 (1930) 年、設計：武田五一、彦三。（武田博士還暦記念事業会『武田博士作品集』便利堂、昭和8/1933年、p.14）

44）伊藤ていじ、横山正監修『近代の数寄』（現代和風建築集第三巻、講談社、1984) pp.206-210（実測図）。pp.211-213（写真）。

なされていた。洋風部分の玄関や居間のデザインは圧巻で、玄関はクリーム色とブルーの窯変長手タイルを大胆かつ斬新なパターンで壁に貼り、白漆喰で交差ヴォールトと呼ばれる洋風の天井を架した華麗な意匠であった。居間は白漆喰の天井に大きな昇り梁が何本も合掌をなして露しとなった西欧民家風の豪快なデザインで、大きな鉄製のゴシック風シャンデリアが下がっていた。壁面には低くて長い大きな暖炉が据えてあり、これは黒漆塗りで煉瓦大の木製ブロックを積んで、目地は金箔で抑えた豪華なデザイン、部屋の中心をなしていた。

　この住宅は近代和風のひとつの特質である和洋の融合調和を、機能面からも意匠面からも考え抜かれてまとめられた作品であると同時に、武田らしい色や形、デザインを楽しむ姿勢が端的に現れた作品であった。　　　　　　**（ちく・かくぎょう）**

1 金沢独自の文化の背景

戦後の金沢の動き

昭和20（1945）年の終戦以後の金沢の動きを追ってみる。

金沢は、戦災にあっていないことがその後の都市形成に大きな影響を与えている。同じ北陸でも富山市、福井市は戦災に見舞われ、まちが壊滅的な打撃を受けた中で、両市は新たな都市計画に基づいた街の復興が進められた。一方、金沢は戦災に見舞われなかったことで江戸期の金沢城を中心とする都市骨格が残り、そのことが戦後、金沢というまちが内包する個性になる一方、そうした構造が近代の車社会が持つ大きな課題にもなった。この都市的課題は今日に至るまで解決しているとはいいがたく、さまざまな交通システムがいまだに提案され続けているが、利便性は欠けるが文化性を大切にしていこうという、個性的なまちの特徴を生かすまちづくりの方向性は、市民のコンセンサスが得られているように思われる。

1945年10月の現代美術展

昭和26（1951）年に締結されたサンフランシスコ講和条約により、日本は正式に国際社会に復帰した。終戦からそこに至る間にも新しい民主主義国家に向けた制度が創設され実施されている。

金沢でも民間の動きが活発化してきたが、驚くべきことは終戦わずか2カ月後の昭和20年（1945）10月に、金沢で第1回現代美術展が開催されたことである。この美術展には約4万人の入場者があったとされており、いかに戦災を免れたとはいえ終戦直後にこのような美術展が開催されたということは、この地の芸術に対する深い理解を物語るものであろう。さらに翌昭和21（1946）年には現・金沢美術工芸大学の前身である金沢美術工芸専門学校が設立されているものその証左である。金沢美術工芸大学は市民の熱意が後押ししてできた大学であり、市民の間では特に大学名に「工芸」という言葉を入れることに拘りがあったという。「手で考え」、「心でつくる」と表現される金沢美術工芸大学特有の創作哲学は、生活の中に工芸が息づいているこの地にふさわしい言葉として捉えられる。近年「工芸建築」なる言葉が地元美術・建築界から提唱されているが、近代建築教育を受けてきた者にとっては、モダニズム以前の装飾としての工芸を建築に取り入れようという趣旨なら、いささか抵抗がある。しかしこういった動きも身の回りに広く存在している「工芸」を重視する金沢ならでの動きであるといえ、建築における工芸の新たな位置づけがなされた金沢発の「工芸建築」のデザインに期待したいところである。

終戦翌年の昭和21（1946）年には戦後初のメーデーも開催されている。また昭和22（1947）年には、第2回国民体育大会が金沢で開催され昭和天皇の臨席を仰いでいる。同時にこの年から6・3制の教育制度が実施され、国民学校が小学校へと変更された。また、翌、昭和23（1948）年には新制高等学校・新制中学校が創設され、明治20（1887）年創設の第四高等学校（創設時は石川県専門学校を前身とする第四高等中学校）はこの2年後に廃止され、金沢大学へと引き継がれていった。

2 建築士法を巡って

1950年に建築基準法と建築士法が制定

昭和25（1950）年、朝鮮戦争が勃発し期せずして日本は特需に沸き、その後日本経済は高度成長に向かっていく。

建築界においてもこうして活発化する社会に順応すべく、昭和25（1950）年に建築基準法が制定され、今も法制度全般に渡っての基盤となっている。また、同年建築士法が制定され建築士に建築設計に関する独占的立場が与えられたが、建築士の資格に関しては戦前より幾度かその職責についての議論が勃興し法案も帝国議会に上程されたが制定には至っていなかった。この「建築士」について戦後の資格問題の根幹にかかわるところなので少し掘り下げてみたい。以下は速水清孝著の『建築家と建築士──法と住宅をめぐる百年』（2011年、東京大学出版会）によるところが大きい。

専業建築家の職能法を目指した戦前の「日本建築士会」

建築士法を創ろうとする動きは明治中期から存在していたという。特に大正期に入って職務の拡大とともに、東京帝国大学を中心とする高等教育機関で西洋式教育を受けてきた建築界のエリートたちは、西欧社会の建築家に当たる概念が日本社会に存在しておらず業務上の不都合が日々生じるため、設計専業の職種である「建築家」資格を求めて運動を進めてきたものである。大正3（1914）年、中条精一郎（1868 - 1936）を中心とした12名のメンバーにより日本建築士会（設立時名称は全国建築士会）が結成され、建築士法制定運動の母体となった。この日本建築士会は戦後の日本建築家協会につながるものであり、現在の建築士会（日本建築士会連合会）とは異なる。

彼らの目指したものは専業建築家の職能法であり、彼らのつくった法案は大正14（1925）年、初めて帝国議会に上程され、以降昭和15（1940）年に至るまで、計12回に渡り議会に上げられたのである。この法案は建築技術者全体を対象にしたものではなく、あくまで専業設計者の社会的認知や職能の獲得にその目的があり、いうなれば建築エリートたちが西洋に倣った建築家像を実現するための法案であった。それは当初、専業設計者以外の設計を禁止する項目が盛り込まれていたことから明らかである。

法案の業務独占を巡る議論

こうした法案には請負業者はもとより、建築界全体で反対の立場をとる人も多く佐野利器（1880 - 1956）、内田祥三（1885 - 1972）といった建築学会の重鎮も反対論者であった。「もし文士でなければ小説を書いてはいかぬ。画家でなければ画を書いてはいかぬ。音楽家でなければ音楽を奏してはいけなくなったら、どうです?」と『東京朝日新聞』でも批判されたのである。こうした根強い反対論に対し専業設計者のみ建築士の称号が与えられ、専業者のみ設計ができるという業務独占は極めて困難な状況に追い込まれ、最後に守るべき砦は建築士という称号を専業設計者の保護のもとに置くことに変質していった（建築士という資格は専業者のみ使えるが、兼業者においても

建築士の資格はないものの設計はできるという摩訶不思議な論理に行き着くのである）。しかし議会での議論は資格により独占されるべき業務が明示されないなら立法の意味がないというところであり、結果として戦前の法案はすべて否決されている。

戦後の建築士法──資格者制度として成立

　それでは戦後制定された建築士法は戦前提案されたものと何が違うのか？　端的にいうと称号独占と業務独占の両方が実現していることである。しかしそれは日本建築士会の主張した専業者のみが使用できる称号ではなく、試験に合格し登録したものすべてに与えられるものであり、資格者に業務独占が認められたのである。

　こうして建築士法はさまざまな立場の主張を取り入れた形で、約30年の年月をかけ、戦後間もない時期に戦後復興を担う資格者制度としてようやく成立したのである。専業建築士のみが設計行為が行えるという日本建築士会の業務独占の願いは実現することなく、その思いは衣を変えて建築設計監理協会から日本建築家協会に引き継がれていき、建築家の地位確立に向けた運動は今日まで続いている。

3　金沢の建築設計界を取り巻く戦後の動き

建築文化協会と建築士会

　金沢の建築界の動きに話を戻す。金沢でも戦後復興に伴い建築活動も活発になり建築士の団体が結成されている。昭和27（1952）年に石川県建築士会、昭和28（1953）年に石川県建築設計監理協会、遅れて昭和52（1977）年に石川県建築士事務所協会がそれぞれ発会している。

　石川県建築士会の発会に先んじて昭和25（1950）年、県内の有志が集まり石川県建築文化協会が再設立された。これは戦後復興期における設計界の並々ならぬ熱気を感じるところである。再結成というのは実は戦時中に設立されたが、終戦をもって解散していたのである。戦後5年が経過したことにより混乱した社会情勢が徐々に落ち着き、再度結成されたのであった。この会は当時清水建設北陸支店支店長であった玉眞秀雄を会長とし、さまざまな業種の人たちが入会していることから石川県建築士会の前身といえる。

建築文化協会機関紙創刊号。

　石川県建築文化協会の機関誌『石川と建築』創刊号で玉眞会長は、「古い腐った土台を新しく取り換えようとするのであり、古い文化の根に新しい科学の枝を継木せんとするのであり、古く美しい伝統を新しい生命の中に盛り直さんのである」と述べているが、金沢の伝統を大切にしながら新しい時代に即応してまちをつくり替えようという意気込みが見て取れる。石川県建築士会が発会されるまでの2年の間に、この機関誌は3回を発行されている。こうした機関誌から新しい時代の熱気が伝わってくる。

　昭和27（1952）年、五井孝夫を会長とする石川県建築士会が結成された。前述したようにこの会は戦前の日本建築士会とはまったく異質なものであり、建築士法の成立で資格を得た建築士の会である。同年6月に石川県建築士会の機関誌『石川

た文化の地域的偏在を是正し、とわいえ徒に中央文化の地方分布のみをこととせず、戦後の急激な外国文化の受け入れにも、飽く迄も郷土の伝統と地方の特殊性を尊重し、地方の特質を最大限に発揮しながら、常に日本文化全体の創造発展に貢献するということを目標としまして、地方建築文化の向上に努力するのが地方在住建築士の使命だと思います」。ここにおいても地方の建築文化を育成していくことの重要性と決意が述べられているのである。

金沢と谷口吉郎

　この時期つくられた代表的建築としては、「旧石川県繊維会館」（現・金沢市西町教育研修館、昭和27/1952年）、「石川県県議会議事堂」（昭和28/1953年）がある。これはいずれも谷口吉郎（1904 - 1979）の設計に依るものであり、「旧石川県繊維会館」はその中で現存する最も古い建築である。

　谷口は明治37（1904）年、九谷焼の窯元の長男として金沢に生まれ、旧制金沢二中、第四高等学校を経て東京帝国大学で建築を学んだ。「街の住人には伝統に育てられ、ハイカラな新風の中にも城下町に相応しい気品が尊ばれていた。私はそんな町内育った」（『建築に生きる』1974年、日本経済新聞社）と本人が述べているように、四季の変化に富み、加賀藩から続く伝統的な文化を継承する土地における幼少期から青春期に至るまでの暮らしは、その作風を育むにおいて大きな影響を与えたと思われる。

　谷口の作風はひとことでいうと「静謐さ」であると感じる。その造形は空間尺度を精査し材料を吟味することで緊張感と秩序を生み出している。それは加賀百万石の武家文化の影響か繊細さとは少し異なる骨太さも感じさせる独自なものである。また「旧石川県繊維会館」の玄関ホールはモダンと伝統が混ざり合い居心地よい空間をつくり上げており、今見ても新鮮さを感じる。

　平成9（1997）年に日本建築学会が主催した谷口吉郎展がここ金沢でも開催された。その折に作成されたリーフレットに記された「日本にふさわしい近代建築を目指した建築家」という表現は、戦後近代建築を目指した建築家の中での谷口の位置付けを正確に物語っていると思う。同じリーフレットの中で当時東京工業大学名誉教授であった藤本盛久（1923 - 2016）が、「谷口建築は構造的に無理のない、素直で端正ともいえる構造であったから計算が大変楽であった」と述べている。これは谷口建築の本質をついているように思われる。すなわちプロポーションやディテールの精査により静謐な空間を生み出しており、最新の構造技術を駆使したドラスティックな空間構成が主題となっていないことをこの逸話は示している。

　昨今の建築はドラスティックな空間構成に価値を置き、そのために構造計画の優劣が建築の評価を左右している面があることは否定できないが、果たしてそれは建築の本質なのか？ と考えさせられる。また「木」のブームで伝統的意匠をデザインモチーフにした建築がたくさん見受けられるが、それが逆に意味のないと思える形態を生み出している例も数多くある。谷口建築はそのことをよく考えなさいと語ってい

る気がしてならない。

　後年谷口は、金沢のまちづくりにもさまざまな提言を行っている。そこには生まれ育ててくれた郷土金沢に対する深い愛情と明治という時代に対する郷愁が入り交ざっているように思われる。金沢の旧広坂通り（百万石通り）が用水を挟んで四車線になっているのは自身の提言であることを、自らの著書『建築に生きる』（前出）で明らかにしている。また旧制四高校舎を「石川四高記念館」として残すように提言し、実現している。そして旧制四高の同級生であった名鉄の土川元夫当時副社長の協力を経て、愛知県犬山に「博物館明治村」を開設（昭和40/1965年）し、全国の明治建築を集積させたのも谷口吉郎であった。こうしてみると明治という時代は偉大な人たちを生み出したものだとつくづく感じるところである。ちなみに谷口吉郎は金沢の名誉市民第1号に選ばれている。

　そのほかこの時期に建築された建物としては、「旧小松市役所」（昭和26/1951年、設計：吉田宏彦）、「旧金沢駅」（昭和28/1953年、設計：国鉄岐阜工事事務所）、「旧三和銀行金沢支店」（昭和26/1951年、設計：三和銀行本店）、「日本銀行金沢支店」（昭和29/1954年、設計：山下寿郎設計事務所）、「旧北國銀行本店」（昭和33/1958年、設計：日建設計）、「旧北國新聞社」（昭和29/1954年、設計：清水建設北陸支店）等が挙げられる。金融機関の支店が1950年代盛んに建築されたことが分かり金融を中心に日本がこの時代確実に復興に向かっているのを読み取ることができる。

　残念ながらこれらの建築は「日本銀行金沢支店」を残してすべて存在していない。日本銀行金沢支店も移転が決まり、その跡地計画が注目されているところである。

4 建築士事務所の誕生

金沢における建築士事務所の勃興

　昭和43（1968）年発行の、日本建築家協会（昭和31/1956年設立、旧家協会）会員名簿には金沢在住の会員は存在しなかった。昭和49（1974）年の同会員名簿には大屋兼太郎（1919 - 2018）、山岸敬信（1918 - 80）、五井孝夫（1904 - 86）、釣谷利夫（つるたに）（1924 - 2011）の4氏が掲載されていることから、昭和44（1969）年〜昭和49（1974）年の間に建築家協会への金沢での入会者があったことが分かる。そうした社会背景の中で地方における建築活動も徐々に活発になり、建築士法に基づく建築事務所もいくつか設立されている。この時代に創業した設計事務所を日本建築家協会の会員を主としてその人物像に光を当てて探ってみる。

大屋 謙太郎──1950年に事務所設立、石川県内設計事務所第1号？

　最も歴史が古いのは昭和25（1950）年3月1日に設立された大屋謙太郎率いる大屋建築事務所である。県内設計事務所の第1号ではないかと推測するが、県庁建築住宅課にも当時の資料はなく定かではない。平成13（2001）年に刊行された『石川県建築士会50周年記念誌』に大屋が寄稿した「士会創立50周年にあたり」によると、大屋は、学校卒業（金沢市立工業）後、石川県庁からゼネコンに勤務、戦時中は大

大屋 謙太郎（おおや・けんたろう、1919 – 2018）

湊海軍施設部に勤務した後事務所を創立している。昭和26（1951）年初めての1級建築士の資格授与があり、大屋はその中で最年少であったと語っているが真偽のほどは定かではない。当時の作品で現存するものは残念ながら存在しない。

山岸 敬信──文部省のモデル校を設計、県内の学校を多く手掛ける

山岸 敬信（やまぎし・たかのぶ、1918－80）

　山岸敬信は、ご子息の山岸敬秀さんによると石川県立工業高校で学び、在学中はバスケットクラブ部で活躍するスポーツマンであり、リーダーシップもあり生徒会長も務めたという。学校卒業後は旧陸軍の第九師団で設計の仕事に携わり、その後旧陸軍中野学校へ入学。卒業後は満州の関東軍に在籍したが、第2次世界大戦の勃発とともにスマトラに渡りそこで終戦を迎えたというから、かなり波乱に満ちた人生である。昭和22（1947）年にスマトラから帰国後は戦災復興院に入り、出向先の石川県庁で建築資材の配給に携わった。そうした経験を生かして建築設計を始めたのだという。昭和26（1951）年に山岸建築設計事務所を設立しているから設立は随分早い。昭和31（1956）年に手掛けた「野々市中学校本館」が竣工し、当時の文部省のモデル校に指定されるという高い評価を得たことで全国から多くの見学者を呼び、その後県内自治体の学校建築を手掛ける基となったという。そうした経歴から非常に個性的な人物像が浮かんでくるが、実際不思議な魅力のある人であったそうである（敬秀さん談）。いずれにしても石川県の初期の建築設計界を担った草分けの一人であることは間違いない。

釣谷 利夫──東大卒、石川県の建築設計界の真ん中に

釣谷 利夫（つるたに・としお、1924－2011）

　釣谷利夫は金沢で生まれ育ち、金沢一中、第四高等学校を経て昭和23（1948）年に東京大学第二工学部建築学科を卒業している。事務所創立40周年に発行された記念誌に詳細に記された経歴を見ると、昭和20（1945）年9月に第四高等学校を卒業し、同月に東京大学工学部航空機体学科に入学している。終戦からわずか1カ月の混乱の時期に、早くも戦後教育が動き始めているということに大きな驚きを感じた。そして同誌に運命の境目と記されているように、当時の花形であった航空機の専門課程から翌年建築学科に転科している。ちなみに新日本建築家協会（現日本建築家協会）の会長を務めた北代禮一郎とは大学の同期であったという。

　地元の工務店や金沢市役所土木部建築課技師勤務を経て、昭和29（1954）年に釣谷建築設計事務所を設立した。昭和46（1971）年に法人化し代表取締役社長に就任して、以後平成23（2011）年に逝去するまでの戦後から平成に至る長い期間、石川県の建築設計界を担ってきたといえる。この間、昭和53（1978）年から平成8（1996）年まで石川県建築士会の会長を務めたほか、まさに石川の建築設計界の真ん中に位置しその存在感には大きなものがあった。豪放磊落な性格であり、若かりし頃の武勇伝は幾度ともなく聞かされたという（吉田典生現釣谷建築設計事務所代表談）。

　また、昭和45（1970）年以来、金沢市長の諮問機関の委員を永らく務め、県庁跡地問題等においても大きな役割を果たしてきた。金沢というまちをこよなく愛し「"美しき川の流れたり。緑濃き小高き丘めぐる。懐かしき坂道と路地の行き交い…"美

しくもやさしきこの地に住む幸せを底流として、次の世代に力強い発の迫力を具現する奥深い都市形成を見出したいものだ」と、釣谷建築設計事務所の創立40周年記念誌に記している。

　事務所設立当初は事務所設立当初は「金沢市立泉中学校」（昭和35/1960年）、「加賀市山代小学校」（昭和36/1961年）、「小松市丸の内中学校」（昭和37/1962年）、「美川町美川小学校」（昭和37/1962年）等、公共の学校施設の設計実績がたくさんある。県内政財界人の間で釣谷の人となりは高く評価され、高度成長期に向けて釣谷建築設計事務所は大きく飛躍していくのである。

五井 孝夫——東大の同級生に谷口吉郎や前川國男

　五井孝夫は代々桑名藩典医を務めた名家の四男として明治37（1904）年、三重県桑名市に生まれた。第一高等学校を経て東京帝国大学工学部建築学科を卒業している。大学時代の同級生には前川国男、谷口吉郎、市浦健、横山不学、太田和夫らが名前を並べ、東大の中でも最も優れた人材を輩出した期であったといわれている。大学卒業後、当時の大蔵省営繕管財局技師として、その後陸軍技師として南方に出征したが、終戦で復員し退官した。戦後は伴侶である谷口吉郎の妹、正子の故郷金沢に移住し、以来この地で生涯を終えている。

　余談であるが五井は同級生の信頼が厚く、特に谷口吉郎とは深い友情を育み、請われて実妹の正子と結婚したといわれている。ちなみに寺町の「谷口吉郎・吉生記念 金沢建築館」（令和元/2019年 ⇨p.83）の敷地には谷口家の屋敷があり、そこで永年暮らしてきた。金沢に居を移して約5年間は地元の真柄建設に籍を置いたが、昭和26（1951）年に退社し、石川県土木部嘱託として奉職、谷口吉郎設計の「石川県県議会議事堂」の監理にあたった。昭和27（1952）年には当時設立された石川県建築士会の初代会長に推挙されている。そして昭和29（1954）年に石川県土木部建築課を退職し、同年4月、五井建築構造設計研究所（昭和42/1967年に五井建築設計研究所に、平成27/2015年に五井建築研究所に改組）を寺町の自宅で開設した。

　事務所は名前の通り構造設計を主体としており、谷口吉郎の盟友として「慶應義塾幼稚舎」（昭和10/1935年）、「相模原ゴルフクラブ」（昭和30/1955年）、「旧青森県庁舎」（昭和36/1961年）、「片山津ゴルフ倶楽部」（昭和48/1973年）などの構造設計を手掛けた。

　その後金沢美術工芸大学教授を昭和30（1955）年〜昭和40（1965）年、金沢工業大学教授を昭和43（1968）年から歴任し、昭和50（1975）年、金沢美術工芸大学学長に着任し6年間その職を務めた。

　事務所の方は金沢美術工芸大学学長に就任した昭和50（1975）年に代表職を2代目、新村利夫が継いでいる。五井の事務所運営方針は、研究所という名前の通り「日々建築を研究しなさい」という言葉に尽きる。昭和40年代（1965〜74年）、当時大企業でも珍しかった週休2日制をいち早く取り入れ、2日の休みのうち1日は建築の研究に使いなさいとしたのである。同様な制度は前川國男の事務所でも実施していたと聞いているので、仲間内の情報交換があったものと想像する。こうした自由でのびのびした雰囲気の中で当時の所員たちは創造性を磨き、後に昭和45（1970）

五井 孝夫（ごい・たかお、1904 – 86）

石川県郷友会館（昭和42/1967年、設計：五井建築構造設計研究所）⇨ MAP *p.64*

「未来の住宅」パース。

年に大阪万博を記念して開催された日本建築士会連合会主催の全国コンペ「未来の住宅」で、堂々グランプリに輝いたのは特筆すべき事項である。五井が残した作品で現存するものは少ないが、「石川県郷友会館」（昭和42/1967年）、「尾山ビル」（昭和37/1962年）は当時の面影を残しながら現在も残っており、時代性を映している。

浦 清──石川県技師を経て、コンペ当選を機に独立

　建築家協会の名簿にはないもののこの時代のもうひとり重要な人物として浦清（1907 - 1971）がいる。

　浦は明治40（1907）年に金沢に生まれ、福井高等工業学校建築科の第5期卒業生である。当時ドイツでモダニズム建築を学び帰国した新進の学者、吉田宏彦（1899-1964）の指導を受けたという。卒業後石川県の技師として就職し最初に担当したのが「七尾警察署」（昭和9/1934年）であった。ドイツ表現主義の影響を受けたモダンな外観が当時の竣工写真に残されている。その後は高岡市の技師を経て、戦時中に金沢市立工業学校教諭、七尾商業学校校長を務めた後、「石川県農業会館」の設計コンペに当選したのを機に昭和32（1957）年に独立創業したのである。戦前から戦後にかけて石川県の建築界で中心的な役割を果し、建築士会や日本建築学会北陸支部の創設にも深く関わっていた。自身も昭和43（1968）年に石川県建築士会第4代会長に就任している。昭和34（1959）年に竣工した「小松市公会堂」は浦の代表的作品である。戦前の「七尾警察署」がモダンであるが歴史的表現を色濃く残しているのに対し、「小松市公会堂」は戦後高度成長期に入ろうとする時代性が現れた近代建築であり、新しい時代の精神と意気込みが随所に感じられる優れた作品である。この時期の建築が次々と消えていく中で現在も使用されていることは地元を愛する建築関係者のひとりとしてうれしく思っている。

5　おわりに

　戦争が終わって高度成長が始まるまでの期間を総括するとまさに日本に近代建築の種が蒔かれた時代であったといえる。昭和25（1950）年に朝鮮戦争が勃興したことで日本の高度成長のきっかけが生まれ、その年に建築関連法案（建築基準法、建築士法）が制定されたことで建築界の仕組みができ上がった。そうした仕組みの中で県内の建築設計界も隆盛してきたといえる。昭和31（1956）年に設立された旧家協会（松田軍平初代会長）、昭和61（1986）年に設立された新日本建築家協会（丹下健三初代会長）、そして平成8（1996）年に現名称に変更した日本建築家協会は、戦前の日本建築士会の流れを汲み、一貫して「建築家」の法制度化を目指してきたが、一旦建築士法として制度化された条文の見直しは極めて困難であることは周知の事実であり、今日に至るまで実現し得ていない。そういった状況の打破は専門家である会員の主張ではなく社会がいかにそれを求めるかにかかっていることは歴史が物語っているところである。

（にしかわ・えいじ）

浦 清（うら・きよし、1907 – 71）

小松市公会堂（昭和34/1959年、設計：浦建築研究所）⇨ *p.120*

高度経済成長期〜20世紀末 |
保存と開発の調和へ

蜂谷 俊雄

バウムクーヘン都市、モザイク都市としての金沢

　都市や建築に興味のある人には、金沢は他の都市と違うイメージで映っているようである。この金沢の特異性をわかりやすく伝える言葉として、水野一郎は「バウムクーヘン都市」、「モザイク都市」と表現している。

　「バウムクーヘン都市」とは、戦後の近代化された都市のなかに、江戸期から昭和の戦前までの歴史的景観・庭園・建築が存在し、年輪のように各時代が積層した歴史的な重層性が感じられる都市という意味である。

　また、「モザイク都市」とは、各時代の景観や建築がひとつのエリアに集中して存在するのではなく、現代の業務・商業・住居などの都市機能の中に混在・分散配置しているという意味である。

　このような金沢の状況は、戦後の都市計画で用途別にエリア分けされた他の近代都市とは明らかに異なり、また、世界遺産のフィレンツェやベニスのようなひとつの時代の雰囲気に彩られた都市空間とも異なっている。金沢の街では、少し歩くごとにさまざまな時代の美意識や価値観に触れることができ、歴史の時間軸の中で生きている街の魅力を体験することができる。

市民が目指した都市像

　建築物の保存に詳しい来訪者から、重要伝統的建造物群保存地区に「東山ひがし地区」が選定されたのが平成13（2001）年であり、その前の高度経済成長・近代化の時代に解体されずに残ったことの理由を聞かれることがある。

　このような歴史的景観が現在も残っていることについて、少し時間をさかのぼって調べてみると、高度経済成長期の初期のころに、さまざまな議論を経て、当時の金沢の人たちが選択した「保存と開発の調和」という目指すべき都市像があったことがわかる。戦災で焼失することなく、加賀百万石の歴史・文化・史跡をそのまま引き継いで戦後の近代化を迎えたことで、「ここは金沢であり他の都市とは違う」という官民一体となった強い意識が、その後の都市・建築に対する施策を支え発展させてきた。藩政期（江戸期）以降の風情あるまちなみや建築を保存活用しながら、次の時代に継承し、同時に現在を表徴する景観・建築を、平成・令和の時代層として重ねていくこと。これが金沢における「保存と開発（創造）の調和」である。

　本章では、日本の高度経済成長が始まる1960年ごろから20世紀末までの金沢の都市・景観・建築についての説明をする。特に、金沢の景観・建築の独自性を活かすためにどのような協議がなされたか。また、景観・建築施策を進めるために、金沢市の「伝統環境保存条例」（昭和43/1968年）が制定されたことや、この条例を継承・発展させるために「都市景観条例」（平成元/1989年）が制定されたことなどについて、この時代の背景や出来事を紹介しながら、都市・建築という視点で説明していく。

　さらに、21世紀に向け、「小さくても独特の個性を持つ世界都市として輝いていく」ことを宣言した「金沢世界都市構想」（平成7/1995年）が策定されるまでのプロセスとその意義についても説明する。

なお、本章の内容は、主に金沢市の『金沢市史 通史編3 近代』（2006年、金沢市）、『金沢景観五十年のあゆみ』（2018年、金沢市）に記載されている高度経済成長時代から20世紀末までの史実をもとに、本書のテーマである「金沢の建築文化」の特徴について説明している。

1 高度成長期から20世紀末までの社会背景

　1960年代（昭和35-44年）といえば、戦後復興が成し遂げられ、池田内閣（1960-64年）による国民所得倍増計画や太平洋ベルト地帯構想（1960年）により、日本経済が急激に拡大した時代である。昭和39（1964）年には東海道新幹線が開業し、東京オリンピックが開催された。オリンピックの主要施設であった丹下健三（1913-2005）設計の「国立代々木競技場」（1964年）は、建築形態、空間のすばらしさで有名であるが、別の見方をすると、日本が戦後復興を成し遂げ、世界の先進国として復活したことを世界にアピールする象徴的な記念碑であったといえる。

国立代々木競技場（昭和39/1964年）。

　昭和45（1970）年には日本万国博覧会（大阪万博）が開催され、田中内閣（1972-74年）による日本列島改造計画（昭和47/1972年）により、経済成長は地方にも拡大していった。市民生活においては、三種の神器と呼ばれた家電製品が普及し、さらに自家用車が持てるようになった。日々豊かになっていくことが実感でき、努力をすれば必ず明日はさらに良くなると誰もが信じることができる時代であった。

　その後2回のオイルショック（昭和48/1973年と昭和54/1979年）があったが、日本経済は拡大を続けた。失われた20年と呼ばれる時代に生まれた若い世代には想像もつかないことかもしれないが、『ジャパン・アズ・ナンバーワン』（1979年、エズラ・ヴォーゲル著）という本がベストセラーになった。建築分野では、戦後復興期の共同住宅建設から始まり、学校や公民館が全国で新築されていった。さらに豊かな時代になっていくと、地方都市でも文化会館や美術館が競い合うように建設されるようになり、建築業界の規模は拡大を続けていた。

　その後、バブル経済と呼ばれる時期が昭和61（1986）年〜平成3（1991）年までの間にあった。これも若い世代には信じ難い話になるが、東京の山手線内側の土地価格でアメリカ全土が買えるという試算結果が出るほど日本の土地価格は高騰し、日経平均株価が史上最高値（38,957円）を付けるなど、資産価格のバブル化が起きた。大都市圏では、土地の値段と比較すれば建築費はたいしたものではないという発想になり、異常な地価の高騰を反映して、建築の規模を拡大し、仕上げ材料や設備グレードを高める傾向にあった。

　しかし、この流れの潮目が変わったのがバブル経済の崩壊（1991年）であった。また、平成7（1995）年には阪神・淡路大震災を経験するなど、日本社会はパラダイムシフトを余儀なくされ、何を目標として建築をつくるべきかの模索が始まった。バブル経済が終焉しているにもかかわらず、当時の建築雑誌に紹介されていた建築のほとんどがバブル経済期に計画・設計されたものであった。そのような時に注目されたのが、バブル経済期に設計していながら、バブルの影響を受けずに建築の本質

海の博物館（平成4/1992年）。

を追及していた内藤廣（1950-）の「海の博物館」（1992年）であった。

　そして次の時代。このころから地球環境を守ることが世界的なテーマ（京都議定書：1997年）に浮上してきた。

　日本では環境・省エネが主要なテーマになり、量より質を競う時代にシフトし、成長社会ではなく成熟社会を目指す流れが生まれた。また、建築のつくり方として、形態や空間の構築よりも、むしろ人びとの活動を誘発する場の形成をテーマとする傾向が生まれてきたように思う。

2 非戦災都市金沢の都市計画

被戦災都市と異なる金沢の課題

　戦後の復興期から高度成長経済期にかけて、金沢が直面した最も大きな都市の課題は急激な車社会への対応と都市基盤の整備であった。戦災で焼失した都市の場合は、国が支援する戦後復興事業で道路や市街地の整備が進んだが、戦災にあわなかった金沢は、都市基盤の整備が十分に進まない状態にあった。人口増加、車社会、建築の改築などの急激な社会状況の変化に対応できず、さまざまな都市の問題が発生していた。そして、この急激な車社会の進展による交通混雑や、業務機能の都心集中による過密化に対して、都心部を再開発することが急務となっていた。

　現在の日本の都市では、再開発という行為は既成市街地を再整備するために行われているが、終戦後の被戦災都市では失った都市を新たにつくり出すという行為であった。この点において、非戦災都市である金沢の戦後の都市計画のスタートは、被戦災都市とはまったく異なるものであった。

きっかけとなった三八豪雪

　昭和30年代（1955-64年）には、金沢の中心部の車問題に対し、路面電車の廃止が議論された。大正8（1919）年に必要に迫られて設置された路面電車（街鉄第一期線）であったが、交通量の多い中心市街地の道路の中央をノロノロと走ることが問題であると言われた。この問題が市議会で議論されたきっかけは、三八豪雪の経験であった（昭和42/1967年に路面電車は廃止）。

　三八豪雪（昭和38/1963年）は観測史上最大の豪雪であった。今日のような除雪・融雪対応ができていない当時の狭い道路では、路面電車やバスが運行できなくなった。また住宅地では、道路に屋根の雪を降ろすと2階から出入りするような状態になり、生鮮食料品や燃料確保ができず、自衛隊の非常配置を要請することになった。まさに災害に弱い非戦災都市の脆弱さを経験し、これを抜本的に解決するために、都市インフラを整備するための大規模公共事業が不可欠であることを思い知ることになった。

昭和30年代の都市計画

　この都市問題を抜本的に解決するために、当時、次のような方策が必要であるとされた。

　まず、中心部に集中する人口と車を抑制し、分散するために、金沢港を中心とする駅西地区に新たな産業集積地を開発するとともに、額(ぬか)ニュータウンを中心とする南部郊外の住宅地の開発や、中心市街地の再開発を進めること。また、国道バイパスの整備や、金沢港と金沢駅西口を結ぶ幹線道路を整備し、新たに開発する地域と既成市街地を有機的につなぐ道路網を形成し、北陸自動車道の建設を推進すること。さらに、都市の主要道路が国鉄北陸線によって東西に分断されないように、道路と国鉄北陸線を立体交差させることなどが重要であるとされた。

　このように当時考えられた方策については、半世紀後の現在の状況と比較してみると、ほとんどが実現できていることがわかる。

金沢駅の変遷

　ここで当時の金沢駅について少し補足しておく。明治31(1898)年に木造洋風建築の金沢駅が開業した。その後、増改築を重ね、昭和29(1954)年に地上4階・地下1階の鉄筋コンクリートの駅舎に改築された。戦後の復興期でもあり、全国共通の箱形の駅舎であったが、当時の市民には近代的な大きな建築物として映ったようである。平成2(1990)年には旅客ホームが高架化され、平成11(1999)年には解体され、現在の新しい駅の工事が始まった。

住宅団地建設

　中心市街地の近代化と並行して、戦後の人口増に対応して、市南部の郊外に住宅団地が造成されていた。昭和32(1957)年に入居が始まった「円光寺住宅団地」が最初であった。その後、「額(ぬか)」や「光が丘」などで開拓が進んだ。しかし、前述したように多くの長期計画が実現していくなかで、人口増に対応した住宅団地の目標戸数は達成することができなかった。

　たとえば、額団地は、当初は人口2万人の規模で計画されたが、用地買収が難航し、計画は大幅に縮小された。この状況に対し、市議会では事業の遅れと市の住宅政策への批判があった。これに対する当時の徳田與吉郎市長(1906-1995、1963-1972年在職)の答弁の内容は、非戦災都市金沢の特殊事情を示すものであった。

　他の被戦災都市と異なる金沢の事情を示す答弁として興味深いものがあるので、以下に『金沢市史 通史編3 近代』に記載されている内容を引用する。

　　　「金沢市が非戦災都市であるというところに問題があるようでございます。
　　　私どもは今日、非戦災都市こそ公共事業をやってもらいたいという強い要
　　　望をやっておりますが」、思うように反映しないと返答した。
　　　　戦災にあった都市のように、国の公共事業として取り上げてもらわない限
　　　り、大規模な団地造成事業は財政的に不可能だというのである。

再開発前：犀川大橋から片町を見る（昭和35年）。戦災にあわなかった金沢の中心地には戦前の建物が残っていた。（『よみがえる昭和の香林坊・片町 ジオラマプロジェクト公式ガイド』p77から抜粋、発行：北國新聞社営業局ネットビジネス部）

再開発前：香林坊交差点から片町方向を見る（昭和28年）。当時、市街地を走る路面電車は市民の重要な交通手段であり、運行本数も多く、事故が起きると何台もの電車が連なった。（『よみがえる昭和の香林坊・片町 ジオラマプロジェクト公式ガイド』p84から抜粋、発行：北國新聞社営業局ネットビジネス部）

　ちなみに、右のような考えは市長ひとりだけのものではなかった。戦災都市は戦災復興事業で財政援助をしてもらえるうえに、焼け野原になった市街は土地買収がスムーズに進展するのに対し、金沢では用地買収が困難なうえに、藩政時代の市街地が残されているため都市改造がままならない。そこで、金沢が戦災にあわなかったことを否定的に捉える声があがるようになっていたのである。

　中には「金沢は焼ければよかった」、「非戦災も災害か」などの声が、一部の住民の間でささやかれるありさまであった。

　……右のような見解に対しては、厳しい批判が存在していたことにも注目しておきたい。

　たとえば、……「私は金沢市が戦災にあわなかったからこそ、いまや日本で数少ない個性のある街であり、金ではかえぬ文化的伝統と、美しい自然環境を維持していると思う」と、文化的伝統と自然環境を活かすことで最先端の街づくりが可能になることを提言し、「金沢を戦災にあわせばよかったというがごとき暴論は、歴史の重みを冒涜するものだといえよう」と述べた。

　……また、「戦災をうけなかった価値は大きいし、保存の方法の如何によっては中欧の古都と比肩しうるわが国の代表的城下町であるはずである。それは燃えなかったことによる古い造形文化の価値ばかりではなく、精神的文化面につながる生活文化の古いよさなど対象になるものは多い」と、開発だけではなく保存という問題について考えるべきことを主張していた。

『金沢市史通史編3近代』p.745より引用

　今の時代に金沢に生きる人は、戦災にあわなかったおかげで、今日の「小さくてもキラリと光る世界都市金沢」があると、非戦災都市であったことを肯定的に捉えているが、時代背景が異なれば「金沢は焼ければよかった」、「非戦災も災害か」と発言する人もいたことがわかる。

3 都心部の再開発

都市の近代化と再開発事業

　金沢の都心軸である片町・香林坊〜武蔵ヶ辻〜金沢駅の沿道では、昭和40年代（1965-1974年）から市街地再開発事業が進み、同時に都市計画道路の拡幅整備も行われたことで、街路沿いの貴重な近代建築が解体され姿を消すことになった。

片町・香林坊の防火建築帯

　まず、当時の片町・香林坊の状況を振り返ってみる。

　金沢のメインストリートの国道ではあるが、歩道・車道の区別のない幅員15mの道路だった。日増しに車の通行量が増えるなかで、路面電車が走り、通行人を

現在「せせらぎ通り」と呼ばれる通りに沿って流れる鞍月用水の上には、戦後の復興期にはさまざまな店ができていた。(『よみがえる昭和の香林坊・片町 ジオラマプロジェクト公式ガイド』から抜粋、発行：北國新聞社営業局ネットビジネス部)

香林坊アトリオ(香林坊大和・アトリオ専門店街)(昭和61/1986年、設計：RIA・釣谷・五井・建築設備JV)。⇨ p.53

開渠化された鞍月用水とせせらぎ通り。商店が用水上を占拠して暗渠になっていた状態を開渠化した現在の風景。MAP⇨ p.51

巻き込んだ交通事故も多発していた。また、道路周辺には木造建築が密集していて、火災発生時の延焼の危険性もあった。このような危険な状態をなくすために再開発事業が始まった。その契機となったのが、昭和27(1952)年に制定された「耐火建築促進法」であった。

この法律は、国が指定した区域に、地上3階建て以上の耐火建築物を帯状に建てることで、市街地の火災の延焼を防ぐというものであった。この当時、全国に防火建築帯の役割を担った建築が多数建設され、全国に延べ間口長さで約40kmの耐火建築物が建設された。同法は都市の防災・近代化を推進する役割を果たしたが、一方で、画一化された都市景観を全国に生み出す要因にもなった。

話を片町・香林坊に戻すと、再開発をすすめるために、木造建築の移転や土地交換に関する地域住民の合意形成など、難しい問題があった。これらを調整しながら、事業としては国道拡幅の建設省直轄道路工事として着工し、道路拡幅とそれに伴う建築物の再築が一体となった事業として取り組まれた。

昭和28(1953)年から防火建築帯造成事業が開始されたが、昭和36(1961)年には耐火建築促進法が廃止されて、新たに「防災建築街区造成法」が施行され、防火建築帯を帯状から面状に拡大していくことになった。そして、昭和37(1962)年に当地区でふたつの防災街区を指定し、犀川大橋から香林坊に至る道路の拡幅工事と業務用ビルの建設が進められた。この事業は昭和41(1966)年に完成し、道幅は6m拡幅され、両側には鉄筋コンクリート造の中高層ビルとアーケード付きの歩道ができることになった。

香林坊の再開発ビル

昭和40年代(1965-1974年)以降になると、戦前から金沢の中心繁華街として栄えてきた香林坊地区においても空洞化が進み、市街地再開発事業による総合的な都心整備が必要になってきた。そして、昭和57(1982)年にこの事業が都市計画決定され、昭和60(1985)年に「香林坊第一開発ビル(東急ホテル・香林坊109)」(設計：アール・アイ・エー、東急設計コンサルタントほか)、翌年に「香林坊アトリオ(香林坊大和・アトリオ専門店街)」(設計：RIA・釣谷・五井・建築設備JV)がオープンした。

この事業では、金沢のど真ん中に位置する都市景観上最も重要な場所ということで、「香林坊美観調整委員会」が設置され、外部空間(建物外観、街路空間、広場空間、地下空間)の計画・設計についての検討が行われた。そして、建物の外観、街路舗装、アーケード、商業デザインなどについて、建物ごとに景観を考えるのではなく、道路を含めた一帯のエリアとして外部空間全体の総合的なコントロールがなされた。

このようなエリア・マネジメントが重要であるという取り組み姿勢は、その後の金沢の官民一体の大規模な都市整備事業でも受け継がれている。

また、本事業では、各商店が用水上を占用して暗渠の状態になっていた「鞍月用水」を開渠化し、石積みの護岸整備も行われた。その後、鞍月用水では下流部まで開渠化が進められた。

武蔵ヶ辻

一方、武蔵ヶ辻地区では、片町・香林坊よりも一足早く商店街の近代化に着手していた。昭和34（1959）年には、横安江町商店街が「傘のいらない、切れ目のない横のデパート」のキャッチフレーズで、県内初のアーケード街をつくった（現在は撤去されている）。

再開発事業としては、昭和43（1968）年に市街地再開発事業が始まり、金沢駅と武蔵ヶ辻をつなぐ道路を幅員36mの都市計画道路として拡幅し、同時に市街地の総合的な整備が行われた。そして、昭和47（1972）年には武蔵ヶ辻の第二街区再開発事業が完成し、当時としては日本海側で最も高い「金沢スカイビル（武蔵ヶ辻第二地区）」（設計：釣谷建築事務所）が完成した。

画一化する都市風景──独自性が感じられない時期

さて、現在は北陸新幹線が開業（平成9/1997年）し、予想をこえる観光客が金沢を訪れるようになり、香林坊〜武蔵ヶ辻の都心軸沿いに多数のホテルが建ち並んでいる。一方、近代化を進めていた当時は、日本銀行の支店（初代は辰野金吾の設計で明治43/1910年竣工、現在の建物は山下寿郎設計事務所（現・山下設計）の設計で昭和29/1954年竣工）があったこともあり、南町界隈には大都市圏から多くの金融関連の資本が押し寄せてきた。まさに北陸の金融街という景観であった。

これらのビルは、1階が金融機関の店舗で、上階がテナントスペースであったため、建物の外観は画一化する傾向にあった。また、金融機関の店舗ということで休日には閉店し、街の賑わいや多様な都市機能を表出するものではなかった。また、バブル経済の崩壊や金融業務のIT化の影響により、さらに人通りが少なくなり、都心の空洞化が深刻な問題になった。

高度経済成長の時代には、豊かさの証として、全国の都市で街の近代化を目指し、道路整備や不燃ビルへの建て替えを進めた。その結果として、画一化された都市風景が全国に広がった。多様な価値観を大切にする現在の日本人の目で見ると、高度経済成長期の日本人には発展・成長に対する共通の努力目標（東京化）があったように見える。

本章では、都市や建築をテーマに金沢の独自性について説明しているが、金沢の都市・建築史のなかで、独自性が感じられない時期を指摘するとすれば、この時期の都市の近代化への対応ではないだろうか。都市の不燃化のための防火建築帯としてのビル建設、近代化を象徴した金融関連のビル建設など、そのつくり方に金沢の独自性は見られない。大都市圏の近代化を「1周遅れ」で踏襲し、独自性を考える余裕がなかった時期であったように見える。

金沢の都心軸：南町界隈の画一化された都市風景。MAP ⇨ *p.51*

近代化から保存と開発の調和へ──金沢市伝統環境保存条例

高度経済成長期の昭和39（1964）年、金沢市は「長期十五カ年計画」を策定し、都市像として文化産業都市を掲げ、戦後の計画行政が始まった。

その後、都市の近代化がさらに進むなかで、高度経済成長のひずみとして、伝

統的なまちなみの消失や公害問題なども発生し、市民のなかには「金沢の歴史的環境を守るべき」という意見が強くなっていた。

　昭和42（1967）年には、既成市街地の伝統環境をどのように残し、調和のとれた保存と開発をどのように進めるかを検討する「金沢市伝統環境保存委員会」（県・市・民間代表で構成）が発足し、昭和43（1968）年には、「金沢市伝統環境保存条例」が制定されることになった。

　この条例は、都市開発によって伝統環境が破壊されることを防ぐとともに、近代都市に調和した新たな伝統環境を形成することを目的としていた。

　このような状況を踏まえて、昭和45（1970）年に、金沢市は拡大し続ける都市規模を60万人（現在は46万人）に想定した「金沢市六十万都市構想」を発表した。60万人の人口と産業を受け入れる器としての都市の土地利用をまとめたものであった。このころには、現在まで継承されている保存と開発の区分けの考え方が前提となり、旧市街地はなるべく保存を図り、新市街地を金沢駅から日本海側に形成し、新たな駅西副都心を整備していくという方針が示されている。

　この金沢市60万都市構想には、「表日本に起った都市的発展の様相を経験する場ではなく、むしろ独自の文化的、伝統的な環境の保存を中心に個性ある側面を強調すべきである」と示されていた。ここには、太平洋ベルト地帯におけるメガロポリス的開発で発生した諸問題に対する批判的な見方が表れているとともに、日本海側を代表する歴史文化都市として、金沢の独自性を見出そうという気概が感じられる。

　ところで、ここに「表日本」という表現がある。これに相対する表現は「裏日本」である。現在では「太平洋側・日本海側」という呼称が一般的であるが、この時代のマスコミ報道などでは「表日本・裏日本」という表現が使われていた。明治以降の近代化において、先進的な表日本側と対比的に用いられるようになった裏日本という表記であるが、さらに、表日本と対比した経済的格差をイメージさせるものにもなっていた。そして高度経済成長期には、太平洋ベルト地帯に位置する工業地帯に人口が移動し、当時「裏日本」と呼ばれた地域は日本の高度経済成長の波に乗り切れず、日本海側の地方都市は衰退する傾向にあった。

駅西開発──開発エリアの区分

　近代化に対する金沢市独自の方向性を出していくためには、駅西副都心の開発を進めることが必須だった。戦災にあわなかった金沢では、伝統環境を守りながら、同時に都市を近代化し、発展させていくための土地の余裕がなかった。そこで、「金沢市六十万都市構想」では、金沢駅から金沢港をつなぐエリアに注目し、駅西開発を進めることになった。

　具体的には、駅西地区に交通ターミナルビル、金融機関、商社、デパート、官公庁を集積した副都心を形成し、高層住宅等の住居地域も含めた駅西総合ニュータウンを構想するものであった。さらに、東部・南部の丘陵地帯には、学園都市としての文教ニュータウンと、国際競技施設としてのスポーツニュータウンを配置する

ことが構想として描かれていた。

　つまり60万都市構想では、伝統環境を保存するエリアと、新たな都市機能を開発するエリアを明確に区分し、「保存と開発の調和」を図っていくことが示されていた。

　少し補足をすると、「保存」は都心（旧城下町）の市街地が対象で、「開発」は近郊の市街地（新市街地）が対象であった。ただし、「保存」が原則の都心市街地の中でも、金沢の都心軸線として位置づけられた金沢駅〜武蔵ヶ辻〜香林坊・片町に至るメインストリートの沿線は、都心の近代化のための開発の対象になっている。これについて、「伝統環境保存条例」では、自然景観とそれに包蔵された歴史的建造物や遺跡等で形成される市民の環境を「固有の伝統環境」とし、都市再開発後における固有の伝統環境と調和した市民の環境を「新たな伝統環境」と定義している。

　旧城下町の範囲内で金沢を発展させようとすると、伝統的な古い建築物を壊さなければならない。伝統環境や金沢らしさを守りながら金沢を成長させるためには、駅西の田園地帯の新規開発が必要であった。まず、港まで続く50m幅の道路をつくって交通幹線を確保し、新たなまちづくりの受け皿を用意した。また、東西に街を分断していたJR北陸本線を高架化（昭和53/1978年〜平成3/1991年）することで、東西両地区が一体化された。そして、県庁が先陣を切って平成15（2003）年に駅西地区に移転した。その後、多くの資本が駅と周辺地域の開発に注がれ、昭和45（1970）年の「金沢市六十万都市構想」のスタートから半世紀の時間をかけて、「保存と開発の調和」を目指した街づくりが花開き、今日の姿になっている。

4　金沢城エリアの変遷

軍都から学都、そして市民が主役の公園に

　金沢城跡を中心とした土地利用からイメージされる時代区分的呼称として「軍都」、「学都」という表現がある。これは城跡を中心としたエリアが誰のための空間であったのかを示すものである。

　江戸時代には前田家（加賀藩）の居城であった場所が、明治になって、金沢城内に第九師団司令部が置かれ（明治31/1898年）、その周辺の広大な武家屋敷跡地は軍用地に変容していった。これが「軍都」と呼ばれる理由である。これにあわせて鉄道・道路などの都市基盤の整備が進み、また、藩政期には城の裏側であった現在の広坂地区に県庁・市役所が置かれた。また、藩校跡地には「旧制第四高等学校」（明治20/1887年設立）、城の金谷出丸には「尾山神社」（明治6/1873年創建、藩祖前田利家を祀る）が造営された。

　第二次世界大戦の終戦後は、金沢城跡には「金沢大学」（昭和24/1949年設置、国立大学）、出羽町一帯には「金沢美術工芸大学」（昭和30/1955年設置、公立大学）、「金沢女子短期大学」（昭和25/1950年開学、私立大学）が設置された。金沢城跡やその周囲に存在した大規模な軍用地が、教育施設として利用されたことが、「学都」と呼ばれる理由である。

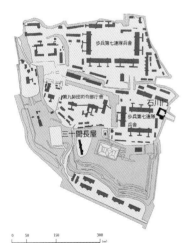

昭和16年旧金沢城配置図
金沢城内に旧陸軍第九師団司令部が置かれた時代の配置図（作図：金沢工業大学蜂谷研究室）

昭和38年金沢大学キャンパス
金沢城内に金沢大学があった時代のキャンパス配置図（作図：金沢工業大学蜂谷研究室）

その後、各大学・学校が郊外に移転し、さらに県庁の駅西地区への移転もあり、藩政期から城下町の中心であった金沢城跡・兼六園とその周辺エリアは、次々と緑豊かな公園スペースとして整備されていった。

都市の最も重要な場所こそ市民のための空間であるべき

終戦直後のころ、北陸に大学をつくることを県・市ともに強く望んでいた。そこで、県は昭和20（1945）年12月の県議会で北陸総合大学誘致の意見書を提出し、市も翌年の議会で総合大学設置請願書を提出することを議決した。その後、同年の6月には北陸総合大学期成同盟会が結成され、総合大学を町田町・長坂町に創設する運動が開始された。

ところが、昭和22（1947）年12月に、GHQ石川軍政隊は金沢城跡を大学建設用地にするように通知してきた。さらにGHQ石川軍政隊は、5年後に大学設立が実現していなければ、金沢城跡を金沢市が教育・レクレーション厚生施設として利用することを認めるとし、直ちに大学設立の準備を開始し、包括される各学校が重複を避けて学部を編成することを挙げ、旧陸軍施設を大学施設に転用することなどを指示してきた。このようにして、金沢大学は、昭和24（1949）年に総合大学として、金沢医科大学、金沢薬学専門学校、第四高等学校、石川師範学校、金沢高等工業専門学校、金沢高等師範学校、石川青年師範学校を統合し、新たに医学、薬学、理学、法文学、工学、教育学の6学部に再編されることになり、お城の中の大学として有名になった。

しかし、金沢の都心核である広大な城跡が特定の大学に占有されていることに、多くの市民が疑問をもつようになった。そして、昭和30（1955）年の市議会で、金沢大学を移転して城跡を市民に開放すべきであるとう決議が出された。さらに、昭和37（1962）年の市議会では、「われわれは金沢市の風致地区としての由緒ある歴史的、観光的資源である金沢城跡が兼六園と並び、名実共にその真価を発揮できるよう、広く一般への開放を強く要望するものである」という意見書が提出された。

この主張には、金沢のシンボル空間が、これまでも「加賀藩→陸軍→大学」によって占有され、市民には閉ざされたままの空間であることに対する強い不満が滲み出ていた。現在では消失した門・長屋・櫓などが復元された金沢城公園として、市民や観光客の憩いの場所になっているが、これが実現できたのは、戦後の民主主義の時代においては、市民が社会の主役であり、「都市の最も重要な場所こそ市民のための空間であるべき」と考える時代になったからである。

5 金沢市独自の条例

全国初の伝統環境保存条例

昭和30年代（1955-64年）から始まった日本の高度経済成長期には、産業規模の拡大や都市の近代化が優先された。そして、都市開発が進み建物の新築・更新が進むなかで、都市の景観が破壊され、歴史的建造物の解体が進んだ。当時、金沢に

おいても固有の伝統環境や景観が消失していくことが危惧されていた。

　そのような時、京都の双ケ岡、鎌倉の鶴岡八幡宮裏山の開発問題が契機となり、国は昭和41（1966）年に「古都保存法」を制定した。この法律では、歴史的風土を「わが国の歴史上意義を有する建造物、遺跡等が周囲の自然的環境と一体をなして古都における伝統と文化を具現し、及び形成している土地の状況」と定義していた。しかし、この法律が対象としているのは、かつて宮廷や幕府が置かれた古都（奈良・京都・鎌倉）に限られ、同じような課題を抱える金沢のような地方都市は対象になっていなかった。

　当時、歴史的環境や固有の景観が失われていくことが危惧していた金沢は、国の古都保存法に大きな関心を寄せていた。この古都保存法に触発された金沢経済同友会では、昭和41（1966）年に「保存と開発委員会」を結成して広報活動を始めた。

　この動きを支援し、市長（徳田與吉郎、1906-1995、1963-72年在職）に条例制定を助言した人物が、金沢市出身の建築家である谷口吉郎（東京工業大学名誉教授、1904-1979）であった。つまり、国の法律で保存対象にならないのなら、金沢市独自の条例（伝統環境保存条例）をつくるべきだということである。

「金沢診断」から伝統環境保存条例（伝環条例）へ

　谷口吉郎は、城下町金沢が息づく環境の保存が、金沢にとって緊急を要する重要課題であることを強調した。これに対し、金沢市は谷口吉郎に中央の有識者による「金沢診断」を依頼し、調査団による「保存と都市開発診断」（昭和42/1967年）を行い、金沢を保存するための基本方策をまとめた。

　景観について意見を聴くべき識者として、画家の東山魁夷をはじめとする識者を選定し、さらに地元の識者として知事・市長・金大学長、経済界代表も加わり意見交換会を行った。この報告書では、自然景観に対する方策として、「緑地の保存、河川・用水の清流確保、建築物のデザイン指導」が、歴史遺産を対象とする方策として、「価値の高いものの買い取りや、税の減免措置」が提案され、区域指定による環境の保護についても言及されていた。これを受けて、金沢市は金沢市伝統環境保存委員会を設立し、専門部会として4部会（建造物、緑化推進、文化遺産、美化推進）を設置し、具体的方策を検討した。その結果、保存区域の指定と建築物の届出制を前提とする条例を制定することになった。このような調査・検討・審議のプロセスを経て、昭和43（1968）年に「金沢市伝統環境保存条例」（伝環条例）が制定された。

　このように景観を守り育てるための条例を全国に先駆けて制定したが、この時点では基本方針を示す程度の「宣言条例」のような内容であり、その後の実践を通して数多くの独自条例が追加制定されていった。

　その後、倉敷、柳川、高梁、萩、平戸、高山、京都、神戸などの他の都市にも同様の条例が相次いで制定された。

　都市環境の変化が著しい時代において、現在も金沢の固有性が守られ、都市のステイタスを大いに高めているのは、この伝統環境保存条例による取り組みがあったからといっても過言ではない。

以上のような金沢をはじめとする全国の自治体の活動に対して、国は昭和50（1975）年に文化財保護法において、「伝統的建造物群保存地区」制定などの整備事業施策を策定するようになっていった。

重要伝統的建造物群保存地区（重伝建）

昭和50（1975）年に改正された国の文化財保護法で新たに導入された「伝統的建造物群保存地区」の制度は、文化財としての建造物を単体から群・地区として保存しようとするものであった。市町村は，伝統的建造物群保存地区を決定し，地区内の保存事業を計画的に進めるため，保存条例に基づき保存活用計画を定めた上で，国は市町村からの申出を受けて，わが国にとって価値が高いと判断したものを「重要伝統的建造物群保存地区」（重伝建）に選定するというものである。

その後、重要伝統的建造物群保存地区に選定されたものは、金沢の旧城下町内では「金沢市東山ひがし」（平成13/2001年選定⇨p.42）、「金沢市主計町（かずえまち）」（平成20/2008年選定⇨p.42）、「金沢市卯辰山麓（うたつ）」（平成23/2011年選定⇨p.42）、「金沢市寺町台」（平成24/2012年選定⇨p.80）の4カ所が選定され、藩政期の面影を残す地区として注目されている。石川県内では、「加賀市加賀橋立」（平成17/2005年選定⇨p.124）、「輪島市黒島地区」（平成21/2009年選定⇨p.138）、「加賀市加賀東谷（かがひがしたに）」（平成23/2011年選定⇨p.127）、「白山市白峰（しらみね）」（平成24/2012年選定⇨p.114）も選定されていて、合計8カ所という数は全国の都道府県中で最多である（MAP⇨p.188）。

現在の金沢観光の来訪者数として、兼六園に次いで多いのが「東山ひがし」である。戦災にあうことなく、高度経済成長期の近代化の影響も受けず、現在も藩政期末～明治期の遊郭街の風情を残している。各棟の外観には木虫籠（きむすこ）と呼ばれる台形断面の繊細な縦格子が連続し、外からは中が見えにくく、中から外は見えやすい造りになっている。1階部分の多くは土産物屋・飲食店になっているが、西欧の世界遺産の街のように土産物・飲食物が街路に露出した状態ではない。細やかなサイン表示の横の格子戸を開けて、初めてそこが何の店かがわかる。

この浅野川界隈の風情について、元金沢市長の山出保（やまでたもつ）（1931-、1990-2010年在職）は、著書『金沢の気骨』（2013年、北國新聞社出版局）のなかで、作家・五木寛之（1932-）との会話を次のように記している。

> 梅雨のある日のことでした。雨が降りしきる中、浅野川に架かる「中の橋」の上で、作家の五木寛之氏がこんな話をされました。「今の日本の社会から失せたものは、湿り気でしょう。その湿り気の残るところが、ここ主計町と浅野川、卯辰山の界隈です。」泉鏡花、徳田秋声、そして五木氏が書いた作品のいくつかの舞台は、主計町や浅野川、卯辰山界隈にあります。日本の原風景であり、日本人の心のふるさとでもあります。
>
> 『金沢の気骨』（2013年、北國新聞社出版局）

撮影：宮地祐輝

平成13/2001年、金沢初の重要伝統的建造物群保存地区に指定された「金沢市東山ひがし」（2004年撮影）。⇨p.42

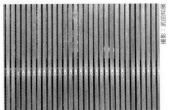

撮影：武田知展

木虫籠（きむすこ）と呼ばれる台形断面の繊細な縦格子（2020年撮影）。

重伝建選定までの四半世紀

　金沢市では、国の「重要伝統的建造物群保存地区」の選定に向け、昭和52（1977）年、「金沢市伝統的建造物群保存地区保存条例」を制定した。この条例は主に「東山ひがし」地区などのまちなみの保存を目的にしたものであった。

　市はすぐに地元に説明に入ったが、住民の賛同を得ることはできず、指定をすることはできなかった。住民の主な反対理由は、「建物の改築や造作が自由にできなくなる」、「資産価値が下がる」、「暮らしがのぞかれる」というものであった。それからしばらく時間をおいて、地元住民との話し合いを再開した。この地区の建物群は日本の財産であり、金沢市としてぜひ残したいという思いを、当時の山出市長自らが何度も出向いて説明し、市の誠意を見せることで徐々に話が進んだ。電線類の地中化、ガス灯の新設、融雪装置の導入などの要望を受け入れることで、ようやく合意に達することができた。

　そして、平成13（2001）年に「金沢市東山ひがし」地区として国の重要伝統的建造物群保存地区に選定された。この間、昭和52（1977）年の条例制定から四半世紀の年月を経ている。景観保存行政がいつも順調に進んでいたたわけではなかった。

伝統環境保存区域の面的な広がりと、保存建築物の指定

　伝統環境保存条例（昭和43/1968年、伝環条例）の趣旨は、「伝統環境保存区域に指定された区域内の建築行為等について、事前の届出を義務づけ、助言・指導・勧告により区域の景観保全を図る」というものであった。

　そして、昭和43（1968）年に、寺町寺院群区域、卯辰山山麓寺院群区域、長町武家屋敷群区域、野田山墓地一体区域の4区域が伝統環境保存条例による「伝統環境保存区域」に指定された（MAP ⇨ *p.189*）。

　翌年（昭和44/1969年）には、石川県風致条例で風致地区に指定された卯辰山、浅野川、中央、犀川の4区域が追加指定され、伝統環境保存区域は次々と拡大されていった。さらに、市民の関心の高かった用水の保全や、指定区域外の景観破壊に対応するために、昭和57（1982）年に、浅野川右岸、同左岸、丸の内、辰巳用水右岸の4区域が追加され、長町武家屋敷群区域と寺町寺院群区域の拡大が行われ、13区域が伝統環境保存区域に指定された。他都市と比較すると、この面的に広がる条例規制のおかげで、特定のエリアのみが歴史的シーンとして突然現れるような違和感が金沢にはない。

近代建築の保存──指定保存対象物制度

　昭和50年代になると、辰野金吾設計の「旧日本生命金沢支社」（大正5/1916年竣工）や、ヴォーリズ設計の「旧大同生命金沢支社」（昭和2/1927年竣工）などの歴史的価値の高い近代建築が解体されたことにより、金沢に残る歴史的建造物を保存すべきという機運が高まっていた。

　そして、これを契機に、昭和57（1982）年には伝統環境保存条例が改正され、「指定保存対象物制度」が創設された。

「旧日本生命金沢支社」、「旧大同生命金沢支社」
⇨ *p.56*「Column 06 取り壊された建築」

北陸学院第二幼稚園（旧ウィン館）（明治22/1879年、設計：トマス・ウィン）。⇨ *p.73*

立野畳店（19世紀初期以前、2020年撮影）。⇨ *p.55*

森紙店（江戸時代末期）。⇨ *p.82*

この制度は、伝統環境保存区域に関わらず、金沢市内に残る景観上重要な保存すべき歴史的建造物を単体として指定し、その場所で保存していく制度である。保存対象となるのは、原則として道路などの公共空間から望見できる範囲の外観のみである。指定までのプロセスは、専門部会が調査・検討をした指定候補を、伝統環境保存委員会が審議し、その結果を市長に答申し、市が所有者の同意を得て指定保存建築物に指定することになっている。

　第1回の審議を経て、「北陸学院第二幼稚園（旧ウィン館）」（明治22/1879年、設計：トマス・ウイン）、「立野畳店」（19世紀初期以前）、「森紙店」（江戸時代末期）の3件が指定保存建造物に指定された。指定文化財とは異なり、建物内部の使い方についての規制がないため、所有者の日常生活を妨げるものではなく、さらに、指定部分の修理費に対する支援制度もあることから、指定件数は増加し、制度開始から平成元（1989）年までの間に、13件が指定された。

　また、伝統環境保存条例に基づく委員会として伝統環境保存委員会があり、その専門部会で伝統環境の保存に関する具体的な案件について審議がなされ、専門的見地から助言・指導が行われた。この条例の施行期間である昭和43（1968）年度〜平成元（1989）年までの間に、届出件数が1,377件あり、このうち143件が専門部会での審議対象になった。

6 条例誘導型の景観行政

有識者による提言から条例化へ

　昭和43（1968）年に伝統環境保存条例が制定されてから20年後、金沢市は都市景観形成モデル都市に指定されたことを契機に、金沢固有の歴史的環境だけでなく、都市景観全般に関する取り組みを検討するために、昭和63（1988）年に有識者

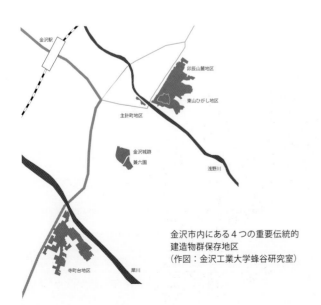

金沢市内にある4つの重要伝統的建造物群保存地区
（作図：金沢工業大学蜂谷研究室）

こまちなみ保存区域の指定エリア
（作図：金沢工業大学蜂谷研究室）

による「都市景観懇話会」を設置した。

　この会では、金沢市の総合的な景観形成推進の必要性が話し合われ、提言書「金沢市における良好な都市景観の形成を目指して」（昭和63/1988年）が提出された。この提言の中には、都市景観形成の推進方策が示された。この提言の中には、都市景観形成の推進方策が示され、その後の条例制定へと続いていった。

　新たな年号の平成元（1989）年4月に、市政100周年を迎えた金沢市は、この年を「都市景観元年」と位置づけた。そして、それまで大きな役割を果たしてきた「伝統環境保存条例」の内容を、さらに継承・発展させるために、「都市景観条例（金沢市における美しい景観のまちづくりに関する条例）」を制定した。

　この条例が制定されたとで、景観誘導の対象となる指定区域が大きく拡大されたことになる。この都市景観条例の中で最も重要なポイントは、「金沢固有の多様な景観資源を守りながら、時代とともに発展する新しい金沢を創造していく」ために、「伝統環境保存区域に加え、近代的都市景観創出区域が新設された」ことである。そして、「保存と開発」というテーマに対して、条例による明確なエリア分けが示された（MAP⇨ *p.189*）。

　さらに、個々の景観資源の特性に着目した景観関連条例も制定された。こまちなみ保存条例、用水保全条例、斜面緑地保全条例、寺社風景条例の各条例によって、具体的な区域の指定や基準を定めることができるようになり、個々に対応した景観誘導が可能になった。

　金沢市では、条例制定によって誘導する景観行政を推進してきた。まず目標を設定して有識者の懇話会を設置し、その成果を提言書としてとりまとめ、条例化へつなげていくという方式が多くとられてきた。この方式によって意見集約ができ、次々と条例化が進むという金沢の状況は、大切に思う景観に対する価値観が市民に共有できていて、かつ、金沢の都市規模が大き過ぎないことによるものではないかと

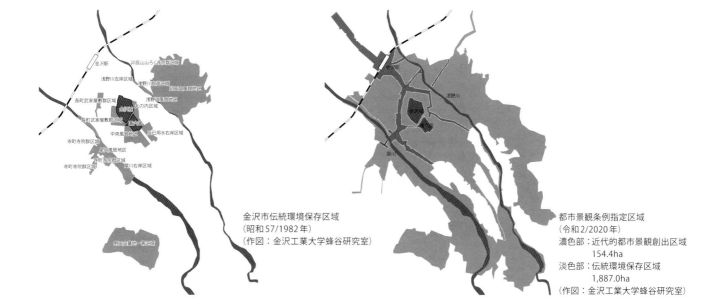

金沢市伝統環境保存区域
（昭和57/1982年）
（作図：金沢工業大学蜂谷研究室）

都市景観条例指定区域
（令和2/2020年）
濃色部：近代的都市景観創出区域
154.4ha
淡色部：伝統環境保存区域
1,887.0ha
（作図：金沢工業大学蜂谷研究室）

考えられる。ある京都の景観研究者が、京都の都市規模では異なる意見も多く出て、金沢のように条例化が進まないという話を伺ったことがある。

7 景観計画

景観文脈という戦略──金沢市都市景観形成基本計画

　平成元 (1989) 年、金沢市は有識者や関係団体等の代表者19人で構成する「金沢市都市景観形成計画検討委員会」を設置し、さらに同委員会の7人の有識者による小委員会を設置した。

　計画案の具体的な検討は小委員会で継続的に行われ、平成4 (1992) 年1月までの間に、31回の会議が行われた。その結果を受けて、金沢市は同年2月に、「金沢市都市景観形成基本計画」(平成4/1992年) を策定した。

　この中で特に注目すべきキーワードとして「景観文脈」という表現がある。自然や歴史をそれぞれの地域の個性の中に生かしていく時に、それぞれの「景観」を単体で捉えるのではなく、それと関わるさまざまな「文脈」を考慮しながら、ストーリー性をもたせていくという考え方である。この時代、建築設計の世界では、コンテクスチュアリズムという考え方が一般化していて、建築を取り巻くコンテキスト(文脈)を、周辺環境による物理的コンテキストと、その社会に潜在する文化的コンテキストの両面を同時に考慮して設計を進めていた。この「文脈」を大切にするという発想を、景観形成において重視するという金沢の選択には興味深いものがあるので、以下に『金沢市史 通史編3 近代』p.787に記された重要なポイントを引用する。

　　「都市の景観計画の最終的な目的は、地域の自然、文化、歴史の脈絡を踏まえた上で、特定の場所の景観設計をディテールまで含めて決定することである。ある場所の景観はそれだけが独立して存在するものではなく、隣接する場所や周辺環境との関連において一体的に体験されるものである。それゆえ、ある場所の景観は、地域全体や周辺の景観的脈絡をよく知ったうえで、それらを踏まえて構想されるべきである。

　　文章になぞらえるなら、いくつかの言葉 (word) が、集まって文 (sentence) となり、文が脈絡 (context) に沿って配列されて、物語 (story) となるように、景観も趣のある景物が集まって、一場面の景を形づくり、地域の景観文脈に (context) に沿って、それぞれの場の景が編集されることにより完成する。個々の景をより輝かせるためにも、編集という作業が必要なのである。」

　こうして、金沢独自の景観形成のアプローチとして、「特色ある地形風土」と「歴史的な遺産」を組み合わせて金沢の景観に物語性 (ストーリー) を持たせ、その魅力に引きつけられた市内外の人びとの「回遊性」をも高めていくことこそが、「景観文脈」戦略の最大の眼目であったと言えよう。

『金沢市史 通史編3 近代』p.787

「こまちなみ保存区域」に指定されている旧新町界隈
（2020撮影）。MAP ⇨ *p.33*

このように、金沢固有の景観に磨きをかけるために、当時のオピニオンリーダーたちが真剣に議論し合ったシーンが想像できる。そして、後述する「小さくとも世界の中で独特の輝きを放つ世界都市金沢」へと発展させる都市戦略として、この時代に景観を文脈として捉えて施策を推進してきたことは、国内外から多くの人が訪れるようになった現在の金沢を見れば、成功したといえる。

「こまちなみ」という概念の導入──金沢市こまちなみ保存条例

都市の近代化が進む中で、老朽化した建築が次々と解体されていったが、その中には、都市の歴史・文化的な観点で貴重なものも含まれていた。

このような状況に対し、金沢市は平成元年に学識者で構成する「金沢市伝統的建造物・町並み調査会」をつくり、旧城下町の街路、歴史的まちなみ、武士住宅、町家の現況調査を行った。報告書の中では、歴史的建造物や地区単位での新たな保存再生計画案が示され、ここで「こまちなみ」という概念が提案された。この聞きなれない「こまちなみ」という概念を導入したことが、その後の景観施策に大きな影響を与えたこともあり、その名称や意義について詳しく説明する。

金沢の街中には「古くて」、「小さい」まちなみが残っていた。この「古」と「小」をかけ合わせ、それを平仮名にして「こまちなみ」と称している。これが「金沢市こまちなみ保存条例」（平成6/1994年）の名称になった。

その定義は、「歴史的な価値を有する武家屋敷、町家、寺院、その他の建造物が集積し、歴史的な特色を残すまちなみ」となっているが、注目すべきポイントがいくつかある。

①伝統的建造物群保存地区ほどの面的広がりや質の高さはないが、城下町の風情や趣を感じられるちょっとした良いまちなみであること。

②景観としてのまとまりがあれば家屋敷にはこだわらないこと。

③統一されたまちなみという純粋性よりも、住民の暮らしや生活感を重視すること。

現在では、こまちなみ保存区域として9区域（約27.4ha）が指定（MAP ⇨ *p.186*）。

指定された地区内に残る景観・建築は、文化財のような質的高さを有するものではないが、日々の生業や生活とともにある金沢ならではの佇まい（文化的景観）であった。そして、各区域の特徴に応じた保存基準を設け、保存や修景のための改築・修繕費を支援する措置がとられた。

保存の制度としてみた場合、国の文化財保護法の伝統的建造物群保存地区の制度に似ているが、その規制は緩やかで、歴史資源を残している他都市でも制定可能な内容である。近代化で失いつつある歴史的なまちなみを、生活空間（歴史的風情を感じることのできる界隈）として保全できた点が画期的であった。

さらに、金沢市では「こまちなみ保存条例」を制定するとともに、一連の景観関連条例を次々と制定していった。このような金沢市の熱心な取り組みを受けて、国も景観の保全に本腰を入れるようになった。そして、金沢市や京都市の施策や事例などを参考にして、国の「景観法」（平成16/2004年）の制定へとつながっていった。

浅野川大橋周辺の景観（2017年撮影）。
MAP ⇨ *p.41*

8 市民力、民間が主催する都市美文化賞

環境・景観を守った市民力──高層マンションの建設に反対

　ここで、市民が高層マンションの建設に反対し、環境・景観を守った事例をひとつ紹介する。この件は、金沢を代表する風景のひとつである浅野川沿いで起きた。

　すでに浅野川大橋近くの左岸には、10〜11階のマンションが建ち並んでいたが、この景観破壊を市民が嘆いていた時に、その対岸にある病院跡地にマンションを建てる計画が持ち上がった。昭和57（1982）年ごろに、東山河岸緑地に8階建（高さ28.6m）のマンションを建設する計画が明らかになり、周辺の環境や歴史的風情が失われることを憂慮した地元住民は、計画地を含む周辺地域の高さを15mに規制する「環境保全協定」（昭和58/1983年）を締結した（当地区は昭和57/1982年に浅野川右岸地区伝統環境保存区域に指定されていた）。その後、昭和61（1986）年に、事業主が当初の計画を高さ15m以内となるように変更したために、金沢市の専門部会で審議が行われ、地元住民と十分協議することを条件として計画は了承された。

　これに対し、まちなみの変容に反対する地元住民は、以前に締結した「環境保全協定」を白紙に戻し、都市計画法に基づく「地区計画制度」を導入しようとした。そして、昭和62（1987）年9月ごろからは、金沢経済同友会などを母体とする「金沢景観トラスト運動」に発展し、最終的には金沢市が土地を取得し、都市計画法による地区計画制度を導入した公園になった。

　この公園緑地は浅野川と東茶屋街の間にある重要な場所である。現在の若い人たちには、先人たちの努力によって景観が守られた経緯について、ぜひ知っておいていただきたい。

　この一連の経緯と結果は、市民が自分たちの住む区域の伝統環境に誇りをもち、自らルールを決めて、その保存に取り組むことができるというよい事例になった。また、市民の都市景観に対する関心を大きく高めることにもなった。金沢の伝統環境を守り育てていくには、大切なものを守ろうとする市民力が必要である。また、さまざまな場面で金沢をより高いレベルに高めていこうとする活動が、いつも市民や経済人を中心に起こってきたことは特筆すべきである。加賀百万石の文化を継承・発展させていくのは自分たちであるという強い意識が、他都市とは違うようである。

都市美文化賞の創設──景観に対する意識を高める役割

　上記に関連するテーマとして、「都市美文化賞」の創設がある。美しいまちをつくろうという市民意識を高揚させるもののひとつであり、昭和53（1978）年に創設され、現在も継続されている歴史ある景観賞である。

　その設立の経緯と意義について詳しく説明する。この賞が創設される少し前の時代には、高度経済成長による都市化の波が金沢にも押し寄せ、県外資本も含めたさまざまな建物が建設され、景観を壊す原因ともなりかねない建築が続出していた。このような時に、兼六園下に外壁が明るい黄緑色で、サッシは鮮やかな朱色の建物ができた。

景観への関心を高める契機となった「旅館さいとう」の外壁色彩問題（写真中央部）。建物の外装が完了した1972年に伝統環境保存委員会で審議され、金沢市は色彩の変更を再三申し入れたが、ビルの所有者が変わる1980年まで変更されることはなかった。『伝統環境保存条例制定50周年記念 金沢景観五十年のあゆみ』（発行：金沢市都市整備局景観政策課）より。

マスコミがこの「旅館さいとう」の色彩問題（昭和47/1972年）を大きく取り上げたことで、金沢市民の間で都市景観美に対する関心が高まった。また、事業主に対する行政指導にも限界があることがはっきりした。そして、このような事態が発生しないためにはどのような対策をとればよいかという議論が始まった。

このようななかで、危機感を抱いていた金沢の経済界が、自ら「金沢都市美委員会」を設置（昭和53/1978年）し、「金沢都市美文化賞」を創設した。

その趣旨は、「景観の悪いもの」を厳しく規制するのではなく、「景観の良いもの」を選奨することで、都市美に対する意識が市民や事業主に広く浸透し、結果として金沢らしい良好な景観形成が図られることを期待するものであった。

一般的に、このような賞は地方自治体主導で行うことが多いが、行政ではなく民間の組織である金沢商工会議所、金沢経済同友会、金沢青年会議所の経済3団体が主体となって、現在まで継続していることが最大の特徴である。このあたりに、「金沢のまちは自分たちで守っていく」という経済界の強い意志が感じられる。

また、市民からの推薦応募があったものが審査対象となり、優良建造物等の表彰対象者を施主・設計者・施工者という建設に関わった全関係者とすることで、都市美に対する市民意識の高揚を図っている。建築物のみが対象ではなく、橋・用水・遊歩道・坂・広場・公園・まちなみなども対象になっていて、「周囲のまちなみや地域の景観との調和に十分な配慮と工夫がはかられ、金沢にふさわしい新しい都市景観の創出に寄与しているもの」や、「かなざわの自然風土や歴史文化面からみた都市景観の保全と創出に寄与しているもの」等から受賞作が選出されている。

「都市美文化賞」の設置・運営主体である金沢の経済3団体は、格調高い都市美は市民の大きな名誉であり誇りであると考え、創設以来40年以上の年月を経た現在もその精神を継承している。また、この賞への推薦応募から審査結果の発表までのプロセスを毎年繰り返すことで、市民の景観に対する意識を高める重要な役割を果たしている。令和元（2019）年までに456作が受賞（年平均で10.8作）しているが、著名な建築家の作品以外にも、本賞に選定された建築が金沢のまちには多数存在している。

9　金沢城復元と歴史文化ゾーンの形成

歴史が積層する金沢城跡

金沢大学が移転した後、金沢城跡は金沢城公園として整備が進み、平成13（2001）年以降、「菱櫓」、「五十間長屋」、「橋爪門続櫓」、「河北門」、「橋爪門」が木造で復元された。さらに、石川県立体育館が建っていた玉泉院丸跡地では、庭園や「鼠多門」が復元された。現在は二の丸御殿復元の検討が進んでいる。

この20世紀末に始まった金沢城復元の要点を以下に整理する。

平成3（1991）年に「金沢大学跡地等利用懇話会」が設置され、金沢城跡地を含めた都心の最有効利用について多角的な検討が行われた。そして、金沢城跡は可能な限り忠実に復元できる建物から復元を進め、金沢の中心に存在するシンボル空間

復元された金沢城の菱櫓・五十間長屋・橋爪門続櫓。
⇨ p.62

菱櫓下より五十間長屋、橋爪門続櫓を見る。
⇨ *p.62*

復元された五十間長屋の内部。

として、市民や観光客に開かれた金沢城公園として活用していくことになった。この時点では、国指定重要文化財の「金沢城石川門」（天明8/1788年）、「金沢城三十軒長屋」（安政5/1858年）、「金沢城土蔵（鶴丸倉庫）」（弘化5/1848年）と、石垣の博物館とも呼ばれる変化に富んだ石垣が残っていた。

そして、平成10（1998）年3月〜平成13（2001）年7月の間に、総事業費260億円を投じて、「菱櫓」、「五十軒長屋」、「橋爪門続櫓」の3つの建造物が藩政期の伝統の技を忠実に再現しながら復元された。明治以降に建てられた木造城郭建築物として全国最大規模であった。この復元工事を遂行するために、県内の職人を大工や左官等の9つの職域ごとに集め、「石川の伝統的建造技術を伝える会」が設立（平成12/2000年）された。

また、金沢城の復元が進むとともに、歴史文化都市として金沢を全国にアピールしていくために、NHKの大河ドラマを誘致したいという声が高まった。

この大河ドラマ誘致については、すでに昭和56（1981）年〜57（1982）年にかけて、「金沢四百年」の記念事業において議論がされていた。その後、県の推進協議会や経済同友会が積極的に働きかけることで、平成12（2000）年に長年の努力が報われて、NHKの大河ドラマ「利家とまつ〜加賀百万石物語〜」の放送が決まり、平成14（2002）年に放映された。

400年以上の時を超えて、この金沢城公園の場所が、歴史的・地理的・景観的・精神的にも金沢の中心空間であったという意識が金沢に生きる人びとのなかにある。中世には一向宗門徒の尾山御坊、近世では加賀藩前田家の居城、近代では陸軍第九師団の司令部、戦後一時的には金沢大学校舎となり、現在では市民が主役の金沢城公園になっている。このような史実を知り、時間軸をイメージしながらこの場所で瞑想する時、さまざまな時代の歴史シーンが重層して浮かび上がってくる。

次の時代に継承する歴史文化ゾーンの形成

金沢城跡と兼六園を中心とする一帯は、歴史文化都市金沢を象徴する景観が広がる場所になっている。

城下町として発展した地方都市は多数あるが、まちの中心にある城跡を取り囲むように広大な緑地帯が広がり、そこに文化施設が集中している都市は珍しいといえる。来訪者には、この空間的広がりが金沢の中心市街地のイメージとして記憶に残る。このような都市環境がどのようなプロセスを経て形成されたかについて、少し歴史をさかのぼってみる。

この一帯は終戦前まで「軍都金沢」を象徴する場所であったが、幸いにも戦火にあうことなく終戦を迎えたことで、旧陸軍関連の施設が城跡およびその周辺から撤去された。そして、その跡地に多くの空地が生まれた。

戦災で焼失した都市であれば、その復興として、まず道路を通し、土地を整理し、住宅・業務・商業施設を整備することから始まり、社会に余裕ができた時点で文化施設が整備されていった。ところが、戦災にあわなかった金沢では、他都市と比較して、道路や住宅・業務・商業施設の整備を急ぐ必要はなかった。さらに軍用地

の空地が残っていたという特殊な事情もあり、その空白を埋めるように文化施設が建てられていった。

このような土地利用の変遷を経て、金沢城跡・兼六園とその周囲には緑地帯が広がり、そのエリアに文化施設がコンパクトに集積する魅力ある歴史文化ゾーンが生まれた。

たとえば、兼六園に隣接する出羽町一帯は、藩政期には加賀藩筆頭家老の本多家の屋敷群があった場所であるが、明治になるとその空地に陸軍関連施設が建設（兵器庫、明治42/1909年〜大正3/1914年）された。そして、戦後においては文化施設に改修（いしかわ赤レンガミュージアム：石川県立歴史博物館（昭和61/1986年）・加賀本多博物館（平成27/2015年））され、その立地特性を活かして、歴史・文化を感じさせる「本多の森公園」（昭和53/1978年）として整備されてきた。

現在は「石川県政記念しいのき迎賓館（旧石川県庁舎）」（平成22/2010年、設計：山下設計、旧石川県庁舎は、大正13/1924年、設計：矢橋賢吉）と芝生広場になっている一帯は、藩政期には城の裏側として米蔵、的場、馬場などがあった場所であるが、廃藩置県により県庁がこの場所に建設され、明治以降は県都金沢の重要な場所になった。そして、県庁移転（平成15/2003年）後に現在の姿になり、市民が主役の芝生広場として金沢を代表する公園緑地ゾーンになった。

県庁移転後のこの場所の土地利用については、20世紀末ごろにさまざまな議論があった。建物を歴史遺産としてすべて保存する案から完全になくす案、またNHKを移転する話もあった。結果として、メインファサードの1スパンのみを残し、石垣側には現代を表徴するガラス張りの1スパンを付加することになった。

1スパンのみとはいえ、この一画に大正期を代表する建築様式がひとつ残ったことで、「さまざまな時代の建築がモザイク状に存在する」という金沢の特徴をわかり易く説明することがでる。詳しくはコラム「歴史が重層するパノラマ」（p.75）による。

この決断により、21世紀初頭に生きた金沢の人たちは、現在の姿を次の時代の人たちに継承していくことを決めたことになる。さらに、その隣接地である「旧制第四高等学校」の校舎（本館、明治24/1891年）があった場所は、現在は本館の建物を「四校記念文化交流館」（平成20/2008年）として保存活用し、その他の場所は緑豊かな「いしかわ四校記念公園」（昭和43/1968年に石川県中央公園として開設、平成26/2014年より現名称）になっている。

しいのき迎賓館（大通り側）。⇨ *p.66*

しいのき迎賓館（緑地公園側）。

旧制第四高等学校の校舎の本館は四校記念文化交流館として保存活用されている。⇨ *p.67*

10 世界都市構想

小さくとも世界の中で独特の輝きを放つ――世界都市金沢

昭和57（1982）年から、金沢市は、前田利家の金沢入場以降の400年の歴史を「城下町金沢」のイメージとして国内外に強くアピールすることに取り組んだ。具体的には、伝統環境の保存・整備をさらに進め、歩けるまちづくり

構想を実現するものであった。歩いて城下町の風情を散策できるまちづくりは、観光都市・商業都市としての金沢のイメージを高めるものであり、また、学術・文化都市として、国内外の学会などを誘致するコンベンション・シティへの期待も込めていた。

　昭和62（1987）年には、昭和59（1984）年に策定された「二十一世紀金沢の未来像」に基づいて、「金沢市都市景観検討委員会」が設置され、さらに翌年には「金沢市都市景観懇話会」が開催され、提言書がまとめられた。

　このなかで、犀川・浅野川、河岸段丘、日本海などの「四季を彩る自然・地形」と、歴史的建造物、古いまちなみ、用水などの「金沢固有の文化遺産」のふたつの特性をベースとして、快適な市民の生活環境と魅力ある都市活動を創出することの重要性が強調されていた。また、平成元（1989）年には、金沢の文化が伝統工芸・芸能・歴史景観だけでなく、「食」も含めた多様で豊潤なものであることをアピールする「フードピア金沢」が開催された。

　平成4年〜6年にかけて、金沢市は、「金沢都市文化懇談会」を開催し、金沢の将来像について、都市計画・芸術文化・福祉・経済・国際化の5つのテーマで7回の議論を行った。

　建築家の芦原義信（1918-2003）、社会福祉研究者の一番ケ瀬康子（1927-2012）、作家の五木寛之（1932-）などの9名の知識人の議論を基に、「金沢都市文化フォーラム」を開催し、さらに庁内にテーマごとのプロジェクトチームを発足させ、平成7（1995）年に「金沢世界都市構想・骨格素案」を発表した。

　この世界都市構想のなかで、戦後の日本の社会を支えてきた既存の社会秩序・機能に代わって、これからの時代は、「都市に基盤をもつ市民の主体性と協同と国際的連帯」が重要であり、「都市コミュニティは、政治・経済・福祉・文化・教育をはじめ、人間のあらゆる社会的活動を受け入れ、人びとの自由な交流を可能にする。しかも、そうした都市活動の中におのずから共通の認識が生まれ、共同の場が築かれ、重層的な都市文化が形成されていく」と述べられていた。そして、21世紀に向けて、「金沢の誇るべき貴重な個性を維持・発展させ、都市基盤の充実をはかり、うるおいのある市民生活をいっそう豊かなものとし、内外都市との協力を進め、これによって、みずからの歴史に責任を果たすものでありたい」と強調し、「金沢のあるべき将来像は、小さくとも世界の中で独特の輝きを放つ『世界都市金沢』の形成である」と宣言した。

　この宣言を受けて、金沢市は世界都市金沢の構築を目指し、ソフト・ハードの両面において産・官・学が一体となった取り組みを推進した。

　一方で、中心市街地の状況を振り返ると、大正期から昭和40年代にかけて市民の娯楽の中心であった香林坊映画街がなくなり、片町商店街もさびれ、シャッターが下りた店や空地利用の駐車場が目立つようになっていた。その後、平成15（2003）年には石川県庁が80年の歴史を終えて駅西地区に移転し、さらに人の往来が少なくなった。

　金沢市内商業統計調査では、平成3（1991）〜14（2002）年で、商店数・従業者数・

年間商品販売額のすべてが、連続的に落ち込んでいるという現実が明らかになった。中心市街地の賑わいを取り戻すことがこの時期の金沢の切実な問題になっていた。

文化的景観

前項の「世界都市」の意味をさらに補足するとすれば、外国人が往来する「人口規模の大きな国際都市」ではなく、「小さくても世界に向けて自らの独自性をアピールできる都市」ということである。つまり、藩政期から受け継いできた文化・伝統環境などが、今日も色濃く残っている独自の城下町文化があるという意味である。

京都の公家文化に対し、金沢は武家文化である。武家文化の中心地であった江戸（東京）は、明治以降に西洋文明を取り入れて江戸文化をなくしてしまったが、金沢には今日でも藩政期以来の城下町文化が残っている。そして、武士や町人が営んだ芸事・手仕事・食文化などが市民の暮らしのなかに引き継がれている。その意味において、金沢の城下町文化は世界に例がないといわれている。

この金沢の城下町文化を感じるものとして、積雪から樹木を保護する「雪吊り」や、土塀を雪や凍結から守る「薦掛け」など、北陸の気候風土に根差した伝統技術が今も残っている。また、現在は観光用のみとなった浅野川での友禅流しなど、季節ごとの習わしや時の移ろいなど、そのひとつひとつが金沢特有の景観を構成する要素にもなっている。これらは建築物や庭園の文化とは違うが、金沢ならではの文化的景観といえる。

旧町名の復活

さらに、文化的景観を「地域の暮らしや生業が醸し出す景観」とすれば、この時期に金沢市が積極的に進めた旧町名の復活も、文化的景観づくりのひとつであったといえる。以下に歴史文化を大切にする金沢が旧町名を復活させた経緯について説明する。

昭和37（1962）年に、郵便配達などの効率を上げるために「住居表示に関する法律」が制定された。長年住み慣れた町の名前や区割りを変えることへの抵抗もあり、8年の歳月を要した。金沢の旧町名は、町の風景や住む人の生業を写し、町の歴史を伝えてきた由緒あるものであった。それが国の法律改正により、全国共通の○○町○丁目になってしまったのである。

歴史文化都市金沢を大切にしてきた人びとにとっては、たいへん残念なことであったようである。それから40年近い歳月が過ぎた時点で、これを残念に思っていたひとりである当時の山出保市長（1931–、1990-2010年在職）は、旧町名を復活させることを決意した。しかし、新町名がようやく定着したところで、なぜ今さら旧町名を名復活させるのかという意見が大勢であった。

復活は簡単にできないことが予想されたため、世帯数の少ない小さな区域であった「主計町」から説明を始めた。この区域は加賀藩士富田主計の屋敷があったところで、明治以降は茶屋街となった場所である。料亭組合があってまとまりがよく、全員が賛成し、平成11（1999）年に全国で初めて旧町名の復活が実現した。その後、

兼六園の雪吊り。⇨ p.67

長町武家屋敷跡地の土塀の薦掛け。MAP ⇨ p.51

飛梅町、柿木畠、木倉町、六枚町、並木町、袋町、南町、下新町、上堤町など
が続き、令和2(2020)年末の時点で25の旧町名が復活している。

　金沢の各地区には、戦災で途切れることなく受け継がれてきた文化的景観と継承
されてきた記憶がある。都市景観は時代とともに更新を続けてきたが、町名の由来
を解説した掲示板を目にするごとに、自分たちの町の由緒を意識し、藩政期からの
時間軸の中で生きていることをイメージすることができる。歴史への敬意、町に対
する誇りや帰属意識、共有する記憶の継承が、これからも金沢の城下町文化を継
承・発展させていく原動力になるであろう。

11 著名建築家と地元建築家

金沢圏で作品を残した著名建築家とその影響

　高度経済成長により社会が豊かになると、建築分野でもより質の高い建築を求め
るようになった。そして、地方都市においても、事業主はメディア等で紹介される
建築や建築家の活動を知り、共に夢を語り、それに形態や空間を与えてくれる建築
家を全国的視野で探すようになった。現在では公的施設の設計者はプロポーザル
方式で選定されているが、平成2(1990)年ごろまでは、事業主ごとに最も相応しい
建築家を探して設計を委託していた。

　この時代に金沢圏で作品を残した建築家とその作品について、本誌では以下のも
のを紹介しているので見ていただきたい。

　谷口吉郎(1904-1979)の「石川県立伝統産業工芸館(旧石川県美術館)」(昭和34/1959年)
と「金沢市立玉川図書館」(昭和53/1978年)。大谷幸夫(1924-2013)の「金沢工業大学
本館」(昭和44/1969年)と「金沢工業大学ライブラリーセンター」(昭和57/1982年)。黒
川紀章(1934-2007)の「本多の森ホール(旧石川厚生年金会館)」(昭和52/1977年)。芦原義
信(1918-2003)の「金沢市文化ホール」(昭和57/1982年)。瀧光夫(1936-2016)の「石川
県林業試験場展示館」(昭和57/1982年)と「石川県ふれあい昆虫館」(平成10/1998年)。
毛綱毅曠(1941-2001)の「のと門前ファミリーインビューサンセット」、「石川県能登
島ガラス美術館」(平成3/1991年)、磯崎新(1931-)の「中谷宇吉郎雪の科学館」(平成
6/1994年)。川崎清(1932-2018)の「石川県水産総合センター」(平成6/1994年)。池原義
郎(1928-2017)の「浅倉五十吉美術館」(平成6/1994年)。岡田新一(1928-2014)の「金沢
市立泉野図書館」(平成7/1995年)。内井昭蔵(1933-2002)の「石川県七尾美術館」(平
成7/1995年)、「石川県金沢港大野からくり記念館」(平成8/1996年)、「海と渚の博物館」
(平成11/1999年)。

　これらの作品は、株式会社新建築社発行の建築専門誌『新建築』などで、著名建
築家が地方で設計した作品として紹介されているが、共通していえることは、建築
家としての独自性を保ちながらも、金沢・石川という地域性を意識した設計になっ
ていることである。モダニズム〜ポストモダニズムの時代に活躍する県外の著名建
築家たちが、地元の建築家以上に敷地の特性や気候風土・歴史文化を意識した作
品をつくろうとしている姿勢を見て、当時の金沢の建築家たちは大いに刺激を受け

金沢工業大学本館(昭和44/1969年、設計：大谷
幸夫)。⇨*p.100*

本多の森ホール(旧石川厚生年金会館、昭和
52/1977年、設計：黒川紀章)。⇨*p.69*

金沢市文化ホール(昭和57/1982年、設計：芦原
義信)。⇨*p.52*

たようである。

　たとえば、大谷幸夫は「金沢工業大学本館」の設計では、雨や雪の多い北陸の気候に対する配慮として、広場的スペースを屋内に展開している。冬季間に使えない屋外広場のかわりに、人が集まり滞留できる屋内広場を中央に設け、学生・教員・事務員が交わる活気ある吹き抜け空間になっている。

　また、黒川紀章は「本多の森ホール（旧石川厚生年金会館）」の設計では、町家を連想させる黒を基調とした外壁に庇を付け、建物前に用水風のせせらぎを設けている。明快なコンセプトを提示して時代をリードしていた黒川の作品としては抑制のきいた落ち着きがあり、兼六園周辺の歴史的景観を意識した建築表現になっている。

　芦原義信は「金沢市文化ホール」の設計では、中央の広場の上部に北陸の雪吊りをイメージさせる構造の屋根をかけ、足元に用水風のせせらぎを回している。光にあふれる西欧風の中庭のつくり方とは異なり、雨や雪の多い北陸で見られる庇の下の内外の中間領域を感じさせるような屋根付広場になっている。

　金沢を離れて石川県全域に目を向けると、金沢のような歴史文化・景観文脈との関係性はなくなり、作家の独自性や敷地の場所性が作品づくりのベースになっている。加賀にある池原義郎が設計した「浅蔵五十吉美術館」では、九谷焼の巨匠・浅蔵五十吉の世界へ至る到達の儀式の演出として、場の転換や意識の切換えを促す玄関前の精緻な意匠の庭を通過させる手法がとられている。この日本的なアプローチの空間演出は、池原の他の作品にも共通して見られるものである。

　能登にある毛綱毅曠が設計した「石川県能登島ガラス美術館」では、能登島という特異な敷地環境を活かし、浮世を超越した毛綱ならではの自由奔放な作家性を楽しむことができる。東洋の風水思想に基づく「四神相応」を取り入れた不思議なデザインは、見る者のイマジネーション揺さぶる刺激的な作品である。

浅倉五十吉美術館（平成6/1994年、設計：池原義郎）。⇨ p.119

石川県能登島ガラス美術館（平成3/1991年、設計：毛綱毅曠）。⇨ p.135

金沢圏の建築家

　この時代には、組織設計事務所として五井建築研究所、釣谷建築事務所、浦建築研究所、山岸建築設計事務所などが、高度経済成長を背景として組織規模を拡大しながら公共建築の実績を多数残している。

　また、個人のアトリエ事務所も生まれ、水野一郎（1941-）、田中光（1941- 2003）、平口康夫（1948-）、吉島衛（1950-）、松島健（1955-）、赤坂功（1956-）、谷重義行（1958-）、森俊偉（1959-）、松本大（1962-）などが作品を残している。

　この時代といっても、40年近い時の流れがあり、その間の社会情勢の変化と共に建築に課されるテーマも異なっていたが、地域社会との関係で建築をつくるというテーマは共通していた。

金沢を代表する建築家・水野一郎

　さて、地域を代表する建築家というと倉敷の浦辺鎮太郎（1909-1991）を思い出すが、金沢圏では誰かといえば水野一郎と答える人が多いのではないだろうか。

　水野は大谷幸夫のもとで「金沢工業大学本館」（昭和44/1969年）の設計監理を行っ

鳥越村営住宅（昭和58/1983年、設計：水野一郎）。
⇨ p.115

あやとり橋（平成3/1991年、設計：水野一郎）。
⇨ p.127

獅子ワールド館（平成8/1996年、設計：水野一郎）。
⇨ p.117

金沢市民芸術村（平成8/1996年、設計：水野一郎）。
⇨ p.90

【参考・引用文献】
『金沢市史通史編3近代』編集：金沢市史編さん委
員会　発行：金沢市
『金沢景観五十年のあゆみ』発行：金沢市都市整備
局景観政策課
『金沢の気骨 – 文化でまちづくり』著者：山出保
発行：北國新聞社
『いしかわ建築の博物館』水野一郎監修　編集発
行：北國新聞社出版局

た後、昭和51（1976）年に金沢工業大学建築学科の教員に着任し、現在（79歳）も同大学教授を務めているプロフェッサー・アーキテクトである。昭和54（1979）年に自身の設計組織「金沢計画研究所」を立ち上げ、現在に至るまで金沢圏を中心に多くの作品を残している（本書では13作品が紹介されている）。水野の活動の特徴は、大学教授と建築家の二足の草鞋に納まることなく、さらに専門分野を活かしたさまざまな活動に取り組むことで、地域社会のオピニオンリーダー、ビッグプロジェクトのプロデューサーの役割などを務め、常に地域社会を啓発してきたことである。

　この時代の水野の主な作品として、「鳥越村営住宅」（昭和58/1983年）、「あやとり橋」（平成3/1991年）、「獅子ワールド館」（平成8/1996年）、「金沢市民芸術村」（平成8/1996年）の4作品を紹介する。

　「鳥越村営住宅」は、住宅団地を不燃化することが原則であった当時の国の方針に対し、地元の鉄筋コンクリート住宅への拒否反応や林業振興を考慮し、木造平屋建ての耐雪型で、地元の大工が地場産材でつくることができる地産地消型の住宅団地案を作成して国に陳情し、特例として認められたものである。この雪国の山村の住宅団地が、不燃化一辺倒であった国の方針を、地域に合った住宅団地づくりへと方針変更されるきっかけになった。

　「あやとり橋」は、草月流の勅使河原宏家元がデザインし、水野が設計監理した鶴仙渓に架かる「橋」である。勅使河原の「鶴仙渓を活ける」というコンセプトでデザインされ、橋柱や吊材を使わずにS字形状にうねった紅紫色の形態は、周囲の自然の中に浮かび上がる絶景である。「橋下の道明ケ淵に棲むという虹龍が上空を踊る姿」をイメージするなど、アーティストと遊び心を共有し、ドラマを生み出した勅使河原とのコラボレーション作品である。

　「獅子ワールド館」は、世界各地の獅子頭や獅子舞を紹介する建築であるが、建築家であれば獅子文化を展示する館にどのような形態・空間を与えるかが最も悩ましいテーマであったはずである。外観を見ると、モダニズム建築の流れはまったくなく、日本的な和の表現でもない。インドや東南アジアの様式も入っているような不思議な魅力があり、インターナショナルな建築メディアの語彙では表現が難しい独創的な建築である。

　「金沢市民芸術村」は、旧大和紡績金沢工場跡を金沢市が取得し、「いつでも、誰でも、自由に」をキャッチフレーズに、365日、24時間、演劇、音楽、美術などの練習の場として活用できる施設として再生させたものである。運営を利用者に委ねるという全国でも珍しい運営形態（市は金を出しても口は出さない）であり、施設再活用のデザイン、ユニークな運営のあり方が高く評価され、建築作品分野として初めてグッドデザイン大賞を受賞した作品である。

　以上、いくつかの作品を紹介したが、建築家としての同氏を近くで見ていると、常に建築や空間にドラマを追い求め、いつか実現するであろう夢を何歳になっても追い続けている情熱家である。また、東京を離れ、歴史文化のある金沢という地方都市をステージに活動できたことで、都市的スケールから建築までの特筆すべき多くの作品を残すことができたように思う。

（はちや・としお）

21世紀以降、現代 |
21世紀以降の金沢の「伝統と創造」

竹内 申一

ひがし茶屋街の表通りの風景。 ⇨ *p.42*

ひがし茶屋街の裏路地の風景。

金沢湯涌江戸村。⇨ *p.107*

1 歴史の保存と再生

まちと連続した伝統的建造物群

　21世紀に入った金沢では、1968年の「伝統環境保存条例」制定を始まりとして、30年以上にわたって取り組まれてきた各種条例の制定や保存地区、建築物の指定などが、空間や景観として結実してゆく。

　2001年に「東山ひがし」（ひがし茶屋街）が「重要伝統的建造物群保存地区」に指定されたが、1977年に重伝建地区の指定を目指して「金沢市伝統的建造物群保存地区保存条例」を制定してから、実に四半世紀の歳月を経ての実現である。

　その後、2008年に「主計町」、2011年に「卯辰山麓」、2012年に「寺町台」が続々と重伝建地区に指定され、金沢市は京都市、萩市と並んで、全国最多の重要伝統的建造物群保存地区を有する都市となった。

　東山ひがしや主計町は、茶屋様式の町家が保たれた美しいまちなみである。東山ひがしのメイン通りに面した一区画は、40棟もの町家群が災害にも遭わず、当時の面影を残しながら今日まで存続しているのは驚くべきことといえる。また、住民主導でまちづくりや景観維持が行われており、その活動は、看板や照明、暖簾などに対する独自の規約設定や、出店者の選定、食べ歩き禁止等の振る舞いに対するマナー設定にまで及んでいる。

　寺社と町家が混在した卯辰山麓と寺町台にしても同様だが、伝建地区の一本裏路地に入ると、そこには現在の生活風景が広がっている。整備されたまちなみと日常のリアルな風景の間には、大きな隔たりを感じることが多いが、金沢の4つの伝建地区は、周辺から浮いてしまうことなく、まちと連続した風景となっている。そうした魅力は、金沢のまちなみがさまざまな保存区域指定や景観条例によって統制され、長い時間をかけて歴史的景観の「地」を形成してきたからこそ持ち得たものといえる。

金沢湯涌江戸村

　「金沢湯涌江戸村」の前身は、能登出身の代議士であり、日本タイプライターの社長であった桜井兵五郎（1880-1951）の意志を継ぎ、日本観光株式会社で「白雲楼ホテル」を経営していた桜井能唯によって計画された「百萬石文化園江戸村」である。加賀藩の民家を中心に移築し、1967年に開村した旧江戸村であったが、運営母体であった白雲楼ホテルの経営破綻により1997年に閉園する。

　その後、金沢市がその管理を引き継ぐこととなり、建物の文化財保存管理の機能強化と、幅広く市民や観光客が利用できる文化施設として再整備するために現在の場所へ移された。

　2001年から順次移築が始まり、それぞれの民家は細やかに調査研究され、伝統的な手法を用いて移築再建されている。2009年、先行して公開されていた農家3棟を始め、町家2棟、武士住宅1棟、武家門1棟、街道の本陣建築1棟の全8棟が野外展示施設「金沢湯涌江戸村」として開園する。規模こそ大きくはないが、加

白雲楼ホテル。

菱櫓・五十間長屋・橋爪門続櫓・橋爪一の門、玉泉院丸庭園
⇨ p.62
金沢城河北門、金沢城橋爪門
⇨ p.63

2020年8月に竣工した鼠多門と鼠多門橋。
⇨ p.63

開渠化された鞍月用水とせせらぎ通り商店街。
MAP ⇨ p.51

賀地方の民家に限定している点や、武家屋敷を有している点が特徴として挙げられ、藩政期から明治期にかけての金沢圏の暮らしの様子を伝えている。

再生する景観、建築

　建築や景観の再生としては、金沢城内の整備がまず挙げられる。1996年、石川県は、都市計画公園事業として金沢城内にあった金沢大学跡地を取得し、公園整備事業に着手する。この公園事業の一環として、1999年に「菱櫓・五十間長屋・橋爪門続櫓・橋爪一の門」の再建に着工し、2001年に竣工する。

　120年ぶりにかつての威容がよみがえると共に、長らく陸軍や大学に占拠されていた都市の中心部が、緑豊かなオープンスペースとして市民に開放された。隣接する兼六園と合わせると、その広さは40haに及ぶ。東京の中心に位置する皇居の広さは115haであるが、その大部分に一般の人は立ち入ることができない。誰もが自由に利用できる豊かな緑のヴォイドを都市の中心に持っていることは、金沢のまちの大きな魅力である。

　2010年代に入ると、2011年に「河北門」と「いもり堀」の復元が完了し、同時期に整備された「しいのき迎賓館」前に拡がる芝生のランドスケープとともに、長大で壮麗な景観が形成された。その後、2014年に「石川門」の保存修理と「橋爪門櫓門」の復元が完了し、2015年に「玉泉院丸庭園」と「玉泉庵」が完成した。さらに、2020年夏には、「玉泉院丸庭園」と「尾山神社」をつなぐ「鼠多門（ねずみたもん）」、「鼠多門橋」の復元が完了し、金沢城公園の回遊性とまちとの接続性が強化されている。

用水の開渠化

　用水の開渠化も街の風景を大きく変えた。金沢の中心市街地を流れる用水は、犀川・浅野川等を水源として、55水系、総延長約150kmに及んでいる。金沢のまちなみに独特の風情を与えている用水だが、高度経済成長期には、生活用水としての利用の減少やモータリゼーションの進行によって、駐車場や車道の拡幅のために暗渠化されていた。

　しかし、1996年に「用水保存条例」が制定されたことをきっかに、2006年までに「辰巳用水（たつみ）」、「大野庄用水（おおのしょう）」、「鞍月用水（くらつき）」をはじめ、21の用水が保全用水に指定され、暗渠化されていた用水の蓋が撤去され始めた。

　とりわけ大きな変化を遂げたのが、繁華街である香林坊周辺の「鞍月用水」である。民家に架かっていた私有橋を統一したデザインで付け替え、用水にせり出すようにして歩道が整備された。今では、個性的な飲食店やショップが建ち並ぶようになり、「せせらぎ通り商店街」として賑わいを見せている。

旧町名復活

　1999年に主計町から始まった旧町名復活も、建築や景観ではないが、歴史の再生として取り上げておきたい。金沢の旧町名は、桜畠、桃畑、柿木畑、一本松など町の風景から名付けられたものや、大工町、桶町、味噌蔵町、鍛治町など人

びとの生業から名付けられたものなど、町の歴史を伝えるものであった。しかし、1962年の「住居表示に関する法律」制定に伴って、平和町や緑が丘、幸町など、全国どこにでもありそうな町名に置き換えられ、場所や地域が歴史と切り離されてしまった。

　旧町名復活は、日常の生活を藩政期の風景や生業と結びつけて歴史に再接続する取り組みであり、耳（音）で歴史を感じるという点では、聴覚的な歴史の再生と呼べるだろう。旧町名復活には多くの反対もあり、すべての地区で実現したわけではないが、主計町をはじめ17の旧町名が復活し、2019年の金石地区旧町名復活まで引き継がれている。

2　歴史の継承と価値の再編

旧石川県庁舎から「しいのき迎賓館」へ

　歴史的な建築や景観の保存や再生と同じくして、歴史的な建築や地域に新たな価値を与える取り組みも行われた。「旧石川県庁舎」（設計：矢橋賢吉）は1923年に竣工しており、当時の最先端のデザインと技術によって建てられた。左右対称の立面や正面キャノピーの三連アーチなどに古典折衷様式が見られるものの、全体的な形姿やプロポーションはモダニズムのものである。石川県最初の鉄筋コンクリート造の実施例であり、設備面においても、加湿能力を持つ電気ストーブによる暖房が完備され、庁舎建築に浄化槽を用いた水洗便所が設置されたのは全国初のことであった。

　2003年に県庁が駅西の開発地区へ移転し、都心の沈滞化を懸念した石川県は、庁舎保存を含めた跡地利用計画に取り組んだが、未来型図書館やNHK金沢放送局の移転など、どの計画も実現には至らなかった。

　2006年、最終的に「県庁跡地等活用基本構想」が策定され、これがプロポーザルコンペに付されて現在の山下設計の案が採用された。庁舎の東、西、北ブロックは無装飾のモルタル塗りであったため保存の対象とならず取り壊された。特徴的な意匠を持った南側の1ブロックが保存され、北側に新たなファサードと共用スペースを付加することで、複合文化施設として再編された。

　歴史的なファサードと現代的なファサードが表裏をなす建築的特徴に加え、東、西、北ブロックを取り壊すことによって芝生のオープンスペースを生み出した点がプロジェクトの魅力であり、金沢城のいもり堀や石垣とともに伸びやかで美しいランドスケープを形成している。2015年には、「広坂庁舎1号館」が解体撤去され、駐車場を地下に整備することによって、芝生のオープンスペースはさらに隣接する「いしかわ四高記念公園」へと連続され、金沢城公園や兼六園を合わせた広大な緑の都心が完成する。

近江町市場——身の丈再開発

　2009年、市民の台所として賑わう近江町市場に「近江町いちば館」（設計：アール・

「しいのき迎賓館」として新しく付加されたファサード。⇨ *p.66*

撮影：池田ひらく

旧石川県庁舎。

撮影：池田ひらく

近江町いちば館。（2009年、設計：アール・アイ・エー）⇨ *p.27*

撮影：建築メディア研究所

北國銀行武蔵ヶ辻支店（旧加能合同銀行本店）。
⇨ *p.27*

箔座ひかり蔵（2008年、設計：水野一郎）。
⇨ *p.43*

しお・CAFE（2014年、設計：金沢工業大学竹内申一研究室＋あとりいえ。）。⇨ *p.140*

北金沢の古民家再生（2007年、設計：赤坂攻）。
⇨ *p.111*

金沢学生のまち市民交流館（2012年、設計：水野一郎＋金沢計画研究所）⇨ *p.54*

「HATCHi金沢/THE SHARE HOTELS」（2016年、設計：プランニングファクトリー蔵、E.N.N.、POINT）
⇨ *p.36*

アイ・エー）が竣工する。再開発準備組合が1992年にまとめた事業構想では、15階建てのビルを建てることになっており、ホテルやマンションを誘致する計画とされていた。しかし、バブル崩壊後の不況により再開発事業は足踏み状態となり、2000年にようやく5階建てのビルをつくる基本構想がつくられ、2007年に着工している。指定容積を半分程しか使わず、市場の賑わいと市民活動の場の拡張だけにとどめており、市場らしい風景と雰囲気が継承された計画となっている。住居やホテル・オフィス等の高層部を持たない手法は「身の丈再開発」と呼ばれ、利益優先型の床を積み上げる再開発とは一線を画した先進的なプロジェクトとなった。また、この再開発に合わせて、村野藤吾設計の「北國銀行武蔵ヶ辻支店」（旧加能合同銀行本店1932年竣工）が曳家によって保存・再生されている。

リノベーションプロジェクト

　建築ストックを活用したリノベーションプロジェクトも数多くみられるようになる。本書には、東山の茶屋を改修した「箔座ひかり蔵」（2008年、設計：水野一郎）や、能登の限界集落の民家を改修した「しお・CAFE」（2014年、設計：金沢工業大学竹内申一研究室＋あとりいえ。）、大正期の農家を再生した「北金沢の古民家再生」（2007年、設計：赤坂攻）、豪商の大型町家を改修した「金沢学生のまち市民交流館」（2012年、設計：水野一郎＋金沢計画研究所）、仏壇屋店をゲストハウスに改修した「HATCHi金沢/THE SHARE HOTELS」（2016年、設計：プランニングファクトリー蔵、E.N.N.、POINT）などが掲載されている。このほかにも町家を現代の生活に合わせて改修した住居や飲食店、ショップ、ゲストハウスなどが年を追うごとに増え、戦災を受けなかったからこそ残っている建築ストックに対する価値の見直しが、一般の市民にまで浸透してきていることを実感する。Wまた、2019年6月25日に建築基準法が改正され、用途変更において確認申請を必要とする面積要件が100㎡超から200㎡超に引き上げられたことも、金沢における建築ストック活用の流れを大きく後押ししてくれるに違いない。

3　北陸新幹線開業とまちの変貌

　金沢駅周辺の整備は1955年まで遡る。貨物量が増え、列車の本数が増加したことから、客車と貨車の発着場を分ける必要性が唱えられ、客貨分離が完成したのは1971年。その後、北陸線の連続立体交差化が1978年から1991年にわたって行われ、東口広場や西口広場の整備へとつながっていった。

金沢駅東口広場

　1989年には、芦原義信を顧問に、小堀為雄金沢大学名誉教授や、水野一郎金沢工業大学教授をはじめ、学識経験者、専門家、地元代表で構成された「金沢駅東広場及び金沢駅通りに関する懇話会」が開かれ、東口整備の基本方針が議論された。この議論をもとに、各種の専門委員会が設けられ、設計グループと共に計画と設計が進められた。

もてなしドーム（2005年、設計：トデック、白江建築研究所）。⇨ *p.26*

市民から「兼六園のような庭をつくれ」「金沢城の櫓のようなものはどうか」など、歴史を重視する意見が出される中、「歴史的重層性をもつまちだからこそ、現代をつくることに意義がある」との方向性が示され、駅東広場の整備が竣工したのは2005年である。

雨の多い金沢において、訪れる人びとに傘を差し出す「おもてなしの心」を表現したとされるガラスの「もてなしドーム」（設計：トデック、白江建築研究所）と、駅からまちへの軸線をはっきりと意識させる木造の「鼓門」（設計：トデック、白江建築研究所）によって構成された新しい金沢駅は、その現代的で異様な様子から、竣工当初には多くの批判にさらされた。

しかし、2011年にアメリカの旅行雑誌「トラベル＆レジャー」が選んだ「世界で最も美しい駅14選」の6位に選ばれるなど、世界的認知度と共に市民の意識も変化し、現在では金沢市民の誇る空間となっている。

そして2015年3月、ついに北陸新幹線が開業する。ひがし茶屋街や兼六園を訪れる人や、「金沢21世紀美術館」（2004年）の来場者は年を追うごとに増加し、市民の台所と呼ばれた「近江町市場」も今では観光客で埋め尽くされている。

南町界隈

竪町商店街。MAP ⇨ *p.51*

北陸新幹線の開業によってとりわけ風景が一変したのは、南町界隈である。高度経済成長期以降、金融系のオフィスが建ち並んでいた場所は、いまやホテル街へと変わりつつある。ホテルの1階部分がロビーやカフェ・レストランとなって街や通りに接続され、これまで殺風景だった武蔵が辻から香林坊までの区間に、人びとの賑わいが生まれつつある。ファッションを中心とした通りであった竪町商店街も、ショップとホテルやゲストハウスが混在するようになり、これまで夜には暗く閑散としていた通りに、明かりと賑わいが見られるようになった。

これらの変化がまちに継続的な豊かさをもたらしてくれるかどうかは定かでない。しかし、新幹線の開通によってまちが少しずつ再編されていることは確かである。

駅西エリア

金沢港クルーズターミナル（2020年、設計：浦建築研究所）。MAP ⇨ *p.88*

駅西のエリアも大きく変貌した。駅の西口から金沢港へと延びる50m道路沿いには、2003年の県庁移転をはじめとして、「北國銀行本店」、「NHK金沢放送局」などが次々に移転し、「日本銀行金沢支店」も移転が決定されている。郊外型の大型量販店や各業種の営業所も立ち並び、歴史的景観を保つ駅東の都心部と強いコントラストを描いているが、これは金沢城を中心とした旧市街の景観保存区域を開発から守る取り組みの成果である。

新幹線の開業に合わせて2014年に完成した駅西広場周辺には、2020年に新しい飲食街や外資系ホテルがオープンし、50m道路沿の末端である金沢港には、新しいクルーズ船のターミナル（金沢港クルーズターミナル）も開業した。北陸新幹線開業を前後して、これまでの半世紀にわたるさまざまな取り組みが結実し、金沢の新しい都市の骨格がほぼ完成したといってよい。

金沢21世紀美術館（2004年、設計：妹島和世＋
西沢立衛／SANAA）。⇨ *p.71*

金沢21世紀美術館平面図

4 金沢に建つ建築家の代表作

金沢21世紀美術館

　2004年、金沢にとって大きな転換期が訪れる。「金沢21世紀美術館」の竣工である。コンペが行われたのは1999年。41件の応募の中から、審査委員長であった芦原義信と、内井昭蔵や三宅理一他で構成された審査員によってSANAA（妹島和世、西沢立衛）の案が1等に選ばれた。

　当時の市長であった山出保の、「近江町市場で買い物を済ませたご婦人が、ぶらりと立ち寄れるような普段着の美術館を」という思いを、「まちに開かれた公園のような美術館」として具現化したSANAAの提案は、当時最終6案に残っていた地元建築家、水野一郎をして、一本取られたと言わしめるものであった。コンペの名称は「広坂芸術街（仮称）設計プロポーザル」であり、いみじくも街のように展示室が並ぶ現在の建築の特徴を予言しているようである。

　そんな「金沢21世紀美術館」であるが、当初から市民に受け入れれたわけではない。伝統的な景観を重んじる保守的な市民からは多くの批判も上がった。しかし、そうした批判に最も抑止力を持ちえたのが、2010年SANAAの「プリツカー賞」受賞だろう。今では年間の来館者数が200万人を超えるオバケ美術館に成長し、「兼六園」、「ひがし茶屋街」と並ぶ金沢の三名所となった。

　観光資源としての価値はさておき、「金沢21世紀美術館」が、金沢の建築文化に果たした役割は計り知れない。金沢21世紀美術館は、それまでの伝統を重んじる保守的な金沢のイメージを、伝統と現代が融合する先進的なイメージへ変える力を持っていた。

　前出の山出保は、金沢まち・ひと会議との対話をまとめた『金沢らしさとは何か——まちの個性を磨くためのトークセッション』（2015年、北國新聞社出版局）でこう述べている。

> 「伝統」も始まったときは前衛だったのです。これをずっと引き継いでくるわけですけど、これに絶えず新しいものを入れないと、それは伝統ではない。古いままのものを使うのは、僕は「伝承」といいたいね。古いものを伝えて単に承るだけ、そんなことだったらだめだと僕は思っています。（中略）新しい価値をつくっていかなければ。その時は異質なものを受け入れる。金沢というまちはもともと新しいものを受け入れてきた、そういうまちだと僕は思っています。
>
> 『金沢らしさとは何か——まちの個性を磨くためのトークセッション』（2015年、北國新聞社出版局）

　金沢21世紀美術館は、まさしく新しい異質な要素として金沢へ受け入れられ、ひとつの建物が、まちの観光や風景だけではなく、文化の背景をも再編したといえるのではないだろうか。筆者も、「金沢21世紀美術館」があったからこそ金沢へ移住してきたといっても過言ではない。

　「金沢21世紀美術館」に続くようにして、コンペによって選ばれたシーラカンスK＆Hの「金沢海みらい図書館」が2011年に竣工する。周辺の住宅地への視線を考

金沢海みらい図書館（2011年、設計：堀場弘＋工
藤和美／シーラカンスK&H）。⇨ *p.91*

慮して生まれたパンチング状の白い外壁に包まれた建築は、21世紀美術館を経由した市民だからこそ違和感なく受け入れることができたのではないだろうか。

鈴木大拙館

　2012年には、「鈴木大拙館」が竣工する。2006年、金沢出身の仏教哲学者である鈴木大拙の記念館建設を要望する提言が金沢経済同友会から出された。この提言を受けて、金沢市は加賀藩重臣・本多家の屋敷跡地を取得し計画が進められ、設計は鈴木大拙とも親交があった谷口吉郎の息子である谷口吉生に委ねられた。

　小立野台地の斜面の豊かな原生林を借景にしながら、3つの棟が回廊で結ばれており、クスの古木のある庭や路地の庭、思索空間棟を囲む水鏡の庭を巡りながら、鈴木大拙の世界に想いをはせることを意図した構成となっている。人びとが移動するシークエンスを軸に空間が展開してゆく構成や、大きな水面を使ったランドスケープ、周辺環境を借景として浮かび上がらせる手法やミリ単位の精度など、どれも谷口吉生の真骨頂といえるが、鈴木大拙館は、どこか谷口の他の作品との差異を感じさせる。端的に言えば、伝統的な職人技による驚くほど平滑な漆喰壁や、寺社の堂を彷彿とさせる思索空間棟のプロポーションに見られる地域性に対する意識が挙げられると思うが、その他随所に谷口の金沢という地に対する並々ならぬ思いが詰め込まれた建築だといえる。小規模な建築でありながら谷口の代表作のひとつに数えられ、2020年には村野藤吾賞を受賞している。

　戦後から20世紀末まで、金沢圏に著名建築家の作品は数多く建てられてきたが、建築家の代表作と呼べるものはなかったといってよい。21世に入り、「金沢21世紀美術館」と「鈴木大拙館」の竣工によって、金沢は世界的に活躍する建築家の代表作が集結するまちとなった。今後2022年に竣工する仙田満による「新石川県立図書館」、そして2024年に竣工するSALHAUSによる新しい「金沢美術工芸大学」も、同様に建築家の代表作となることは間違いないだろう。

谷口吉郎・吉生記念金沢建築館——建築文化の発信

　年号が変わった2019年の夏、谷口吉郎の生家跡地に「谷口吉郎・吉生記念金沢建築館」が竣工した。谷口吉郎は、生前から生家の土地を、金沢の文化振興のために活用するよう息子の谷口吉生に伝えていたという。谷口家から市に土地が寄付され、谷口吉生の設計によって国内初の建築ミュージアムが誕生した。建築館2階には、「迎賓館和風別館遊心亭」（1974年）を精密に再現した常設の空間展示が設えられており、父吉郎の金沢に育まれた美意識と意匠心を身体的な経験と共に深く理解できる仕掛けとなっている。「父の建築と私の建築は違う。父の建築の額縁のようになればいいと思い、できるだけシンプルに設計した」と吉生自身が語っている。谷口吉郎・吉生記念金沢建築館は、谷口親子の業績を顕彰する記念館ではない。日本や金沢の建築文化を世界に発信する場所であり、金沢市民の建築文化に対するリテラシーや審美眼を育ててゆく場所である。金沢市も、2019年度から建築文化発信事業を立ち上げ、毎年秋に「アークテクチャーウイーク」を企画・開催するな

鈴木大拙館（2012年、設計：谷口建築設計研究所）。⇨ *p.72*

谷口吉郎・吉生記念金沢建築館（2019年、設計：谷口建築設計研究所）。⇨ *p.83*

同、2階に再現された「迎賓館和風別館遊心亭」。

どさまざまな取り組みを始めている。われわれ金沢圏の建築家も、これまで以上に金沢の建築文化について学び、考え、地域の独創性を世界に発信してゆかなければならない。

5 地域固有の活動の萌芽

おくりいえプロジェクト

おくりいえの様子。きれいに掃除して家を見送る。

Column 11 ｜ おくりいえ ｜ 金沢発、家をおくるプロジェクト ｜ やまだのりこ
⇨ *p.79*

戦災を受けなかったことによる歴史の重層性、工芸や食をはじめとした伝統文化、経済や人間関係のコンパクトさと持続性、、文化を支援・創造する市民力など、金沢圏固有のコンテクストを背景として、21世紀以降、地域の建築家や設計事務所がオリジナリティある取り組みを始めるようになる。

金沢では年間100件近い町家が取り壊されている。そんな現状に対して、取り壊されてしまうことに異を唱えるのではなく、建物の最後を多くの人で見送ろうという取り組み「おくりいえ」プロジェクトが、「あとりいえ。」を主宰するやまだのりこ（1975-）らによって2009年から始まった。2008年に公開され、第81回アカデミー賞で外国語映画賞を受賞した滝田洋二郎監督の「おくりびと」が参照されていることは言うまでもない。取り壊される家を参加者がインスタレーションで彩ったり、きれいに掃除して見送る。参加者は、そこにある家具や建具などの調度品は持ち帰ってもよい。SNS等による呼びかけに全国から参加者が集まって来た。そして、回を重ねるうちに対象の町家に住みたいという人が現れ始め、建築の死を看取るために始まった「送る」プロジェクトは、建築を蘇らせる「贈る」プロジェクトへと変化ししていったのである。これまでに53回開催されているが、その9割が「贈りいえ」となっており、人びとが町家という建築ストックの価値を再認識し始めたことを裏付けている。

工芸建築

第1回「工芸建築」展、2008年。

第2回「工芸建築」展、2018年。

「工芸建築」という聞きなれない言葉。前21世紀美術館館長の秋元雄史（ゆうじ）（1955-）による造語である。文字通り工芸と建築を掛け合わせたものだが、NPO法人である趣都金沢の主催によって、これまで2度の展覧会が金沢21世紀美術館で開催された。工芸建築は、工芸が建築の部分をなす「建築のような工芸」や、工芸のような精密な手仕事でつくられた「工芸のような建築」といった単純な定義で片付けられるものではない。工芸建築とは一体何か。2度の展覧会を経た今も、まだそのあり方や可能性に対してさまざまな模索が続いている。

そんな中、2021年にベルリンのフンボルトフォーラム内に、浦建築設計事務所と茶人、工芸作家たちが協同してつくり上げた茶室が公開される。工芸と建築の物質的な融合だけでなく、茶人と工芸作家、建築家の思考とものづくりが融合したプロジェクトとして、工芸建築にひとつのありようを見せてくれるだろう。

ごちゃまぜ

五井建築研究所の西川英治（1952-）は、社会福祉法人佛子園の雄谷良成（おおやりょうせい）（1961-）

Column 09｜「ごちゃまぜ」の建築論——Share 金沢、B's 行善寺、輪島KABULET｜西川英治
⇨ p.78

Share金沢（2013年、設計：五井建築研究所）。
⇨ p.74

B's 行善寺（2016年、設計：五井建築研究所）。
⇨ p.118

輪島KABULET（2018年、設計：五井建築研究所）。
⇨ p.140

と共に、2011年から「ごちゃまぜ」の理念による3つのまちづくりプロジェクト「Share 金沢」（2013年）、「B's 行善寺」（2016年）、「輪島KABULET」（2018年）を実現させてきた。「障害があるなしに拘らず、年齢差・男女差に拘らずそこに住む人たちが関わり合いを持つことでひとりひとりが生きがいを持って生きる環境を創る」がすべてのプロジェクトに通底するコンセプトとして掲げられている。

　「Share金沢」を例にとると、高齢者、金沢美術工芸大学の学生、病気の人、障がいのある人など、多様な人たちが分け隔てなく共生する小さなまちがつくり出されている。今では、全国の建築関係者や他地域の行政関係者だけでなく、名だたる政治家たちもこぞって視察に訪れる施設となっている。3つの「ごちゃまぜのまち」の特徴と魅力は、福祉のあたらしいあり方を、まちづくりや建築で提示していることの他に、それぞれの場所や地域に潜在する固有の資源の発見や再編を行っている点にある。そうした資源への気付きと空間化は、地域を深く理解した建築家だからこそ実現できたことである。

6 地域に生きる建築家の課題

Uターン、移住、両拠点

　21世紀に入り、当時30〜40代の建築家たちが新しい世代として金沢で設計活動を始めている。大別すると、金沢出身で首都圏を中心とした都市部からのUターン組と、金沢への移住組に分けられる。

　Uターン組としては、原広司＋アトリエ・ファイ建築研究所出身の松本大（1962-）、京都精華大学の新井清一に師事した後、金沢で設計事務所と不動産業、飲食業を展開している小津誠一（1966-）、鈴木エドワード建築設計事務所出身の戸井健一郎（1969-）などが挙げられる。

　移住組としては、SANAAで「金沢21世紀美術館」を担当し金沢で独立した吉村寿博（1969-）、手塚建築研究所出身の村梶紹子（1975-）、伊東豊雄建築設計事務所出身で金沢工業大学に着任した筆者などが挙げられる。

　その他にも、金沢出身で東京と金沢を両拠点とする、磯崎アトリエ出身の新井秀成（1967-）や、EDH遠藤設計室出身の中永勇司（1975-）らの両拠点組もいる。

　Uターン組、移住組、両拠点組に共通しているのは、金沢という地域を批評的に再読する視点を持っていることである。地域独自の取り組みは、金沢という地域のポテンシャルやコンテクストがあってこそのものであるが、地域に生きて活動する建築家や設計事務所が、地域の資源や価値に気づき、都市部の価値観とは別の視点を持ち得るようになって初めて生まれてくるものである。

　本章で紹介した現代の金沢圏の建築文化は、まだまだ東京の建築家の作品を中心としている。「地域に生きる建築家たちは、地域独自の建築文化を生み出し発信していくことができるのか?」。われわれの前に立ちはだかる大きな課題である。

（たけうち・しんいち）

次代の金沢建築

浦 淳

次代の金沢における建築の可能性を求めて

　これまで触れられてきたように、金沢の文化的背景は一向一揆から始まり、加賀前田藩で大きく花開いた。明治期の廃藩置県のころは、全国でも4番目の人口を誇り、江戸期には殖産産業として京都から工芸を取り入れるなど、日本を代表する芸術文化都市のひとつであったといえよう。その後、封建社会の崩壊、中央集権的な国家づくりが始まり、戦後の重厚長大な産業政策に乗ることのなかった金沢は経済的には徐々に勢いを失い、人口45万の標準的な県庁所在地都市となっていった。

　しかしながら、明治期以降、太平洋戦争をはじめとし大きな戦禍にあわず、また、甚大な自然災害も免れたおかげで、隆盛を極めた江戸期の城下町の構造や、それ以降戦前までの建築物や庭園が数多く残り、重要な美術品、工芸品などもこのまちに留まる結果となった。また、茶や能、食をはじめとする前田藩ゆかりの芸能や文化も今に息づくとともに、「金沢21世紀美術館」(2004年)に代表される新しい文化発信や、クリエイターの移住などによりこの地ならではの新しい創造活動も行われている。文化立国として質的発展時代を迎えた日本において、北陸新幹線開業による爆発的な交流人口にみられるように、こと、文化面においては、その歴史的背景を含め日本の中でも特筆すべき都市であるといえよう。

　われわれ建築家が「次代の金沢における建築」について語る時、このような金沢の良い意味での歴史的背景や特殊性を尊重し、その文化力、創造力をさらに高めるにはどのようなまちであるべきか、そして、そのファクターのひとつとしての建築、あるいは建築群がどのようであるべきかを考えるべきであろう。建築ばかりを見つめるのではなく、このまちで展開されている文化的行為や創造的行為を俯瞰することで、その行為と建築との関係性や相互のやりとりの中から、この地ならではの新たな建築の可能性が生まれるのではないかと感じている。

1 金沢の建築家と建築、これから

「金沢型」の建築家像

　金沢は日本でも稀有な文化都市であることは前述した通りである。このような風土はこの地に暮らす建築家にもさまざまな影響を与えていると感じる。

　1970年代後半に水野一郎が金沢にやって来た折り、工芸でこの地を開くべしと感じ『工芸都市金沢』(19??年)という冊子を自ら執筆した。総合芸術といわれる建築。建築設計には、デザイン、数学、物理、法規などさまざまな知識、技能を要する。建築家がもつそれらのバランスを意識しながら、ものをつくり上げる能力は、量的拡大から質的発展へ変わる世の中にあって、建築単体のみならず、広くまちづくりに活かせるのではないかとも思う。そのような意味で、東京から金沢に移住した水野はまさにこれを金沢で実践してきた建築家といえよう。

　水野がまとめた「伝統工芸と街づくり・金沢の試み」では、すでに「国立美術館工芸館」の東京から金沢への移転について触れられており、それは48年の時を超えて2020年度実現に至った。これは「工芸」という当地で盛んな、そして国際的にも勝

金沢市民芸術村（1996年、設計：水野一郎）
⇨ *p.90*

負しうるアートコンテンツの力と、日本におけるオンリーワンの地方都市づくりの重要性を水野がその時点で気づき、これを元に具体的な落とし込みが当時既にできていたことを示す。水野は、常に当地の財界人や行政との交流を欠かず、建築だけでなく都市計画やまちづくり、施設の運営にまでさまざまなサゼスチョンを行ってきた。

　水野の設計で日本初の建築でグッドデザイン賞の大賞を獲得した「金沢市民芸術村」（1996年）。建築デザインもさることながら、取り壊す直前の紡績工場を公共文化施設に転用したこと、公共施設としては異例の24時間利用可能というソフトパワーを支える計画が大きく評価された。

　5期20年に渡り金沢の舵取りを担い、「金沢21世紀美術館」や茶屋街の整備、近江町の再編などに尽力した当時の市長、山出保（1931 -）が、劇団や楽団の活動も盛んな当地において、練習やパフォーマンスを夜中までしたいとの要望を尊重し、運営の特色として打ち出した。水野は建築計画だけでなく、運営についても市長と意見交換を重ね、そのハーモニーがこの建築をつくり上げたといえよう。

　このような水野の姿勢はそのさまざまな活動から、現代の金沢の建築家像に影響を与えたと思う。そして、建築単体の設計だけでなく、さまざまな社会活動を行う建築家は、現在も当地に非常に多いように感じる。

移住してきた建築家たち

　金沢21世紀美術館の出現が当地に与えた影響は前述したとおりであるが、この美術館の存在により当地に移住してきた建築家も多い。

　代表格は吉村寿博（1969 -）である。彼は、東京で妹島和世建築設計事務所／SANNAに勤務し、「金沢21世紀美術館」の設計監理担当者として金沢にやって来た。その後、当地に移住し結婚、現在、吉村寿博建築設計事務所を営んでいる。余命半年の末期がんであること知った当地の医師、西村元一（1958 - 2017）が、がん患者やその家族が気軽に訪れ、交流ができる施設「元ちゃんハウス」の開設（2016年）に仲間を集い尽力したが、母親が癌で闘病中であった吉村もその活動にサポーターとして参加した。低額でハウスの設計を行い、事務局としてその資金集めや運営協力まで行った姿は心動かされるものがあった。職能を社会のために創造的に活かす、金沢という都市らしい活動であると感じると同時に、彼が「金沢21世紀美術館」を契機に金沢を選び取った移住者であることは感慨深い。

　ふたり目は東京からUターンした小津誠一（1966 -）である。金沢出身で移住者ではないが、「21美がなかったら帰ってこなかったろう」という小津の言葉の通り、やはり「金沢21世紀美術館」後の金沢の変化に期待して戻ってきた建築家である。「金沢R不動産」の代表という側面も併せ持ち、特筆すべき立地や、個性的な建築、利活用の可能性が感じられる物件に特化した不動産業も行っている。「敷地も建築のうち」と考える彼にとって、不動産から建築設計は一貫しているのが理想で、不動産業も建築家の領域。また、飲食業も手掛け、手掛けた店舗は全国から食通が集まる当地でも常に注目される存在である。他に移住者促進などまちづくり事業にも取

元ちゃんハウス（2016年、設計：吉村寿博）

り組むなど、「まち」をつくり、その中に「建築」をつくり、さらその中に「こと」をつくる、建築を起点にその領域を解釈し直し、さまざまな活動にまでつなげるユニークな建築家である。

他に本編コラム（p.76「『ごちゃまぜ』の建築論」）でもとりあげられているが、インクルーシブや福祉といった観点から運営者と共にソフトウエアから建築やまちづくりを考えることを重視している西川英治（1952 –）。建築設計の傍ら、解体される町家や古い建築を「おくりいえ」というイベントを通し建築と人、建築とまちのあり方を問い続けるやまだのりこ（1975 –）など、金沢には多彩は建築家がいる。

一方で、実直に各々の「建築そのものの良さ」を探求するジ・アーキテクトも数多くいる。この都市が内包する多様な建築家像は、さまざまな文化を外部から取り入れそれを創造的価値に変換してきた加賀前田藩の気風の名残りのようにも思える。大都市におけるそれとは違う、当地ならではの創造的指向を持った多様な建築家が住む金沢であってほしいと思う。

建築家とまちづくり──認定NPO法人趣都金澤

建築界で「まちづくり」という言葉が頻繁に使われ出したのはバブル期、建築家では石山修武（1944 –）が気仙沼で行った、建築設計や都市計画とは一線を引く活動を思い出す方も多いだろう。昨今では、山本理顕が声がけし、現地のNPO法人なども参画した「みんなの家」プロジェクトが記憶に新しい。

実は私も当地で2007年に「趣都金澤」（しゅと）というまちづくりNPOを立ち上げた。現在は、約280名の会員が「認定NPO法人趣都金澤」として活動している。建築設計に係わる私が理事長を務めてはいるが、その事業内容は必ずしも都市計画的であったり、ハードを伴ったものではなく、むしろいわゆる「ソフト事業」の方が多い。趣都金澤の定款上の目的には「『文化』を機軸とした市民参画型のまちづくり事業や提言の発信及び国内外の文化経済都市の研究を通し金沢市及びその周辺地域のまちづくりの推進や地域経済の活性化に寄与する」とあり、平たくいうと文化をキーワードに金沢を中心とした当地のまちづくりを行っていこうという団体である。会員の職種は、建築家、デザイナー、経済人、医療関係者、大学教員、行政マン、アーティスト…とさまざまであるが、「文化でこのまちを盛り上げる」という共通認識で各々の職能を活かしさまざまな事業に取り組んでいる。

趣都金澤ホームページ。
https://syuto.or.jp/

金沢21世紀工芸祭ウェブサイトより。
https://21c-kogei.jp/

趣膳食彩。

金沢21世紀工芸祭と金沢デザイン会議──趣都金澤の事業

「金沢21世紀工芸祭」は、北陸で盛んな工芸をまちのさまざまなシーンと掛け合わせる事業で、文化庁の助成を受け金沢市と共に趣都金澤ほかが組織する実行委員会が主催している。

この工芸祭は、金沢茶屋街の町家空間に現代工芸を配しインスタレーションを行う「工芸回廊」、フレンチ・寿司・料亭などさまざまの食と工芸をかけ合わせ、食に合う器、器に合う食を料理人と作家が追求する「趣膳食彩」、当地で盛んな茶の湯をテーマに、さまざまな流派の茶人が織りなすトラディショナルな部門と、斬新なテー

マ、シチュエーションで臨むコンテンポラリーな部門のふたつのジャンルで構成される「金沢みらい茶会」などから成る。参加アーティストは100人以上、7万人を超える来場者がある。

「金沢デザイン会議」は、経済産業省より2018年に「デザイン経営宣言」が発せられたのを機に、「金沢をデザインで豊かにし、金沢を世界へデザインを発信するまちにしよう」というコンセプトの事業で、趣都金澤と金沢市の主催。

過去2年間の登壇者は、GKデザイン機構社長の田中一雄（1956 -）や、マツダのチーフデザイナー小泉巌（1959 -、現IWAO DESIGN 代表）、雑誌で有名な自遊人の代表であり、クリエイティブディレクターの岩佐十良（1967 -）、ロフトワークの林千晶（1971 -）、HAKUHODO DESIGN社長の永井一史（1961 -）など多彩なゲストが参加した。

地域特性を活かした活動を行うソーシャルデザイナーや企業家も参加し、われわれに近い領域では、建築家でまちづくりも手掛ける前田圭介（1974 -）、アートディレクターでプロダクトやインテリアも手掛ける山崎晴太郎（1982 -）、大学で建築を修めながら、ブランディング、商品企画から建築まで幅広く活躍する太刀川英輔（1981 -）なども参加した。

「金沢デザイン会議」ウェブサイトより。
https://kanazawa-dc.design/

領域を広げる建築家

前田、山崎、太刀川の3人はいずれも建築や空間を扱いながら、幅広いクリエイティブ活動を行っているのが特徴だ。

建築家にとって、今まで「デザイン」と聞くと、建築とは少し分野を異とするものと感じこの手の向きの議論には参画しにくい向きもあったように感じる。しかしながら、ここでテーマとする「デザイン」はプロダクトやグラフィックといった狭義のデザインではなく、ソーシャルやマネージメントも含む広義のデザインであり、経産省から出された「デザイン経営」宣言もその趣旨のものである。前田の福山におけるまちづくりの実践事例は、まさしく建築を起点とし、そこにソーシャルデザインを重ねたものだ。

建築家が建築家の領域を自ら規定することなく、さらにさまざまな分野とセッションしながら新たなシーンをつくり上げることは時代の要請でもある。デザインが領域を広げ、建築が領域を広げ、その重なったところに新たな創造的価値が生まれ、その背景に地域特性がある。日本の重要課題である「地域を意識したクリエイティビティ」は、建築家にとって活動領域を広げるチャンスかもしれない。

筆者は、設計事務所、まちづくりNPO法人の他に、まちづくりや文化事業を企画する株式会社の代表も務めている。仕事割合は、建築、まちづくり半々である。前述の小津同様、地方の建築家としてはかなり変わり種だと思う。しかしながら、金沢という町の特性である「文化」というものを考えると、いかに「おもしろきこと」を連鎖させ、日々の生活の中にそれを生んで行くことが大事に思える。建築家、デザイナー、工芸家、アーティスト、茶人…さまざまなクリエイターが少しはみ出しながら、たまに重なりながら「おもしろきこと」を紡いでいく。そして、それを面白がり、共に考え、時に自らが「クリエイター」となる経済人や学者、市民がいる。

「非日常の瞬間より、日常の生活をいかに豊かにするか」という、金沢出身の哲学

Column 08「時間軸に耐えうる意味や価値｜金沢の景観をつくる歴史的建造物群と現代の建築」｜秋元雄史
⇨ **p.76**

者、西田幾太郎(1870-1945)にもつながる思想を、この地に住まう皆で大切にしていきたい。

金沢発、工芸建築

工芸という動産に建築という不動産を掛け合わせ、工芸に不動産的価値を持たせられないか？「地中美術館」(2004年)の館長時、直島の「家プロジェクト」を手掛けた秋元雄史(1955 –、東京芸術大学美術館館長、教授、前金沢21世紀美術館館長、趣都金澤顧問)のそんな発想から「工芸建築」の言葉が生まれたのが2010年ごろのこと。その後、趣都金澤を中心に、金沢でこれにまつわるさまざまな議論や事業を行ってきた。この10年の議論には、建築家、工芸作家はもちろんのこと、地域経済学者や都市コンサルタント、美術関係者も加わり可能性を追求してきた。その中で、工芸建築の解釈は必ずしもひとつに集約されたわけではないが、当地発の新しい建築手法の可能性として紹介したい。

アンチテーゼとしての工芸建築、工芸のような建築、地域性

近世まで、日本において建築は明確な設計者をもたず、主に棟梁が指揮をとり建築をつくってきた。そこに集う職人は、設計者がつくる図面を元に物をつくるというより、曖昧なオーダーから自身で考え、さまざまな提案を行ってきた。その結果、棟梁と職人の間には、ある種の「間」が生まれ、そこに職人や作家独自の創作性が発揮されたのではないかと思う。

近代建築において設計者の存在が明確化した後も、さまざまな建築の構成部位は空間に合わせ特注で制作され、ここに職人の個性が発揮された。しかしながら、現代の建築の多くは、設計者が細部までコントロールし、また、建材の多くは工業製品や二次製品が多く、そこに関わる職人や作家が建築そのものに個性を発揮する場面は極めて少なくなっている。このような昨今の建築へのアンチテーゼとしての工芸建築という解釈がまずありうる。

また、単純に建築を工芸的に創造するとどうなるか、あるいは現代の工芸作家が建築を考えたらどうなるか、という視点での工芸建築がある。この視点での工芸建築でよく引き合いに出されるのはピーター・ズントー(1943 –)の建築である。彼の建築はモダニズム的な中に、近代建築とは異なる陶芸の手びねりにも似た工芸とも重なる要素が空間構成にあるように思える。しかしながら、そのような風合いを設計から施工につなげているのは、三次元CADなど高度なコンピュータテクノロジーであったりもする。テクノロジーが発達した今こそ、「工芸のような建築」は成立しえるのかもしれない。

工芸建築のもうひとつ重要な点は、地域性に紐づいているところにある。工芸が一般的なアートと異なる点は、そこに地域や家に根付いた伝承の技法や、その地で調達できる土や漆、鉱物、草木などの材料、創るに適した温湿度環境、また、利用目的をもつものが基本で、土地の歴史、風土や文化との関係性も深く、故に地域固有の産業として育まれてきた。グローバリズムの中、世界の一様化が進んで

るが、工芸に結び付いた建築は、地域独自の芸術表現に成りうる可能性があると感じている。

工芸建築展

工芸建築の主な事業としては、2010年から金沢で行ってきた議論の整理として、2017年に「金沢21世紀美術館」において、工芸建築展を開催した。建築家の山下保博（1960-）、デザイナーの緒方慎一郎（1969-）、工芸作家としては中村卓夫（1945-）、三代西村松逸（1957-）、画家の眞壁陸二（1971-）ほか、総勢11名の多彩な面々が自分なりの解釈で作品展示を行った。

2017年 工芸建築展。

好評を受け、翌年2018年の「工芸建築展2018」は、文化庁共催事業である東アジア文化都市金沢2018事業の一環として、「金沢21世紀美術館」においてさらに規模を拡大し開催した。参加者も多様化し、建築家、当地を代表する陶芸家、十一代大樋長左衛門（おおひちょうざえもん）（1958-）をはじめとする工芸作家に加え、現代美術家の山本基（1966-）や、アートプロデューサーの林口砂里、デザイナーの猿山修（1966-）などが加わり、その表現手法、つまりは工芸建築の解釈も大きく広がった。

工芸建築展出品作品。

アーティストとの協働による設計

このような、工芸建築の動きがあった最中、2018年の春、ひとつの国際コンペがあった。ドイツ、ベルリンに新築される複合文化施設「フンボルトフォーラム」の中に入る「ドイツ国立アジア美術館」に設置される茶室のコンペである。海外を含め、茶室設計経験のある設計事務所による指名コンペで、筆者の事務所も指名を受け、結果当選することができた。2019年中に茶室は完成し、2021年春の美術館オープンにあわせ公開予定である。

茶室コンペ当選案外観。

コンペにおいては、それまでの工芸建築の議論を交わしてきた工芸作家に声をかけ、裏千家今日庵業躰（ぎょうてい）、奈良宗久（1969-）の指導の下、「工芸建築」をテーマにコンセプチャルな部分から共につくり上げた。参加工芸作家は、陶芸家の中村卓夫、漆芸家の西村松優（1957-）、金工作家の坂井直樹（1973-）であり、いずれも国内外で活躍する著名作家である。一緒に仕事をする中で、面白かったのはコンセプトメーキングにおける彼らの哲学的ともいえる思考である。茶室というテーマの所以もあるが、まるで、ひとつの器をつくるように、あるいは自由な造形で彫刻をつくるようにと言えばよいだろうか。

茶室コンペ当選案内部。

曰く、「日本的な様式を持って行っても仕方ない。茶の根底に流れている思想、あるいはさらに源流となる禅の思想の体現。それも、ドイツの人びとをはじめ欧州の人にとって理解しやすいものとし、かつアーティステックな表現でなければならない。材料か、形か、何かベルリン由来のコンテクストも必要だろう」。

このような発想のもと、ベルリンと日本の重なりとして素直に出たのが、先の大戦、第二次世界大戦であった。大戦時に爆撃によって破壊された尖塔をそのままに、大戦の教訓として今も残すカイザーウィルヘルム教会。この八角錐の塔をモチーフにし、禅に大きな影響を与えた老荘思想にある「人間の不完全性を認識することの大

切さ」を重ね合わせた。

　この建築は鉄の天蓋で覆われ、床柱と連なる落とし掛けも鉄、漆は鏡面の壁やアルミ下地の庇、床框や脇床は陶芸と工芸も使いながら、従来の茶室での使われ方とはまったく異なるものとなった。ひとつひとつの素材に意味をもたせながら、前衛的な空間を構成する。

　審査において評価されたのは、建築的すぎず、アートに近い、それなのに茶室としての機能を十分果たしている点、とのことであった。

組み上げる建築

　建築の中に地域のコンテクストを取り入れるという意識と、地域のコンテクストから意味を持つ形を組み上げそれが結果建築とも呼ばれることには、大きな隔たりがある。後者のアプローチは作家との共同でなければ発想を得ず、同時に極小の用の美である茶室計画には建築的思考がなければ成立しえず、互いがフラットな関係で議論できたからこそ発想されたものと思う。

　また、創作の過程では、互いが形を共有できるようにCGを利用し、打ち合わせのその場で変更をかけ形を探ったり、作家の方々に普段の仕事より遥かにオーバースケールの建築を疑似体感できるようVRを用いたりもした。グループウエアを用い、リアルタイムでの打ち合わせ、モデリング、日々の作業状況の確認なども行い、これは設計当初からベルリンの現場での施工時まで続いた。これを通し、他分野のアーティストと協同で建築設計を行う場合、イメージ共有を含め、テクノロジーによるところが大きいと痛感した。この可能性は、AIやBIMの進化と共に、イメージ共有を超え、専門家でないアーティストの建築分野への進出を示唆するものかもしれない。

　現代建築の中では作家性が貴ばれ、「建築家○○の作」というのが、ひとつのブランドのようにも見える。大衆が手にとる雑誌にも建築が特集される機会が激増し、一部建築家は大きな市民権を得た。建築の作家性が高まることは、建築家のわれわれにとっては喜ぶべきことではあるが、本来多くの人の手が入らなければつくり得ないのが建築でもある。また、地域に住むなど、深く関わったものでなければ、本来のその土地の文化や風土は体感しえないとも思う。

　「工芸建築」はその意義を、工芸作家をはじめとする他のつくり手と共有し、ある意味、建築を建築家の手から解放し、あるいは建築の専門家の評価から離れ、自由な価値を与える機会となると同時に、地域の固有性を顕著化し建築に活かす手法のひとつであるのかもしれない。

2　金沢、市街地のこれから

兼六園周辺文化の森から

　戦国時代に一向宗の出先として尾山御坊（金沢御堂）が建てられてから、金沢城とそれに連なる「兼六園」周辺は、時代ごとにその役割を変えてきたことは、前述の通りである。現在、このゾーンは「兼六園周辺文化の森」と呼ばれ、金沢城の復元、美

国立工芸館。⇨ *p.70*

谷口吉郎・吉生記念金沢建築館。⇨ *p.83*

鈴木大拙館。⇨ *p.72*

現在の片町のまちなみ。防火建築帯が今に残っている。MAP ⇨ *p.51*

術館や博物館、ホールなどの文化施設の集中配備などにより、まさに金沢を象徴する場所となっている。

　2020年春には、このゾーンに「国立工芸館」も東京から移転した。この工芸館は明治期に建てられた旧陸軍の将校の社交場であった「旧陸軍偕行社」（1898年）と、師団司令部の執務室であった「旧陸軍第九師団司令部庁舎」（1898年）を一部移築、修復、復元し再利用したものである。

　さらに2020年夏には、創建前は加賀藩主の仮御殿や隠居所があった「尾山神社」に金沢城址よりつながる「鼠多門」及び「鼠多門橋」が復原され、「兼六園周辺文化の森」に新たな魅力が加わる。都心のど真ん中に半径約1kmの緑で覆われた巨大な文化ゾーンが現存することは、世界各地の地方都市においても稀有なことかもしれない。

犀川地域

　文化の森の整備と共に、まちづくりにおいて金沢中心市街地で注目するのは本多町周辺から片町、そこから犀川を渡り重伝建にも指定されている寺町付近、いわゆる犀川地域である。

　金沢の旧城下町は、城下町の中央、南東から北西へ隆起した小立野台地の先端に金沢城がおかれ、その台地にほぼ平行に流れるふたつの川、犀川と浅野川に挟まれたわずか2km幅の地域を指す。お城から見て北東側、浅野川周辺に広がるのが重伝建にも指定され観光地としても有名な「主計町」と「ひがし茶屋街」である。それに対して、南西側の犀川周辺は、城から見て川を渡る前は上級武士の居住地であり、川を渡っては重伝建の寺町を擁し、寺町を少し山側に行くと前田藩政のころは重臣の別荘地でもあった。

　寺町は谷口吉郎の住まい跡地もあり、2019年、その地に「谷口吉郎・吉生記念金沢建築館」がオープンした。建築館から「鈴木大拙館」（2011年）までは徒歩で15分程度、「金沢21世紀美術館」まではそこから5分、「鈴木大拙館」から新しくできた「国立工芸館」までは10分程度の距離である。しかしながら、川の手前は繁華街から近いこともあり、まちなみの統一感は乏しく、独特の風情があるものの、茶屋街などを擁す浅野川地域に比べるとまちのポテンシャルを発揮する整備が進んでいるとはいえない。この犀川地域、寺町〜本多町〜兼六園文化の森をどう魅力的に繋げていくかは今後の金沢の大きな課題のひとつといえよう。

片町

　犀川地域のもうひとつの課題は金沢一の繁華街、片町である。片町は1900年代に飛躍的に発展した町で、商業や、映画をはじめとするエンタテインメント産業、また飲食業など歓楽街として栄えた。目抜き通りである片町大通は、昭和40年代に終えた防火建築帯整備事業による長屋形式の中層ビルが立ち並んでいる。現在、それらのビルは老朽化し、再開発を含めた建て替えの波が押し寄せようとしている。また、今回のコロナ禍を機に、人びとの行動様式も大きく変わる可能性があり、こ

の地域は従来型の繁華街像を脱し、ソフト的にもどのようなまちづくりを目指すのか、また、景観規制の厳しい金沢にあって比較的緩く、景観的に統一感が薄いこの地域をどのようにハード的に誘導するのかは大きな課題である。用途も鑑みると、厳しい景観規制により誘導するというより、この地域の近代の歴史的成り立ちも踏まえ、また、ほど近い「金沢21世紀美術館」や「鈴木大拙館」に連なる新しい金沢の息吹きの発信地として、このまちの創造性を象徴したまちづくりを推進すべき思う。

　現在、新たな試みとしてこの目抜き通りに再開発により、低層階を商業施設、高層階を共同住宅やホテルを想定したとしたビルを計画中である。飲食店や商店が多く、「金沢21世紀美術館」や「兼六園」をはじめとする文化施設群にも徒歩で行ける距離であり、リブ・ワークスの実現や高齢化が進む中での都心居住地としては適地でもあり、片町のまちのあり方を問う試金石となるであろう。

　犀川から浅野川は2km程度なので、ここから旧城下町はすべて徒歩圏内ともいえる。高さ規制もあり、まちなかに緑も多く、起伏も激しいため歩くと自然に目に緑が飛び込んでくる金沢のまちなか。片町が今のエネルギーを失わず、市民の生活や交流人口との結びつきをどう創って行くかが問われている。

2023年に金沢駅西に移転が発表されている日本銀行金沢支店。MAP ⇨ *P.51*

日銀跡地

　金沢の中心部を走る百万石通りは旧北国街道でもあり、香林坊を北に武蔵ヶ辻までの区間は町名にちなみ南町界隈と呼ばれている。古くは一向宗の寺内町として成立し、その後藩政期には商人の町として栄えた。明治25（1892）年には「第一国立銀行金沢支店（現日本銀行金沢支店）」が設置され、以来、銀行や保険会社が立ち並ぶ金融街を形成していた。ところが、新幹線開通以来は、金融関係の建物需要が減少する一方、宿泊需要は急激に伸び、ホテルの建設ラッシュが続いた。百万石通りを東に50m歩けば、兼六園周辺文化ゾーンの西の入口、「尾山神社」にあたり、「ひがし茶屋街」へも徒歩圏内、近江町市場を擁し、駅とのアクセスも良く観光の起点として最適なこの地は、シティホテル街として生まれ変わった。

　「日本銀行金沢支店」は、この南町界隈の最も南側、片町との結節点にあたる香林坊にあり、2023年に金沢駅西への移転が発表された。日銀は、ホテル街、文化ゾーン、繁華街を結ぶ位置にあり、金沢中心部での最後の大きな区画のひとつでもあり、これがどのような機能、デザインになるかは市民の間でも非常に関心が高い。

　富山市の中心街に「グランドプラザ」（2007年、設計：日本設計）という公設民営の施設がある。中心市街地へ賑わいを取り戻すための集客施設として商業ビルの間の通路を兼ねた1,500㎡ほどのスペースに、全面ガラス張りの天井を懸けた半屋外施設である。このため、前面の大通りである平和通りから背面の総曲輪通り商店街は見通すことができ、また、277インチの大型ビジョンなどが設置され、ダンスライブやコンサートから、ワインフェスタ、輸入車ショーからスケートリンクなで四季を通じてさまざまなイベントが開催されている。全国的にも評価の高いこの施設は、雨が多い地域性の中で、大面積の半屋外空間を確保し雨天でもイベントが可能で、立ち寄り易い立地に加え運営も柔軟で利用率が高く、同時にビル群に水平方向に通り抜け

富山市の中心街にあるグランドプラザ。ガラス張りの半屋外空間。奥に総曲輪通り商店街が見える。

空間を挿入することで、都心に伸びやかさも与えている。

　日銀跡地の立地も、ホテルと商業ビルに隣接し、通りを挟んで向かいには百貨店があり、立地的にもよく似ている。近年屋外イベントも多いが降雨量が多い金沢では中止になることもしばしばである。これらを踏まえ、この地に「グランドプラザ」のような、ガラスの天蓋が掛かった半屋外イベント広場をつくればどうだろうか。それも大通りから用水までを一団の敷地とらえることができないだろうか。

　この敷地の西側には藩政期に惣構堀としてつくられ、現在は用水として整備されている鞍月用水が走っている。惣構として整備されていたので、用水より東、お城側の土地は一段高く、用水より西の土地は一段低く設定されている。これにより、東側には往来する藩の監視者が、西側からの侵入者を容易に見通せるよう計画されていた。敷地を用水まで一団のもの捉え、高低差を利用することができれば、大通りからの眺望も確保できるであろう。また、傾斜地が多い金沢の地形の特性や、旧惣構え堀の歴史性も感じ取ることができるかもしれない。

　地価の高い商業地域に位置するので、上層部は、ホテル、集合住宅、オフィスビルなど収益が取れるフロアも選択肢となるだろう。また、当地最大のコンサートホール「金沢歌劇座」の移転も取り沙汰されている。いずれにしても、低層部を公共空間とするなど、過密化したまちなかエリアのオアシスとなるような金沢らしい提案が必要と感じている。

金沢港

　2020年6月1日、金沢の海の玄関口、金沢港にクルーズターミナル（「金沢港クルーズターミナル」、設計：浦建築研究所）がオープンした。残念ながら、新型コロナウイルスの蔓延により、現在来航するクルーズ船はほぼゼロに近い。しかしながら、護岸整備など周辺のウォーターフロントは大規模な修景もなされ、また、ライトアップやコンサートなどのイベント、海を臨むカフェレストランの常設などで新しい海の拠点施設に連日、たくさんの市民が訪れている。金沢港は、昭和38（1963）年に北陸を襲った、38豪雪で陸路の輸送手段が絶たれたのを教訓に、川を拡幅する形で開かれた。そのため、底には常に土砂が堆積し、水深も浅かったのだが、コマツ（小松製作所）が金沢港隣接地に移転したのを期に、大型輸送船が入れるよう水深を13mまで下げる工事を行った。このことにより、大型のクルーズ船も入港できるようになり、新幹線開業による金沢ブームなど諸々の要因も重なって、2012年度の入港数がわずか6隻だったものが、2017年度には50隻を超え、想定を遙かに超え激増した。昨年はクイーンエリザベスⅡ号も来航し、一機に金沢港への注目度が高まった。ターミナルを含めたこのウォータフロント計画は、金沢に新たに海を中心とした魅力を創出し、周囲を含めた今後のエリアマネジメントが注目されている。

金石・大野地域

　金沢港の西に広がる金石・大野地域は歴史的にも金沢市街よりも先、鎌倉時代より開けた地である。前田利家もこの地より金沢に入城した。江戸期は加賀藩の外

金沢港クルーズターミナル。海側からの俯瞰。
MAP ⇨ *p.88*

金沢港クルーズターミナル。夕景。

大野からくり記念館。
⇨ p.92

Column 12「醤油とアートのまち大野｜遊休蔵のコンバージョンによる自律型まちづくり」｜水野雅男
⇨ p.96

石川県西田幾多郎記念哲学館。
⇨ p.130

金沢海みらい図書館。
⇨ p.91

港として栄え、北前船の寄港地として繁栄を極め、銭屋五兵衛(1774-1852)などの豪商を生んだ。五兵衛とも親交のあった発明家、大野弁吉（1801-1870)は妻の実家であった大野に移り住み、優れたからくり人形作品をつくった。この大野弁吉をテーマにした資料館が、内井昭蔵が設計した「石川県金沢港大野からくり記念館」（1996年)である。

また、この大野地区は、日本五大醤油産地にも数えられる醤油どころであり、これも北前船の交易により栄え、今も多くの醤油屋が軒を連ねる。この醤油屋の使われなくなった蔵を転用し、まちづくり事業を行ったのが本書コラムにもある、「遊休蔵のコンバージョンによるまちづくりの取り組み」である。海に近く、交易やそれに関わる製造業、漁業を生業としたこのまちは、金沢市街とは異なる様式の町家が数多く残り、独特の景観を形成している。

内灘、かほく

金沢港より東へ目を向けると、金沢市と隣接する内灘市がある。内灘市は、朝鮮戦争時、米軍への砲弾輸出に際し、その試射場として日本で3番目に広い内灘砂丘を接収された。この接収反対運動は、内灘闘争と呼ばれ、これを題材に映画「非行少女」や、五木寛之の小説、「内灘夫人」が生まれた。現在、内灘砂丘は、ウインドサーフィンやフィッシングなどのマリンアクティビティが盛んで、夏は多くの海水浴客で賑わい、金沢市との市境にはゴルフ場や乗馬クラブもある。この地に対する地元の人びととのイメージは明るく開放的なもので、金沢へ車で30分足らず、ベットタウンとして多くの人びとが海辺の生活を愉しんでいる。その隣のかほく市も、車で走れる砂浜として有名な「千里浜」の起点であり、能登の玄関口にあたる。また、世界的に有名な哲学者、西田幾多郎を輩出した土地でもあり、安藤忠雄設計の「石川県西田幾多郎記念哲学館」（2002年)が建てられ、そこで行われるユニークなプログラムに全国の哲学ファンが訪れている。

金沢ベイエリア

「金沢」というと、海の幸を思い浮かべる方は多いだろうが、実際の海、金沢港がJR金沢駅から5km足らず、車で約10数分という近い位置にあることは県外から来訪される方は意外と知らない。私としては、現在発展しつつある金沢港周辺から、金石・大野地区、内灘町やかほく市という沿岸地域を金沢ベイエリアと称し、新しい金沢の文化エリアと位置付けたい。

金沢はJR金沢駅を挟んで、旧市街地地区を駅東地区、海側を駅西地区と呼ぶ。駅東地区は、先述の兼六園周辺ゾーンや、ひがし茶屋街など、藩政時代からの伝統的なまちなみが広がり、従来の観光スポットが多く広がる。それに対し、駅西地区は、石川県庁が移転し金沢瀬整備副都心構想が進んだ2003年以降の新しい地区であり、その終点が金沢港にあたる。

金沢は、歴史と伝統のまちであるといわれる。しかし、その本来は、前田藩政から外来の文化や産業を取り入れ、それを地域でイノベートし付加価値をあたえる創

造力の高い都市であったと思う。駅東地区は、「金沢21世紀美術館」があるとはいえ、「兼六園」や「ひがし茶屋街」などの観光地を持ち、景観規制も厳しく、常に「歴史と伝統」をまちづくりの念頭におかなければならない地域である。

対して、金沢ベイエリアは、歴史的にも交易など開かれた文化性を有し、地理的にも解放感のある地域であり、近年建築された堀場弘 + 工藤和美 / シーラカンスK&H設計の「金沢海みらい図書館」(2011年)はその象徴的な建物だ。

金沢は、域内に8つの大学を持ち、対人口比でも学生数が京都に次いで多い若者のまちであるが、この若者の力を発揮するシーンが京都などと比して金沢のまちなかで感じられないのは残念である。金沢ベイエリアが、学生をはじめとする若者が集い、伸びやかな若々しい創造性溢れる新しい文化エリアとして成立すると、金沢という町に更に重層性を持たせられると感じている。

3 金沢というまちのあり方

公共交通からMaaS、金沢型スマートシティへ

金沢の課題として長年議論されているのが、市民にとってはまちなかの移動手段として、観光客にとっては二次交通として重要な公共交通である。

金沢には1919年から1967年まで路面電車があり、金沢駅と市街を結んでいた。しかし、路線バスの拡充や自動車交通量の増加に伴い廃線に追い込まれた。金沢のまちなかは太平洋戦争の空襲を逃れたこともあり、城下町特有の狭く入り組んだ道が走り、旧街道を拡幅した中心街の道路も空襲を受けた他の多くの地方都市のそれに比するとかなり狭い。これが、隣県富山県富山市のように自動車と路面電車の併存が許されず、高度成長期に車が増える中で、一気に廃線に追い込まれた理由であろう。

しかし、まちなか人口の高齢化が進み公共交通が注目される中で、近年、まちなか公共交通についての議論が再燃し、現在まで続いている。具体案としてLRT、BRTを含めその手法や、設置区間について市民団体や行政が検討を行ってきた。しかし、いずれも狭い道での車との共存や、採算上の問題など課題が多く解決には至っていない。

近年、金沢市都心軸交通環境整備委員会では、現状の道路環境からこの課題についてハード整備は難しく、交通ネットワークや乗り継ぎなどソフト対策に議論を移している。これには、研究開発の著しい自動運転やそれに連なる近年話題の「MaaS」などの概念により、公共交通やそれを含めた移動の考え方の抜本的な変化が背景にあると考えられる。

MaaSの可能性

MaaS(マース)とはモビリティ・アズ・ア・サービスの略であり、直訳すれば「サービスとしてのモビリティ」となる。2015年にフランスのボルドーで行われたITS世界会議で結成された「MaaSアライアンス」という組織では、以下のように定義している。

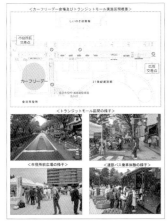

「令和元年度 金沢市都心軸交通環境整備検討委員会 会議資料」より。
https://www4.city.kanazawa.lg.jp/11031/taisaku/toshinjiku_seibi/toshinjiku_seibi.html

「さまざまな形態の輸送サービスを統合した、オンデマンドでアクセス可能な単一のモビリティサービスとしており、MaaSオペレーターは利用者の要求を満たすべく、公共交通、ライドシェア、カーシェア、自動車シェア、タクシー、レンタカーなどさまざまな交通手段のメニューを用意すること」。簡潔にいうと、MaaSとは「ICT（情報通信技術）を活用してマイカー以外の移動をシームレスにつなぐ」という概念だ。

このような、MaaSという概念でみると、都市の中で交通と空間をどう結び付けていくかという視点が重要であり、これを通したゴールは単に交通問題に留まらず、地域社会の最適化にある。車中心から人間中心へ、移動の高付加価値化、シェアエコノミーへの転換、魅力的な空間やコミュニティへの転換、地球温暖化への対応、交通のサブスクリプト化などを通し紐づいた都市の課題を、この概念を用い一気に解決できる可能性を示唆している。

国内外では既に、グーグルの親会社であるアルファベット傘下のSidewalk Labsが、カナダのトロントで進めてきた「未来都市」、トヨタが静岡県裾野市で取り組みを発表した「Woven City」などMaaSを用いたスマートシティの構想が続々と計画されている。

Woven Cityホームページより。
https://www.woven-city.global/

また、中小規模の都市のスマートシティのモデルケースとして全米各都市への横展開が期待されているコロンバス市では、①各移動手段や各種サービス、利用者が互いにデータで連携しあって結合されたネットワークの構築、②各種データを統合してさまざまな問題を解決するためのオープンなプラットフォームの構築、③高齢者や貧困層、障がい者を含むあらゆる住民や旅行者が容易に各種交通機関を使って移動できるサービス、④EVの普及のために、公共・民間の充電インフラの充実、シェアリングサービスの拡充など具体的に4つのテーマに絞り、中小規模都市の足元の課題を解決すべく取り組んでいる。

都市のシュリンキングデザイン

翻って金沢を見ると、このような新しい技術が次々開発される中で、元々狭小な道路が多く、人口減少でシュリンキングデザインを考えていかなくてはならない今、軌道をつける意味は薄いと感じる。公共交通においてはMaaSを上位概念とし、既存のバスを主軸にすえ終日のバス専用レーンを確保するなどし、定時運行を担保した上で、スマートシティを標榜し仕組みとして形づくっていくことが重要と思う。

「まちのり」ホームページより。
https://www.machi-nori.jp/

今、金沢ではまちなかの公共シェアサイクルである「まちのり」のステーション（ポート）数を拡大すると同時に、起伏の激しい地形に対応し電動化も進められている。ハードとしては、新幹線開通と共に観光用として台数も増えたタクシーや、まちのり、自家用自転車、これから検討されていくであろう、電動キックボードや車いす型パーソナルモビリティなどとバスをどう組み合わせ最適化していくかが鍵となる。

近い将来自動運転が本格運用されれば、道路の形態自体も変化してくるだろう。ソフトとしては、これらのモビリティ全体とまちを連動させるプラットフォームを創り、カードや電子マネーを導入しより使いやすく、また、サブスクリプションの導入などで、これらを利用するほど経済的負担が少なくなる仕組みをつくる必要がある。こ

れにより、自家用車の利用が抑制されれば、各モビリティカテゴリによる道路の分割利用や、駐車スペースの減少から土地の有効利用も考えられる。都市のシュリンキングデザインに重要な都心回帰やリブワークスにもつながり、ひいては地球環境にも優しい都市の実現も可能になる。

観光の本来の意味は

新幹線開通以来、激増した観光客により「観光客用」のさまざまなサービスも増え、まちのさまざまな部分が消費されていることは前述した通りである。本来の観光の意味は、国の光を観る、即ち地域の風土や文化に根付いた価値を観る、平たく言うとそこに住んでいる人たちの本当を観ることと思う。見に来たそこに、生活実態がないと、その観光地は虚飾となり一過性で終わる。そういう意味では、「まちづくりをきちんとする」ということが住民にとっても観光客にとっても重要と思う。

車中心から脱却し、多様な移動手段を持つことは移動すること自体に楽しみを見出すことにつながる。戦災を逃れた迷路のような城下町の道だからこそ、まちなみを見ながら、風の匂いを感じながらの移動は楽しいものであるし、また、それが楽しいまちであり続けなければならない。

市民の足として、観光客の二次交通として長年課題とされてきた金沢の交通のこれからの議論は、コロナ禍を超えてでてくる新しい生活スタイルの中で、交通そのものの課題を超え、金沢はどうあるべきかをイメージする契機なのかもしれない。

新幹線延伸と北陸連携

2015年に北陸新幹線が開通後し、北陸において交流人口の核都市となりつつある当地が、東京一極集中や地方の過疎化が進む中で、新しい地方都市としてのありようを示せるかが問われている。北陸新幹線は2023年春に福井県の敦賀まで延伸が見込まれており、災害が多い昨今、関東と関西を結ぶ新幹線の第2ルートとして2030年代の全線開通を目指している。

現在、隣の富山県でも新幹線を機にさまざまな観光PRや企業誘致、新たな産業を興す動きも見受けられる。次に開通する福井県においても、これを機にさまざまな動きが出てくるであろう。石川県、富山県、福井県の3県はそれぞれ人口100万人前後、3県合わせても300万人程度である。3県とも過疎の基礎自治体を抱え、人口が減少していくことは必至である。

一方で、古代より中国など大陸と海を介した交易があり、加賀前田や越前松平の藩政などから、地域に根差した文化的な遺産も数多く、逆に永らく新幹線がつかなかったことでそれらの多くが今に継承されている。また、立山連峰や白山などの山々、美しく幸多い日本海など生活に近い位置に自然もある。コロナ禍にある現在、大都市圏からの移住者の増加も見込まれ、2023年の新幹線延伸も見据え、これからは人口300万の「北陸」が、豊かな資源のもとにいかにブランドをつくり、連携していけるかが課題と感じる。

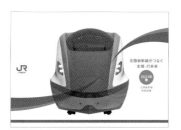

JR西日本の発表資料より。
https://www.westjr.co.jp/press/article/
items/190830_00_hokuriku.pdf

陸海空による金沢ゲートウエイの形成

　金沢より南に30km、車で40分、勧進帳の舞台として有名は小松市には、年間200万人が利用する小松空港がある。この小松空港からほど近い小松駅には2023年からは新幹線が停車するようになる。小松駅から空港まではわずか4km、車で10分の距離であり、新幹線と空港の距離は福岡のそれより近い。現在、この小松駅と小松空港を自動運転バスで結ぶ計画もあり、駅と空港の連携次第では人の流れが大きく変わる可能性がある。また、北陸には他に能登空港、富山空港という地方空港もあり、空の出入りのオプションは多彩だ。

　小松空港をはじめとする空港群に加え、先述した金沢港クルーズターミナル、小松空港直結のインターチェンジも検討されている北陸自動車道、そして延伸する新幹線などを含めると、陸海空のアクセス拠点がまさしく金沢圏に集中整備されてくる。これらをうまく有機的につなぐことで、金沢圏は北陸、あるいは本州日本海側のゲートウェイになり得る可能性があると思う。

　優れた地域資源がありながら、まだまだ新幹線の効果を活かしきれていない地域も見受けられる北陸。金沢圏が北陸のゲートウェイとなり、地域連携が進めば、国内外の交流・移住人口の増加や、海外とのビジネスチャンスの広がりも北陸全体として見込めるのではないか。AI時代の到来で、SDGsとも相性のよいスマートシティを標榜する市町村も増える中、変化を先取りし、陸海空の大動脈につながる2次交通を北陸全体で考えていければと思う。そして、その先にはMaaS付住宅をはじめとした、新しい建築ニーズも出てくるであろう。

　「これから」の部分は建築というより、都市の話が多くなってしまった。しかしながら、リアルとバーチャルを横断しすべてがつながるシームレスな時代はすぐそこまで来ている。その中で、リアルな建築をつくるわれわれが、まちのことやバーチャルな先端技術との関わりを考えていくことは時代の要請なのかも知れない。建築家として、当地の環境や文化を尊重し、建築とまちを並行して考え、つなげて行く。大都市ではない、地域の建築家であればこそできる活動を重ねて行きたい。

（うら・じゅん）

鈴木大拙館の水鏡の庭。背後は小立野台地の斜面緑地。（撮影：齊藤淳史）

金沢圏の建築家

Interview & Discussionとして、金沢圏を拠点に活動する建築家へのインタビューと、参加者によるディスカッションを収録している。

各参加者に、金沢圏での活動の内容だけではなく、幼少期から現在に至る過程を丁寧にうかがうことで、等身大の建築家像を描き出すことを狙いとしている。

Interview & Discussion ❶は、編集委員の人選により、若手から中堅の、それぞれ多様な活動の幅を持つ5人の建築家に参加していただいた。

Interview & Discussion ❷は、本書の編集委員へのインタビューを中心とした。

また、下表は、「金沢圏の建築家タイムライン」として、上記2編の参加者とともに、前項の「金沢圏の建築｜過去・現在・未来」の中の、「1945〜1964｜戦後金沢の建築家と建築」（p.167）で紹介された最初期の金沢圏の建築家6名を加えたもので、それぞれの活動の時代背景と相互の関係を知る手掛かりとして示したものである。

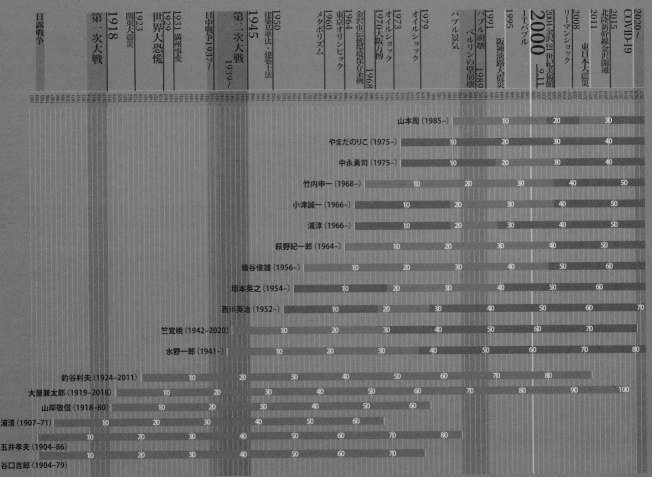

金沢圏の建築家タイムライン

山本 周（建築家、山本周建築設計事務所）

やまだのりこ（建築家、あとりいえ。）

中永 勇司（建築家、ナカエ・アーキテクツ）

小津 誠一（建築家、E. N. N.）

萩野 紀一郎（建築家、萩野アトリエ、富山大学芸術文化学部准教授）

編集委員：蜂谷俊雄、竹内申一

聞き手：大森晃彦
2020年8月1日

山本 周（やまもと・しゅう）
山本周建築設計事務所
1985年 新潟生まれ／2009年 金沢美術工芸大学大
学院修了／2009－15年 長谷川豪建築設計事務所
／2015年 山本周建築設計事務所設立
受賞：2006年 JIA東海支部設計競技 金賞／2007
年 SDレビュー入選／2008年 別所岳SA設計競技最
優秀賞／2015年 SDレビュー入選／2016年 和田興
産住宅建築アワード設計競技佳作、三栄建築設計
住宅設計競技佳作／2019年 神戸三宮「さんきたア
モーレ広場」デザインコンペ アイデア賞／2020年
SUGIMOTO建築デザインコンペティション2020
SUGIMOTO賞

山本周

――山本さんは、昭和60（1985）年、新潟生まれということですが。

山本●生まれたのは新潟市ですが、生後間もないころまでで、それから埼玉に小学校低学年く
らいまでいて、いちばん長くいたのは神戸市の北区。農村を切り拓いたような新興住宅街で、
そこで高校卒業まで過ごしました。

――高校を出て金沢美術工芸大学に進まれた。なぜ金沢だったのですか？

山本●公立の美大に行こうとしていて、受かったのが金沢美術工芸大学だったのです。

――建築を選んだのは？

山本●高校時代にテレビでフランク・ロイド・ライトの「落水荘」（1936年）が特集されている番
組を見て、建築に興味を持ったのがきっかけです。ライトの弟子の遠藤新が設計した「旧甲子
園ホテル」（1930年、現武庫川女子大学）が近くにあったので見に行って、すごく感動して、建築と
いう世界があることを知った。それから、神戸や関西圏の建築を見に行くようになった。

――山本さんの高校時代は、阪神淡路大震災から6、7年後の復興の最中で、まちが大きく変わった時期ですよね。

山本●高校は県立兵庫高等学校で、神戸の下町の長田というところにありました。周囲には震
災後にも残る昔ながらの商店街と真新しい住宅が混ざり合っていて、銭湯に通う文化があった。
いろいろ見ていたら、僕の育った新興住宅街にはないものばかりで、僕はけっこう特殊なまち
で育ったんだと気づいたりもした。まちごとに違う建物があるのを見るのが楽しくて、自転車で
いろいろなまちを巡り回った。

――金沢美術工芸大学の大学院修了後、長谷川豪さんの事務所に行かれていますが、アトリエ事務所に行こうと
いう人は多かったんですか？

山本●金沢美術工芸大学は建築学科はなくて、環境デザイン専攻といってデザイン科の一部
で、学生は20人ほど。環境デザイン専攻からはインテリアとか商業系のショップディスプレイ
の会社に行く人が多く、建築に進んだのは、僕の代では僕ともうひとりだけだった。普通に就
職活動をするのではなく、卒業してからアトリエ事務所を訪ねるというパターンが多かった。

僕は大学時代に藤本壮介さんの事務所にオープンデスクに行っていて、卒業して藤本事務所に行ったら、スタッフの人に、いい事務所があると紹介してもらったのが長谷川豪さんの事務所だった。気づいたら6年ぐらい在籍していた。

——その後、金沢に戻って事務所を開かれるわけですね。

山本●大学、大学院と、6年間金沢にいたわけですが、最初に金沢に来たときからずっといいまちだなと思っていました。新興住宅街で育った僕にとって、いろんな時代の建築も土木も残っているまちなみが楽しかった。そんな記憶がずっとあった。東京にいたときは浅草に住んでいたんですけど、2012年に「東京スカイツリー」ができて、浅草とか押上がその時期ごろっと変わったじゃないですか。都市が変わっていくのを見ているのが楽しくて、2015年に金沢まで新幹線が延びることになって、自分の好きなまちがどう変わっていくのかを体験したいなと思った。それで金沢を選んだんです。

——東京に根っ子を持たない人はどこに行くかを選べるわけですね。金沢以外の選択肢は?

山本●そのときはスイスに行くという話と、東京に居続けるという選択肢があった。そして、たまたま子どもが生まれるということと、奥さんの実家が富山だったことがあった。それでいろいろ考えて、金沢に行った方がいいのではと奥さんを説得したのですが、せっかく東京に来たのに北陸に戻るのは嫌だと言うんです。それをなんとか説得して金沢に来たのです。

　働いているときも軽井沢とか海外の物件をやっていて、自分のいる場所自体はどこにあってもいいなという気分があったので、5年なり10年なり生活する場所はどこを選んでもいいなと思っていた。

——東京と金沢では生活費も違いますよね。

山本●まったく違いますね。三分の一ぐらいの家賃になるんで、それだけでもずいぶん違う。そのお金で旅行に行く方が日常生活としては豊かだなと思う。金沢に行くことに決めたのは、都市の変化を見たいという想いだったが、より豊かな生活ができるのでは、ということも大きかった。

——金沢に行って喰っていけるかなという不安はなかった?

山本●そうですね。貧乏耐性があるので(笑)。とりあえず仕事がなくても、建築のことを考える時間がとれればいいかなと思っていた。

——建築を考える上で何かテーマがあったのですか?

山本●テーマというものは特になくて、最初に考える時間をちゃんととらないと、今後自分自身のテーマといえるものも見出しにくいなと思った。

「民景」に注がれた視線

山本●2015年に金沢に来てから、これはまったく趣味でやっているものですが、金沢の住民がつくった風景というものをもじって、民の景色で、「民景」と名付けた手づくりの小冊子です。たとえば「門柱」という第一号の本では、金沢の路上で見つけた門柱だけを特集して、1頁にひとつの門柱の写真を載せ、なんでこの門柱ができたのかとか、どう維持されてきたのかを住民にインタビューして書いています。1冊に15の「民景」を掲載していて、続巻は「バーティカル屋根」、「私有橋」、「たぬき」、「バルコニー」と、どれもまちで見つけた住民がつくった風景から選んだものです。

——これをひとりでつくっているのですか?

山本●いや、6、7人ぐらいでやっています。

——どういうグループなんですか?

山本●まるでバラバラですね。建築関係だけではなくて、不動産屋さんとか、市役所に勤めている人、飲食店をやっている人と多彩です。最初は建築寄りの人たちが多かったんですが、だんだんこの本を見て一緒にやりたいという人が増えていった。

——山本さんにとって自分自身の建築をつくっていくときの手掛かりにつながるものということなのでしょうか?

山本●これをやっていることが設計に生きるとはまったく思っていません。どっちかというと金

製本まで手づくりの『金沢民景』。
石川県金沢市の住民がつくり出した風景を収集した小冊子。1冊16ページのA6サイズの小冊子で、各号にひとつの民景を紹介している。現在17号まで制作。(山本)

山本周の作品：

荏田南交差点の改修（2019年、神奈川）
　交差点に面して建つ倉庫の改修。主に新建材の外装材を扱う施主の商品と施工技術を応用しながら多目的ホールをつくった。工事は2期に分け現在は社内で運用している。2期工事では交差点に面した隅切り部分の外壁を開口し、地域に開放する予定である。（山本）
共同設計：小林栄範

問屋町の大掃除（2020年、石川）
　問屋団地の一角にあるオルタナティブスペースの改修。使われていない物や空間を整理しながら、既存建物の屋根や外壁、床材を部分的に撤去して半屋外の空間をつくった。（山本）
共同設計：小林栄範

柏尾台の住宅（2021年、兵庫）
　80年代に宅地開発された住宅街に計画中の住宅。（山本）
共同設計：小林栄範

沢に来た理由の方に近い。変化していくまちを記録し続けたいという感覚でやっているんです。ただ、やっていてわかってきたのは、建築の歴史としては決して語られないものではあるが、魅力的な「民景」が金沢にはやたらたくさんあるということ。歴史の中ではノイズとして振り払われてしまうようなグラデーションのグレーの部分だけれども、そういったものを建築と同じように語る方法はないのかなと思っている。

——まちや建築に対する新たな視座を設定しようという提案でもありますね。

地域というお弁当箱

山本● 今回の本のシリーズタイトルとして「地域の建築家と建築」とありますが、その「地域」という言葉もそうなんですけれど、地域性というときには、「われわれの地域は他にはないこういうものを持っている」というような差別化が意識されていると思う。現在から過去を振り返ってシンボリックなものだけピックアップして、それを地域というお弁当箱に詰め込んでみせるようなところがある。そうすると、ピックアップしたものが、もし差別化できるような味がしなかったら、それは捨て去ってしまうわけで、そんな「地域」の捉え方に僕は違和感を覚えます。商品化された伝統とも言えるかも知れません。

——この企画の狙いは、今まさにうかがっているように、その地の建築家が何を考え、地域に対してどのような思いを持ち、どのような活動をしているかを収録するところにあります。建築家の思考や活動は地域というパッケージに納まるものではないでしょう。

　水野一郎さんは、設立した事務所の「金沢計画研究所」という名前に、金沢を計画するという意味を込めたと話されています。都市や社会に対して建築家が成し得ることとは何でしょうか。

山本● 僕は建築で社会を変えられるとは思っていません。建築は社会とともに変わっていくものなので、それを建築家が変えるというのは無理があるなと思っている。ただ、建築でありえたかもしれない別の未来像を描くことはできるんじゃないかと思う。

風土化とリノベーション

——今、手がけられている仕事について教えてください。

山本● 今は金沢で町家の改修をやっています。それと群馬や兵庫で、住宅や集合住宅を設計中です。

——町家はいつごろのものですか？

山本● 建築基準法ができる直前の昭和24（1949）年のぎりぎりの金澤町家で、それを住宅兼美容室兼ゲストハウスにするというプログラムです。はたしてリノベーションでできることがあるのだろうかと思っていたのですが、こちらに来ていろいろな事例を見たり、島村昇さんが書かれた『金沢の町家』（SD選書、鹿島出版会、1983年）を読んで、リノベーションに取り組んでみたいと思ったのです。

　島村さんの本には金沢の町家が400年の間に淡々と変化していく過程が書かれていて、それを島村さんは「町家が風土化していく過程」と述べている。そういう捉え方で見ていくと、金澤町家を昭和25（1950）年以前に限定する必要はないし、その後の変化も風土化の過程と思える。金澤町家には継続されてきた形式としての強さがある。そしてその先の過程として、町家をリノベーションすることは意味があるし、建築として考えていけると思ったのです。

　建物には改修されてきた痕跡が残っていますから、それをどこまで戻すのか、戻した上でどう現代の条件に合わせていくのかを考えています。それを場当たり的にやるのではなくて、次につながる更新の方法を考えていきたいと、いろいろと試行しています。

撮影：建築メディア研究所

やまだのりこ
あとりいえ。
1975年 石川県加賀市大聖寺生まれ／1998年 金沢
工業大学工学部建築学科卒業／1998 – 2010年
MAC建築研究所（金沢市内）／2008年− 金沢工業
大学非常勤講師／2009年− おくりいえプロジェクト
／2010年− あとりいえ。設立／2011年− 金沢美術
工芸大学非常勤講師
受賞：2020年 石川デザイン賞受賞

やまだのりこ

——やまださんは、1975（昭和50）年、大聖寺のお生まれですね。

やまだ● 大聖寺は城下町で、私が生まれ育ったのは大正時代の町家でした。金沢工業大学に入学するまでその町家で育ったので、町家でどう住まうかはもちろん、寒かったり、暗かったり、プライバシーがなかったりと、町家の嫌なところまでよく知っていて、当時は町家の暮らしが好きじゃなかった。実家は古美術商で、仕入れたものなのか建築の雑誌が茶の間にあって、そこに載っていたモダンな住宅に憧れたのが建築に興味を持ったきっかけでした。

——そのころは金沢にもよく行かれたんですか？

やまだ● 大聖寺は福井に近くて、金沢よりも福井に遊びに行くことが多かったし、関西方面に行くこともあった。だから大学は関西も受験したんですが、受かったのがここ（金沢工業大学）でした。

——身体に染みついた町家と、大学で学ぶような建築は結びつかなかったのでは？

やまだ● そうですね。町家というものをはじめて認識したのは大学の授業でした。たしか増田（達男）先生の授業だったと思いますが、私の家とまったく同じ間取りが出てきて、「あっ、私の家だ」と驚いたのを覚えています。授業のおかげで町家の価値を再発見したんです。

——いまでこそ金澤町家として一般にも価値が認識されていますが、たぶん戦後からある時期までは、伝統的な家屋で暮らす多くの人が負い目を感じていたのではないでしょうか。それは伝統と近代とか、あるいは東京（中央）に対する地方のメンタリティとも重なっていたのかも知れない。

やまだ● 伝統的なものの価値の再発見は、金沢は早いですよね。

——1968（昭和43）年に金沢市は全国に先駆けて伝統環境保存条例（伝環条例）を出しています（⇒ **p.184**）。

やまだ● でも、住んでいる人にとっては、「壁に新しいクロスを貼ったらきれいになりました」という感覚がずっとあった。ずっと住んでる人は価値に気がつかない。

——タクシーの運転手が教えてくれたんですが、最近は金沢の地価が値上がりしていて、それも古い家が建ってる方がいい値がつくというのです。「金澤町家」はいつからこのまちのテーマになったんでしょう。

小津● 景観問題が話題になったのは、1972（昭和47）年に兼六園下に緑の外壁のホテルができたときでしょう。僕の記憶ではその後塗り替えられたのか紫色だったはず。すぐ近くに住んでいたので、すごく記憶に残っている。

蜂谷●「旅館さいとう」の色彩問題ですね。市民から、いかがなものかと声が上がり、マスコミで大きく取り上げられた。その後、金沢の経済団体によって創設された「金沢都市美文化賞」（1978/昭和53年）のきっかけとなった。（⇒ **p.192**）

小津● 景観関連の条例によって、すぐに町家の価値が見出されたわけではない。景観問題をきっかけに古いものを見直すようになって、町家もいいよねとなっていった。旧字体の「金澤町家」が注目されるようになったのはここ十数年のことでしょう。

蜂谷● 金沢には古いいい町家が数多く残っていると外から注目されたことからではないか。内発的に金澤町家がすごいと言い出したわけではないと思います。伝環条例の制定を助言したのも、金沢出身の建築家、谷口吉郎さんでした。

——金澤町家をリサーチした金澤町家研究会が設立されたのは2005（平成17）年（NPO法人としての設立は2008/平成20年）。当時は京都の町家保存活動が先行してありました。

■ 「おくりいえ」のはじまり

——授業で町家を知って、在学中から興味を持ったということですか？

やまだ● 在学中は新築全盛で、改修（リノベーションという言葉も一般的ではなかった）は時代のテーマにならなかった。私自身、改修に興味がないわけではなかったけれど、町家で暮らした記憶とともに頭の片隅にあっただけで、興味は現代建築でした。『新建築』に掲載された作品を手当たり次第、全国に見に行ったりしていた。町家に辿り着くのは十数年かかった。

——学部卒業後、金沢市内のMAC建築研究所に十数年勤務されていますが、どんなものを担当されたんですか。

やまだ● 中規模の事務所だったからこそ、住宅から公共建築まで担当させていただけたのは大

撮影：やまだのりこ

1回目のおくりいえ。
「送る」ことからはじまった、1回目のおくりいえ。
今では、ほとんどが「贈る」となっている。

髙木屋金物店（2013年–、金沢市大樋町）
　金澤町家。嘉永元年創業、現在5代目のご夫妻が営む。始まりは2階3部屋の改装から。奥様が着物とお茶の先生で、お茶会や金物店と関連したイベントを定期的に開催していく中でファン層を増やし、数年後、1階の金物店を改修。イベントや、家具などのレイアウト、そして品揃えに関してまで、今も継続して、関わらせてもらっている。第41回金沢都市美文化賞受賞。（やまだ）

夜の図書館もーり（2019年–、金沢市材木町）
　あとりいえ。の2軒隣で町家改修させてもらった「夜の図書館べーる」の2号店。地域の空き家を仲間数名で賃貸し始めたところから話は始まる。その1室をDIYし、ワークショップを重ねていく中で本棚が完成。本も0冊からのスタートで、仲間内や地域の方々が持ち寄ってくれてオープン！ 名前の通り夜のみ、ゆるやかに開館する。3号店の話もあり、地域の私設図書館はコツコツと成長を続けている。（やまだ）

Kenroku 旅音（2020年、金沢市東兼六町）
　兼六園まで徒歩5分。永らく使われていなかった金澤町家をお宿として改修。金沢らしい「朱壁」が残る。2階寝室は、もうひとつの金沢らしい色「群青」とし、襖には「雪吊り」、「尾山神社」がモチーフの、金沢らしい文様「金沢からかみ」を使用。家具や掛軸、器等は、この家で長く眠っていたモノたちでしつらえた。泊まられる方が、THE金沢！ を感じてもらえるように、地域に溶け込んでいくように。（やまだ）

きかった。

――この本では、MAC建築研究所の「かほく市立大海保育園」（かほく市、2006年）を掲載していますが（⇨ *p.131*）、これはやまださんのご担当ですか？

やまだ●はい、私が担当しました。

――やまださんには、コラムで「おくりいえ｜金沢発、家をおくるプロジェクト」（⇨ *p.79*）を書いていただいていますが、この「おくりいえ」に至るまでの話を聞かせてください。

やまだ●事務所に勤めて約10年経ち、新築だけではなくて町家のリノベーションの仕事が出てきて、町家についての資料を調べているころ、市内に6,000軒ほど残っている町家が、毎年270軒取り壊されていることを知ったのです（現在は約100軒）。

そんなとき、建築家の先輩の家のお隣の町家が数日後に取り壊されると聞いて、これは何かしなければと思った。そこで、取り壊しを家の死と捉え、人が亡くなったとき、きれいに死化粧して静かに送るように、取り壊されることが決まった家を、その時はJIAの十人未満のメンバーがボランティアで掃除をして毛糸を張り巡らせ、きれいに彩って看取ったというのが始まりです。それ以来、50軒以上、「おくりいえ」をやってきました。

――その時に、要らないものを参加した人に持っていってもらうということでしたね。

やまだ●そうです。5回目までは壊される町家だったので、さよならの「送る」でしたが、その後は、その町屋に住みたいという人が多くなって、次の住まい手に「贈る」になりました。その時に問題なのは中にものがたくさん置かれていると次の方が使えません。捨てるものは捨てるのですが、まだ使えるものを、掃除をしていただく代わりに欲しいものを持って帰ってもらえば、壊されたり捨てられてしまうものが次につながることになります。

小津●おくりいえの時に古道具屋さんが来たりはしないのですか？

やまだ●古道具屋さんはお断りしています。ただ、厳しくチェックしているわけではありません。

小津●金沢R不動産でもやったことがあるのですが、ずいぶん早く人が来るなと思ったらみんな業者で、根こそぎいいものを持っていった。

――金沢以外でも「おくりいえ」をやられているのですか。

やまだ●その後、全国から話をいただいて、宮崎や秋田でもやりました。そうすると、金澤町家とは違う町家のつくりや暮らし方を見ることができ、地元の人と交流できたことが楽しかった。

■ 建築町会長

――やまださんの事務所「あとりいえ。」でのメインの仕事はどのようなものですか？

やまだ●やはり町家の改修が多いですね。ただ、今は、町家ではない中古住宅の改修も増えています。何の変哲もない普通の住宅をうまく活用できるように変えていければ、生き生きとまちに溶け込んでいくことができます。町家改修ですと、やることやれることがある程度決まっていて、出来上がりのイメージが型にはまっていることがあるが、中古住宅は無限の可能性があります。数をたくさんやれば、たとえば毎年10軒やれば10年で100軒と、決して多くはありませんが、町全体を少し動かせる力になってくると思う。事務所を始めて10年経って、いろんなネットワークもできてきて、それをどんどん動かせているのが楽しいですね。

――ひとつの住宅のリノベーションも都市の景観を意識されているんですね。

やまだ●そこまではまだ行けないんですが、たとえばひと部屋だけの改装でもDIYも含めて協力してやります。何年かして力を蓄えた方から、外も改装したいという話が出てきて、依頼者とともに景観につながることを考えるのです。そうすると、まちは少しずつ豊かになっていく。

――景観への配慮として歴史的なモチーフが出てくるのでしょうか？

やまだ●町家の場合は復元的につくることがありますが、普通の住宅に町家のモチーフを意図的に加えるということはありません。まちとの関係の取り方には町家から学ぶものがあります。

竹内●やまださんの事務所は浅野川の近くの材木町の町家ですが、わりと近隣の仕事が多いですよね。

やまだ●そうなんです。事務所の近くでも、5、6軒、チョコチョコとやっています。ひとつでき

ると見に来る人がいて、つながりができる。空き家が出ると私はすぐわかるので、不動産屋でもないのにすぐ手を挙げて使い手を探したりする。

竹内●建築町会長みたいですね。

──用途は住宅なんですか?

やまだ●専用住宅は少なくて、住宅＋小規模な店舗で、小さなカフェとかギャラリー、私設図書館、レンタルスペースもあります。少しだけまちにひらいたかたちにできるのです。

竹内●やまださんの言う「まち」とは、都市全体ではなくて材木町のような小さい範囲ですよね。

やまだ●そうです。1カ所どこかでやると、その周辺につながっていくので、それが私のまちですね。でも、時間をかけてやれば、やがて全域に広がっていくと思っています。

中永勇司

──中永さんは金沢市生まれで、横浜国立大学、同大学院と進まれ、遠藤政樹さんの事務所、EDH遠藤設計室を経て、2004年に東京で事務所を設立されています。

中永●生まれは金沢なんですが、父が公務員で石川県を中心に転々として、小学校だけで4つも行きました。両親はともに能登の出身。僕が小学校5年生の時に金沢に家を買って、それからは高校まで金沢です。家は、金沢の海側の端っこの粟崎というまちにあって、中学まではずっと海側で過ごしていたので、僕の中の金沢のイメージは海につながっている。高校は山側の端っこにある金沢大学附属高校で、金沢の端から端へと通学していました。

──建築を選ばれたのは?

中永●高校が進学校で、医者とか弁護士を目指す人が多かった。僕は親が公務員なので、その反動もあってか、堅い仕事に就きたくないという想いがあった。絵も好きだったが芸大を目指すほどではなかった。そんな日々の中、山側から海側へと帰宅する途中、まちなかの香林坊でバスを乗り換えるのですが、粟崎まで行くバスは1時間に1本しかない。そこで参考書を見に本屋によく寄っていた。そのときたまたまアントニオ・ガウディの本を見た。そうだ、建築だ、と思った。高2の終わりか高3になったころです。

──大学は横浜国立大学に進まれます。

中永●まずは東京に行きたかったが、浪人はできないと思っていたので、偏差値で安全圏だった横国大をどんな先生がいるかも知らずに受けた。入ったら北山恒さん(1950 –)がいらして、坂茂さん(1957 –)や西沢立衛さん(1966 –)が非常勤で設計課題を見てくれるという恵まれた環境だった。そのころの横国は、ゼネコンや組織設計に行くやつはダメだ、みたいは風潮が強かったと思います。

　当時は、遠藤政樹さん(1963 –)や、手塚貴晴さん(1964 –)、塚本由晴さん(1965 –)といった世代が活躍を始めたころで、ちょうど北山さんが審査員を務めた年に吉岡賞を受賞された遠藤さんのところに行くことにした。

──遠藤政樹さんの事務所では?

中永●当時、遠藤さんのところのスタッフは、今は構造をメインに活躍している名和研二さん(1970 –)と僕しかいなかった。仕事はそれほど多くはなかったが、それで逆に建築にどっぷり浸かることができたと思う。ただ大きな建築を経験できなかったので、その点は独立してから苦労したところでした。「ナチュラル・スラット」(武蔵野市、2002年)、「ナチュラル・シーム」(市川市、2004年)を担当し、「ナチュラル・エリップス」(東京都渋谷区、2002年)も、基本設計の初期に関わらせてもらった。

　遠藤さんの事務所には4年少しいて、29歳の時に一級建築士に受かった。担当作品も手が離れ、そして30までに独立しなければと思っていたので、事務所を辞めることにしました。

撮影：建築メディア研究所

中永 勇司 (なかえ・ゆうじ)
株式会社ナカエ・アーキテクツ代表取締役、京都芸術大学非常勤講師
1975年 石川県金沢市生まれ／1998年 横浜国立大学工学部建設学科建築学コース卒業／2000年 同大学大学院修士課程修了／2000 – 04年 EDH遠藤設計室／2004年 ナカエ・アーキテクツ設立／2012年– 京都芸術大学非常勤講師／2018 – 20年 金沢大学非常勤講師
受賞：2008年 グッドデザイン賞、AR Awards highly-commended／2009年 東京建築賞最優秀賞／2014年 ソウル市建築賞優秀賞／2016年 キッズデザイン賞、こまつまちなみ景観賞／2017年 いしかわインテリアデザイン賞、石川建築士事務所協会会長賞、石川建築賞、ヨイナルフェリーターミナル国際コンペティション 2等、グッドデザイン賞／2018年 いしかわ景観賞／2020年 金沢都市美文化賞

中永勇司の作品：

facing true south (2011年、金沢市)
　金沢で初めての作品。快適な室内環境を実現する最適なカタチを探求することを主題とした木造住宅。金沢の冬は薄暗い日々が続くが、大きな開口によって明るく暖かい室内環境を実現し、一方で夏の冷房負荷の低減を図ることを目指した。シミュレーションによってスタディを重ね、夏には一切の直射日光を遮蔽し、冬には逆に最大限取り込むことのできる、真南向きのハイサイドライトを持った大きな片流れ屋根のある住宅となった。(中永)

コッコレかないわ (2017年、金沢市)
　金沢の港町にオープンした「まちの複合施設」。小さな丘を囲むように3つの箱が建ち並び、丘の中はドーム状の空間となって、それぞれの箱と内部でつながり、飲食店・物販店・オフィスとして利用される。丘の上にはテラスも併設された公園のような空間が広がり、大きな空の下、近くの金石港や遠くの白山を眺め渡すことができる。さまざまなアクティビティが同時に発生する場をつくることで、多様な人びとに親しまれる施設を目指した。(中永)

群青の月 (2019年、金沢市)
　金沢の中心繁華街から徒歩圏に建つ小規模宿泊施設。敷地は間口が4〜6.5m、奥行きが40mのうなぎの寝床で、途中「へ」の字に折れて間口が狭くなるという難条件であった。敷地形状に合わせ棟をふたつにわけ、手前に各階1室、奥にメゾネットタイプ1室の全3室とした。
　奥へと続く1.5mの敷地内通路には垂木あらわしの軒を張り出し、道路に面する開口部の目隠しとして設けた木格子とも相まって、新築ながら旅館風情のある建物となった。(中永)

―――独立後はどのような仕事をされていたのですか？

中永●辞めた後は何も考えていなくて、そのまま東京に住んでいました。仕事をくれそうな親戚や知り合いがいるわけでもなく、貯金もなかった。個人事業主としてナカエ・アーキテクツはすぐつくったが、1〜2年は、ゼネコンとかで食いつないでいた。

　その後、先輩だった名和さんから、ある建築家が手伝ってくれる人を探しているという話をもらった。それはディベロッパーの仕事で、その後ディベロッパーに気に入ってもらい、単独で仕事を依頼されるようになった。それが独立して3年目ぐらいのことです。

　その後もディベロッパーの仕事が中心だったので、マンションや、分譲の別荘の仕事が多かった。しかし、リーマンショック(2008年)で仕事が激減したのと、ディベロッパー物件はユーザーの顔が見えないこともあって(見えないからこそ思い切ったデザインができるということもあるが)、2010年から、金沢でも仕事ができないかと思い、金沢事務所を設立して、知り合いの伝手を辿るなどして金沢で活動を始めたのです。

ふたつの拠点を持つことこと

―――金沢事務所を設立した後もメインの拠点は東京なのですね。

中永●当初はまだ新幹線が開通する5年前で、片道4時間くらいかかりましたが、月に1、2回往復していました。その後、金沢でも継続的に仕事ができるようになり、スタッフを東京と金沢の両方に置いた時期もありました。しかしコントロールが難しいのと経費がかかるので、現在はスタッフは東京に集中して、金沢は通いで対応しています。自宅は東京で、金沢では実家に泊まっています。

竹内●東京が本宅で、金沢は別宅と。

中永●でも仕事の割合としては半々ぐらいですね。金沢だと金沢の仕事が多いのですが、東京を窓口にすると、海外を含めてどこにでも対応できるというのが東京のよさだと思います。ですから、軸足は東京に置いているのですが、一方で、建築のローカリティにもしっかり向き合って、つながっていきたいと思って金沢に通っているのです。中途半端だと入っていくことができません。

―――ローカリティにどう切り込んでいこうとされているのでしょう。

中永●建築の表現というところではまだわかっていないのですが、僕は金沢では町家のリノベーションをやったことがなく、新築ばかりです。東京での、それもディベロッパーの仕事では、まず収支が合うかという話になり、住宅でも予算を守ることが最優先になる。それがこっち(金沢)だと、収支がと言い出す人はあまりいなくて、それはお金があるということとも違って、経済性だけで決めようとは思っていないところがある。

竹内●僕が聞いたのは、金沢の人たちは日常を豊かに暮らすことに長けているから、住宅にはちゃんとお金をかけるんだ、と。

小津●後はやっぱり土地代だと思う。東京だと上物に対して土地が高すぎるが、金沢では土地代が上物を上回ることはない。

中永●東京と金沢の比較は難しいが、やり甲斐というところではこっち(金沢)ですね。

　ただ、たとえば超高層を僕はやってみたい。でも、金沢にいたらそんな仕事は来ないでしょう。東京では、仕事の実績を上げていけば、いつかできるかも知れないと思う。

　海外では、韓国とベトナムでプロジェクトがあります。「NEアパートメント」という東京の集合住宅で英国の雑誌の賞をもらったためか、海外の雑誌に多く掲載されて、それが仕事につながっていることもあります。現在は言うまでもなく紙メディアよりWebメディアの影響力が大きくなりました。ですから、もしかしたら金沢にいても海外で超高層ができるかも知れませんね。

―――日本というローカルにつながるのが東京で、金沢が世界につながっているという状況になると面白いでしょうね。可能性はあると思います。

撮影：建築メディア研究所

小津 誠一（こづ・せいいち）
有限会社 E.N.N. 代表、株式会社嗜季代表
1966年 金沢市生まれ／1989年 東京へ移住／
1990年 武蔵野美術大学造形学部建築学科卒業／
1991 – 94年 アライアーキテクツ／1995年 京都へ
移住、京都精華大学 非常勤講師（– 2001年）／
1998年 studio KOZ.設立（2005年 E.N.N.に統合）／
2002年 東京へ移住／2003年 有限会社 E.N.N.設立
／2004年 東京、金沢に二重拠点活動開始、飲食
店開業／2006年 金沢 R 不動産開業／2010年 株式
会社嗜季設立（飲食店経営）／2012年 金沢へ移住
／2013 – 19年 金沢大学非常勤講師／2015年 – 金
沢工業大学非常勤講師
著書：『全国の R 不動産』（共著、学芸出版社）、『3.11
以降の建築』（共著、学芸出版社）、『金沢らしさと
は何か』（共著、北國新聞社）ほか

小津誠一────────────────────

──小津さんは、1966年、金沢生まれで、東京の武蔵野美術大学に進み、その後、建築家の枠を越えた活動をされています。まずは、金沢の話を聞かせてください。

小津●父も金沢ですが母は東京出身でした。高校を卒業するまでの18年間、両親は僕を連れて10回ぐらい金沢市内で引っ越しを繰り返すんです。子どものころは次はどんな家に住むんだろうと楽しみにしていて、このことは僕の考え方に少なからず影響していると思う。

──町家に暮らしたことも?

小津●町家はほとんどないですね。中心市街地では先ほど話があった材木町にいたこともありますが、浅野川の北側の森の里、郊外の金沢工大の近くとか、田んぼの中とか、転々としたのです。小学校は私立のミッションスクールだったので転校しなくて済みました。

──建築家を目指したきっかけは?

小津●たぶん中学生くらいから思っていたと思う。中学時代は映画が好きで、「タワーリング・インフェルノ」（1975年のアメリカ映画）が記憶に残っている。ポール・ニューマン演じる超高層ビルの設計者と、スティーブ・マックイーン演じる消防士の物語。巨大な建物のすべてを設計者が把握していることがすごいなと思った。そんな記憶が残っていますが、中学生のころは建築家という言葉を知らなかった。

高校は進学校でしたが、当時『びっくりハウス』（1974 - 85年、パルコ出版）とか、『宝島』（1973 - 2015年、晶文社ほか）といったサブカルチャー雑誌に熱中していたし、母の影響もあり、田舎から脱出したい、と、東京志向でした。当時、雑誌などでカタカナ職業というブームがあり、デザイナーという言葉もそこで知った。決定的だったのは、たぶん『BRUTUS』で磯崎新さん（1931 –）の話を読んだこと。高校3年になって、美術系大学に建築があることを知って、これだと思ったのです。

絵を描くのは好きだったが、現役で突然受験のための絵を描き始めても通るはずもなく、1年浪人。目標のひとつであった金沢脱出を果たしました。しかも選んだまちがサブカルの高円寺。浪人時代はひたすらデッサンを描いて、一浪で武蔵美に入学しました。

──学生時代に印象に残った建築では?

小津●武蔵美に入ると、1年生のころは芸大を目指していた多浪生が強烈な存在感を放つわけです。『新建築』を読まなきゃダメだとか、「ギャラリー間」に連れて行ってやろう、とかね。そのころ話題になったのは、先ほども出てきましたけれども、ガウディだった。僕は、武蔵美のキャンパス（設計：芦原義信、1964年–）が、空間として面白いと感じてました。

当時、世はバブルで、建築と消費が一体化していくような時代の中で、やがて、空間プロデュースに興味を持つようになり、大学を卒業するころ、シー・ユー・チェン（1947 –）の事務所（CIA Inc.）に出入りしたりもしていました。他にも広告代理店でバイトしたりと、設計とは少し違う世界に興味は向かっていましたが、海外留学を目指したいと考えていました。

■ バブルがはじけて

小津●バブルの時期なのでいくらでもバイトも仕事もあって、職を決めずに大学を卒業。1年間ぐらい、広告代理店の契約社員をやりながら、英語を勉強したり、アトリエ系の事務所に手伝いに行ったりしていました。

僕はモーフォシス（トム・メイン（1944 –）の率いるアメリカ西海岸の事務所）の建築が好きで、モーフォシスが日本にプロジェクトがあるというので、そこに関わることで、南カリフォルニア建築大学（SCI-Arc）に行こうと考え、SCI-Arc を卒業し、モーフォシスに参加していた新井清一さん（1950 –）を訪ねました。新井さんが、日本のプロジェクトをやるために戻ってきたことを知り、昼は代理店で働き、夜は新井さんのもとで、千葉のゴルフ場の図面を手伝っていました。

基本設計が終わった段階で新井さんが独立し、アライアーキテクツを設立したので、そこに参加しました。新井さんのところに行ったのは、しっかりと建築に取り組みたいということもあっ

小津成一の作品：

安藤芳園堂ビルヂング（2018年、金沢市野町）
　敷地は、市内随一の繁華街に近い野町広小路交差点の角地。幹線道路の拡張にともない、オフィス用途中心の7階建ビルを3階建テナントビルとして新築。プロジェクトマネジメントの立場で、基本設計、ファサードデザインなどを担当し、建築後は不動産仲介チームがテナントリーシングなどを担当した。容積に十分な余裕を持たせ、交差点に対して開かれた格子状のファサードに包まれた立体的コモンスペースを設けている。（小津）

八百萬本舗（2015年、金沢市尾張町）
　明治期と推定される大型商家の金澤町家の相続相談を受け、複数の小規模店舗が集合する複合商業施設としてリノベーション。本計画では、事業企画の事業化、リノベーション設計、テナントリーシング、施設の運営までを一括して担当。金澤町家の空間構成や、歴史的遺構を活かしつつ、構造補強を兼ねた新規壁面、新設の鉄骨造螺旋階段のレイアウトにより商業施設としての回遊性をつくり出している。（小津）

大屋根の家（2012年、金沢市本多町）
市内中心部の閑静な住宅街に建つ木造2階建て住宅。さまざまな時代の住宅が建ち並ぶ住宅地のなか、前面道路を挟んで公営の中層集合住宅と併設駐車場が対峙する敷地である。この集合住宅や駐車場からの視線からプライバシーを穏やかに確保し、建物ボリュームを抑えるために、大きな一枚屋根と外壁の延長としての塀で構成された住宅である。（小津）

た。代理店の仕事で建築現場などで、君は何者？と言われたのがショックだったからです。

　しかしバブルがはじけて、ふたつあったモーフォシスの日本での大きなプロジェクトは止まってしまい、最初の1年ほどは広告代理店と掛け持ちでやっていたので、広告代理店から事務所に空間系の仕事の依頼をもらってきたりしていたが、それもなくなった。

　それからは、コンペだけで食いつなぐ時期が続きました。しかし、コンペに入選はするが1等にはなれない。当時は、次こそはと建築造形をつくり続けるしかありませんでした。あのころのコンペは入選でも賞金が出たので、それで食いつないでいました。ファイナルに残った新潟市民芸術文化会館のコンペでは相当な賞金が出ました。その後仕事は、熊本アートポリスの「杖立橋」（1996年）などもありましたが、僕は辞めることになりました。27歳の時でした。

■ 東京・金沢二重拠点活動

──その後、小津さんは京都に移住されます。

小津●新井さんが京都精華大学で教えることになったのですが、新井さんは東京から通いで行くためサポートを頼まれたのです。そこで事務所は辞めたが非常勤講師として精華大学に新井さんの代わりに常勤することになった。京都にいるとき、ギャラリー間でニール・ディナーリの展覧会をプロデュースしていた知り合いから、実施経験のないニールの日本でのプロジェクトを手伝ってくれという話があった。そこで、名前が出たときに事務所名があった方がいいと思い、個人事業主として事務所を設立した。京都では、カフェとか飲み屋のインテリアの仕事しかなかったが、卒業生が働きたいと押しかけてくる。そんなわけで独立1年目からスタッフがいた。大学に7年もいるとテーマを持って研究したいと思うようになりましたが、教員の空きがない。そこで、東京に戻ることにした。それが2002年。

　京都時代の終盤から、東京でソニー本社ビル計画のプロジェクトチームに参加していた。当時のソニーの出井（伸之）会長の下、若手中心のプロジェクトとして本社ビルを建てるために、ワークスタイル研究を数年かけて取り組むチームでした。その後、チームは解散し本社は新築されましたが、そのプロジェクトで出会ったのが、馬場正尊さん（1968-）だった。

──東京と金沢の二重拠点活動とは？

小津●東京に戻り、建築の設計をやるだけではなくて、自ら建築の仕事をつくるような方法を模索したいと考えていました。そんなとき、金沢に「金沢21世紀美術館」ができることになって、それに絡んだプロジェクトが金沢にあり、めぐりめぐって自分が金沢で飲食店を立ち上げるということになった。金沢で設計活動が成立するとは思っていなかったので、設計事務所は東京に置いた方がいいと思った。それで、二重拠点になった。2004年には金沢のビルをまるごとリノベして飲食店をプロデュースし、その経営者になった。

──金沢R不動産を立ち上げて、不動産業を始められます。

小津●2003年に馬場さんが、東京R不動産を立ち上げた。僕は金沢で仕事のきっかけをつくるために何ができるかを考えていたときで、学生時代にアパートを探した時以来、不動産屋不信があったことから、R不動産が立ち上がったのは目から鱗だった。そこで、R不動産を地方にも展開すべきではないかと馬場さんに話して、2006年に、地方展開第1号として金沢R不動産を立ち上げた。R不動産的な不動産への視点は、金沢でも活かせるし建築へとつながっていくと考えた。東京の事務所では、店舗や住宅の設計をやっていたので、、金沢と東京の二重拠点活動は続いていました。

■ 金沢再び

──そして、2012年に金沢に移住される。

小津●そのころから東京の同世代の建築家の仕事が地方にシフトしつつあったように思います。彼らの言い分は、設計料は少ないけれど、地方の方がのびのびと設計活動ができると。リーマンショックの後、僕の東京での仕事は、狭小住宅の設計と、デザイナーズと称するマンションのエントランスフロアだけの設計とか、外観の絵だけを描いてくれとかで、経済資本主義の片

棒を担いでいる感があって、あまりにも空しかった。一方、金沢でやった町家のリノベーションの商店などでは、その商店主だけでなく、地域にも受け入れられていたのです。

——今後も、建築家でありつつ、飲食店、不動産業の経営を続けられるのですね。

小津●学生時代に空間プロデュースに興味をもったのも、空間をつくってそこに人を流し込みたかったからでした。自分で事業を始めたのが大きかった。今は、店づくりから、メニューのつくり方、融資の受け方を教えて欲しいという話はけっこうある。それをフルパワーでサポートして、食材の仕入れ先まで教えてあげるので、飲食スタッフからはまた商売敵の手伝いをしていると言われます。

建築家は事業計画にあまり手を出さないが、難しくないので、どんどん事業計画書を書けばいいと思う。HAGISOをやっている宮崎晃吉さん（1982 -）や、武蔵美の後輩のブルースタジオとも、よくそんな話をしています。

宮崎さんは、谷根千（谷中、根津、千駄木）を地域だと思ってる。地域の反対が東京ではなくて、どこでも地域は遍在していて、そのターゲットをどのくらいの幅で見るかということだと思う。今、金沢ではないが福井や富山で、エリアそのものをリノベーションすることに取り組んでいる。できれば、ここでの活動を普遍化して、日本や海外の地方都市の仕事ができればと思っています。

撮影：建築メディア研究所

萩野紀一郎（はぎの・きいちろう）
萩野アトリエ、富山大学芸術文化学部准教授
1964年 東京生まれ／1987年 東京大学工学部建築学科卒業／1989年 東京大学大学院工学系研究科修士課程修了／1989 - 91年 香山アトリエ／環境造形研究所／1991 - 93年 東京大学工学部建築学科助手、東京理科大学非常勤講師／1994年 Master of Architecture, University of Pennsylvania, Graduate School of Fine Arts ／1997年 東京大学にて工学博士取得（建築学）／1995 - 96年 Santos・Levy and Associates ／1997 - 98年 一色建築設計事務所／1998 - 2001年 2級建築士事務所萩野アトリエ設立、南カリフォルニア大学非常勤講師、明治大学工学部建築学科兼任講師、武蔵野美術大学非常勤講師／2001 - 03年 萩野アトリエ、ペンシルベニアへ移転、Nalls Architecture ／2002 - 04年 フィラデルフィア松風荘理事（文化財保存＆修復計画を担当）／2003 - 04年 Lyman Perry Architects ／2004年 萩野アトリエ、能登へ移転／2006年 – 財団法人大谷美術館アドバイザー（重要文化財・銅御殿の保存活用）／2007 - 16年 輪島土蔵文化研究会理事長、2011年から副理事長／2008 - 18年 金沢工業大学非常勤講師／2010年 – まるやま組（里山を学び保存し発信する活動）／2013年 – 金沢美術工芸大学非常勤講師／2016年 – 富山大学芸術文化学部准教授／2016年 ナンシー建築大学非常勤

萩野紀一郎

——萩野さんの経歴欄はとても長いのですが、東大、同大学院と進み、香山アトリエで実務を積まれた後、ペンシルベニア大学に留学。日米で事務所勤務後、事務所を設立し、再び渡米。帰国後、能登に移住されています。まず建築に進まれるまでのことをお聞かせください。

萩野●祖父の代から東京郊外で金属の町工場をやっていて、僕は長男だったのでそれを継ぐつもりでいました。父親が早稲田出身だったので、私も早稲田に行くつもりで機械学科を受けたのですが落ちてしまった。次の年に東大に受かりましたが、機械学科に行くつもりでした。

母親が油絵をやっていたこともあって、絵は好きでしたが、スポーツも好きで、小学校で野球、中学校ではサッカー、高校では山岳部でした。大学に入ってアメフト同好会に入り、大学1、2年のころは一切勉強しないで、アメフトをやり、車の免許を取ったり、合コンもやり、飲んでばかりいました。

——機械から建築に志望を変えたのは？

萩野●大学2年時の私の製図の授業はネジなどで面白くなかったのですが、アメフト部の親友のクラスは建築の先生が教えていて、建築の図面が課題でした。彼は製図が不得手だったので、彼の課題を僕が請け負ったのです。描いてみたら建築の図面は面白くて、そこから建築に興味を持った。小学校の時の親友が東工大の建築に行っていたので、遊びに行って建築の話を聞いたら、建築をやりたくなってしまいました。

父親からは、機械学科を出て、いずれは家業を継ぐようにと言われていたが、そのレールに乗るのも嫌だという反骨もあって、自分の選んだ道に行きたいと父に言いました。かなり口論もしたんですけど、いずれ諦めて戻ってくると思ったのか、なんとか納得してもらいました。

——建築を選んだのはその図面からだったと？

萩野●その時点では、建築のことは製図の図面ぐらいしか知らなくて、建築家も誰ひとり知らなかった。でも、建築学科に入ってみたら面白くて、熱中しました。東大に残っている清家（剛）君とか、芸大に行ったの三井（渉）君とかが同級生ですが、清家君は建築家の西原清之さん（1930 -）の甥っ子で、やたら詳しく、いろいろ教えてくれました。そして、槇（文彦）先生（1928 -）、香山（壽夫）先生（1937 -）に出会った。東大は人数も少なく、先生との距離が近く、非常に恵まれ

講師／2019年 – 職藝学院非常勤講師、日本建築学
会デザイン／ビルド設計教育WG主査
受賞：1987年 東京大学卒業設計辰野金吾賞／
1988年 セントラルガラス国際建築設計競技最優秀
賞／1993年 フルブライト奨学生／1994年 John
Stewardson Memorial Competition, Finalist ／
2008年 熊本アートポリス推進賞／2009年 木の建
築賞／2012年 ティファニー賞／2014年 生物多様
性アクション大賞最優秀賞／2015年 ヴィラ九条山
アーティスト・イン・レジデンス／2019年 北陸建
築文化賞、日本建築学会作品選集
著書：『アメリカ建築案内』（東京大学香山研究室
編、工業調査会、1989年）／『アトリウムの環境設計』
（共著、日本建築学会監修、彰国社、1993年）／『ア
メリカのアトリウム』（共著、丸善、1994年）ほか

萩野紀一郎の作品：

かんにゃまあとりえ（2015 – 16年、石川県能登町柳田）
　山奥にある古民家の築約30年ほどのハナレを、
金沢美術工芸大学出身で教員をやりながら迫力の
ある大きな油絵を描く画家のアトリエ兼住居へリノ
ベーションした。界壁と天井を撤去し、構造補強と
断熱を施し、開口部は大きなペアガラスとし、小
屋組をあらわした大空間とした。5軒しか残ってい
ない限界集落にあり、アトリエだけでなく、集落の
人たちが集まる場となっている。空気が澄む時は、
山林の間から遠く立山連山を望む。（萩野）

八ヶ岳高原 版築のいえ（2009 – 17年、長野県南佐
久郡南牧村）
　標高1600mに建つ別荘。敷地勾配、周囲の山々、
氷点下20℃になる厳しい寒さ、既存樹木など、自
然環境との調和／対峙が意図された。その結果、
シンプルな片流れの細長い主屋が空中に持ち上げ
られ、腕を広げたように配されたエントランスまわ
りの基礎に、力強さと柔らかさを併せもつ版築が
施されている。時間と手間をかけて、地元の自然
素材を用いてじっくりとつくることで、ゆっくりと時
間が流れる空間を目指した。（萩野）

ていたと思います。

アメリカと日本

——大学院を出て、香山先生の事務所、香山アトリエに行かれてからアメリカに留学されます。

萩野●学部のときに香山先生に留学の相談をしたところ、実務を積んだ上で目的をはっきりさせてから行った方がいいと言われた。そこで、大学院で香山研究室に行き、香山アトリエでアルバイトし、香山アトリエに入った。その後、香山先生が東大キャンパスの再開発をやることになったので、建築学科の助手として、キャンパス計画室の立ち上げに参加しました。そのころは27歳で、結婚して子どもが生まれ、留学するならもう今しかチャンスがないだろうと思い、フルブライト奨学金を申し込み、2年目に受かったので、ペンシルベニア大学（ペン大）に行くことになりました。

　家族でアメリカに住んで感じたのは、建築だけでなく、生活の面白さです。地域のコミュニティも強く、子どもを通じた知り合いも多くできて、刺激が多かった。ペン大はルイス・カーン以前からのボザールの影響があって、石にアルファベットの字を彫る授業とか、水彩画のレンダリングの授業が脈々と続いているんですね。英語は苦手でも、図面でみんなをうならせることで少しはコミュニケーションをとることができた。生活は楽しくて、アメリカにそのまま永住することも考えました。しかしフルブライト奨学金だと必ず日本に帰らなければならないというルールがあって、強制送還のように帰国したんです。

　留学するときに香山先生から学位論文を書くように言われていたので、アメリカの大学キャンパスをテーマとして、夏休みに家族で、モーテルだと高いのでキャンプ場に寝泊まりしながら、40～50の大学キャンパスを見て回り、帰国前に論文もまとめました。

——日本に帰ってからは？

萩野●日本に帰ってきて、香山先生から香山アトリエに戻らないかとお誘いいただいたが、僕は住宅的な小さなスケールのものをやりたいと思い、納賀雄嗣さん（1940 – ）のところで1年お世話になりました。その後、住宅の設計の仕事をいただいたので、1998年に自分で事務所を始めました。それから東京で数軒、住宅ばかりですが、設計する機会がありました。

　日本に帰ってきたときは逆カルチャーショックで1年ぐらい苦しみました。しかし、だんだん慣れてきたら、日本のよさに改めて気がつきました。大工さんや左官屋さんの技術の素晴らしさにも気がつき、同時にいかに自分が日本のことを知らなかったかを恥ずかしく思った。

　また私の妻は、フィラデルフィアにの紙漉き場でアメリカ人から紙漉きを習いました。日本に戻ってきて、改めて日本で紙漉きを学びたいと思い、知人から教えてもらったのが、今われわれが住んでいる輪島市三井町にある遠見さんの紙漉き場でした。夏の間そこに行ったらどうかと勧められ、僕も日本の田舎に関心があったから、夏休みに家族で行くことになりました。それが、2000年の夏、五井設計事務所出身で輪島在住の建築家、高木信治さんにもたいへんお世話になり、紙漉き場の近くの空き家を借りたんです。地域の方々にも、とてもよくしていただいた。子どもが幼稚園と小学2年生のころでした。結局、それから毎年遊びに行くようになったのです。

——その後再びフィラデルフィアに行かれるんですね。

萩野●その翌年、アメリカの知り合いから仕事の話をいただいたので、ふたたびフィラデルフィアに戻ることにしたのです。それでも夏は日本に帰り能登に行っていましたが。

　2回目のアメリカでは、アメリカと日本の両方のよさを意識していました。フィラデルフィアにあった吉村順三さんの「松風荘」（1954年にMoMAでの展示の後移築された）の保存の理事もやり、日本文化を学びそれを伝えるために裏千家で茶道の手ほどきも受けた。アメリカの事務所で、住宅やクラブハウスの改修の仕事を担当者としてやりながら、個人でもいくつかの日本の住宅を設計していました。

能登の半自力の自宅（2004年〜未完成、石川県輪島市三井町）

山林の所有者を探し、土地購入の交渉、スギの伐採などからはじめ、地元の大工さん職人さん、建築学生さん、多くの方々に手伝ってもらいながら半自力（実際には自力は半分以下）でつくり続けている。途中、能登半島地震の土蔵修復活動のため1年半ほど工事が滞ったが、2009年から住み始める。里山のくらしを学ぶ場「まるやま組」の拠点となり、2020年には自作の小豆を用いた和菓子づくりとカフェ「のがし研究所」を開業。（萩野）

輪島の土蔵修復活動（2007〜14年、石川県輪島市鳳至町）

2007年能登半島地震で被災した土蔵修復を、NPO法人を立ち上げ、左官職人・久住章氏の指導のもと、全国の左官職人、国内外の建築学生、塗物関係者、地域の方々など、多くのボランティアとともにワークショップを断続的に開催した。写真は大崎漆器店の塗師蔵の修復に先立ち、地元の粘土を古い畳からつくった藁スサと水を混ぜてねかせている様子。この活動は、震災復興だけでなく、左官技術や塗師文化の伝承も目指した。（萩野）

本拠地としての能登

——2004年に能登に移住されます。

萩野●2回目のアメリカ暮らしも3年ぐらい経ち、ワーキングビザは6年が限度なので、もし永く住むならそろそろグリーンカード取得の準備をしないとというときでした。当時のアメリカは、9.11の後、戦争も始めていました。長男はアメリカの小学校を卒業し、日本語も英語も中途半端な状態だった。僕自身は日本文化をアメリカに紹介してはいたけれど、日本とアメリカを行ったり来たりしていて根無し草のような気がしてきて、日本のどこかに本拠地を定めないといけないと思うようになりました。その選択肢には東京はなく、毎年遊びに行っている能登しかありませんでした。ちょうど40歳の誕生日の晩に思い立ち、能登に引っ越そうと決めたんです。

能登には木があり、土地もある。以前に明治大学の非常勤講師をしていたとき、学生と小屋をつくるワークショップをやったのですが、そのようなこともやってみたいという想いもありました。

家族たちは、遊びに行くのはいいけれど住むのは大変じゃないかと、最初は反対でしたが、なんとか説得しました。古い家を改修したかったが、ちょうどいい家がなかったので、土地を買うことにした。土地は500坪くらいで、坪3千円。全財産をはたいて土地を買い、木を伐採し、借金をして半自力で家をつくることにしたのです。

近くに「のと里山空港」が2003年に開港していて飛行機ですぐに移動できるので、アメリカにいる感覚で仕事ができると思いました。実際、引っ越した直後はアメリカの縁で熊本にプロジェクトがあり、能登から東京経由で熊本に頻繁に通っていました。

——能登の暮らしはいかがですか？

萩野●それまで能登に行っていたのは夏だけだったので、冬は初めての経験でした。能登も海沿いは雪は少ないんですが、僕が住んでいるところは山で雪が多いんです。仮住まいの家は雪囲いで覆われて暗いし、朝から雷が鳴ったりします。ようやく木を伐採して造成を進め、家をつくり始めていたときに、能登半島地震が起こったのです（2007年3月25日）。住んでいた家は大丈夫でしたが、能登の多くの土蔵が大きな被害を受けました。そこで左官の久住章さん（1948 –）に協力してもらい、土蔵修復活動を始めたのです。1年半くらい、ボランティアに夢中になり、仕事もできずに借金までして大変でしたが、今思えばいい経験でした。土についていろいろ知ることができたし、そのとき知り合った左官屋さんとのネットワークはその後も続いています。

——能登ではどのような仕事をされているのですか？

萩野●能登では、自分の家のほか、いくつかの住宅や内装の改修をやっています。また、能登以外でも住宅の設計を続けています。そのほか、文京区小石川の重要文化財、銅御殿（旧磯野家住宅）の保存活用など、1週間か2週間に1回は東京に行くという生活でした。そのような状態でしたが、忙しくやってきた土蔵修復活動についても何らかのかたちでまとめなければいけないと思いましたし、ワークショップやデザインの研究にも取り組みたいと思っていました。ただし、東京や能登から離れた大学ではベースとなる能登から離れてしまうので、大学のポジションには躊躇していましたが、高岡の富山大学芸術文化学部で丸谷芳正先生の後任として、2016年から高岡で教えることになり、車で1時間半かけて通っています。

——ご自宅はいつできたんですか？

萩野●地震の後、自宅の工事は止まっていましたが、2009年1月から住めるようになりました。

その後、自宅は地域の人たちとの交流の場になっていきました。金沢大学の生態学の先生方をはじめ、さまざまな研究者と地元の人が集まって、一緒に歩いたり、耕作放棄地で畑をつくったり、地元の食材で食べ物をつくったりという活動を私の家でやりました。歩くことと食べることは、さまざまな活動のきっかけになるのです。

そのほか、田んぼの畦に大豆を植えてそれで醤油をつくる活動を始めたり、妻は小豆にも目覚めて、2020年からは自宅の一部を改修して、和菓子屋も始めました。今の時期は草刈りがたいへんで、今日みたいに晴れている日に室内にいるのは、どうも落ち着きませんね。

——金沢圏として能登についてどのように考えられてますか。

萩野●今回の企画では、金沢圏に入れていただいてますが、能登は広大です。今でこそ道路が整備されたので、金沢から輪島までバスで2時間で行けますが、昔は汽車で6～8時間かかったという話も聞きます。半島のため主要な交通から外れているので、自然はもちろん古い文化や暮らしもそのまま残っています。金沢にとって、背後に能登が広がっているということが、暮らしと文化に奥行きと深さを与えていると思います。

 コロナと田舎──オンラインでつながること

——大学の授業の多くがオンラインになって、物理的な距離がなくなり、田舎からも授業ができるようになりましたね。

萩野●実は今朝も、5時から8時まで、アメリカの大学の授業に参加していました。富山大学で、学生たちで小屋をつくるプロジェクトをやっていますが、デザイン／ビルドを用いたの設計教育についての研究に対して科研費をいただいていて、世界中のデザイン／ビルド・プログラムを調査研究しています。アメリカのユタ州では、先住民の貧困層のための住宅を毎年1棟ユタ大学の大学院生がつくっています。去年取材に行って、今年は学生を送り込もうと考えていました。コロナでできなくなりましたが、設計段階だけは、オンライン授業になったので、僕も一緒に参加させてもらっています。

　他にも、トリノ工科大学で、石積みの民家の修復のシンポジウムに、こちらは深夜になってしまいますが参加するとか、オンラインが当たり前になり、気軽に海外とつながることができるようになりましたね。

デザイン・ビルド・ブラフ（2019、アメリカ・ユタ州・ブラフ）
　ナバホ民族居留区およびその周辺の砂漠地帯で、2000年から展開されているデザイン／ビルド・プロジェクト。ユタ大学大学院生が1学期かけて共同設計し、その次の学期で、貧困層のための住宅や地域コミュニティ施設を、毎年1棟つくりあげてきた。写真は2019年に見学した完成直前のプロジェクト。2020年夏学期はオンラインでの設計授業に参加。秋学期には参加できなかったが、無事にプロジェクトは完成した。（萩野）

Discussion

 残すべきものは

山本●やまださんがつながりを拡げいていくとおっしゃったが、そこに時間がイメージされています。時間をかけたその先に何を設定されているんでしょうか。

やまだ●1年10軒で10年後は100軒になると言いましたが、中にいる人たちとも一緒に成長していくわけですから、最初は大壁のクロスがいいと言っていた人たちも、素材の本当のよさをわかってくれるようになる。そうすると、自分でいい方向に直してくれるようになって、勝手によくなっていくのが見える。100年後、私がいなくなったときにも、ちょっとだけよくなっていることが想像できると楽しいなと。

小津●僕は時間に対してどちらかというと危機感が強い。壊されていくものをたくさん見ていますから。僕はことさら町家が好きということはないけれど、基本的に二度と再生できないものは残した方がいいいう態度です。

竹内●保存やリノベーションということに対しては、僕は伊東事務所にいたときはやったことがなくて、伊東（豊雄）さんもまったく興味がなかった。保存するというものの見方は、つくることと全然違いますよね。

萩野●僕はそこに建っている建物は、敷地の延長のようなものだと思っている。建てようとする敷地に建物が既にあるかないかの違いだけだと思う。

竹内●ただ、その建物を残すべきかどうかを判断するのは難しい。

小津●それはインテグリティ（完全性）を残しながら進化、更新していけるかの判断になると思う。そういうことが設計における空間づくりの根拠になればいい。

■ 金沢木造

山本●橋本建築造園設計の橋本浩司さんに聞いた話です。町家改修もやっている方なんですが、昭和40年代（1965-75年）の木造住宅が熱いと言っているんです。

竹内●高度成長期のマイホームブームの住宅ですね。

小津●まちなみを構成しているボリュームゾーンとしては、その時代の木造モルタル住宅でしょう。その風景を変えられれば、それが新築でもリノベでも圧倒的にまちはよくなると思う。

やまだ●私も同感です。普通の木造建築にはいろんな可能性がある。

山本●建築基準法ができた昭和25年の前か後かということばかりが話題になっているが、昭和40年代の住宅でも、中を開けてみるとそれ以前の伝統的な技術やいい材料がつかわれているものがあると、橋本さんは言っている。そこには、町家のかたちはしていないけど、金澤町家が続いている。

竹内●それは「金沢木造」といった方がいいかもしれない。

萩野●僕が2000年ごろに初めて能登に来たときも、新築の家の現場で竹小舞に壁を塗っている家を見たことがある。でも外壁はその上にサイディングが張られてしまいましたが。

■ 都市風景としての防火建築帯

萩野●全国でも数多くつくられていますが、北陸でも防火建築帯（昭和27/1952年の耐火建築促進法による、帯状に建設されたRC造の長屋形式の商店建築。防火建築街区造成法が成立する昭和36/1961年までの事業）や、防災建築街区が数多く中心市街地にあります。それらをいい形にできないかといつも思っています。高岡でも駅前にあった防火建築帯の一部が壊されて高層ビルになっているけれども、その姿はすこし悲しいですよね。

小津●結局、スクラップアンドビルドを繰り返していくと、コンテクストが薄まっていき、東京になっていく。そうすると金沢は競争力がなくなっていきます。

竹内●防火建築帯は構造は一体だけれども、区画はそれぞれの敷地なので間口がそれぞれ違う。それを均等にしてしまったら面白さがなくなってしまう。

山本●築50年以上RCですよね。それに近い古いマンションに住んでいたことがあって、インフラがボロボロで結露がすごかった。それで換気扇をひとつ付けたら結露がおさまった。RCでも木造でも、手をかけていなければ持たないのが金沢の建築だと思う。その意味でも防火帯建築をどうやって持続させていくかを、町家と同じように考えていく必要がある。

竹内●防火建築帯のよくないところは、まちを分断しているところですね。再開発となるとそれがさらに強調されてしまうのですが。

萩野●分断するためにつくられたものですからね。

山本●最初に住んでいた金沢美術工芸大学近くにある防火建築帯「石引商店街」の真裏にあるマンションは、暗くて、防火建築帯にあるスナックからカラオケは聞こえてくるし、ヘンなところに住んじゃったなと後悔したんですが、そこからもう少し南の斜面沿いの家移ると、静かで、白山までの眺望が開けた快適な環境だった。その環境と、商店がいっぱいある防火建築帯通りの二面性は悪くないと思っています。

蜂谷●防火建築帯は火を止めるということから、全国一律のつくり方をしていて、決して地域の気候風土、文化から生まれたものではない。地域性がないんです。

萩野●でもそこに地域の匂いが染みついてくることはあるでしょう。50年以上建ち続けて使われていることが地域の匂いとなってそれが魅力になってくる。アメリカのレビットタウン（ニューヨーク郊外の大規模戸建住宅団地）も、時間が経つとそれぞれが増築されて面白い住宅地の風景になっています。富山でも、それが建っている風景がまちの特徴になっているところがある。再開発していいものができる可能性が低いならば、それをいい形で残しながらうまく使えるといい。

小津●僕はなにより、そこに50年あったという事実は無視できないと思いますね。

金沢のこれから

小津●僕は基本的には未来志向ではあるんです。でもそのあるべき未来の姿が、そっちではないなと思ったときは、早く修正しなければならないと思う。

──まずい未来のイメージとは？

小津●ひとことでいえば東京。全部が新建材でラッピンされていく都市。観光の問題でいえば、観光客におもねるというか、迎合するまちはだめになる。魅力があるまちであれば、訪れる人はいくらでもいるだろう。そういうことを市民がみんな考えられればいい。

竹内●リテラシーの問題ですよ。でも金沢は他の都市と比べても民力が高いというか、目利きである感じがある。

蜂谷●金沢の人は自分たちの歴史文化を守るんだという意識がすごく強いのだと思う。その強い意識を持っているのが旦那衆で、文化をたしなんでいないと旦那衆ではない。

竹内●江戸時代に金沢の人が江戸をどう見ていたのか知りたいんですよ。たいしたことない、こっちのが上だなんて思っていたんじゃないか。そのくらいの勢いがあったんじゃないかと思う。

──金沢の人が歴史を語るとき、江戸時代と言わずに藩政期という言葉を使いますね。

蜂谷●学術論文でもけっこう藩政期は出てきますね。江戸じゃないというプライドが今もあるということなのかもしれません。

竹内●「金沢建築館」ができたことをきっかけに、建築というフィールドを市民が意識して、金沢の建築自慢を市民がしてくれるようになるといいですね。

水野 一郎（建築家、金沢工業大学教授、日本建築家協会登録建築家）

西川 英治（建築家、五井建築研究所、日本建築家協会登録建築家）

坂本 英之（建築家、金沢美術工芸大学名誉教授、日本建築家協会会員）

蜂谷 俊雄（建築家、金沢工業大学教授、日本建築家協会登録建築家）

浦 淳（建築家、浦建築研究所、日本建築家協会登録建築家）

竹内 申一（建築家、金沢工業大学教授、日本建築家協会会員）

聞き手：大森晃彦

2020年7月18日

水野 一郎（みずの・いちろう）
建築家、金沢工業大学教授、金沢計画研究所、日
本建築家協会登録建築家
1941年 東京都生まれ／1964年 東京大学工学部建
築学科卒業／1966年 東京芸術大学大学院修士課
程修了／1966 – 76年 大谷研究室／1977年 金沢
工業大学助教授／1979年 – 金沢工業大学教授／
1980年 金沢計画研究所設立
受賞：日本建築学会作品選集（1991年 金沢工大学
園工学基礎実技センター、1992年 金沢工業高等専
門学校、1997年 クロスランドおやべ、2003年 入
善町健康交流プラザ サンウェル／木造コンクール・
農林水産大臣賞（1999年 手づくり木工館「もく遊り
ん」）／林野庁長官賞（2003年 わくわく森林ハウス）
／中部建築賞（1981 – 2003年の間に12回受賞、
鳥越村営住宅別宮宮ノ森団地ほか）
著書：『伝統工芸と街づくり・金沢の試み』（総合研
究開発機構NIRA助成研究）／『市民文化と文化行政』
（共著、学陽書房）／『雪国の居住環境』（リブリオ
出版、自然と暮らし）ほか

水野一郎

──水野さんは東京のお生まれとのことですが、東京のどちらでしょうか？

水野●大田区の洗足池の近くで生まれました。昭和16（1941）年、太平洋戦争が開戦した年です。3歳の時に、父の仕事の関係で満州の大連に行き、そこで終戦を迎えました。

──お父様はどのようなお仕事だったのですか。

水野●父は船会社に勤めていました。父は、「三方商売は食いっぱぐれない、だからお前も三方商売をやれ」としょっちゅう言っていた。三方とは、土方、船方、馬方。父は船方で、私は土方になったわけだ（笑）。

父の実家は魚河岸の鮪屋で日本橋にあった。男ばかりの5人兄弟の次男坊だったので、店は継がず早稲田大学に入って、船会社に入った。それで、終戦の翌年（昭和21/1946年）、家族で大連から引き揚げてきて、最初は佐賀にある母の実家に行き、そこで私は小学校の入学式を迎えたが、すぐに父が喰えるようになったからといって、東京戻ることになった。

──そのころの東京の印象は？

水野●もう廃墟で雑然としている状況だった。父の実家のあった日本橋界隈は焼け野原で、新宿の小田急線も京王線も駅舎は木造で、田舎の駅のようでした。

──建築に興味を持たれたきっかけは？

水野●土方、船方、馬方の話もあるんだけど、実際は、私が小中学校のころは、まちのいろんなところで住宅の現場があって、大工がそこで鉋を掛けていたり、左官屋は舟で壁土を練っていた。そういう風景が好きでずっと見ていた。それと、中学校のころ、自宅から学校に行く間に本屋が2軒あって、そこで『新建築』をよく立ち読みしていた。『新建築』で見た前川國男（1905 – 86）の「日本相互銀行本店」（昭和27/1952年、平成20/2008年取り壊し）の支店（日本相互銀行大森支店）を地元で見つけて、感動したことを覚えています。

──中学生で『新建築』が愛読書だった！

水野●だから、お前は何をやるんだと父に聞かれたとき、「建築設計士になる」と答えた。そん

水野一郎の作品：

白山市営宮ノ森住宅（旧鳥越村営住宅別宮宮ノ森団地）（設計：水野一郎＋金沢計画研究所、昭和58／1983年、白山市 ⇨ *p.115*）

寺地新の家（設計：水野一郎＋金沢計画研究所、昭和59／1984年、金沢市 ⇨ *p.86*）

金沢工大学24号館（工学基礎実技センター）（設計：水野一郎・田中光＋金沢計画研究所、平成2／1990年、野々市市 ⇨ *p.102*）

国際高等専門学校（設計：水野一郎・田中光＋金沢計画研究所、平成3／1991）年、金沢市 ⇨ *p.102*）

金沢工大学8号館（講義棟）（設計：水野一郎・田中光＋金沢計画研究所、平成5／1993年、野々市町 ⇨ *p.102*）

金沢市民芸術村（設計：水野一郎＋金沢計画研究所、平成8／1996年、金沢市 ⇨ *p.90*）

獅子ワールド館（設計：水野一郎＋金沢計画研究所、平成8／1996年、白山市 ⇨ *p.117*）

手作り木工館・もく遊りん（設計：水野一郎＋金沢計画研究所、平成11／1999年、白山市 ⇨ *p.117*）

石川県森林公園 インフォメーションセンター（設計：水野一郎＋金沢計画研究所、平成15／2003年、津幡町 ⇨ *p.131*）

金沢工業大学23号館（設計：水野一郎・蜂谷俊雄＋金沢計画研究所、平成24／2012年、野々市市 ⇨ *p.102*）

金沢工業大学21号館（設計：水野一郎・蜂谷俊雄＋金沢計画研究所、平成24／2012年、野々市町 ⇨ *p.102*）

金沢学生のまち市民交流館（設計：水野一郎＋金沢計画研究所、平成24／2012年、金沢市 ⇨ *p.54*）

金沢工業大学 駐輪場＋プロムナード（設計：水野一郎＋金沢計画研究所、平成28／2016年、野々市町 ⇨ *p.102*）

金沢工業大学本館（昭和44／1969年、設計：大谷幸夫）。⇨ *p.100*

なことで建築をやろうという気持ちがずっとあって、大学は建築系を受けました（昭和35／1960年）。

丹下研究室ではないところに

——東大に入学されてからは？

水野●東大に入って学科を選ぶ時、いちばん点が低いのが建築学科だった。だから機械や電気、原子力を落ちてきた人がみんな建築にやってきた。しかしその4、5年後、建築が一番になる。そのきっかけとなったのは、私が大学を卒業した年（昭和39／1964年）に開催された東京オリンピック。そこで丹下（健三）さん（1913 - 2005）の「国立代々木競技場」ができる。あれでみんな刺激を受けた。日本が焼け野原から復興に移っていく時代に建築はそのシンボルだった。

——大学院は芸大に行かれていますが。

水野●設計がしたかったが、東大で設計活動をしている研究室は当時は丹下研究室しかなかった。吉武（泰水）さん（1916 - 2003）のところでも設計はやっていたが、研究がメインだった。同級生がこぞって丹下さんのところに行きたいというものだから、私は違うところがいいと思って、候補に挙げたのは早稲田の吉阪（隆正）さん（1917 - 80）、芸大の吉村（順三）さん（1908 - 97）、工学院の武藤（章）さん（1931 - 85）の3人。リアルに設計をしていて、歳はお父さんではなくてお兄さんくらいの先生がいいと思っていた。

——1960年代は、メタボリズムや、丹下さんの「東京計画1960」から始まって、さまざまな新しい運動、理論が巻き起こった時代でした。そのただ中で学生時代を過ごされたわけですね。

水野●理論については、芸大大学院のとき東大の大学院生と一緒に勉強会をやった。いちばん大きいテーマは設計方法論。ルイス・カーン（1901 - 74）とか、ポール・ルドルフ（1918 - 97）の作品が紹介されて、彼らの設計方法論が話題になった。その後も、菊竹（清訓）さん（1928 - 2011）の「か・かた・かたち」（『代謝建築論』1969年）から、原（広司）さん（1936 -）の有孔体理論（1966年）、磯崎（新）さん（1931 -）のプロセスプランニング論（1962年）とさまざまな理論が表明されましたが、これらを個人を超えてチームで設計をする動きと捉えていました。

——当時の学生が注目していた建築家は？

水野●もうほとんどル・コルビュジエでした。でも私は、フランク・ロイド・ライトがいちばん日本人に近いところがあって好きだった。ただ実際に見ていたのは「帝国ホテル」だけでしたが。

——1966（昭和41）年に、学校を出られて大谷幸夫さんの事務所「大谷研究室」にいかれます。

水野●大谷研究室に行こうと思ったのは、建築理論を学ぶ中で、大谷（幸夫）さん（1924 - 2013）の「麹町計画」（1961年）のベースになった「覚書・Uebanics試論」（『建築』1961年9月号）の「単位論」に出会ったこと。建築と都市を巡る考え方に共感し、大谷さんのところに行こうと決めたのです。

金沢工業大学本館の設計

——大谷研究室では。

水野●最初に担当したのが「富山問屋センター」（富山市問屋町、1964-67年、現存）。巨大なバタフライ型の屋根を持つコンクリートの塊みたいな建築群だった。それを金沢工業大学の施設担当の人が見て、これは面白いということで、大谷さんに設計の依頼が来て、私が担当することになった。そして設計の始まりから常駐監理までずっと担当した最初の作品が、「金沢工業大学本館（益谷記念館）」と、「2号館」（共に1969年⇨ *p.100*）だった。そのころは自分がここに勤めるとは思ってもいなかった。

——金沢工業大学が設立されたのは、1965年ですね。

水野●金沢工業大学は新興の学校で、最初は赤字で大変だったのですけど、かなり夢があった。大谷先生は、こういう田んぼの中の冬期に雪にふり込められる環境では、建物の中に学

生の居場所を確保して、いかにキャンパスに学生を滞留させるかが大事だと考えたわけです。そこで、当時大学校舎で廊下の占める割合が普通約17〜18%だったのに対し、屋内広場を含む廊下の割合が約35%というものを設計した。貧乏な大学なのに、見積は予算の倍近いものでした。しかし、どうしてこのような設計になったのかを大谷さんが説明すると、理事たちは納得してしまう。これはびっくりしました。

当時は大学紛争が60年安保以降ずっと続いていて、ちょうど本館の現場の1階のコンクリートが終わったころに東大安田講堂占拠事件（1969年1月）があった。この事件では、理事会と教授会と学生の三者が対立したんですよね。ところがこの本館には三者がひとつの空間にいるので、三者がバランスをとらないと成り立たない。そういう空間構成になっている。この空間での「教師と学生、学生相互のインフォーマルな接触によってはぐくまれるものをも重視すべきである」という大谷さんの主張を理事たちは受け入れたのです。

大谷さんは理事長に会うのをとても楽しみにしていた。理事長も「面白い先生だよな」といっていた。理事たちは酒が好きで、大谷さんはあまり酒を飲まないが、誘われると喜んで行って、二次会に片町に行く段になると、「僕は帰る」というので僕が代役になった。

金沢工業大学本館はいろんな思いが詰まっているとても印象深い建物なのです。

金沢工業大学本館屋内広場（昭和44/1969年、設計：大谷幸夫）。⇨*p.100*

■ 金沢へ——工芸、そして雪国の建築

——1976（昭和51）年に、大谷研究室を辞め、金沢工業大学助教授に就任されます。

水野●大谷研究室に入ったときに、建築だけではなくてまちづくりや都市づくりの仕事していましたが、そこで気づいたのは、どこの都市も、自律性を失って東京の後を追う、リトル東京を目指しているということでした。

大谷研に入って10年ぐらい経って、リトル東京ではない自律性が期待できるどこかに活動の拠点を移そう、つまり東京を出ようと思ったんです。そこで青森から鹿児島まで都市を調査してみた。調べていったときに注目したのが工芸でした。その種類と出荷額、そして、日本工芸展や日展の工芸部門での入賞者数で、いずれもベストスリーに入っているのは、京都を除くと金沢のほかにはどこにもなかった。それで、これはもう金沢だなと思った。

そして伝統工芸を核にして何かできないかと考えました。金沢に来てすぐに伝統工芸に関する調査を始めて、工芸を活かしたまちづくりを提言した『金沢伝統工芸街構想 世界に通ずる伝統工芸の街・金沢を目指して』（水野一郎／ラック計画研究所著、1981年、北國文化事業団刊）という本をまとめました。

——富山や金沢工業大学の仕事を通して、雪国の建築というテーマに取り組まれていますね。

水野●大谷研究室にいた1967年に「地方の自律と連担」という論文を書いていて、そこで具体的なテーマとしていたのが雪国の建築でした。当時の建築雑誌には、雪国の建築はひとつも載っていない。だから逆に、そこに可能性があるとも考えたのです。金沢に来てからは、集落調査やヒヤリングを行い、雪のシンポジウムをやるなど雪国の建築を研究し、雪囲いシリーズの住宅を設計しました（⇨*p.86*、「寺地新の家」1984年、金沢市寺地）。

■ 地域に拘る

水野●鳥越の村営住宅（⇨*p.115*「白山市営宮ノ森住宅」1983年、白山市鳥越別宮）もそのひとつの例です。集落調査をしたことで、声がかかりました。大きな被害が出た三八豪雪（昭和38/1963年）と五六豪雪（昭和56/1981年）の間の時期に計画されたもので、過疎化が進む豪雪寒冷地での定住化に向けたプロジェクトでした。建物は、二戸一の木造平屋とし、積雪に対応して床を高くし、玄関前に駐車場としても使える多目的な雪囲い空間をつくりました。

当時、公営住宅は不燃化、つまりRC造やS造が基本でしたが、村民にアンケートをとったところ、木造がいい、それも平屋がいいという結果でした。また、もしRC造でつくると、建設にかけたお金はほとんど村外にいってしまう。木造なら村内の木を使うことができ、村内には大工も左官もいます。県の後押しもあって、国は特例として木造平屋の公営住宅を認めた

白山市営宮ノ森住宅（旧鳥越村営住宅別宮宮ノ森団地）（昭和58/1983年、白山市）⇨*p.115*

のです。この村営住宅には全国から視察が来て、すぐ翌年には、公営住宅はその地域にあったものでよいと国の方針が変わり、それはHOPE計画（地域住宅計画）に展開します。

不燃化というのは戦災で焼け野原になった都市を復興するときの重要なテーマでしたが、公営住宅の全国一律の不燃化（そして標準設計）は、日本中を均質化してしまうものです。私にとってこのプロジェクトは、徹底して地域に拘るという姿勢を示したものでした。

■ ライブラリーセンターは施主側として

——昭和52（1977）年に金沢工業大学の助教授に就任されてから、今度は施主側としてライブラリーセンターの計画に参加されます。

水野●日本建築学会賞の受賞に含まれる「金沢工業大学ライブラリーセンター」（昭和57/1982年 ⇨ *p.100*、学会賞は「金沢工業大学キャンパス北校地」として1983年に大谷幸夫が受賞した）は大谷研究室設計で、私は施主側で、プログラムをまとめる立場でした。ライブラリーセンターの企画には、後にライブラリーセンターの館長になった国会図書館の館長がアドバイザーに入りました。

調べていくと、アメリカのいろいろな大学で新しい図書館ができていました。世界の最先端のシステムを入れようと、アメリカだけでなく、ヨーロッパも視察しました。

普通、図書館というのは高層棟はダメなんです。低くて水平に広がっている方が本を整理し易いからです。高層棟が可能になったのは、コンピューターライズされたシステムを導入したからでした。それぞれの本の現住所と本籍がシステム上で把握されていたら、本はどう置かれていてもいいわけです。

もうひとつは専門図書館の導入でした。たとえば建築学科や土木学科の図書館が、それらしい本に囲まれる雰囲気を持つことが大事ではないかと考えたのです。これには、東大の工学部1号館の図書館が念頭にありました。

そのころの図書館の一般的な考え方は、境界をなくしてすべての本をひとつのフロアに置くことでしたが、むしろ、境界をつくろうという逆の発想をしたのです。これに、アドバイザーの国会図書館の館長も、アメリカの図書館の顧問の人も賛同したので、難しいといわれたタワー図書館というプログラムができました。

後発の地方の大学でしたが、本館のときも、このライブラリーセンターでも、それまでになかった新しいものをつくろうと、金沢工業大学は大冒険をしたわけです。

■ 建築家と地域の行政、経済界

——東京とは違い。金沢のみならず地方では、その規模によるのでしょうが、建築家と行政や経済界の距離が近いと感じています。

水野●金沢市が建築家の谷口吉郎の提案を受けた「金沢診断」（⇨ *p.11*、*p.185*）では、知事も市長も、商工会議所の会頭も、金沢大学の学長も出ているのです。そういう雰囲気はずっとありますね。石川県でいうと中西（陽一）知事（1917 - 94、1963 - 91在職）は建築が好きだった。友達が京都の建築家の富家（宏泰）さん（1919 - 2007）で、いつも相談していたようだった。金沢市長だった山出（保）さん（1931 -、1990 - 2010在職）も建築がたいへん好きだし、首長さんたちに建築への理解があったことが、金沢に独自の建築文化が育まれてきたことにつながっていると言えます。ただ、全国を見ると、単に有名建築家が好きだという首長さんもいるようですが。

——そういう関係があると、建築家としても、地域の文化に対する意識が違ってくると思います。また、金沢にはまた、旦那衆という存在がありますね。

水野●旦那衆というのは、たぶん江戸時代にはいろんな道楽があったでしょうが、普請道楽だったのでしょうね。かなりのレベルで建築を知っている。それがあったから、専門家がいないのにいいまちなみができ、それが200年経っても残っていたりするわけです。工芸もまたしかりです。旦那衆は、材料からプロポーションまでいい建築をつくるという力量を持っていたと思うのです。蓋をされていた用水を、これは金沢として恥ずかしいと言い出したのは、

金沢工業大学ライブラリーセンター（昭和57/1982年、設計：大谷幸夫）。⇨ *p.100*

行政ではなくて経済人です。彼らは現代の旦那衆だったのです（⇨ *p.46*「Column 3 金沢の旦那衆と建築文化｜家業城下町としての金沢」）。

これからの金沢に向けて

水野●今、金沢では、浦さんがやっていることも、谷口さんの作品、西川さんのごちゃまぜも、面白い動きがぐつぐつと沸き立っていると思います。私が来たころはその力がなくて、少し経ってから若い建築家が出てきて、元気に活動を始める。それが、平口（泰夫）さん（1948 –）とか、松島（健）さん（1955 –）です。そういうアトリエ派に対して、組織事務所があるという関係はそのころから現在まで続いていますが、一時期は組織事務所より元気があったアトリエ派が、今、厳しい状況に置かれている状況がある。アトリエ派がもっと元気にならないと、建築界全体の活性化につながらないと思う。

金沢を計画する

竹内●ぜひお尋ねしたかったのは、水野さんの事務所名は、「金沢計画研究所」ですが、これは、金沢にある事務所なのか、あるいは、金沢を計画する事務所なのか、どちらの意味が込められているのでしょうか。

水野●金沢を、です。

竹内●金沢に来られたときにそう考えられたのですね。

水野●金沢に来たときはまだ十分に金沢を知っているわけではなかったので、金沢の計画を研究するという意味でした。

金沢を背負って立つという気負いはなく、みんなと一緒に金沢の自律性をつくっていく研究所なのです。ひとりでできるものではありません。

西川英治────

────西川さんは 1952（昭和 27）年かほく市のお生まれですね。

西川●現在はかほく市の一部になっている河北郡金津村(かなつ)で生まれました。安藤（忠雄）さん設計の小学校（かほく市立金津小学校）があります。かほく市は、哲学者の西田幾多郎が生まれた場所です。父親は東京でサラリーマンをしていたのですが、肺結核になってこちらに帰ってきて養鶏業を始めた。これが臭くて、小さいとき本当にいやだったですよ。でもそれしか生きる道はなかったんでしょうね。

────建築を目指されたきっかけは。

西川●高校は金沢市内の石川県立金沢泉丘高等学校。その 2 年から 3 年のときに、大阪万博（日本万国博覧会、1970 年 3 月 15 日〜9 月 13 日）が開催されたんです。大阪にいた兄に誘われて春休みに見に行きました。岡本太郎の太陽の塔が建ち上がるお祭り広場の光景が印象的で、建築に行ったのはその影響が大きい。未来的な夢を感じたのです。神戸大学の建築に入ったときに、同級生の 5、6 人は、万博に行って建築をやろうと思った、と語っていたのを覚えています。当時は高度成長のまっただ中で、建築はものすごく人気があったんで、工学部の中でいちばん難しかった。水野先生はオリンピックで建築に行く人が増えたとおっしゃいましたが、万博でさらに人気が上がったんじゃないでしょうか。

────神戸大学に行かれたのは。

西川●私の伯父と伯母が神戸にいたのです。小さいときからかわいがってもらっていたこともあって、行くのなら神戸だなと思っていた。東京はそういう関係もなかったので行きたいと思わなかったし、大阪も行きたくなかった。
神戸大学の所属ゼミは鳥田家弘先生（1913 – 90）で、京都大学の増田友也先生（1914 – 1981）と同級生。空間論、建築論をやられていた。しかしおっしゃってることを僕はほとんど理解で

西川 英治（にしかわ・えいじ）
建築家、五井建築研究所代表取締役、日本建築家協会登録建築家
1952 年 石川県かほく市生まれ／1975 年 神戸大学工学部建築学科卒業／1975 – 81 年 ジャパンデベロップメント／1981 年 五井建築設計研究所入所／2002 年 同社代表取締役就任／1987 – 89 年 国立石川工業高等専門学校非常勤講師／2002 – 14 年 金沢工業大学非常勤講師／2012 年 (株) 金澤木房 en 樹（かなざわきぼうえんじゅ）設立／2020 年 博士号取得（工学：神戸大学）
受賞：1998 年 中部建築賞、金沢都市美賞、石川建築賞、石川景観賞（石川県銭屋五兵衛記念館）／2000 年 石川建築賞、バリアフリー社会推進賞施設部門最優秀賞、石川インテリアデザイン大賞（セミナーハウスあいりす）／2001 年 石川建築賞、バリアフリー社会推進賞施設部門優秀賞（宇ノ気町ほのぼの健康館）／2014 年度グッドデザイン賞、第 46 回中部建築賞、第 41 回石川県デザイン展建築デザイン部門石川県知事賞、第 21 回いしかわ景観大賞県知事賞、第 37 回金沢都市美文化賞、第 1 回建

築研究所すまいづくり表彰地域住宅賞地域部門賞、2015年度日事連建築賞優秀賞、2015年度医療福祉建築賞（Share金沢）／2017年度グッドデザイン賞ベスト100特別賞「地域づくり」、第30回いしかわ景観大賞県知事賞、2018年度日事連建築賞優秀賞、2018年度医療福祉建築賞（B's行善寺）／2018年グッドデザイン賞、第51回中部建築賞特別賞（輪島KABULET）

Share金沢（2013年、金沢市）⇨ *p.74*

B's行善寺（2016年、白山市）⇨ *p.118*

輪島KABULET（2018年、輪島市）⇨ *p.140*

きなかった。難しくて。でも、そういうゼミに入りたいなと思っていた。建築は哲学だという思いが僕にはあったんです。ゼミでは、ヴィンセント・スカーリー（1920 - 2017）の『近代建築』（1972年、SD選書、鹿島出版会）を輪読していました。今でも当時の先生の言葉は残っています。

■ 最初は都市計画事務所へ

——学生時代注目していた建築家は？

西川●学生時代に川添登さん（1926 - 2015）の『建築家・人と作品』（上下巻、1968年、井上書院）を読んだ。20〜30人ほどの建築家の評伝が収録されていて、その中で、浦辺鎮太郎さん（1909 - 1991）と、松村正恒さん（1913 - 1993）の生き方に惹かれました。おふたりとも、それぞれ倉敷と愛媛で地域の建築をつくっているということで、僕もこういう生き方をしたいなと思ったのです。

——しかし就職は都市計画コンサルに進まれますが。

西川●最終目標として、おふたりの姿があったのですが、就職のときに、建築単体ではなくて、もう少し大きなものをやりたいという思いもあって、ジャパンデベロプメント株式会社という、当時の新日鉄、興銀、日立製作所、東京電力の4社がつくった会社に行きました。新日鉄にいた先輩から誘われたのですが、できたばかりの、まだ何もないところから都市計画をやろうという会社だったので、面白いなと思ったのです。たしかに面白い会社で、入ったときの社長の訓示が「君らは稼ぐということを考えてはいかん、どうしたらいい街ができるかを考えなさい」というものだった。6年いたんですが黒字になったことはなく、今は会社は整理されて存在しません。東京湾横断道路の計画をし、木更津に新しい都市をつくるという計画をずっとやっていました。そのとき東京湾横断道路研究会（1972年）というものがあったんですが、それが本当にできるとは僕は半信半疑だった。でもそれから20年以上経って東京湾アクアラインとして開通します（1997年開通）。

そういうところにいると、ある意味安定していて、好き勝手やっていましたけれど、ものをつくる機会がない。やはりものをつくりたいと思い、昭和56（1981）年に、金沢に帰ることにしたのです。

■ 担当者がすべてやる体制

——金沢に帰られてすぐに、五井建築設計研究所に入ります。

西川●金沢の五井建築設計研究所（五井事務所）が、昭和45（1970）年に大阪万博を記念して開催された日本建築士会連合会主催のコンペでグランプリを取ったことを知っていたので、行くなら五井事務所だなと思っていて、いきなり訪ねたんです。最初は今は人がいっぱいでいらないと断られたのですが、直後にひとり辞めるので来ないかといわれ、偶然入所することになりました。創設者の五井孝夫（1904 - 86）が金沢美術工芸大学の学長を辞めて、事務所に会長として復帰したのがその翌年です。五井は昭和61（1986）年に亡くなります。僕は数年のお付き合いで、薫陶を受けたと言えるまでではないのですが話を聞くことができました。

——五井事務所はもともとは構造がメインで谷口吉郎（1904 - 79）の構造を担当していた（⇨*p.173*）とのことですが、建築のデザインについてはどなたが見ていたのですか？

西川●五井が金沢美術工芸大学学長に就任したとき（昭和50/1975年）事務所を継いだのが、新村利夫さんで、この人は旅館建築が大好きで、すごく力を入れていましたけれど、僕は旅館以外を担当していたので、ほぼフリーにやっていましたね。それはたいへんありがたかった。

事務所の運営は五井事務所の伝統として、営業スタッフは置かないというかたちでやっていた。ただ、バブル崩壊後に経営が厳しくなって、一時、営業スタッフを置いた時期もありました。しかし平成14（2002）年に、私が引き継いでからは営業スタッフは置いていません。現場も監理専門を置かないので、それぞれの担当者はすべてをやらなければいけませんから非常に忙しい。でも、いちばんやり甲斐があるんじゃないんですかね。

——その方針は五井孝夫さん以来のものですか？

西川●そうですね。五井孝夫はある面、学者でしたから、スタッフにはいつも勉強しなさいと言っていました。昭和40年代（1965～74年）の初めごろ週休2日制を、2日の休みのうち1日は建築の勉強に充てなさいと、いち早く取り入れたのです。大企業でも珍しい時期でした。それについて調べたら、五井の同世代の前川國男の事務所が同様のやり方をやっていたようでした。

　その土地に対する愛情を

——地域の組織設計事務所としてのあり方についての方針はいかがでしょう？

西川●うちの事務所は30人ほどの所帯ですが、全然、組織的ではないんです。ほんとはもっと組織的に回していけばいいかなと思う場合もありますけどね。単に人数が多いだけで、つくり方は手間暇のかかるやり方をしている。

——ということは西川さんがすべて見ている？

西川●すべては見られません。これは僕が全部見る、これはあるところから担当者に任せると分けています。

——建築家の社会に対する役割として、金沢であること、中央でない地方であることをの意味は？

西川●どこで仕事をするにしても、その土地に対する愛情を抜きにした仕事というのは意味がない。仕事に対する共感がなければ、いい仕事ができないと思っている。今は金沢以外の地域のまちづくりにも関わる仕事もしていますが、輪島でのプロジェクトでは、ひとりのスタッフが住民票を移して常駐していました。スタッフにはその土地の人間になったつもりで仕事をしてほしいと言ってます。

坂本英之

——坂本さんは、加賀市のお生まれですね。

坂本●生まれたのは加賀市の片山津温泉と山代温泉の間の平野部、桑原という田舎の農村です。父親は中学校の先生をしながら農業もやっていましたので、私も小さいときには農作業を手伝ったりしていました。

——建築との出会いは？

坂本●東京オリンピックが小学校5年生の時にあって、オリンピック施設が建築を意識した最初でしょうか。そして高校1年のときに大阪万博（日本万国博覧会、1970年）があったんです。親戚を頼って、3日か4日、通い詰めた記憶があります。田舎者ですから、何もかも新鮮で、特にお祭り広場の人の賑わいが印象に残っています。

——大学は建築ではなかったと。

坂本●高校のときに大病を患いほとんど学校に行けなかったことがあったのですが、先生の計らいで卒業させてもらいました。しかし、大学受験は厳しい状況で、浪人をして、明治大学の機械工学に入りました。西川さんのお話にあったように当時建築は難しかった。そこで同じ理工系でいちばん楽そうな機械を選び、そのまま卒業して就職。ですが、フランク・ロイド・ライトや、ル・コルビュジエの建築から、空想を絵にして現実の空間をつくり出す建築への強い思いが捨てきれず、もっと人と接するような仕事に就きたい、ついては建築をやってみたいと思い、同じ明治大学の建築学科の3年生に編入し、大学院まで行きました。

——建築の先生は？

坂本●先生は堀口捨己の弟子の木村儀一先生（1937 -）で多くを教わりました。ただ僕が明治の建築を選んだのは、神代雄一郎さん（1922 - 2000）に憧れたからです。雑誌『SD』の別冊No.7「日本のコミュニティ」という号（1975年、鹿島出版会）の編集を担当したのが明治大学工学部建築学科の神代雄一郎研究室で、「コミュニティ・サーヴェイ」と称して、いわゆるデザイン・サーヴェイが収録されていた。そういったものに興味を持ったのです。

坂本 英之（さかもと・ひでゆき）
建築家、金沢美術工芸大学名誉教授、日本建築家協会会員、工学博士
1954年 石川県加賀市生まれ／1978年 明治大学建築学科卒／1980年 明治大学大学院修了／1986年 ドイツ政府給費留学、シュトゥットガルト大学都市デザイン研究所客員研究員／1987年 シュタットバウ・アトリエ勤務／1994年 シュトゥットガルト大学工学博士学位取得／1995年 金沢美術工芸大学助教授／2003 - 20年 金沢美術工芸大学環境デザイン専攻教授／現在、同名誉教授
著書：『NPO教書』（共著、1997年、風土社）、『都市の風景計画』（共著、2000年、学芸出版社）、『日本の風景計画』（共著、2003年、学芸出版社）、『金沢のまちと環境デザイン』（共著、2010年、金沢のまちと環境デザイン研究会）、『つなぐ　環境デザインがわかる』（共著、2012年、朝倉出版）など
受賞：2005年 日本ディスプレイデザイン特別賞／2006年 グッドデザイン賞

シュトゥットガルトのケーニッヒシュトラッセ（王様通り）。
　中心市街地（シティ）を走る全長1.2kmの幹線道路。かつては1日数万台の自動車が走っていた道を歩道化。全体の95%が歩行者空間であるシティの象徴的存在。リニアな空間が広場化した。太陽の下を歩き、木陰で食事をとる。あたりまえが楽しい。所属事務所が関わった。（坂本）

都市広場に隣接した水上バス停留所。
　これまで閉鎖的だった都市広場と水上バス停留所をつなげた。建物の一部を撤去。オープンスペースをつなげて回遊性を高めた。都市に新たな導線と溜まりの場が生まれた。（坂本）

金沢美術工芸大学図書館増築。
　手狭になった旧館に新館を増築した。旧の建物を尊重しながら新しい建物を置く。新旧対置の手法による空間構成。旧との連続性を意識しながら新の固有性を保った。それにより、新旧による新たな価値を生み出した。RC造の1・2階と鉄骨造の3階のハイブリッド構造。1階は大きな窓で開放感溢れ本と戯れる。2階はキャレルデスク（個席）を設けトップライトで本に集中する。見晴らしのよい3階は研究施設を配置。（坂本）

　また同じ頃に、明大の都市計画の研究室に助手で来られた西村幸夫先生（1952 -）にも、都市の多様な見方を教わりました。

　大学院のときは、神代研究室でコミュニティ・サーヴェイ（神代先生はデザイン・サーベイという言葉を嫌っていた）に参加していました。先生は高齢で調査には参加されなかったが、助手の人と一緒に、今はもうなくなってしまった集落などに行きました。

■ シュトゥットガルトと金沢

——シュトゥットガルトにドイツ政府給費留学として行かれます。

坂本●高度経済成長を経てバブル期に向かう日本の都市は開発の頂点にあり、けっして美しいとはいえませんでした。都市を歴史的な価値やひとつの総体として見る眼は、アメリカ型のスプロール型やスクラップアンドビルドではないヨーロッパ型の視点ではないかと思いました。最初の1年は給費留学というかたちで行ったのですが、2年目からは、僕を受け入れてくれた研究室の教授のミヒャエル・トリープさん（1936 - 2019）の事務所、シュタットバウ・アトリエで働くことにしました。それから約7年間くらい勤めて、最後の2年間で「都市公共空間の造形理論についての研究」というテーマで博士論文を書き、ひと区切りがついたので、日本に帰ってきたのです。本当は帰りたくはなかったんですが、1989年にベルリンの壁崩壊、1990年に東西統一と、ドイツが混乱状態になり、1994年に帰国しました。

——帰りたくなかったのは居心地がよかった？

坂本●居心地のいい環境と、仕事も楽しかった。研究室でも事務所でも、教授とファーストネームで呼び合うフラットな関係で、風通しのいい雰囲気が魅力的でした。

——シュタットバウ・アトリエでの仕事はどのような内容だったのですか。

坂本●事務所の仕事は都市デザインでした。たとえば都市のメインストリートを歩行者空間化するときのデザインのコンペですとか、ショッピングモールや、都市の広場、通りに面した集合住宅のファサードのデザインをするといった仕事です。

——日本に帰ってこられてからは？

坂本●1994年の夏に帰ってきて、縁あって1995年から金沢美術工芸大学に勤めることになりました。

——東京ではなく、金沢を拠点とすることにしたのは？

坂本●シュトゥットガルトは、バーデン＝ヴュルテンベルク州の州都で、現在の人口は60万人を超えていますが、僕がいたころは50万人あまりで、ドイツの地方都市として一般的な規模でした。そういうスケールの街に住んでみると、その小ささのメリットがかなりあると思った。都市居住や、職住近接による「生活都市」を実践していて、約8haあるまちなかの95%を歩行者空間化した快適な都市空間をつくり出している。歩行圏内にあらゆるサービスがあり、人のつながりが濃密だった。金沢の人口は約46万人あまりで、同程度の規模です。もちろん金沢に帰ってきたのは仕事があってのことでしたが、1,400万人に迫る東京は違うと思ったのです。金沢はまた、出身地の近くで唯一、都市と呼べる存在であると思っていました。

■ 金澤町家と都市デザイン

——教育研究活動以外ではどのような活動をされているのですか。

坂本●住宅や図書館の設計も手がけていますが、歴史的資源を活用したまちづくりの活動です。とりわけ今、活動の重点を置いているのはNPO法人金澤町家研究会を通じた町家の継承・活用の活動です。

　建築基準法ができた昭和25（1950）年以前、金沢の旧城下町区域に建てられた金澤町家は、平成20（2008）年の調査で約6,300棟以上ありました。それが毎年減り続け、平成24（2012）年には約5,900軒と、年に100棟の割合で取り壊されています。金澤町家研究会は、戦災も大火もなかった金沢のまちの個性として、金澤町家を残していきたいと思いを持つ研究者や、建築家、それと一般の市民がメンバーの集まりです。

活動内容は、調査や普及啓発の活動、そしていちばん重要なのはコーディネイトの活動。所有者に町家を登録してもらって、それを借りたい人、使いたい人とマッチングしていくというものです。

──最近は金澤町家がひとつのブランドになって、経済活性化につながっている。

坂本●金澤町家は場所にもよりますが、高額で取引されたりしていて、私たちの最初の思いと違った方向に動いている。しかしブランド化ということは、社会的に価値が認知されているともいえるわけで、壊される数もずっと減ってきているように思えます。

町家は、城下町ができて400年くらいかけて少しずつ進化してきたものです。それが、建築基準法ができたことで途絶えてしまったわけで、まずは、進化してきた最終形はできるだけ残しておいた方がいいと思うのです。

──都市デザインという視点からはどうでしょうか。

坂本●たとえばまちの一角に新たに建てようというとき、自分の敷地だけから判断するような場面が多いと思うんですけれど、それではまちからの発想が反映されない。僕が仕事をしていたドイツでは、Bプランというものを街路ごとに設定して、通りをどうつくるかのルールをあらかじめ決めるのです。それが都市デザインの仕事のひとつです。図面もあって、まちの将来の姿はこうなりますということをわかった上で、建築家は個別の建物を設計するわけです。

──金澤町家にも都市デザインが必要であると。

坂本●金沢の町家も、かつては通りに暗黙のルールがあって、地元の大工さんが匠の腕を振るいながらも、周りとの関係性を保ちながらつくってきたと思うんですよ。なので、現在の技術・材料やライフスタイルに合わせた建築で、切れてしまった文脈をどうつなぎ直すかを今の建築家は考えなくてはいけません。

──ただ、たとえば歴史的な建築が並ぶ中に、景観の文脈にあるモチーフを使って、そこになかったものをつくるのはフェイクではありませんか?

坂本●そこに生活があり、受け継がれた住まい方があれば、それはフェイクとはいえません。今あるものと新しいものが融合して、はじめて生まれる価値がある。そのための建築設計、都市計画や都市デザインだと思います。

人口が減るこれからの時代に先人がつくり上げた文化や建築、インフラをどのように有効活用し、持続可能な社会を築き上げるか。金沢の都心居住と歩けるまちを実現したい。つくる側でも使う側でも、ドイツ時代に身をもって経験してきたことなので。

蜂谷俊雄

──生まれた年は、蜂谷さんは昭和31 (1956) 年、坂本さんは昭和29 (1954) 年ですが、この世代には妹島和世さん (1956 –)、隈研吾さん (1954 –) といった建築家が含まれていて、とても勢いのある世代です。小学校で東京オリンピック (昭和39/1964年)、中学から高校で大阪万博 (昭和45/1970年) が記憶に刻まれていることが、この世代のひとつの特徴かも知れません。

蜂谷●そうですね。丹下 (健三) さん (1913 – 2005) が東京の未来イメージ (東京計画1960、昭和36/1961年) を示し、新幹線 (昭和39/1964年東京−新大阪間開通) と高速道路 (昭和37/1962年から首都高が順次開通) ができ、日本がアメリカを抜いて世界一になる (『ジャパン・アズ・ナンバーワン』、昭和54/1979年) といわれた夢に溢れた時代を生きてきた。

──蜂谷さんは富山県のお生まれですね。

蜂谷●私が生まれたのは、小矢部川の河口部、高岡市の伏木（ふしき）という北前船の寄港地だったところでした。物心ついたころは、国際貿易港 (伏木港) があって賑わっていたが、昭和43 (1968) 年に隣の射水（いみず）市に富山新港ができてからは急速に寂れていきました。私の先祖は江戸時代から明治の初期までは廻船問屋だった。祖父は義兄がやっていた若鶴酒造という酒造会社の片腕として働き、父は造船技師だったが、その酒を売る酒屋を始めた。そんな縁から、9年

蜂谷 俊雄 (はちや・としお)
建築家、金沢工業大学建築学部長、金沢歴史都市建築研究所長、KIT建築アーカイヴス研究所研究員、日本建築家協会登録建築家
1956年 富山県高岡市伏木生まれ／1979年 早稲田大学建築学科卒業／1981年 東京大学大学院建築学専攻修士課程修了／1981 – 82年 (株) 岡田新一設計事務所／1983 – 2003年 (株) 槇総合計画事務所／1993年 – 2003年 東洋大学工学部建築学科非常勤講師／2003年 金沢工業大学教授着任／2006年 – (株) 金沢計画研究所顧問

学生時代のコンペ：1979年 セントラル硝子国際建築設計競技入選／1979年 日新工業建築設計競技3位／1980年 セントラル硝子国際建築設計競技最優秀賞／1980年 新建築住宅設計競技3位
著書：『テキスト建築計画』（共著、2010年、学芸出版社）

若鶴大正蔵（2013年、砺波市三郎丸）
　大正11年に建設された若鶴酒造の酒蔵を、歴史的建築物としての魅力を残しながら、会社創業のシンボルとして、北陸コカ・コーラボトリングとグループ会社、若鶴酒造の研修施設に改修。土蔵造りの伝統的外観の特徴と、大屋根下部に連続する登り梁の迫力を生かし、酒造りの精神を次の時代に継承し、時間軸の中で生きる喜びが実感できる空間を目指した。大正と平成の時代感覚の相違、時代が求める建築機能の違いなどをどのように解釈し、時間を超えて受け継ぐものと新たに付加するものを考えることがテーマであった。（蜂谷）
所在地：富山県砺波市三郎丸208／竣工：2013年／建築主：北陸コカ・コーラボトリング／設計：蜂谷俊雄＋金沢計画研究所／施工：松井建設
規模：延床面積990㎡、地上2階／構造：木造／受賞：第46回中部建築賞、第25回北陸建築文化賞、2014年度グッドデザイン賞、第45回富山県建築賞、令和元年度うるおい環境とやま賞、『新建築』2013年9月号

金沢駅西広場（2015年、金沢市）
　広場の景観デザイン提案と設計監修を担当。季節ごとに楽しめる植栽帯、蓮・睡蓮の池、低く抑えられたシェルター、歩く方向性を強調したストライプの舗装などで構成されている。これらは、日本海や能登につながる金沢駅の西口広場として、自然（空・緑・水）をテーマにした表現であり、駅東口広場が中心市街地へとつながる構築的な表現（もてなしドーム）となっていることを意識した対比的な景観デザインである。（蜂谷）
所在地：金沢市／竣工：2015年／事業主：金沢市／受賞：JUDIパブリックデザイン賞 空間賞（2014年）、第37回金沢都市美文化賞（2015年）

前に「若鶴大正蔵」（2013年、砺波市三郎丸）という大正11（1922）年にできた酒蔵を研修施設にリノベーションする仕事の依頼があった。

――建築に進まれるまでの話を聞かせてください。

蜂谷●代々続いた古い家だったので、出入りの大工さんがよく来ていて、私が小学校から帰ってくると大工さんがおやつを食べていたりした。そんなことから大工さんに興味を持った。しかし大工さんが家をつくるんだと思っていたら、中学校のころに親から、一級建築士という仕事があるぞ、大工さんじゃなくて、大工さんがつくるものを設計するんだから、もっと面白いんだぞ、と教えられ、そうか、一級建築士か、と心に刻んだんです。県立高岡高校に進んだころになると、黒川（紀章）さん（1934 - 2007）や菊竹（清訓）さん（1928 - 2011）がテレビに出演されていて、ああ、これが建築家なんだ、かっこいいな、と思った。それが建築をやろうと思ったきっかけです。まず建築家というイメージがありましたが、具体的な建築空間が像を結ぶことはなかった。

　ただ私は、東京で勉強して修行したら、北陸に帰って地域で仕事をしたいという思いが、建築を志したころからずっとありました。都会志向、中央指向はなかったのです。

早稲田と東大の違い

――大学は早稲田大学に行かれます。建築を学ぶ中で印象に残った建築作品や建築家は？

蜂谷●まず、リチャード・マイヤー（1934 -）のダグラス邸（1976、ミシガン州ハーバー・スプリングス）でした。北陸の鉛色の空とは対極の世界に、真っ白な家がありました。2年生になると、チャールズ・ムーア（1925 - 93）のシーランチ・コンドミニアム（1965、カリフォルニア州シーランチ）に興味が移った。勉強するごとに好みが変わっていきました。3年から4年の時は、ルイス・カーンの超越的な迫力に憧れました。

――蜂谷さんはアイデアコンペに何度も入選されていて、独特のドローイングはよく覚えていますよ。大学院は東大に行かれましたね。

蜂谷●早稲田は先輩の課題を下級生が手伝うという手伝い制度があって、自分の課題を徹夜して仕上げたらまた手伝いに行って徹夜をする。気合いだとか、根性だとか、そして感性で生きているのが早稲田でした。東大は香山（壽夫）先生（1937 -）の研究室に行きましたが、まったく逆でしたね。論文を読んだり、調査をして発表をするというスタイルで、全然違う世界。感性で生きている世界と論理で生きている世界の違いだった。早稲田時代は自分のことは置いて先輩の手伝いを優先していましたが、東大の2年間は自分の作品としてコンペに挑戦することにしました。セントラル硝子、日新工業、そして新建築コンペと、他の学生が研究している中でひとりずっと図面に向かいコンペをやっていたのです。おかげでその賞金が貯まったので、卒業するときに40日間、リュックを背負ってヨーロッパを巡ることができました。

文化のわからないところの仕事はしたくない

――東大の院を出てからは？

蜂谷●1年半ほど岡田新一さん（1928 - 2014）の事務所に行きました。コンペの受賞パーティで、審査員の先生からバイトに来ないかと誘われ、期待しているからねと事務所に入ることを勧められると、一大学院生としては断れないんですよ。それから数カ月後、槇（文彦）さん（1928 -）から、君は富山だったよね、と「前沢ガーデンハウス」（1982年、富山県黒部市）の仕事があるから来ないかと誘われたんです。本当は槇さんのところに行きたいと思ったけれども、岡田さんと約束してしまったので諦めるしかなかった。当時、槇事務所には入所希望者のウェイティングリストがあるといわれていました。僕の前に入所を希望されていた古谷（誠章）さん（1955 -）が槇事務所に行かずに広島に行かれたためか、岡田事務所を辞めた後、すんなり入れてもらえました。

――蜂谷さんは就職活動というものをしていなかったんですね。

蜂谷●これは内藤（廣）さん（1950 -）がおっしゃっていたことですが、自分の同期には優秀な人

石川県直江庁舎（2019年、金沢市）
所在地：石川県金沢市／竣工：2019年／建築主：石川県／設計：蜂谷俊雄＋金沢計画研究所／規模：延床面積8,301㎡、地上4階／構造：鉄骨造

間がたくさんいたが、みんな日建設計や竹中工務店といった組織設計事務所やゼネコンに行ってしまって、建築家になろうとかアトリエ事務所に行こういう人はほとんどいなかったと。僕のときもそうでした。僕自身も、国土交通省かゼネコン設計部かと迷ったことはありましたが、コンペに入って地元新聞でも注目されたこともあって、有名な先生のところに弟子入りしますと宣言したのです。

──槇事務所ではどのような作品を担当されたのですか？

蜂谷●富山の仕事はあなたにぴったりだと、「富山市民プラザ」（1989年、富山市）と「富山国際会議場」（1999年、富山市）のふたつをやらせてもらったのが大きかったです。槇事務所では外国の仕事も多かったのですが、最初に、文化のわからないところの仕事をするのはいやですと断ったら、二度と担当が来なくなりました。私はもっぱら地方自治体の大規模建築が担当でした。ストーリーを立てて役所の人に説明し、どう実現していくかが仕事の重要なポイントでしたが、そこで困ったのは、役所のトップと槇さんとの考え方の相違の板挟みになることでした。はたしてどっちを説得した方がいい結果が出るのかという場面でした。

──槇事務所にはかなり長くいらっしゃいましたね。

蜂谷●21年。学生時代を含めると23年のお付き合いでした。なんで槇さんのところにそんなに長くいられたかと思うと、槇さんと自分がまったく逆で、私はまったく逆のものに憧れたんだと思う。僕のイメージする空間は、ドライかウェットかといえばウェットだし、陰と陽では陰なんです。

槇さんは、私がM1の6月か7月に、芦原（義信）先生（1918 - 2003）が辞められた後空席だった第1講座の教授として東大に来られたんです。学校のときは槇先生とお呼びしていたんですが、槇事務所ではスタッフはみな槇さんと呼んでいましたし、槇さんもまたスタッフを○○さんと呼んでいて、フラットな事務所だと感じました。僕は槇さんと呼べるまで1カ月かかりましたよ。呼んでいいものかと悩んでしまって。そんな意味でも、誰もがずっといたくなる事務所でした。待遇面でもしっかりしていました。

まちと関わる

──さて、2003年に、そんな槇事務所を辞められて金沢工業大学に教授として行かれます。

蜂谷●金沢工大に行くことに決めるときには、ずいぶん悩みました。ひとつは、その直前に神奈川県の藤沢に自宅を新築していたんです。ただ金沢工大に行く話の発端は、そのずっと前、20代のころに、いずれ地元に帰って仕事をしたいと思っていると槇さんに話したときに、あんたは変な人だねから始まって、それなら大谷（幸夫）先生（1924 - 2013）にお願いしてあげるよといわれた。それで履歴書を書いたら、大谷先生が前の理事長のところに持っていってくださったのです。そこから少し経って、富山市民プラザの現場が始まるころに、大谷先生から連絡があり、水野一郎先生を紹介していただいて会いに行きました。そしてまたしばらくして、オファーをいただいたのです。

──金沢に来てからの活動は。

蜂谷●今、地元の県や市で、さまざまな委員会や審議会、審査など、いろんなところに駆り出されているんですが、実はこういうことをやりたくてここに来ているのです。かつて、槇事務所のチーフ、つまり設計を委託された設計事務所者として、役所や議会、市民に向けて話す機会がったのですが、その時とまったく同じ内容を話しても、反応がまるで違う。響き方が違うのです。ああこれは、と思いました。一生懸命提案していけばまちに訴える力になるなと。

設計者選定プロポーザルの審査員をやるようになって気になることがあります。提案者は必ず地域性を語ります。求められるからです。しかしその提案は地域の人からすると時としてコミカルに思えるような内容が多くて、北陸の建築文化への理解が足りないように思います。学生にやらせると、金沢らしさを表現するといって、ひがし茶屋街のファサードをコピーして持ってくるだけだったりする。地域性とはにわかに理解できるものではないのです。だから逆

に、そういった提案を求めることにも疑問を感じます。

——蜂谷さんは建築家として設計をされています。設計を通じてまちと関わることと、それとは別に地域計画のコーディネーターとしてもまちと関わろうとされているのですね。

浦 淳

——浦さんは、金沢のお生まれで、建築家3代の三代目ですね。

浦●私の祖父、浦清（1907－71）は、福井大学の前身の福井高等工業学校（大正12/1923年設立）で建築を学び、石川県に技師として奉職しました。その後、高岡市の技師、工業高校の教諭、七尾商業高校の校長を務め、50歳のころ、昭和32（1957）年に「石川県農業会館」の設計コンペに当選したのを機に独立創業したのです。

父の浦亨もまた、祖父と同じ福井大学を出て、その後、事務所に入り、構造を担当していました。しかし、昭和46（1971）年、祖父は肺がんを患って半年を経ずして亡くなってしまったのです。祖父の突然の死で、当時35歳くらいだった父が後を継ぎました。構造だったことや、辞めていくスタッフもいて、事務所の承継にはずいぶん苦労したようですが、時代もよかったので、なんとか乗り越えることができました。

——浦さんは子どものころから、建築に近い環境にあったんですね。

浦●いや、父のやった建物を見たことは、それほど多くはなかった。幼少のころの父の記憶は、一緒に釣りに行ったことと、家にいない人という印象でした。ただ建物は好きで、香林坊の日銀（日本銀行金沢支店、昭和29/1954年）は、その前からよくバスに乗っていたので記憶に残っています。親戚は東京在住者も多く、彼らが訪ねてくると、東京の人は雰囲気が違うな、と感じてました。東京に行ったときは、冬は雪が降ってバスがなかなか来ない金沢とはまったく違うのに驚いた。東京への憧れは強かった。

施工現場からのスタート

——建築家になることが宿命づけられていた？

浦●建築家になりたいという気持はそれほど強くなかった。建築が嫌いじゃなくて、家がそうだからという思いで建築に進みました。ただ僕は線を真っ直ぐ引けなかったりと不器用な方で、それがコンプレックスで、建築に向いてないんじゃないかと悩んだこともあった。大学受験もデッサンがダメで落ち、病気をしたこともあって一浪して大阪工業大学に入りました（憧れの東京の大学は全部落ちたので）。

大学では同好会の建築文化研究会に入りました。そこには建築が大好きな連中が集まっていて、初めて建築に向き合うことになった。何を自分のテーマにしようかと考えて、京都や奈良も近いので古建築をやることにした。それでいろいろな古建築を見て回るようになったんです。そのなかで興味を持ったのが茶室でした。

卒業論文を青山賢信先生のところで書くことになった。青山先生は古民家研究で有名な方で、茶室をテーマにしたいと言ったのですが、茶室はダメだ、茶人が嫌いだとおっしゃる。結局、当時の院生とともに、中世の都市計画をテーマに卒論を書きました。

——卒業後は大林組に行かれます。

就職をどうしようかという段になったとき、大林組の設計ではなく施工の求人があり、それに応募して入社しました。将来事務所を継ぐにしても、現場を知ることは悪くないと思ったのです。

大林組では積算を1年ぐらいやって、その後、大阪の製薬メーカの工場の現場に行きました。世はバブルの絶頂期。1万㎡ぐらいの工場をすごい勢いで建てる現場で、残業が月200時間。くたくたになりました。

入社して3年目に、東京に転勤ということになっていました。やっと憧れの東京に行けると

浦 淳（うら・じゅん）
建築家、浦建築研究所代表取締役、日本建築家協会登録建築家
1966年 石川県金沢市生まれ／1989年 大阪工業大学卒業／1989－93年 大林組／1993年 浦建築研究所入所／2006年 同代表取締役就任／2004年 趣都金澤構想（2007年NPO法人設立）／東京事務所、大連事務所開設／2013年 Noetica設立
近年の受賞：2021年 第27回いしかわ景観大賞 いしかわ景観賞、第33回いしかわ広告景観賞 石川県知事賞（のと九十九湾観光交流センター「イカの駅つくモール」）／2020年 第47回石川県デザイン展 石川県商工会議所連合会会頭賞（茶菓工房たろう）、第33回いしかわ広告景観賞 金沢市長賞、第47回石川県デザイン展 公益財団法人石川県観光連盟理事長賞（金沢港クルーズターミナル）／2019年 第46回石川県デザイン展 石川県建設業協会会長賞（辻家庭園-別邸-）、第48回いしかわインテリアデザイン賞 50周年記念特別賞（のと里山里海ミュージアム・能登歴史公園センター）、第41回金沢都市美文化賞 入選（北陸大学 松雲記念講堂）／2018年 受賞名第37回ディスプレイ産業賞2018（道の駅のと千里浜）、第40回金沢都市美文化賞、第39回石川建築賞、第45回石川県デザイン展（尾山神社授与所）／2017年 第19回石川県バリアフリー社会推進賞 施設部門 優秀賞（道の駅のと千里浜）、第44回石川県デザイン展 石川県建築士会会長賞（北陸大学 松雲記念講堂）、2017年度グッドデザイン賞（富山駅南口バス・タクシー案内所）、尾山神社授与所受賞名日事連建築賞 奨励賞（小規模建築部門）、第39回金沢都市美文化賞（金沢弁護士会館）
著書：「金沢らしさとは何か」（NPO法人趣都金澤、『陶説』2020年9月号）

喜んでいたところ、君は家が金沢の設計事務所でいずれ帰るんだろうと言われ、急遽、北陸支店に転勤することになった。行った現場は能登、和倉温泉の旅館加賀屋でした。RCの中に木造を入れ込んだ緻密な現場で、職人の技が素晴らしく、質もいい。これはすごいと思った。工場の現場とはまったく違う世界だった。天皇陛下が使われた部屋も私が施工管理したんです。

■ 金沢への帰還

——能登の現場の後、事務所に入られるわけですね。

浦●父から、そろそろ帰ってくればと言われたんです。現場は面白いけど、東京も行けないし、やはり戻らなきゃいけないかなと思い、大林組を辞めることにしました。辞めてから事務所に入るまで間、半年くらい、ひとりで海外を回りました。バンコクからスタートして何も決めずに世界を巡った。既存の枠組みにとらわれない発想の重要性を感じ、また、どこでも人は温かいものだと思いました。

　金沢に戻ったのは平成5（1993）年、27歳の時。27になって初めて設計に向き合うことになった。既にバブルは崩壊していましたが、地方ではまだ残滓が残っていました。そのころ一部任されたのは「能登演劇堂」（⇨p.135）です。その後、景気は急速に悪くなり、仕事が少なくなっていきます。それまで事務所の仕事の8割を占めていた公共工事は減ってき、仕事ができる人も辞めていき、私の残業時間はまた月200時間になりました。しかし次第に設計も面白くなって、コンペにも勝てるようになりました（線を引くのが苦手な私にはCADの普及がありがたかった）。

七尾市中島文化センター「能登演劇堂」（1995年、七尾市）⇨ *p.135*

■ 市民主体のまちづくりとNoetica

——趣都金澤というNPO法人を設立されましたね。

浦●民間の仕事を増やすためということもあって、つながりを求めて金沢青年会議所に入りました。青年会議所の活動の中で、経済政策提言として「趣都金澤」構想を発表します（平成16/2004年）。これには坂本先生にも入っていただき、ほかにも金沢大学の先生や、シンクタンクの人に参加してもらった。青年会議所として動くと、いろんな人に出会うことができるのです。

　「趣都金澤」構想は、抽象的なイメージだけではなく、各論として具体的なまちづくりへの提案を盛り込んだものでした。その後、平成16（2007）年に、活動主体となるNPO法人趣都金澤を設立しました。

——まちづくりとの関わりが趣都金澤だったのですね。

浦●まちづくりには以前から関心があったのですが、建築の設計を始めたころは、私の中では建築設計とまちづくりは別なものという意識があって、つながっていませんでした。それが、公共の文化施設の設計などで打ち合わせをすると、建てる目的がどうもはっきりしない。目的があっての建築であるし、まちづくりもそうだと思ったことが、趣都金沢構想につながりました。金沢が文化的なまちを目指そうとするなら、行政や経済から動くだけではなく、主体となる市民も動かないと成立しないと考え、市民中心の文化的団体として、NPO法人を設立したのです。

　趣都金澤の活動の中での出会いで大きかったのは、ひとりは、当時富山大学の先生だったアート・プロデューサの伊藤順二さん（1953 -）。もうひとりは、平成16（2007）年に金沢21世紀美術館の館長に就任した秋元雄史さん（1955 -）でした。アートとまちづくりつなぐこと、工芸がアートの中でも世界で戦えるコンテンツであること、という知見をいただいた。

　そして趣都金澤の活動の延長として、Noetica（ノエチカ）という会社をつくりました。

——Noeticaとは？

浦●Noeticaは、趣都金澤という非営利団体と併走しながら、株式会社として、地域文化やまちづくりを経済化するということが狙いでした。当時、文化というと公共の文化事業か、企

茶室コンペ当選案外観。

竹内 申一（たけうち・しんいち）
建築家、金沢工業大学教授、竹内申一建築設計事務所、日本建築家協会登録建築家
1968年 愛知県生まれ／1990年 東京藝術大学美術学部建築科卒業／1992年 東京藝術大学大学院修了／1993 - 2004年 伊東豊雄建築設計事務所／2005年 竹内申一建築設計事務所設立／2011年 金沢工業大学建築デザイン学科准教授／2017年 金沢工業大学建築学科教授
受賞：「神宮前プロジェクト」1991年SDレビュー入選／2009年 JIA建築家のあかりコンペ 優秀賞／「しお・CAFE」2014年石川デザイン展公益社団法人石川県観光連盟理事長賞、2016年石川建築賞優秀賞・奨励賞、グッドデザイン賞／「中土間の家」2015年石川建築賞優秀賞、中部建築賞入賞／「まちの家」2016年石川建築賞優秀賞、中部建築賞入賞、金沢都市美文化賞

業の広告事業が主でした。しかし、地域文化やまちづくりを経済化できなかったら金沢も、日本の地方都市も持続発展しないだろうと考えたのです。その後、Noeticaにはユニークな人材が入ってきて、活動の幅を拡げているところです。浦建築研究所とNoeticaが一緒に仕事をすることも始まっていて、文化的な「こと」と、建築やまちづくりがつながっていくこれからの展開が楽しみです。

ノエチカの社名の由来は、「ノ」は能登、「エチ」は越前、越中、「カ」は加賀、金沢。つまり、北陸地域の文化創造と、編集、その発信を目指しています。

■ 茶室をつくる

——学生時代から関心があった茶室を最近設計されましたね。

浦● 30代前半に、茶室を手がける機会がありました。お茶の先生の住宅に付設する本格茶室で、苦労したのですが、それが糧になりました。2018年に「ベルリン国立アジア美術館」に設置する茶室設計の指名コンペに参加するとき、事務所に誰も本格茶室を手がけた者がいなかったので、私が担当することになりました。

コンペでは、金沢の工芸作家に参加してもらい、工芸建築というテーマでコンセプトをつくったのです。2019年秋に完成。2021年春に公開される予定です（⇨ **p.215**）。

竹内 申一 ————————

——竹内さんは、昭和43（1968）年、愛知県のお生まれですね。

竹内● 生まれたのは知多郡阿久比町という知多半島の真ん中の内陸部で、愛知県の中でも田舎ですね。団塊ジュニアと呼ばれる世代の少し前だったけれど、同級生の数は多かった。算数と図工が得意な子どもで、小学校の卒業文集には画家になりたいって書いていた。絵描きになるにはどうしたらいい？ と祖父に聞いたら、それは芸大に行くしかないなといわれた。そうなんだ、と芸大を目指すという目標は、そのころからあった。表だって言うことはなかったけれど。

——建築を選んだきっかけは？

竹内● 高校1年になって、そろそろ動かなければと思い、名古屋の美術予備校に行き始めた。予備校ではなんと奈良美智さん（1959 -）が教えていて、竹内君の絵は上手だけれど面白くないね、なんて言われた。予備校では自分よりも格段に絵のうまい人がたくさんいて、画家は絶対無理だとその時に諦めた。高校2年の終わりには受験する学科を決めなければならない。どこだったら現役で受かりますかと予備校の先生に聞いたら、竹内君は学科もまあまあできるし、建築だったら行けるんじゃないか、と。とにかく芸大に行きたかったので、建築科を選んだんです。

■ 不純な理由で建築へ

——建築をやりたいというわけではなかったんですね。

竹内● 芸大にはそんな不純な理由で入ったんで、建築家というものは全然理解できていなかった。世はバブルで、倉俣史朗（1934 - 91）とか、杉本貴志（1945 - 2018）、内田繁（1943 - 2016）といったインテリアデザイナーの仕事が輝いて見えて、1年生のころはインテリアデザイナーになりたいと思った。その年の秋、東京国立近代美術館で「近代の見なおし：ポストモダンの建築1960 - 1986」（1986.9.6 - 10.19）という展覧会があった。建築ってなんか変だなと考え始めていた。大学の2年生の夏に、アトランタに海外赴任していた叔父と叔母を訪ねて1カ月くらいアメリカを旅した。ポストモダン建築もいくつか見たが、いちばん感動したのはシカゴでミース・ファン・デル・ローエ（1886 - 1969）のレイクショア・ドライブ・アパートメント（1951）を見たときだった。無駄がなく洗練されたプロポーションの凛とした姿に、建築っ

Ravel（2009年、鎌倉市）
　鎌倉に建つ住宅。当初は別荘として建てられたが、数年後に施主が移住した。高さ2.1mの壁体を井桁状に組み上げ、多孔質で非完結的な空間を目指して設計された。斜面造成地である敷地の既存擁壁がコンテクストとして参照されてはいるが、概念的な思考の組み立てによって成立している空間。（『新建築住宅特集』2009年7月号、『GAhouses』105）（竹内）

支えの家（2020年、知多郡阿久比町）
　愛知県知多郡に建つ姉の家であり実家でもある住宅。人の生を支える「精神の拠りどころ」としての家を目指した。4枚の壁で支えられたRCの折板屋根から木造の床が吊られている。東西に長い切妻屋根はこの地域に多くみられる形式。建物を宙に浮かせることでセキュリティを確保し、敷地が元々持っていた緩やかな傾斜や水平性を継承しようとしている。（『新建築住宅特集』2020年7月号）（竹内）

てすごい、と初めて感動した。この旅はその後の自分にとって大きかった。帰ってきてからは建築を真面目に勉強するようになった。

——その時、建築家になろうと思った？

竹内●まだそこまでは思っていなくて、日建設計か竹中工務店に行って設計をするのかな、くらいでした。大学の3年から4年のころに、吉松秀樹さん（1958 - ）が芸大の助手をされていて、けっこうかわいがってもらった。大学院のころは、八束はじめさん（1948 - ）と多木浩二さん（1928 - 2011）がやられていた「ラウンドテーブル」という勉強会に参加したり、非常勤で来られていた六角鬼丈さん（1941 - 2019）に飲みに連れて行ってもらったりしながら、少しずつ建築家の世界に触れるようになった。そのころ、アルバイトでビデオスタジオの設計をしたが、バブル崩壊で頓挫してしまった。悔しかったのでそれをSDレビューに出したら、運よく入選。それで、自分でもやっていけるかなと思ったんです。

——注目していた建築家は誰でしたか？

竹内●『建築文化』で特集号（1988年10月号、特集：篠原一男 モダン・ネクストへ）が出ていたせいもあったんですが、そのころは篠原一男（1925 - 2006）に心酔していて、篠原アトリエに行きたいと思った。それで吉松さんに相談したら、親よりも年上の先生はもう変わらないから、竹内君は伊東（豊雄）さん（1941 - ）がいいよ、と言われた。伊東さんはこれからどんどん変わっていくと。

　実はその少し前に、篠原さんのアートポリスの最新作を見ようと思って熊本に旅行したんですが、その時見た篠原さんの「熊本北警察署」（熊本中央警察署、1990年、熊本市）がちょっとピンとこなかった。一方、伊東さんの「八代市立博物館・未来の森ミュージアム」（1991年、八代市）はすばらしくて、伊東さんはこんなきれいなものをつくるんだと思った。そんな時に吉松さんから伊東さんがいいと言われたんで、伊東事務所に行こうと心に決めた。

伊東事務所の12年

——伊東事務所には、比較的長く在籍されてましたね。

竹内●伊東事務所に12年です。入ったときは「下諏訪町立諏訪湖博物館・赤彦記念館」（1993年、下諏訪町）ができたころで、伊東さんが公共建築をやり始めたころだった。最初に担当した「長岡リリックホール」（1996年、長岡市）は、コンペからの担当で、現場にも常駐した。それからというもの、僕がいる12年間、伊東さんはコンペを勝ちまくって各地に公共建築を実現させていった。事務所も活気があった。午後9時ぐらいになると、新人の僕はつまみを買ってこいと言われてコンビニに走り、それからは建築の話をしながら飲みが始まる。で、帰れなくなって事務所で寝ていたりとか。

　吉松さんが言われた通り、伊東さんはどんどん変わっていって、新しい建築が生まれていった。2001年にできた「せんだいメディアテーク」（2001年、仙台市）の前後に、伊東さんは大きく方向を変えていく。それを目の当たりにできたのは、僕にとって大きな収穫だった。

——伊東事務所を辞められてからは東京で活動されていた。

竹内●伊東事務所を辞めた後は、2005年に世田谷の旧池尻中学校を活用した「世田谷ものづくり学校」のシェアオフィスで設計活動を開始した。事務所を辞めた後も、伊東さんの海外のプロジェクトを協働設計者として手伝っていたが、自分の仕事は住宅が中心だった。そのころの僕の仕事は、当時の伊東事務所に影響されて、幾何学性の強い概念的な空間構成をやっていた。

　そんなとき2008年に第2子が生まれた。僕は40歳。妻も滋賀県の彦根出身なので、もうこのまま東京にいる感じじゃない。そう思った。そしてこれからの人生を考えて、45歳までにはどこかに移ろうと考えた。

金沢へ

——金沢工大に行かれたのは？

香林坊ルネッサンスのジオラマ。（2012年）

しお・CAFE（2014年、珠洲市 ⇨ *p.140*）
設計：金沢工業大学竹内申一研究室＋あとりいえ。
　能登の限界集落の民家を改修したショップ・カフェ。コンセプトは「限界集落に風穴をあける」。

中土間の家（2014年、金沢市）
　金沢に移住して初めて取り組んだ住宅。中央に大きな土間空間を配置し、近隣のための屋内広場のような役割を持たせている。外観もかつての農家のような、おおらかで象徴的な大屋根が特徴的である。北陸の気候風土や生活文化から建築の形式や構成を組み立てようとした。（『新建築住宅特集』2017年12月号）（竹内）

まちの家（2015年、金沢市 ⇨ *p.87*）
　重伝建地区に建つ自邸。歴史的景観と現代建築をどのように調和させるか？現代における町家とはどのようなものか？にチャレンジした住宅。土足の空間とした開放的な1階は、住宅内部というよりも、まちの一部として考えられている。（『新建築住宅特集』2016年4月号）（竹内）

「まちの家」の当初案の模型。

竹内●金沢工大の教員募集の話が、大学のOBの方から回ってきたんです。でも金沢は遠いかなって思った。妻にそういう話があると電話したら、即座に、金沢いいじゃない、最高よと。妻は声楽家で、アンサンブル金沢と共演した経験があったのです。また人に押されて人生の舵を切ったわけで、水野さんの話と比べると、あまりに積極性がないですね。

　そんなわけで2011年に金沢工大着任に合わせて金沢に移ったんです。

——金沢では地域性に向き合う活動をされています。

竹内●最初に水野さんにお声がけいただいてやったのが、「香林坊ルネッサンス」のジオラマ・プロジェクトだった。坂本先生も一緒でした。金沢の繁華街である香林坊から片町の昭和30年代のまちなみを、写真資料をもとに1/100のジオラマにして再現しました（2012年11月、北國新聞交流ホール、北國新聞社主催）。これは昭和の金沢のまちの様子を勉強するきっかけになりました。

　その後、これも水野さんから紹介いただいた「しお・CAFE」（2014年、珠洲市 ⇨ *p.140*）の設計に取り組んだ。能登の民家を改修してカフェをつくるというものだった。そうやって、すこしずつこの地に足を踏み入れ、理解を深めていった。

　金沢で初めてやった「中土間の家」（2014年、金沢市）の最初の打ち合わせに行ったとき、ちょうど畑仕事から帰ってきた泥だらけの長靴姿のお施主さんと玄関で会った。よろしくお願いしますと挨拶をしたとき、東京でつくってきたような抽象的な建築では、この人たちは不幸になるなと直感した。そこで、家の真ん中に大きな土間を配したかつての農家のような家を設計した。北陸の気候と暮らし方に導かれた空間の形式だった。

　伊東さんの建築は、モダニズムという大きな問題に向き合っている。そして僕もその中にいた。しかし、金沢や北陸で建築をつくるということは、その地域に根差すというか、その場所や地域にしかない個性を根拠にしたものをつくることだ、と思うようになったのです。

今の時代の建築のかたち

——最後に自邸の「まちの家」について。

竹内●2015年に、寺町台重要伝統的建造物群保存地区の中に、自宅である「まちの家」（2015年、金沢市 ⇨ *p.87*）をつくりました（この土地も妻が見つけてきた）。重伝建の中の現代建築は、景観審議会の審議の対象になります。1年半ぐらいかけた最初の案は、町の景観に対して違和感があるという理由で却下され、現在の案となりました。最初の案が否定されたことに当時は不満もありましたが、結果的には金沢という地で建築を考えるための良いスタディになったと思っています。

　かたちをつくる根拠をどこに求めるかと考えると、金沢は建築をつくる時に依拠できるストーリーがたくさんある。つくり手は納得してつくれると同時に、共感を得られる着地点になる。それがたくさんあることが金沢の魅力だと思います。とはいえ、金沢らしい今の時代の建築のかたちは、今なお模索中です。

索引

執筆者紹介

● 金沢圏の建築家と建築 編集委員

水野 一郎（みずの・いちろう）
建築家、金沢工業大学教授、日本建築家協会登録建築家 ⇒ p.242

西川 英治（にしかわ・えいじ）
建築家、五井建築研究所、日本建築家協会登録建築家 ⇒ p.246

坂本 英之（さかもと・ひでゆき）
建築家、金沢美術工芸大学名誉教授、日本建築家協会会員 ⇒ p.248

蜂谷 俊雄（はちや・としお）
建築家、金沢工業大学教授、日本建築家協会登録建築家 ⇒ p.250

浦 淳（うら・じゅん）
建築家、浦建築研究所、日本建築家協会登録建築家 ⇒ p.253

竹内 申一（たけうち・しんいち）
建築家、金沢工業大学教授、日本建築家協会会員 ⇒ p.255

● 金沢圏の建築｜過去・源左・未来

竺 覚暁（ちく・かくぎょう）
金沢工業大学教授、同大学ライブラリーセンター顧問、工学博士
1942年 富山県生まれ／1966年 工学院大学工学部建築学科卒業／1969年 富山大学文理学部文学科（哲学）卒業／1971－72年 金沢工業大学助手／1972－77年 同大学講師／1977－81年 同大学助教授／1981年 同大学教授／1996－2018年 同大学ライブラリーセンター館長／2007－17年 同大学建築アーカイヴス研究所所長／2020年没（享年77歳）

中森 勉（なかもり・つとむ）
建築史家、金沢工業大学名誉教授、公益財団法人金沢文化振興財団 金沢湯涌江戸村村長
1954年 石川県生まれ／1976年 金沢工業大学工学部建築学科卒業／2006 金沢工業大学博士課程後期満期退学 1979 金沢工業大学助手、講師、准教授を経て、2010－20年 教授／2008－13年 公益社団法人金沢職人大学校副学校長（兼金沢工業大学教授）／2020年 名誉教授／2021年－ 公益財団法人金沢文化振興財団金沢湯涌江戸村村長

● Column執筆

増田 達男（ますだ・たつお）
都市史家、金沢工業大学教授、NPO法人金澤町家研究会副理事、工学博士
1950年 石川県生まれ／1974年 金沢工業大学工学部建築学科卒業／1978年 福井大学大学院工学系研究科建築学専攻修士課程修了／1978年 金沢工業大学工学部建築学科助手就任、講師、助教授を経て、（この間、1997－98年マサチューセッツ工科大学建築学科客員研究員）2003年より現職

山崎 幹泰（やまざき・みきひろ）
建築史家、金沢工業大学教授、建築アーカイヴス研究所所長、博士（工学）
1973年 愛知県生まれ／1995年 早稲田大学理工学部建築学科卒業／2000年 同大学大学院理工学研究科博士課程（建設工学専攻）単位取得退学／2000－03年 同大学理工学部助手／2003－07年金沢工業大学講師／2007－17年同大学准教授／2017年より現職

秋元 雄史（あきもと・ゆうじ）
金沢21世紀美術館特任館長、東京藝術大学大学美術館館長・教授
1955年 東京都生まれ／東京藝術大学卒業／1991－2004年 ベネッセ・コーポレーション／2004－06年 地中美術館館長／2007－17年 金沢21世紀美術館館長／2015年－ 東京藝術大学大学美術館館長、教授

水野 雅男（みずの・まさお）
法政大学教授、元金沢大野くらくらアートプロジェクト代表
1959年 石川県白山市生まれ／1985年 東京工業大学卒業／1993年 水野雅男地域計画事務所／2009年 金沢大学教授／2011年 法政大学教授

土屋 敦夫（つちや・あつお）
前金沢湯涌江戸村村長、都市計画史
京都大学卒業／金沢工業大学教授、滋賀県立大学教授、金沢湯涌江戸村村長を歴任

● Interview & Discussion

山本 周（やまもと・しゅう）
建築家、山本周建築設計事務所 ⇒ p.227

やまだのりこ
建築家、あとりいえ。 ⇒ p.242

中永 勇司（なかえ・ゆうじ）
建築家、ナカエ・アーキテクツ ⇒ p.232

小津 誠一（こづ・せいいち）
建築家、E. N. N. ⇒ p.234

萩野 紀一郎（はぎの・きいちろう）
建築家、萩野アトリエ、富山大学芸術文化学部准教授 ⇒ p.236

● 作品解説執筆と写真提供

山岸 敬広（やまぎし・たかひろ）
建築家、株式会社山岸建築設計事務所代表取締役、日本建築家協会登録建築家
p.70 国立工芸館、p.75 金沢市立小立野小学校

武藤 清秀（むとう・きよひで）
建築家、歴史的建造物修復士、ムトウ設計有限会社
p.75 金澤町家情報館（旧川縁米穀店）

森 俊偉（もり・としひで）
建築家、森俊偉＋ARCO 建築・計画事務所、日本建

築家協会登録建築家
p.82 室生犀星記念館、p.86 デッキハウス、
p.115 石川県鳥越バードハミングサイクルランド＆
バーベキューガーデン

松本 大（まつもと・だい）
建築家、松本大建築設計事務所、日本建築家協会登
録建築家
p.86 S-HOUSE（4SCREENS）

吉島 衛（きちじま・まもる）
建築家、吉島衛建築研究室、日本建築家協会登録建
築家
p.87 泉野出町の家 N邸

大屋 修（おおや・おさむ）
建築家、株式会社大屋設計代表取締役、日本建築家
協会登録建築家
p.107 金沢湯涌夢二館

赤坂 攻（あかさか・おさむ）
建築家、歴史的建造物修復士、有限会社金沢設計
p.111 北金沢の古民家再生

松島 健（まつしま・けん）
建築家、松島健建築設計事務所
→p.111 鈴木設備事務所社屋

長田 直之（ながた・なおゆき）
建築家、有限会社ICU一級建築士事務所
p.119 Yo

中村 健（なかむら・けん）
建築家、株式会社マック建築研究所代表取締役
p.131 かほく市立大海保育園

谷重 義行（たにしげ・よしゆき）
建築家、谷重義行建築像景
p.135 本宮のもり保育園

長村 寛行（ながむら・ひろゆき）
建築家、アーキテクト・オフィス・ストレイト・シープ
p.141 谷口建設社屋

上記以外の作品解説と撮影は、特記以外、中森勉、
各編集委員、そして金沢工業大学蜂谷研究室による。

金沢工業大学蜂谷研究室
清瀧 智輝（M2）写真撮影・説明文執筆・マップ作成
小柳 舞夏（M2）写真撮影・説明文執筆・マップ作成
佐々木 智哉（M2）写真撮影・説明文執筆・マップ作成
武田 知展（M2）写真撮影・説明文執筆・マップ作成
大塚 旅詩（M1）写真撮影・説明文執筆・マップ作成
斉藤 淳史（M1）写真撮影・説明文執筆
宮下 幸大（M1）写真撮影・マップ作成
東條 鴻介（4年）写真撮影・説明文執筆・マップ作成

金沢工業大学蜂谷研究室のメンバー。